Visión

y

Second *Edition*

voz

INTRODUCTORY SPANISH

VICKI GALLOWAY • ANGELA LABARCA
Georgia Institute of Technology

John Wiley & Sons, Inc.
New York • Chichester • Weinheim • Brisbane • Singapore • Toronto

ACQUISITIONS EDITOR   Lyn McLean
DEVELOPMENT EDITOR   Rachel Nelson
MARKETING MANAGER   Carlise Paulson
SR. PRODUCTION EDITOR   Jeanine Furino
SR. DESIGNER   Ann Marie Renzi
PHOTO EDITOR   Hilary Newman
ILLUSTRATION EDITOR   Anna Melhorn
ILLUSTRATOR   JAK Graphics
PHOTO RESEARCHER   Ramón Rivera Moret

Cover and text designed by Edward A. Butler.
Cover Photos
Front cover: Ronnie Kaufman/The Stock Market
Back cover (left): Shaun Egan/Tony Stone Images, NY
Back cover (right): Poulides/Thatcher/Tony Stone Images, NY

This book was set in New Aster by University Graphics, Inc., and printed and bound by Von Hoffman Press
The cover was printed by Phoenix Color Corporation
Copyright © 1998 John Wiley & Sons, Inc. All rights reserved.

Printed in the United States of America

10 9 8 7 6 5 4

About The Authors

• VICKI GALLOWAY

Dr. Galloway is the author of several foreign language textbooks for college, secondary, and middle-school levels. She received her Ph.D. from the University of South Carolina in 1977 and served for six years as the S.C. State Consultant for Foreign Language and International Studies. From 1983 to 1989 she was Project Director at the American Council on the Teaching of Foreign Languages, where she was actively involved in designing and conducting teacher projects and workshops in such areas as cross-cultural education and proficiency-oriented curriculum development. She served for seven years as Editor of *Foreign Language Annals* and has published actively in various books and journals related to foreign language education and research. At present, she is Full Professor of Spanish at Georgia Institute of Technology, where she teachers courses in language, composition, literature, and culture and shares responsibility for direction of the intensive program in Spanish for Business and Technology.

• ANGELA LABARCA

The author of a number of foreign language textbooks, Dr. Labarca is originally from Chile, where she taught Medical and Scientific English at the Universidad de Chile until 1976. She received her Ph.D. in Foreign Language Education from the Ohio State University in 1979. From 1980 to 1991, she trained teaching assistants and taught Spanish language and linguistics, Business Spanish, and applied psycholinguistics (second language acquisition, testing, syllabus design, and materials writing) at the University of Delaware. At present, she is a Full Professor of Spanish at Georgia Institute of Technology, where she directs the intensive Spanish Program for Business, Science and Technology. She teaches Business and Scientific Spanish and is a professional consultant, editor, translator, and test designer.

STUDENT-TO-STUDENT PREFACE

 *¡Hola!* I am a second year student at Northwestern University, and I used *Visión y voz* during my first year of college. I must admit that I love languages and decided to take Spanish purely for enjoyment. I know that sounds a little odd, but I was exposed to two foreign languages at a young age, and ever since, they have interested me. After six years of French, I was frustrated with how little I was able to use it here in the United States, and this is why I switched to Spanish. I wanted to be able to master a language and use it frequently, and after just one year, I'm well on my way to this goal.

I traveled to Mexico in December, and although I had been there before, this trip was extremely different. This time, I was actually able to communicate with the native people in Spanish, and it made the trip so much more enjoyable! Until this point, I hadn't realized just how much I had actually learned during my first semester of Spanish. No longer did I have difficulties with things such as finding a bathroom or a good restaurant; I could do it all in Spanish, and this made my vacation educational and more fun.

Visión y voz is an excellent text because it incorporates an incredible amount of vocabulary, grammar, and culture into interesting and manageable chapters. The book gradually eases you into the language, and you will soon find yourself able to speak on a variety of topics. One of the best ways to learn the vocabulary is to do the exercises in the text; they really give you a good grasp of the chapter. *Visión y voz* also contains detailed and colorful drawings which you should use as a visual aid to help you memorize words. Repetition is one of the most effective tools, so it also helps to learn phrases and vocabulary by speaking them aloud. This way, you can practice your pronunciation and increase your vocabulary at the same time.

Keeping up with the homework assignments is the best way to learn the grammar in this book. Once again, the exercises and activities will help you most. Furthermore, useful tables and charts can be found throughout the text, and these, along with the appendices, are excellent references for verb conjugations. There are a lot of verb tenses to learn in this first-year book, but don't be discouraged; taking them one at a time and mastering each as you go along is the best way to ensure success. It may seem difficult at first, but if you put in the time and practice, you will soon find that the grammar isn't too hard.

One of the best parts of *Visión y voz* is its presentation of a great deal of cultural information in the form of articles and photos. I highly recommend that you take advantage of this and learn about the Spanish-speaking countries of the world, for there is much more to this language than words and grammar. It encompasses a whole people and way of life, and in order for you to get the most out of this Spanish course, you must look beyond the basics of the language.

My last words of advice to you as you begin this course is to simply have fun with it; you will find that your time will be more effective if you enjoy it. Also, take the language for as long as you can! Spanish is such an important language both in the United States and internationally, and it is becoming more useful every day. It will be a great help to you no matter which field you go into, whether it be medicine, business, or teaching. A language can open your eyes to a new world, so make the most of it, and *¡buena suerte!*

SAPNA PATEL
Northwestern University, Evanston, Illinois

PREFACE

Visión y voz is an interactive, learner-centered program that guides students' entrance into the Hispanic world and responds to their personal, social, and strategic needs as language learners. A rich array of authentic reading, visual, and listening materials provides a contemporary cultural context for the presentation and communicative use of Spanish. In *Visión y voz*, students experience the Hispanic world authentically—through its variety of voices, views, and visions—and learn to use the language to sound their own voices and express their own views. In *Visión y voz* students are guided in the use of learning strategies that will help them remember and integrate new learning into previous knowledge, make connections, expand their expression, and build confidence and autonomy. Beginning-level Spanish courses attract students of varying ages, backgrounds and cultures, interests and linguistic experiences, diverse career goals, different learning styles and motivational needs, and a range of motives—from the most tentative to the most practical. Thus, each learner has a story to tell. The *Visión y voz* program is dedicated to each learner's story and to the instructor who guides its realization.

Philosophy and Features of *Visión y voz*

The authors of *Visión y voz* have developed a program that is manageable in scope, practical in terms of real-life learning and language use, and straightforward in instructions and explanations that do not burden students with linguistic terminology. The program is based on the most basic principle of good learning: *New learning must connect to the known.* The following are features of *Visión y voz* directed toward this principle.

- **Thematic organization.** The use of common, everyday themes, such as school and careers, leisure and vacation time, home and family, health and nutrition, cities and environment, and so forth, provides learners with a frame of reference with which to connect. Practical contexts always serve as the springboard for learning in *Visión y voz*.

- **Recognition before production.** Experience tells us that language learners are able to understand more than they are able to produce, and research tells us that recognition paves the way for production. Thus, *Visión y voz* presents new elements of learning through recognition before requiring student production. Each chapter opens by first introducing the theme through personalized questions, then targeting a Hispanic perspective on the theme through readings and realia that acquaint students with the vocabulary and structures of the chapter. Thus, students are initially "primed" for learning as they are guided to notice and comprehend through context many of the words and structures they will learn to use in the chapter.

- **Functional language use.** *Visión y voz* is designed to help students develop the ability to communicate in Spanish for meaningful purposes. To this end, language analysis and linguistic terminology are kept to a minimum in favor of functional explanations drawn from the student's own world. Presentation and practice of both vocabulary and grammar are contextualized to reinforce their communicative functions. Using *Visión y voz*, students develop communicative skills in Spanish through carefully designed activities that allow for both personal expression and guided language development.

- **Developmental approach.** *Visión y voz* acknowledges that effective learning requires gradual construction of concepts and continuous consolidation and expansion through use. Within this program, great care has been taken to guide this building process. An important component of *Visión y voz* is its focused attention to vocabulary acquisition through sections dedicated exclusively to vocabulary practice in context. Activities in these practice sections begin with the production of new words and gradually expand through longer utterances that integrate new vocabulary into previously learned structures. Likewise, practice of new grammar and structures follows a communicative progression that begins with highly controlled tasks and expands gradually through increasingly more personalized and communicative activities. Some grammar elements may also first be presented lexically as vocabulary items (for example, **Me gusta** + infinitive) so that students may become familiar with them in limited use before being exposed to the structural patterns. This developmental approach is used to foster confidence and accuracy in speaking and in the development of reading, listening, and writing skills. In reading and listening, students are carefully guided through a series of "passes" to approach written texts strategically, from the main idea to more specific aspects of comprehension to the integration and use of new learning. In writing, students are taught to compose strategically through a process of thinking and planning, sketching and listing ideas, drafting, editing, and revising. In all cases, the tasks involved build on the learner's ever-evolving language base to integrate new learning.

- **Systematic recycling.** As you use *Visión y voz* you will notice that great care has been taken to recombine and transfer previous learning into new contexts where it serves as the foundation for integrating new learning. The authors believe that durable learning and flexible use of language require constant reinforcement and reconnection of words, structures, and concepts.

Group

Pair

- **Interaction and collaboration.** *Visión y voz* is designed to foster a sense of "community" in the classroom and to advance the use of language for its intended communicative purpose: to connect people to one another through shared responsibility. Throughout *Visión y voz*, attention is given to the cooperative learning process. In groups or pairs, students rehearse conversations, interview and survey classmates, exchange opinions and recommendations, collect, report, and summarize exchanges, collaborate in written or oral presentations, and engage in role play or other simulations.

- **Authenticity.** Authentic input not only reflects the real culture and the person within the culture, but also the union of thought and word. Throughout *Visión y voz*, a rich array of written texts, from realia to journalistic and literary pieces, serves to develop important comprehension skills while fostering cultural awareness. Non-scripted and semi-scripted listening texts, provided through both the student cassette and the complete audio and video programs, correspond to the thematic and language focus of each chapter. Interactive, multi-skill activities guide students in cultural analysis and the personal discovery of their own values, which is critical to cross-cultural understanding. This focus on authenticity is not limited to input, however, but is also a prominent feature of oral and written language development. From the outset, students are guided to go beyond the patterned response and simple-sentence level to expand and connect their utterances by giving explanations or reasons, making contrasts and comparisons, supporting opinions, and so on, to become active and purposeful participants in conversation.

- **Guidance in learning how to learn.** *Visión y voz* focuses on the learner, not only in its facilitation of the functional use of the language, but also in its attention to the affective, social, and strategic needs of learners. One of the most distinctive features of *Visión y voz* is its careful attention to the use and targeted development of good learning and language-use strategies in the **Estrategias** notes that precede each major section of each chapter. Strategies help students learn how to learn—how to lock in and connect vocabulary for long-term storage; how to integrate new grammatical structures for use; how to map out thoughts prior to speaking or writing; how to use clues in comprehending a written text; how to approach writing as a process. Strategies are the lasting skills that not only foster efficiency and confidence in immediate learning but also equip students for autonomy and continued learning beyond the classroom. In *Visión y voz*, students not only read, write, speak, listen, and explore cultural perspectives, but also learn *how to* read, write, speak, and listen and *how to* interpret cultural inferences and apply cross-cultural insights.

Chapter and Unit Organization

In *Visión y voz*, students learn through carefully selected readings and realia, through the artistic contributions of Hispanic people, and through the voices and timeless quotes of Hispanic communities. Presentation and practice of language is carefully designed to afford students a sense of comfort and accomplishment. Throughout *Visión y voz* you will notice that units and chapters are cohesive—concepts reinforce one another to expand and deepen the student's control of the language in a natural progression. Great care has been taken to select materials and develop opportunities that are interesting and enjoyable for you and your students.

The authors of *Visión y voz* would like students to find learning Spanish one of the most enjoyable and personally fulfilling experiences of their academic career. The 16 chapters of *Visión y voz* are divided into eight thematic units. Each unit opens with a piece of fine art that captures the global theme of its two chapters and concludes with **La red electrónica**, a section that guides students to conduct their own Internet research on a topic related to the unit theme. Each chapter of *Visión y voz* has the following components, listed in order of appearance.

- **Fine art opener.** Selected paintings by Hispanic artists introduce the chapter theme, provide revealing information about the artist, and engage students in personal reflection and expression about the chapter theme.

- **Metas.** Chapter goals summarize the primary lexical areas and language functions along with the corresponding grammatical structures that will be used to realize them. The **Vas a saber más de...** section of **Metas** highlights the chapter's principal areas of cultural learning.

- **Visiones del mundo hispano.** This section provides a global orientation to the chapter theme while focusing specifically on the major cultural concepts and introducing some of the vocabulary and grammatical structures covered in the chapter. Authentic realia, such as a wedding or job announcement, a real estate advertisement, a youth interview, or a health advice column, are followed by activities that guide students to use strategies to access information, develop language awareness, and use new learning in a limited fashion for more personalized tasks. This section prepares the student for the chapter's structured presentation and practice of vocabulary and grammar.

- **Estrategias.** Major sections of each chapter (**Visiones del mundo hispano, Práctica del vocabulario, Práctica de la gramática, Voces del mundo hispano**) always open with learner strategy sections. These **Estrategias** serve to guide students' awareness of the kinds of learning and communicative strategies they will be using in the activities of each section, in other words, *how* they will be learning. Students are also encouraged to adopt strategies as they work independently. The development of a good repertoire of varied strategies is vital to good language learning.

- **Visión and Voz** culture sections. Each chapter contains three or four mini-lessons in culture. **Visión** lessons typically focus on images of the Hispanic world, using realia, photos, maps, and brief article segments as a springboard for cultural awareness. **Voz** lessons feature the voices of the Hispanic world through interviews, surveys, poetry or prose excerpts, youth jargon, and the like. The authentic material used in these sections is accompanied by activities designed to help students *experience* Hispanic perspectives. These mini-lessons are typically found at the end of **Visiones del mundo hispano**, after the vocabulary section, and after one or more of the grammar sections.

- **En voz alta—Mi refranero.** Listening comprehension activities are provided for use with the student tape that accompanies the textbook. Taped segments focus on functional and topical aspects of the chapter theme spoken by native speakers of Spanish or excerpted from radio broadcasts. Activities are provided in two listening "passes." At the introductory stage of listening, students listen for global comprehension and the gist of the message. The second pass occurs at the end of the chapter. Here, the student is prompted to listen to the tape again for fuller, more detailed comprehension. Each **En voz alta** is followed by **Mi refranero**, where students are given one or two popular sayings related to the chapter theme (and often used in the **En voz alta** segments). These **refranes** may be heard on the listening tape and used for practice in imitating sounds and sound combinations.

- **Vocabulario: Imágenes y palabras.** This section introduces, through context and illustrations, the core productive vocabulary of the chapter. Words and expressions presented in this section have been carefully selected for their frequency of use and their high interest level. While students will encounter other words in the **Visión** and **Voz** culture lessons and in the authentic readings, this **Imágenes y palabras** section identifies the words and expressions they are expected to learn for active use.

- **Práctica del vocabulario.** In *Visión y voz*, vocabulary is not merely presented, but taught. Activities following the presentation of vocabulary encourage learners to use memory and communication strategies to weave new items into known vocabulary, to group and connect new words, and to instill new learning with personal value. Abundant meaningful practice supports the acquisition of vocabulary as well as the development of efficient techniques to retain and retrieve it for use.

- **Gramática.** *Visión y voz* addresses learners on their own terms. Grammar explanations are written in functional, learner-centered language that avoids technical linguistic terminology. Whenever possible, grammar explanations are preceded by a review of the familiar, reminding students, for example, that they have already used a particular structure, or that they have encountered some form of it in previous lessons. More complex structural features are broken down throughout the chapter or across chapters in order to lessen the load and increase proficiency in use. In *Visión y voz*, grammar constructions do not drop out of sight at the end of the chapter, but are consistently recycled throughout subsequent chapters. Each chapter typically presents two sections of **Gramática** (in a limited number of chapters, three sections are presented).

- **Ejercicios.** A new feature of the second edition of *Visión y voz* is the inclusion within the grammar presentation of one or two controlled exercises that allow students opportunities to manipulate or "drill" new forms prior to using them in more meaningful or open-ended activities.

- **Práctica de la gramática.** The presentation of grammatical structures is always followed by a carefully sequenced progression of contextualized speaking and writing activities that guide students in using good strategies to assimilate new grammatical structures. Interesting activities motivate and guide students to express their own messages and interact with others. Even the most seemingly open-ended tasks in these sections, however, are actually structured to provide the appropriate amount of guidance and support while allowing self-expression. Activities are typically accompanied by examples that serve not only to model the forms and placement of grammatical elements in an utterance but to help students generate their own ideas for expression.

- **Voces del mundo hispano.** This section, the concluding counterpart to the **Visiones del mundo hispano** that opens each chapter, serves two basic functions: to integrate language and cultural lessons of the chapter, and to expand on the chapter theme through a heightened cross-cultural perspective. Here, a more extensive authentic text (popular, journalistic, or literary) is approached through a progression of multi-skill activities that guides students in discovering new or deeper facets of Hispanic cultures while examining their own cultural values and behaviors. Because Hispanic cultures are approached through the voices of their people, *Visión y voz* avoids the stereotyped and overgeneralized statements that often result when an outsider attempts to describe another culture. Reading selections have been chosen for their appeal across age and interest groups and range from thought-provoking articles to literary works by renowned Hispanic literary figures. Activities are designed to approach reading through stages (thinking and anticipating, skimming and scanning, focusing on detail and discovery, reflecting and applying new learning in personal expression) and to reinforce language learning through integrative tasks that recycle use of learned vocabulary and structures.

- **Para escribir.** While writing activities are abundant throughout each chapter, this section provides additional focus on independent composition through a step-by-step approach:

  - thinking and brainstorming
  - planning and organizing
  - outlining and drafting
  - integrating and expanding
  - editing and self-correction

  Writing tasks are varied and range from personal and scenic description, letter writing, and dialog development to full narration and storytelling, poetry creation, and advertising. *Visión y voz* recognizes that good writing is not merely a matter of grammatical and lexical accuracy but of personal investment and sensitivity to the reader's needs and expectations. Thus, stages of the writing process stimulate students to think creatively and guide them to organize cohesively, express coherently, and establish good habits for checking carefully.

- **Mi diccionario.** Each chapter concludes with a list of words and phrases introduced in the chapter, grouped according to categories.

Program Components

The complete *Visión y voz* program is composed of the following ancillary materials.

- **Annotated Instructor's Edition** includes supplementary classroom activities and tips on planning and teaching each chapter.

- **Student audio component** (cassette or CD) for the 16 **En voz alta** and **Mi refranero** listening segments of the textbook as well as additional listening components of the **Lección preliminar** and **Capítulo 1**, shrinkwrapped with every text.

- **Instructor's tapescripts/answer key** to accompany the **En voz alta** student tapes, along with answer key material from the main text, workbook, and lab manual.

- **Test bank** includes one test for each chapter that focuses on essential grammar and vocabulary as well as dedicated sections for testing writing, listening, speaking, and cultural learning. Questions for the most part are contextualized yet easy to grade. Some open-ended questions are included.

- *Visión y voz* **web site** includes the following components: (1) interview with the authors; (2) learning tips from students who have used *Visión y voz*; (3) interactive grammar and vocabulary exercises with feedback loops; (4) the test bank; and (5) a cultural component consisting of exercises with URL links connected to each chapter.

- **Workbook/listening manual** includes a variety of activities for student practice of chapter vocabulary and grammar as well as development of reading, writing, speaking, and cultural exploration. The listening manual also includes a progression of pre-listening, listening, and post-listening multi-skill activities to accompany each of the taped segments of the listening program.

- **A separate audio program** contains chapter-coordinated recorded material from the listening manual (cassette or CD) and includes pronunciation practice. Instructor tapescripts/answer keys are available to all adopters of the text.

- *Visión y voz* **videotape** contains scripted dialogues that relate to the grammar and vocabulary of each chapter as well as cultural sections shot on location in various countries that relate to the cultural content of each chapter.

- **CD-ROM** created specifically to accompany *Visión y voz*, includes readings, an interactive video section, and a section of games which contains traditional games like *"La Lotena"* as well as language-specific games such as a job interview game. The CD-ROM also includes tracking capabilities so instructors can monitor progress as well as web links.

- **Transparencies** featuring the illustrations of **Imágenes y palabras** as well as selected realia and maps.

- **Instructor's multimedia guide** includes activities to accompany the video, CD-ROM, and web site, as well as information on using multimedia in language learning.

- **Guide for Teaching Assistants** to accompany *Visión y voz*, to aid first-time teaching assistants in the instruction of introductory Spanish.

Additional Resources

The following is a list of dependable Internet sites offering extensive access to resources for Spanish teachers and students.

- **Access to newspapers and magazines from the Hispanic world:**
  http://bingen.cs.csbsju.edu/~mcook/spanish.html *(includes literary texts)*
  http://www.spaintop.com/prensa.htm *(includes magazines, listed by country)*
  http://www.cs.vu.nl/~gerben/news.html
  http://ftp.msstate.edu/Archives/History/Latin_America/lanews/html
  http://www.latam.ufl.edu/LAdiarios.htm

- **Miscellaneous (news, music, radio broadcasts, literature, etc.; cites usually listed by topic and/or country)**
  http://www.bbk.ac.uk/Departments/Spanish/TeclaHome.html *or*
  http://langlab.uta.edu/langpages/TECLA.html *(housed at Birbank College, London, TECLA contains news articles arranged by topic)*
  http://www/cortland.edu.www_root/flteach.flteach.html *(extensive assortment of topics)*
  http://lanic.utexas.edu/ *(extensive listing of sites by country and topic)*
  http://www.speakeasy.org/~dbrick/Hot/foreign.html
  http://www.latela.com//
  http://www.el-mindo.es/
  http://www.itp.berkeley.edu/~thorne/HumanResources.html
  http://www.nhptv.org/forlalab.htm#e

http://www.bham.wednet.edu/foreign.HTM
http://humanities.uchicago.edu/romance/Spanish
http://www.princeton.edu/~enriquef/ *(or search "Proyecto Sherezade"; original literature w/author audios)*
http://polyglot.lss.wisc.edu/lss/lang/Spanish.htmlhttp://www.clark.net/pub/schank/web/foreign.html
http://forlang.utoledo.edu/BOOKMARK/BookmarkSPN.html
http://LanguageCenter.cla.umn.edu/lc/surfing/spanish.html
http://www.DocuWeb.ca/SiSpain/english/otherweb.html *(topical listing; Spain only)*
http://www.lamusica.com/ *(Latin American music)*

- **Activities and Grammar Drills:**
  http://www.umr.edu/~amigos/Virtual/
  http://copper.usc.indiana.edu/~jludwig/activities.html

Acknowledgments

The collaboration of many students, colleagues, and editorial staff has helped to make *Visión y voz* a true labor of love.

We wish to express our heartfelt appreciation to the excellent editorial staff at John Wiley & Sons, especially to Lyn McLean, Acquisitions Editor, and to Rachel Nelson, our Development Editor. We have greatly benefitted from their constant enthusiasm about the project, their readiness to listen and share in the solution of every problem, their promptness and thoroughness in providing feedback, and their skillful guidance and inordinate patience throughout each phase of the conceptualization, writing, and production of *Visión y voz*. Working with them has been a joy and a textbook author's dream.

Leading us every step of the way has been our Development Editor Vincent Smith. Vincent's guidance has been invaluable to us, and his wisdom, talent, and creativity as an editor and experienced Spanish teacher grace every page of *Visión y voz*. We are truly indebted to him for his seasoned editorial expertise, his innovative suggestions, his dedication and unparalleled professionalism, and his seemingly inexhaustible energy. Vincent's friendship, counsel, and unwavering moral support always calmed the stress, buoyed the occasional flagging spirit, and reinvigorated our creative energies. We acknowledge with profound respect the important role he has played in the production of this second edition of *Visión y voz*.

We extend our thanks as well to Wiley's production team and to Jeanine Furino, Senior Production Editor, for her meticulous attention to the myriad details of the production process. Many people contributed to the attractive design, clear illustrations, and colorful display of our exciting program. We are grateful to Ann Marie Renzi for coordinating Wiley's care in the design of *Visión y voz*; to Anna Melhorn, who coordinated efforts to ensure clear and attractive illustrations and line art; and to Hilary Newman, who oversaw photo research efforts to capture the colorful and informative images that are central to *Visión y voz*. We are sincerely appreciative of the hard work and persistence of Ramón Rivera Moret, who assisted us in the challenge of researching and securing the fine art pieces that sample the artistic beauty of the Hispanic world. We are indebted also to Elsa Peterson, who worked untiringly to secure permissions for use of the print material and realia that enabled us to invite learners into an authentic Hispanic world.

We extend our appreciation to Amy Hegarty, Supplements Editor, who coordinated the development of the rich array of ancillary materials that accompanies the *Visión y voz* textbook, and to Jennifer Williams, Project Coordinator, who kept us informed during the development of each component of the *Visión y voz* program and who so ably administered to each and every detail. To Wiley's marketing manager, Carlise Paulson, we express our appreciation for her strong commitment to *Visión y voz*, her respect for the foreign language teaching professions, and her efforts to put these exciting materials into the hands of foreign language learners.

Most of all, we offer our sincere and heartfelt thanks to the many students and teachers whose enthusiastic support encouraged our efforts and whose conscientious scrutiny and candid commentary greatly enriched the final product. Throughout the development of this program we received our colleagues' suggestions eagerly. This new edition of *Visión y voz* reflects our faithful heeding of each and every reader comment and our dedication to making *Visión y voz* the finest classroom resource possible. We gratefully acknowledge the valuable contribution of the following reviewers.

James Crapotta, Barnard College; Walter Chatfield, Iowa State University; Roxanne Dávila, University of Pennsylvania; Antonio Gil, University of Florida—Gainesville; Joseph Goebel, Jr., Temple University; Christine Pratt Gonzáles, Salt Lake Community College; Elizabeth Guzmán, Yale University; Ivette Hernández, Dartmouth College; Theodore Higgs, San Diego State University; Juergen Kempff, University of California—Irvine; Mary Iribarren, University of New Mexico—Albuquerque; Johanna Damgaard Liander, Harvard University; Sheri Spaine Long, University of Alabama—Birmingham; Luis López, University of Missouri; Julia Cardona Mack, University of North Carolina—Chapel Hill; Enrique Manchón, The University of British Columbia; Alfredo Martínez-Expósito, The University of Queensland; Frances Meuser, Oakland University; DeLys Ostlund, Portland State University; Bárbara González Pino, University of Texas—San Antonio; Augustus Puleo, Columbia University; Katy Dowd Ratcliff, Indiana University; Victoria Rodrigo, Louisiana State University; Sandra Rosenstiel, University of Dallas; Mercedes Rowinsky, Wilfrid Laurier University; José Angel Sáinz, University of Maryland—College Park; SheriAnn Sanford, Northwestern University; Susan McMillen Villar, University of Minnesota; Keith Watts, University of New Mexico; David Wren, Indiana University.

We extend our appreciation to Gerardo Lorenzino, Alicia Van Altena, and Elizabeth Guzmán of Yale University as well as their teaching assistants, Claudia Bautista and Amy Nauss, and students, Andrew Elwell and Amy Kappelman, for providing feedback during the development of the *Visión y voz* program.

The authors encourage all who use *Visión y voz* to share generously with us your ideas and comments. Please feel free to forward your comments to Carlise Paulson, Marketing Manager, at 212-850-6480 (phone), 212-850-6118 (fax), or cpaulson@wiley.com (e-mail).

VICKI GALLOWAY
ANGELA LABARCA

Georgia Institute of Technology

CONTENTS

¡Hola! ¿Qué tal?

Toothache Opera, 1986. Gilberto Ruiz, cubano.

¡Qué interesante es comunicarnos con otra gente! En esta lección preliminar vas a aprender a saludar a tus amigos y profesores y a hablar de la universidad y tus estudios. También vas a ver que ya puedes reconocer muchas palabras del español.

Gilberto Ruiz y la libertad de expresión

El pintor Gilberto Ruiz dice que necesita cuatro (4) cosas: gente, música, libertad de expresión y participación en el paso rápido de la vida. En 1980, este joven pintor llega a Estados Unidos, refugiado de la censura del gobierno cubano. En Miami, las formas extravagantes, los colores vivos y la furiosa energía de sus pinturas inmediatamente atraen la atención de la comunidad artística. Las obras de Ruiz son alegorías de situaciones políticas, sociales y culturales, pero su mensaje es universal. En sus pinturas, las imágenes del trasfondo típicamente representan temores, preocupaciones y ansiedades que afectan nuestras vidas. En tu opinión, ¿qué mensaje expresa esta obra?

Metas

En esta lección preliminar vas a aprender a...

presentarte
saludar a diferentes personas

hablar de la universidad y de tus clases

Me llamo + *name*, p. 5
ways to greet and say good-bye, pp. 4, 5
forms of address **tú / usted (Ud.)**, pp. 4, 5
¿Dónde está...?, p. 9
Hay + *nouns*, p. 10
Es fácil/difícil..., p. 11
Necesito + *nouns/verbs*, pp. 11, 14

Vas a saber más de...
cómo hablar con hispanos
cómo aprender otro idioma

Voces del mundo hispano

Saludos: ¡Hola! ¿Qué tal?
Language learning is about getting to know people. Greet the person next to you with: **¡Hola! ¿Qué tal?** Your classmate will respond with one of the following, using the appropriate tone of voice, to convey how he or she is feeling.

Muy bien, gracias.	**Bien, gracias.**	**Regular, gracias.**	**No muy bien.**
++++	+++	++	+

el señor Pérez   la señorita Miller   la señorita Estévez

> **Estrategias**
>
> This introductory lesson will help you *learn how to learn* Spanish by acquainting you with some valuable *strategies*. In learning to communicate in another language, use of a good variety of strategies can help you . . .
>
> - use what you *know* to interpret what appears unfamiliar;
> - *remember* what you have learned;
> - *use* what you have learned to *communicate your own messages to others*.
>
> The activities in this section will help you learn Spanish by using strategies to . . .
>
> - identify what you know;
> - personalize models by inserting your own information;
> - look and listen to get the gist of a message and to find specific information;
> - use "clues" to make guesses;
> - collaborate with others to form hypotheses;
> - think about what you have learned.

A. Pensar.   Always begin new learning by thinking about what you already know. Since the U.S. has a large Hispanic population served by television programming and publications in Spanish, you may already know some words in Spanish.

1. Can you name some countries where Spanish is spoken?
2. Can you recognize some of the following Spanish words and phrases?

amigo	**(muchas) gracias**	**adiós**	**muy bien**
señor	**señora**	**hasta mañana**	**vaya con Dios**
hispano	**sí**	**buenos días**	**familia**
señorita	**por favor**	**número uno**	**grande**

B. Para presentarte.   The first step in getting to know people is to introduce yourself. Find out the name of the person sitting next to you by asking each other **¿Cómo te llamas?** and responding with **Mucho gusto** (*Pleased to meet you*).

➤ *Por ejemplo:*

Kate: **¿Cómo te llamas?**

Kate: **Me llamo** Kate. **Mucho gusto.**

Mike: **Me llamo** Mike. **Y tú, ¿cómo te llamas?**

Mike: **El gusto es mío.**

C. Observar y escuchar.   The keys to effective language learning are good observation and careful listening. Listen to the dialog between Miguel and

Mr. Ribero, as you follow along. Choose one of the following statements to describe their relationship.

1. Miguel y el señor Ribero son amigos.
2. El señor Ribero es un amigo de la mamá de Miguel.
3. Miguel es un amigo de la mamá del señor Ribero.

MIGUEL: Buenos días, señor. Usted se llama señor Ribero, ¿no?
SR. RIBERO: Sí... ah, Miguel. Te llamas Miguel, ¿no? ¿Cómo estás?
MIGUEL: Muy bien, gracias. ¿Cómo está usted?
SR. RIBERO: Bien, gracias, Miguel. ¿Y tu mamá?
MIGUEL: Muy bien. ¿Y su señora?
SR. RIBERO: Bien, gracias. Bueno, chau, Miguel. Hasta pronto.
MIGUEL: Hasta luego, Sr. Ribero.

D. Observar, escuchar y aprender. Each time you listen and observe you can usually learn something new about Spanish. Read the previous dialog with your partner as you listen to the tape again. This time, pay particular attention to how Miguel and Mr. Ribero address, greet, and say good-bye to each other. Then, complete the statements below. For numbers **1–3**, think of a plausible explanation for the differences you find.

1. El Sr. Ribero dice **Te llamas Miguel, ¿no?**, pero Miguel dice _____ **señor Ribero, ¿no?**
2. El Sr. Ribero saluda a Miguel y dice **¿Cómo estás?**, pero Miguel saluda al Sr. Ribero y dice **¿Cómo _____ ?**
3. El señor Ribero le dice **¿Y *tu* mamá?** a Miguel, pero Miguel le dice **¿Y ____ señora?** al señor Ribero.
4. Para decir **adiós**, Miguel y el señor Ribero usan las expresiones _____ , _____ y _____ .

E. Resumir. Language learning is a process of building and connecting. Every time you learn something, you create a new foundation for more learning. To take stock of what you have learned, turn to the **Vocabulario** section on pages 4–5. Which of these new words and expressions do you now already know?

En voz alta

You will hear several people meet and greet each other. Although you will not understand every word, you will be able to get the gist of what these people are saying.

A. Listen to the first dialog between Lola and Jaime.

1. Are they . . .

   (a) good friends?   **(b)** first-time acquaintances?   **(c)** relatives?

2. Do they use **tú** or **usted** to speak to each other?

B. Listen to the second dialog and write the names of the speakers.

1. Tell which two people already know each other.
2. Tell which two people are introduced.

C. Listen to the third dialog.

1. Do the speakers know each other?
2. Do the speakers address each other with **tú** or **usted**?

Mi Refranero. In one of the dialogs you heard the following Hispanic saying.

Más vale tarde que nunca.   *Better late than never.*

Listen to this saying again and repeat it, trying to imitate as closely as possible the sounds you hear.

VOCABULARIO

Conversaciones

Para saludar a diferentes personas

Saludos entre amigos

Tú	**Tu amigo(a)**
¡Hola! ¿Qué tal?	Muy bien, gracias.
	Y tú, ¿cómo estás?
¡Hola! ¿Cómo estás?	Bien (Regular). ¿Y tú?
¡Hola! ¿Cómo te va?	No muy bien.

Saludos entre señores, señoras y señoritas

El señor	**La señorita**
Buenos días. (Buenas tardes./Buenas noches.) ¿Cómo está usted, señorita?	Muy bien gracias. ¿Y usted, señor?
Bien, gracias. ¿Y por su casa?	Todos bien, gracias.

Para presentarte a un señor, a una señora, a una señorita

Tú

¿Cómo se llama usted, señor (señora)?
Me llamo... Mucho gusto.

Un señor (Una señora)

Me llamo... ¿Y tú?
Encantado(a).

Para presentarte a compañeros y amigos

Tú

¿Cómo te llamas?

Tu amigo(a)

Me llamo... ¿Y tú?

Despedidas

Adiós, hasta luego.
Pues, hasta pronto.

Chau.
Bueno, hasta mañana.

V o z V o z V o z V o z V o z V o z

¿Tú o usted?

In Spanish, there are two ways to address a person (two forms of *you*), informally with **tú** and formally with **usted** (abbreviated **Ud.**). Use of these forms is not random, but dictated by cultural norms. To know whether to use **tú** forms or **Ud.** forms in addressing a person, you must consider your status and relationship to the person to whom you are speaking.

Use **tú...**   to address a friend or peer, someone your age or younger, someone you know well, someone with whom you are on a first-name basis, someone you want to include in your group.

Use **usted (Ud.)...**   to show respect to someone who is older or in a position of authority, someone you do not know well, or someone you address with a title (**Sr., Sra., Srta.; Dr., Dra.**).

This distinction must be kept in mind not only in greetings but every time you address someone.

A. Say how you would greet each of the following people.

▶ *Por ejemplo:*

el Sr. Sánchez: Buenos días, señor. ¿Cómo está usted?
Tu compañero(a):   ¡Hola! ¿Qué tal? (¿Cómo te va?/¿Cómo estás?)

1. el Sr. Sotelo   **4.** Marta   **7.** tu supervisor/a
2. tu papá   **5.** la Srta. Rodríguez   **8.** tu profesor/a
3. la Dra. Márquez   **6.** tu amigo(a)   **9.** la Sra. Rivera

B. Classify these as **tú** or **Ud.** greetings.

1. ¿Cómo te llamas?   **4.** ¿Y tu amigo?   **7.** ¿Cómo está?
2. ¿Estás bien?   **5.** ¿Y por su casa?   **8.** Buenas noches, señora.
3. ¿Cómo se llama?   **6.** ¿Y su amiga?   **9.** ¿Cómo te va?

Práctica del vocabulario

A. Saludos.   Do you know the names of all your classmates? Greet two of
your classmates, confirming their names each time, as in the model.

Tú	**Tu compañero(a)**
¡Hola!	Buenos días. (Buenas tardes.)
Te llamas Frank, ¿no?	Sí, me llamo Frank. (No, me llamo Mark.) Y tú te llamas Marcia, ¿no?
Sí, me llamo Marcia. (No, me llamo Lisa.) ¿Cómo te va?	Muy bien, gracias. Y tú, ¿qué tal? (¿cómo estás?)
Bien, gracias. Bueno, hasta luego.	Chau, hasta pronto.

B. Todo depende.   With a partner, complete each dialog, using words from
the **Imágenes y palabras** section. Keep in mind the differences between **tú**
and **Ud.**

1. SR. COOPER: Hola, ¿qué tal? ¿Cómo _____ , Guillermo?
   GUILLERMO: Bien, gracias. Y _____ , ¿cómo _____ ,
                    señor Cooper?
   SR. COOPER: _____ , gracias.
   GUILLERMO: ¿Y por ____ casa?
   SR. COOPER: Todos bien, _____ .
2. ANTONIO: Hola, Susana. ¿Cómo ____ va?
   SUSANA: Excelente. Y ____ , ¿cómo _____ ?
   ANTONIO: _____ . Pues, mira, el autobús. ¡Chau!
   SUSANA: _____ .
3. SRA. WILSON: Señor Moreno, ¿ _____ ?
   SR. MORENO: No muy bien. ¿Y _____ , señora?
4. PROFESORA PÉREZ: Hola. ¿Cómo ____ llamas?
   RALPH: Buenos _____ . Me _____ Ralph Schwartz.
                    Y _____ , ¿cómo se _____ , doctora?
   PROFESORA PÉREZ: _____ Lucinda Pérez y soy la profesora de
                    español básico.
   RALPH: Mucho gusto, _____ .
   PROFESORA PÉREZ: _____ .

Visión Visión Visión

Saludos, besos y abrazos

In Hispanic cultures, people not only make physical contact when greeting each other but stand closer to each other than is customary in the United States. The idea of "keeping one's distance" could be interpreted by Hispanics as signifying coldness, detachment, and even contempt.

Depending on the age, sex, and business of the persons involved, combinations of handshakes, pats or taps on the arms, shoulders and head, and hugs and kisses are often exchanged in greeting each other. Members of a family circle (including friends, neighbors, and godparents [**compadres**]) are very effusive and expressive. Grandparents, parents, and sons often kiss each other, regardless of the son's age.

Between men of roughly the same status, handshakes and hugs are firm and fast. A loose or limp handshake is interpreted as lack of interest, or even contempt or distrust. Among females, kisses are common, as is a tendency to remain with arms around each other for a longer time.

College-age students tap their arms or elbows, shake hands, or exchange a kiss on the cheek (or both cheeks) with students of the same social group. Males do not kiss each other, except in some areas with strong Mediterranean influence, such as in parts of Spain and Argentina.

Greeting people you know is always extremely important, even if you are in a hurry or fear you may be interrupting.

Ciudad de México

Santiago, Chile

Visiones del mundo hispano

¿Qué tal la vida universitaria?

Which of the following do you like about college life? Respond with **sí** or **no**.

los amigos	las clases interesantes	la variedad de cursos
los profesores	las computadoras	la cafetería
los exámenes	las residencias estudiantiles	la diversión

A. Cómo reconocer palabras.   One of the most useful strategies in reading or listening to Spanish is identifying *cognates*, words that look or sound like English words you know. With a partner, look at the following ads and list the cognates you find.

Palabras útiles

el derecho   *right*
mejorar   *improve*

Anuncio Y.

USTED NECESITA APRENDER OTRO IDIOMA

para mejorar° sus notas escolares,
para ser más eficiente en su trabajo
o para comprender a gente de otros países.

CENTRO DE IDIOMAS SOLANO

Cursos de verano: inglés, francés, alemán.
Horarios flexibles: mañana, tarde, noche.
Salas con aire acondicionado.
Pague la matrícula en cuotas semanales.

Llámenos al 255 61 81 en San José.

Anuncio X.

ESTUDIAR ES TU DERECHO

BECAS 91·92

Este año, las becas y ayudas (libros, transporte,
residencia, compensatoria y matrícula gratuita) para
enseñanzas medias y universitarias son de mayor
cuantía y para más alumnos.
Solicita la tuya hasta el 31 de Julio si has aprobado
en Junio y hasta el 31 de Octubre si terminas
el curso en Septiembre.

Becas 91/92. Porque estudiar es tu derecho.

**Infórmate en
tu centro o
en el libro
BECAS
91·92**
Ya a la venta
en tu quiosco
o librería

Ministerio de Educación y Ciencia

B. Cómo adivinar por el contexto.   Another valuable strategy is *guessing* through context clues. Use your knowledge of everyday situations to try to guess words in the ads. Don't be afraid of a "wrong" answer.

1. Anuncio X. The Spanish Ministry of Education and Science is offering **becas y ayudas**. What might these be? Think: What might a government agency be offering students? Look at the words in parentheses to find out what these **becas y ayudas** are for. Then, try to find the following words.

¿Cómo se dice...?

a. housing **b.** transportation **c.** books **d.** free **e.** tuition **f.** students

2. Anuncio Y. Now look at ad Y. Cite the clues that help you find the following words.

¿Cómo se dice...?

a. schedules	**d.** language	**g.** courses
b. German	**e.** grades/scholastic performance	**h.** English
c. people	**f.** classrooms	**i.** job

C. A usar nuevas palabras. Use new words you learned from the preceding ads to tell which of these things *you* need as a student, and which you don't need, using **Necesito.../No necesito...**

1. una beca
2. notas excelentes
3. un horario flexible
4. cursos sin (*without*) matrícula
5. residencia
6. trabajo
7. aprender francés o alemán
8. comprender gente de otro idioma

D. Cómo resumir. In the section **Imágenes y palabras 2** that follows, you will see new words and expressions. Which of these do you now already know? What strategies did you use in this section to learn them?

V O C A B U L A R I O

Imágenes y palabras

Por favor, ¿dónde está...?

En las salas de la universidad hay...

pizarras

televisores y computadoras

sillas

mucha gente alumnos y profesores

¿Qué tal las clases? En las clases de la universidad hay...

pruebas y exámenes

buenas y malas notas

lecturas y tareas

chicos y chicas, amigos y amigas, compañeros y compañeras

En la universidad hay...   cursos sin matrícula (*tuition-free*)   **pero no hay...**

mucho trabajo

horarios

mucho descanso/ ratos libres

becas y ayuda

puertas abiertas

puertas cerradas

En mis clases es fácil..., pero es difícil...

leer muchas páginas

aprender muchas palabras

practicar con compañeros

escribir bien

estudiar sin compañeros

hacer las tareas

hablar otro idioma

escuchar y comprender frases

tomar apuntes en español

Por favor, necesito...
tus apuntes
tu libro de español
tu calculadora
tu diccionario

¿Necesitas...?

mi ayuda
mi lápiz

mi mochila
mi hoja de papel
mis cintas
mi libro de español
tu cuaderno
tus lápices
tu bolígrafo

Práctica del vocabulario

To learn and remember new words, it is not enough to look at them and try to memorize them. You must *do* something with them. Try to use them over and over in different ways so that you form images and connections with them in your mind. In this section, you will practice new vocabulary, using memory strategies that help you . . .

- associate new words with other new words to form connections;
- sort and classify words according to categories;
- use words in context to express messages to others;
- collaborate with others to exchange information;
- connect actions to objects and objects to locations;
- use models to help you map out what you will say;
- reinforce your speaking through writing.

A. Asociaciones.   With a partner, list as many words as possible that you can associate with the following.

Por ejemplo:
trabajo: estudiar, escribir, tomar apuntes, tarea...

1. prueba	**6.** biblioteca	**11.** descanso
2. ayuda	**7.** beca	**12.** gente
3. residencia	**8.** notas	**13.** practicar
4. ratos libres	**9.** sala	**14.** papel
5. cuaderno	**10.** mochila	**15.** escuchar

B. Lo bueno y lo malo.   What are the good points (**lo bueno**) and the bad points (**lo malo**) of university life? Follow the model and list as many as you can, using new vocabulary.

Lo bueno es que hay...	**PERO**	**lo malo es que hay...**
amigos		mucho trabajo
Lo bueno es que no hay...	**PERO**	**lo malo es que no hay...**
tareas imposibles		descanso

C. ¿Qué hay?   Look at the words in the **Imágenes y palabras 2** section as your instructor asks you to name things found in the following locations.

Por ejemplo:
En mi mochila hay... **lápices, hojas de papel,...**

1. en tu mochila	**3.** en tu residencia estudiantil
2. en tu cuaderno	**4.** en tu habitación (*room*)

D. Clases fáciles y difíciles.   In each of the following groups of courses, tell which are easy (or very easy) and which are difficult (or very difficult), in your opinion.

➠ *Por ejemplo:*
La clase de español **es muy fácil**.

Es muy fácil	**Es fácil**	**Es difícil**	**Es muy difícil**

Bellas Artes: arte, música, teatro, danza
Ciencias básicas: biología, física, química
Ciencias matemáticas: álgebra, cálculo, geometría, trigonometría
Ciencias aplicadas: sicología, ingeniería (*engineering*), programación
Ciencias sociales: antropología, sociología, ciencias políticas
Letras: inglés, literatura, historia, filosofía, francés,
                          alemán

E. No sé dónde está.   Tell your partner you can't find the following things you need. Your partner will make suggestions about where each item might be, using **¿Está en...?**

➠ *Por ejemplo:*

Tú:	**Hola, ¿qué tal? Por favor, necesito ayuda. No sé dónde está** mi libro de español.
Tu compañero(a):	**¿Está en** tu mochila? **¿Está en** tu sala de clase?

1. mi bolígrafo
2. mi hoja de papel
3. mi tarea
4. mi cuaderno
5. la computadora
6. el diccionario inglés-español
7. la colección de las obras de Shakespeare
8. la cinta de español
9. el mapa de Sudamérica

F. ¿Dónde está?   You can't find your roommate. The only evidence you have as to this person's whereabouts is the list you found of things he or she had to do. Speculate on where your roommate could be according to each item in the list.

➠ *Por ejemplo:*
hacer investigación para la clase de historia
    ¿Está en la biblioteca (la residencia)?
    ¿Está con el profesor de historia (los compañeros de la clase de historia)?

Lo que necesito hacer

estudiar para examen de sicología   escribir composición

hablar con mi profesor de matemáticas   leer poemas de Frost

escuchar cinta de español   hamburguesa con Irene

programa de tele, canal 3   experimento de química

G. ¿Qué necesitas? With a partner, take turns telling each other what you need to do. Help each other by offering certain items needed for each activity.

➡ *Por ejemplo:*
estudiar historia

Tú	**Tu compañero(a)**
Necesito estudiar historia.	¿Necesitas **tu libro**? **¿tus apuntes?**
Sí, muchas gracias.	De nada.

1. escuchar español
2. estudiar para mi examen
3. escribir mi composición
4. hacer problemas de matemáticas
5. tomar apuntes

6. tomar una prueba
7. comprender esta (*this*) palabra
8. hacer mi tarea de física
9. aprender bien
10. practicar español con amigos

V o z V o z V o z V o z V o z V o z

Frases útiles
Saying "please" and "thank you" is essential when requesting favors.

—**Por favor,...**	—**Sí, cómo no.**
—**Gracias.**	—**De nada.**

A. Your partner will ask you for the objects in the following list. If your partner says "please," you must give each item to him or her. If your partner *does not* say please, you will deny the request with **No puedo; lo siento** (*I can't, I'm sorry*). Number 8 will be your partner's own original request.

➡ *Por ejemplo:*

Tu compañero(a)	**Tú**
Perdón, ¿tu cuaderno, por favor?	Sí, cómo no.
Gracias.	De nada.

1. un lápiz	3. tu bolígrafo	5. tu libro de español	7. una silla
2. una hoja de papel	4. tus apuntes	6. tu cuaderno	8. ¿?

Here are some expressions to use to ask for help when you don't know a word.

¿Cómo se dice «*OK*»?	Se dice «**muy bien**». (**No sé** cómo se dice.)
¿Qué quiere decir «*lo siento*»?	**Quiere decir** «*I'm sorry*». (**No sé** qué quiere decir.)

B. Quiz your classmates on the new vocabulary of this lesson using the preceding expressions. If your classmate doesn't know, he or she will respond with **no sé**.

G R A M Á T I C A

Temas y patrones

This section focuses on the learning strategies of *grouping* and *looking for patterns*. These strategies are particularly helpful in studying the grammar and structure of Spanish.

A. Look for patterns in words. You can find *patterns* in Spanish by identifying cognates. Note the following patterns.

Words ending in . . .

-ción	correspond to *-tion*	**-or/-ora**	correspond to *-er/-or*
-sión	correspond to *-sion*	**-mente**	correspond to *-ly*
-dad/-tad	correspond to *-ty*	**-ista**	correspond to *-ist*

B. Notice patterns in verbs. You have noticed that infinitives end in either **-ar, -er, -ir: hablar, aprender, escribir.** In the ads on page 8, find at least one infinitive for each of these endings.

C. Notice patterns in nouns. You have noticed that to refer to females, you sometimes must use an **-a** on the end of a noun. In Spanish, all nouns are either masculine or feminine. To help you determine the gender of a noun, here are some general indicators.

Indicators of feminine	**Indicators of masculine**
the articles **la** or **las** (*the*)	the articles **el** or **los** (*the*)
the article **una** (*a/an*)	the article **un** (*a/an*)
the endings **-ción, -sión, -tad,** or **-dad**	often, the ending **-ma**
often, the **-a** or **-as** endings of nouns or of adjectives that describe them	the **-o** or **-os** endings of nouns or of adjectives that describe them

Note: A noun ending in **-ista** may be either masculine or feminine, depending on the person to whom it refers: **el artista/la artista, el dentista/la dentista, el deportista/la deportista.**

Are the following words masculine or feminine? What clues did you use to guess?

1. biblioteca	**4.** chico	**7.** especialidad	**10.** problema
2. cafetería	**5.** sistema	**8.** conversación	**11.** calculadora
3. mucha gente	**6.** descanso	**9.** bolígrafo	**12.** idioma

D. Notice patterns in adjectives.   In Spanish, adjectives always "agree" with the nouns they describe. Notice how the adjective **mucho** (*many/a lot of*) changes according to the noun it describes.

masculine singular: **mucho** trabajo   *feminine singular:*   **mucha** gente
masculine plural: **muchos** chicos   *feminine plural:*   **muchas** páginas

How would you say there are a lot of the following? **Hay...**

1. tarea   4. lecturas   7. exámenes   10. hojas de papel
2. pruebas   5. ratos libres   8. libros   11. puertas cerradas
3. ayuda   6. descanso   9. problemas   12. palabras

E. Notice patterns in writing the language.   Find examples of each of the following writing conventions in this lesson.

two question marks (one inverted) frame each   **¿Cómo estás?**
   question (**¿...?**)
two exclamation points (one inverted) frame   **¡Muchas gracias!**
   each exclamation (**¡...!**)
written accent marks over vowels (**é, á, í, ó,**   **catálogo de información**
   ú) are sometimes used

These accent marks indicate which syllable to stress when you pronounce the word:

caf**é**   cafet**í**a   l**á**piz   matr**í**cula   informaci**ó**n   ex**á**menes   m**ú**sica

Accent marks are also used to distinguish two otherwise identical words, such as **tú** (*you*) and **tu** (*your*), **mi** (*my*) and **mí** (*me*), **papá** (*Dad*) and **Papa** (*Pope*).

VOZ VOZ VOZ VOZ VOZ VOZ

Para pronunciar
In Spanish, with the exception of **h**, which is always silent, every letter represents a sound. To practice the pronunciation of certain Spanish sounds, complete the following rhyme with your own thoughts and read your version to the class.

   En mi(s)... hay información.
   En mi(s)... hay conversación.
   En... soy hablador/a.
   En... soy trabajador/a.
   Hay... y... en mi universidad.
   En..., mi especialidad, ... es una necesidad.

Palabras útiles

soy *I am*
hablador/a *talkative*
trabajador/a *hard-working*
especialidad *college major*

Repaso de estrategias

Good language learners learn by guessing, taking chances, asking questions to clarify, looking for patterns within the language, thinking, and practicing. In other words, they use *strategies*. In this preliminary lesson, you used strategies to learn and practice vocabulary, to speak, to comprehend, and to learn about Hispanic culture.

Making memory connections. In learning vocabulary, you practiced strategies to . . .
- sort and classify words according to their meanings;
- associate new words with other new words to form connections and lock them in memory;
- practice new words as they would be used in real life;
- add new words with other new words to compose varied statements;
- collaborate with others to use these words to exchange messages.

Looking for clues to meaning. You recognized that, even though you may not know every word, you can . . .
- use your general knowledge and experience to make logical guesses;
- use what you know to get the "gist" or essence of the message;
- use your knowledge of English to identify cognates;
- focus attention to find specific information;
- look for clues using context, illustrations, etc.;
- look for patterns;
- summarize what you learned;
- use your knowledge of Spanish to provide clues to meaning.

From the words you learned in this lesson, can you guess the Spanish words from which the following are derived?

1. librería
2. bibliotecario
3. papelería
4. estudios
5. amigable
6. comprensión
7. ayudante
8. universitario
9. apuntar

Producing your own messages. To *use* Spanish to communicate with others, you used strategies to . . .
- personalize vocabulary by inserting your own words into models to express your thoughts;
- prepare for speaking or writing by using visual organizers such as models, lists, and columns to map out your thoughts;

- collaborate with others to practice, rehearse, or exchange information;
- tailor language to the speakers and the context;
- reinforce speaking through writing.

Discovering another culture. To learn about Hispanic culture and to integrate this awareness into language use, you used strategies to . . .
- listen, read, and observe carefully;
- form hypotheses and make logical guesses;
- examine the context and situations of language use;
- apply new cultural knowledge to language use.

En voz alta

Listen to the taped dialogs one at a time. After each dialog, refer to the corresponding activity. You will be asked to listen for the general message or gist and for some specific information.

A. **Conversación 1.** Listen to the first conversation and write the question you hear. Then, respond with **sí** or **no**, regarding the relationship of the speakers.

| They just met each other. | They are good friends. |
| They are about the same age. | Their relationship is formal. |

B. **Conversación 2.** Listen to the dialog and write down the *five* missing words or expressions.

—Hola, Jaime, ¿ _____ ? Qué gusto de verte.
—Hola. ¿Qué tal, Lola? Hace días que no nos veíamos.
—Sí, demasiado tiempo.
—Eh, eh, … preséntame a tu _____ .
—Ah, perdona. Ustedes _____ se conocen. Lola, te presento a Roberto. Roberto, Lola.
—Hola, Roberto, _____ . Encantada.
— _____ , Lola.

C. **Conversación 3.** Listen to the third dialog to determine the relationship of the speakers: **¿amigos? ¿señor y señorita? ¿alumno y profesora? ¿compañeros?** How do you know? Now listen again for the following information. For each question below, write *one* word or expression that gave you the clue.

1. ¿Dónde está Carlos?   3. Para Carlos, ¿qué es difícil?
2. ¿Qué hay allí?   4. ¿Qué necesita Carlos?

Mi Refranero. Here are two popular sayings that relate to your study of Spanish. Can you guess what they mean? Listen to the sayings on the tape, and repeat them, trying to imitate the speaker as closely as possible.

Atender y entender para aprender.   **La paciencia es buena ciencia.**

Mi diccionario

Saludos

Buenos días. Good morning.
Buenas noches. Good night.
Buenas tardes. Good afternoon/evening.
¿Cómo está? How are you? (*formal*)
¿Cómo estás? How are you? (*familiar*)
¿Cómo te va? How's it going?
Muy bien. Very well.
¡Hola! ¿Qué tal? Hi! How are you?
Regular. O.K.
(Todos) (Muy) bien, gracias. (Everyone) (Very) well, thank you.
¿Y por su casa? And your family?
¿Y tú?/¿Y usted? And you?

Despedidas

Bueno, adiós. Well, good-bye.
Chau. Good-bye.
Pues, hasta luego. Well, see you later.
Hasta pronto/mañana. See you soon/tomorrow.

Títulos

señor (Sr.) Mr.
señora (Sra.) Mrs.
señorita (Srta.) Miss

Presentaciones

¿Cómo se llama usted? What's your name? (*formal*)
¿Cómo te llamas? What's your name? (*familiar*)
Me llamo... My name is . . .
Mucho gusto./Encantado(a). Pleased to meet you.

Cortesía

De nada. You're welcome.
Lo siento. I'm sorry.
(Muchas) Gracias. Thank you (very much).
No sé. I don't know.
Perdón. Excuse me.
Por favor. Please.
Sí, cómo no. Yes, of course.

Preguntas

¿Cómo se dice...? How do you say . . . ?
¿Dónde está...? Where is . . . ?
¿Qué quiere decir...? What does . . . mean?

La gente

el(los) alumno(s), la(las) alumna(s) student(s)
el(los) amigo(s), la(las) amiga(s) friend(s)
el(los) chico(s), la(las) chica(s) boy(s), girl(s)
el(los) compañero(s), la(las) compañera(s) classmate(s)
el(los) profesor(es), la(las) profesora(s) professor(s)
tú you (*familiar*)
usted (Ud.) you (*formal*)

Lugares

la biblioteca library
la cafetería cafeteria
el laboratorio laboratory
la oficina office
la residencia estudiantil dormitory
la sala de clase classroom
la universidad university

La clase

los apuntes notes
la ayuda help
la beca scholarship
el bolígrafo pen
la calculadora calculator
la cinta tape
la computadora computer
el cuaderno notebook
el curso course
el descanso rest
el examen (los exámenes) exam(s)
la frase sentence
la hoja de papel sheet of paper
el horario schedule
el idioma language
el lápiz (los lápices) pencil(s)
la lectura reading
el libro book

la matrícula tuition
la mochila backpack
la nota grade
la página page
la palabra word
la pizarra chalkboard
la prueba test, quiz
la puerta door
los ratos libres free time
la silla chair
la tarea homework (assignment)
el televisor television set
el trabajo work

Adjetivos

abierto(s), abierta(s) open
bueno(s), buena(s) good
cerrado(s), cerrada(s) closed
difícil(es) difficult
fácil(es) easy
malo(s), mala(s) bad
mucho(s), mucha(s) many
mi(s) my
su(s) your (*formal*), his, her
tu(s) your (*familiar*)

Acciones

aprender (bien) to learn (well)
comprender to understand
escribir to write
escuchar to listen
estudiar (mucho) to study (a lot)
hablar español to speak Spanish
hacer las tareas to do homework
leer to read
necesitar to need
practicar to practice
tomar apuntes to take notes

Otras palabras y expresiones

de of, from
en at, in, on
hay there is, there are
no no, not
pero but
sí yes
con with
sin without
y and

Frida y Diego, 1931. Frida Kahlo, mexicana.

FRIDA KAHLO, SÍMBOLO DEL ESPÍRITU MEXICANO

Una de las más respetadas pintoras del siglo XX (veinte), Frida Kahlo simboliza el espíritu perseverante y optimista de la gente mexicana. Ella tuvo una vida breve y difícil. En su infancia fue víctima de la polio; en su adolescencia, como consecuencia de un terrible accidente de tren, quedó paralizada y estéril. Luego, vivió un complicado matrimonio con el pintor mexicano, Diego Rivera. Su sufrimiento físico y sicológico fue tema frecuente de sus 200 (doscientas) pinturas, en su mayoría autorretratos (*self-portraits*) llenos de simbolismo. En Nueva York, una de sus pinturas se vendió por la cifra récord de 1.650.000 dólares, el precio más alto pagado jamás por una pintura latinoamericana. La artista estadounidense, Madonna, es dueña (*owner*) de dos pinturas de Frida Kahlo.

UNIDAD 1

¿Cómo somos?

¿CÓMO ES LA PAREJA DEL CUADRO? ¿SABES
QUIÉNES SON? EN LOS CAPÍTULOS 1 (UNO) Y
2 (DOS), VAS A APRENDER CÓMO HABLAR DE LAS
CARACTERÍSTICAS FÍSICAS Y LAS PERSONALIDADES
DE LA GENTE. ESTA UNIDAD SE LLAMA **¿CÓMO
SOMOS?** ¿CÓMO SOMOS, TÚ Y YO?

Personas y personalidades

Woman Before Mirror, 1939. Antonio García, mexicano-americano.

¿Cómo es la señorita del cuadro? Y tú, ¿cómo eres? En este capítulo, vas a aprender a describir tu personalidad y tus características físicas.

Antonio García y sus imágenes

Antonio García es de Monterrey, México, pero a la edad de diez (10) años se mudó a los Estados Unidos, a la ciudad de San Diego. Las pinturas de García se caracterizan por el uso de perspectivas raras. En este cuadro, uno de sus más famosos, sólo vemos a la señorita por sus propios ojos, por la imagen que puede ver ella en el espejo cuando se mira. Y tú, ¿qué puedes ver en el espejo cuando te miras?

Metas

En este capítulo vas a aprender a...
hablar de ti y de otros con respecto a...

la nacionalidad
la personalidad y las características físicas
las aspiraciones profesionales
los intereses y gustos
hacer algunas preguntas

ser de + país o región, p. 31
ser + adjetivos, pp. 28–29
quiero/quiere ser + profesión, pp. 30–31
gustar + infinitivo, pp. 29–30
¿cómo? ¿de dónde? ¿quién(es)? ¿qué?, p. 35

Vas a saber más sobre...
quiénes son los hispanos

Visiones del mundo hispano

Los hispanos de los Estados Unidos

The magazines below are published in the United States for Spanish-speaking or Hispanic populations. Most Hispanics living in the United States are bilingual. Can you find the words that resemble English words on the magazine covers? The article and activities in this section will guide you to use the Spanish you already know to recognize some new words and expressions you will be learning to *use* in this chapter.

Estrategias

In learning to use another language, people rely on a variety of effective *learning and communication strategies*. Strategies help us . . .

- use what we *know* to interpret what appears unfamiliar;
- *remember* what we have learned;
- *use* what we have learned *to communicate our own messages to others*.

To become an efficient reader of Spanish, pay attention to the strategies you will use in this section to . . .

- guess from context, cognate, and visual clues;
- hypothesize about content and validate your hypothesis;
- scan for specific information and skim for the gist;
- identify patterns or new features of language;
- personalize new words to express your own thoughts.

A. Correo del corazón.   These three ads were placed by Hispanic men living in the U.S. Skim the ads, relying on the words that look familiar to you and trying to guess others. Which types of information listed in Activity A are found in these ads? With your partner, give the category of information and, beside it, the *specific words* that provide the information.

Por ejemplo:
Nacionalidad: colombiano...

Hombre bilingüe, colombiano. Blanco, 24 alto, delgado, atlético, bien parecido, responsable, con trabajo. Busca señorita paciente, inteligente. Para amistad y posible matrimonio. Miguel 212-555-2895 (después de las 18 hrs.).

Negro sincero y romántico, 25, cubano, soltero, busca amistad con señorita latina bien educada, 18-23 años, que hable inglés. Si quieres relación que dure, llámame. David 718-555-3943.

Gustavo Adolfo Mariscal. Argentino, divorciado, fotógrafo, 30 años. Me gustaría mantener amistad con chicas de diferentes nacionalidades, entre 20 y 35 años. Soy sincero amigable, ambicioso en mi carrera; me gusta hacer excursiones y explorar sitios desconocidos. Busco a la compañera de mi vida. 11 River St., Cambridge, MA, EE.UU.

B. ¿Cómo se llaman?   Now, read the ads again and match the ads to the photographs on page 25.

Por ejemplo:
El número uno (1) se llama... El número dos (2) se llama... El número tres (3) se llama...

C. ¡Adivina quién es!   Look over the next group of ads on page 26 and choose one of the people to describe to the class, using the following model. Present only one piece of information at a time and see if the class can guess whom you are describing.

1. **Es** + nacionalidad.
2. **Es** + profesión.
3. **Es** + aspectos de la personalidad.

4. **Le gusta** + actividad.
5. **Quiere** (*He or she wants*) . . .

D. Casamentera.   Laurentino sent in a picture of himself that was not printed with his ad. Look at his photo in the following group and find the line from his ad that describes his physical appearance. Then find the physical description of the person he's looking for. Does he use the same words to describe himself *and* the person he's looking for? Tell the class which of the two young women pictured Laurentino probably wants to meet.

➡ *Por ejemplo:*
Laurentino quiere conocer a...

Laurentino   **Sonia**   **Mercedes**

Palabras útiles

a pesar de *in spite of*
hogareña *homebody*
gerente de ventas *sales manager*
emprendedora *enterprising*

INTERCAMBIOS SOCIALES

Elba Rojas Lázaro. Divorciada, 39 años, escritora, mexicana. Soy una mujer bastante atractiva, a pesar de° mi edad. Me gusta viajar, pasear y leer. Me gustaría una relación seria, amistosa, tal vez matrimonio, con un hombre de buena posición económica, ya que yo ofrezco lo mismo. Tlaxcala 75, depto. 31, Col. Roma Sur, México, D.F.

Sonia Angélica Sandoval del Villar. Chilena, soltera, 28 años, secretaria en idiomas (inglés, francés, alemán, español). Me gusta ir al cine, mirar la tele, escuchar música, leer libros, pintar y hacer artesanías: cerámicas, porcelanas. Soy buena ama de casa. Delgada, rubia, atractiva, ojos verdes, alta. Deseo encontrar una persona sincera, responsable y paciente. Cueto 319, Santiago, Chile.

Mercedes Núñez. Soltera, 24 años, asistente de enfermería. Soy dominicana. Tengo un hijo de 4 años. Soy alta y delgada, ojos y pelo negros, piel clara. No me gusta la calle, soy algo tímida y muy hogareña°. No tengo ningún vicio. Me gustaría encontrar un señor serio y estable para relación seria. 644 76th St. Brooklyn, NY, EE.UU.

Martha C. Prego. Soltera, 27 años, sicóloga. Nicaragüense. Quiero conocer personas de ambos sexos, diferentes culturas. Me gusta leer, viajar. Trabajo como clerk en un banco, con aspiraciones a más. Tengo un hijo de 3 años y me gusta pasar el fin de semana en la playa. 1215 Dolores, San Francisco, CA, EE.UU.

Antonio Cortés. Puertorriqueño, soltero, 26 años, gerente de ventas°, ansioso de contraer matrimonio con una mujer independiente, sencilla y hogareña. Alto, de ojos verdes, piel trigueña. Me gustan el cine y el baile. Los Coroneles 755, Hato Rey, Puerto Rico.

Laurentino Pérez Torres. Panameño, 24 años, profesor de electrónica. Ojos café, piel trigueña, pelo negro lacio. Deseo establecer amistad con chicas entre 18 y 24 años, con fines de matrimonio. Me considero muy sentimental y trabajador. Soy un admirador de la mujer estudiosa, emprendedora° y con visión futurista. Me gustaría encontrar una chica alta y rubia, de ojos y piel claros, con deseos de casarse. Carrera* 15, 2° piso, Bogotá, Colombia.

———————

*Some streets of Bogotá are called **carreras**.

E. Quiero conocer...   Use the model provided to tell the class what you would say in your own personal ad that is based *only* on personality. Choose adjectives from the list of cognates provided on page 27 (or those you find in the ads) to **(1)** describe your personality, and **(2)** describe the personality of the person you're looking for. To describe females, change endings to **-a** whenever the option **(a)** is provided.

➡ *Por ejemplo:*
Soy responsable, estudiosa y atlética.
Quiero conocer a un chico romántico, paciente y optimista.

atlético(a)	estudioso(a)	adaptable	responsable	idealista
aventurero(a)	imaginativo(a)	independiente	sociable	realista
cómico(a)	práctico(a)	inteligente	tolerante	optimista
dinámico(a)	romántico(a)	paciente	artista	pesimista

En voz alta

A. Two messages have been left on the answering machine of Anamaría Armas. You will not understand every word of the message, but you will be able to get the gist. Listen to the first message to determine why the person is calling.

Quiere...

_____ trabajo   _____ una compañera de habitación

_____ conocer amigos   _____ ayuda

B. Now listen to the message again and tell which of the following items of information the caller gives.

su nombre   su profesión   su personalidad

sus características físicas   su nacionalidad   su dirección (*address*)

su número de teléfono   sus pasatiempos   sus intereses

C. Listen to the second message and provide the same information about this call that you provided in Activities A and B.

Mi Refranero. The following is a popular saying. Do you agree with it? Listen to the saying on the tape and repeat it, trying to imitate the sounds as accurately as possible.

La vecindad es fuente de amistad.   *Community is the source of friendship.*

VOZ VOZ VOZ VOZ VOZ VOZ

¿De dónde son los hispanos?
When you travel to a Spanish-speaking country, one of the first questions you will be asked is **¿De dónde eres?** or **¿De dónde es usted?** To say that you are from the United States, you may give either of the following responses.

Soy de los Estados Unidos.   **Soy estadounidense.**

The United States, home to one of the largest Hispanic populations in the world, can be considered part of **el mundo hispano** (*the Hispanic world*). The term **hispano** refers to Spanish-speaking people from many different countries. Note the following countries and corresponding nationalities.

Argentina	argentino(a)	Honduras	hondureño(a)
Bolivia	boliviano(a)	México	mexicano(a)
Chile	chileno(a)	Nicaragua	nicaragüense
Colombia	colombiano(a)	Panamá	panameño(a)
Costa Rica	costarricense	Paraguay	paraguayo(a)
Cuba	cubano(a)	Perú	peruano(a)
Ecuador	ecuatoriano(a)	Puerto Rico*	puertorriqueño(a)
El Salvador	salvadoreño(a)	la República	
España	español/a	Dominicana	dominicano(a)
(los) Estados	estadounidense	Uruguay	uruguayo(a)
Unidos		Venezuela	venezolano(a)
Guatemala	guatemalteco(a)		

With a partner, place the Spanish-speaking countries in the following categories.

Norteamérica   **Centroamérica**   **Sudamérica**   **Europa**

V O C A B U L A R I O

Imágenes y palabras

¿Cómo eres? Soy muy amable.

Soy (muy)...   amistoso(a)   **Pero no soy (muy)...**   puntual
serio(a)   tranquilo(a)

divertido(a)

bien
educado(a)

deportista

emprendedor(a), trabajador(a)

listo(a)

alegre

---

*Puerto Rico is a freely associated commonwealth of the U.S. Its official designation is **Estado Libre Asociado de Puerto Rico**.

A veces también soy algo (*somewhat*)...   impulsivo(a)   tímido(a)   impaciente
reservado(a)   desordenado(a)

sensible

hogareño(a)

perezoso(a)

Con respecto a mi físico, soy...

de pelo rubio
de ojos claros
de piel clara
de piel morena
alto
mayor
de pelo negro
de ojos oscuros
algo grueso
pelirroja
delgado
bajo
joven
de pelo trigueño
de piel trigueña
estatura mediana

¿Qué te gusta hacer?

Me gusta salir con amigos.

Me gusta... (*I like*)　　ir a los partidos de fútbol* (básquetbol/béisbol/tenis)

ir a la discoteca　　ir al centro estudiantil　　hacer deporte

ir al cine　　sacar fotografías

nadar

bailar

ir a la playa

hacer ejercicio

viajar

ir de compras

En casa, me gusta...

trabajar en la computadora　　escuchar música　　mirar la tele (televisión)

conversar con amigos

hablar por teléfono

descansar　　　　comer bien　　　　dibujar　　　　cocinar

Con respecto a tu carrera, ¿qué quieres ser?

Quiero ser... (*I want to be a*)

analista de sistemas

dentista

profesor/a

programador/a

arquitecto(a)

médico(a)

sicólogo(a)

especialista (técnico) en

　computadoras

abogado(a)

ingeniero(a)

enfermero(a)

***Fútbol** is *soccer*; U.S. *football* is **fútbol americano**.

contador/a

escritor/a

gerente de
una empresa

periodista

dueño(a) de un negocio

¿De dónde eres?

No soy de Estados Unidos. Soy de...

Alemania   Canadá   China   Francia   la India   Inglaterra   Japón   Rusia

Práctica del vocabulario

Estrategias

To remember new vocabulary and communicate effectively with it, you will be using the following memory strategies in this section to practice the vocabulary in **Imágenes y palabras**. Skim the activities in this section to find those that ask you to . . .

- group words in different ways to form connections;
- associate new words with other new words;
- combine words to form statements;
- personalize new words to express your own thoughts.

You will also use two important strategies to develop your speaking skills. Identify which activities ask you to . . .

- collaborate and rehearse with others;
- use lists to organize your thoughts and map out your words.

A. ¿Cómo es la gente?   We tend to associate certain personality traits with others. For each of the following adjectives, tell what other adjectives you associate with it, or which ones you definitely do *not* associate with it. Use the feminine forms of adjectives from **Imágenes y palabras**, since you are describing **la gente**.

➠ *Por ejemplo:*
La gente amistosa es alegre (amable/divertida).
No es reservada.

1. la gente trabajadora	**6.** la gente impulsiva
2. la gente seria	**7.** la gente perezosa
3. la gente tranquila	**8.** la gente reservada
4. la gente bien educada	**9.** la gente emprendedora
5. la gente puntual	**10.** la gente divertida

B. Así no soy yo.   Describe yourself in terms of things you are not (using **no soy**) and in terms of things you don't like to do (using **no me gusta**).

➠ *Por ejemplo:*
No soy delgada; **no soy** deportista; **no soy muy** puntual.
No me gusta bailar; **no me gusta** cocinar.

C. Así soy yo.   For each of the following five categories, choose words from **Imágenes y palabras** that describe you or the way you want to be. Then use these words in statements to describe yourself as in the example, first to your partner, then to the class.

➠ *Por ejemplo:*
Soy de Estados Unidos. **Soy** mayor, de piel morena, de estatura mediana y pelo oscuro. **Soy** estudioso, muy organizado y práctico. **Soy algo** tímido y **quiero ser más** (*more*) sociable. **Soy** alumno universitario y **quiero ser** enfermero. **Me gusta** escribir cartas y viajar.

1. Nacionalidad: Soy de...
2. El físico: Soy...
3. La personalidad: Soy... Quiero ser más...
4. Carreras preferidas: Quiero ser...
5. Pasatiempos/Intereses: Me gusta...

D. ¿Cuál es mi carrera?   With a partner, choose three careers from the **Imágenes y Palabras** section and write them down. For each career, give **(1)** at least three personal characteristics needed for the job, and **(2)** one activity associated with the job. Then, assume the identity of one of these professionals and read your description to the class so that classmates can guess your profession. If you are a female, be sure to use feminine endings when needed.

▶ *Por ejemplo:*
Soy gerente de una empresa. **Soy** organizada, responsable y emprendedora. **Me gusta** trabajar en la oficina.

E. En realidad.   Choose one profession you would *least* like to have and the one you would *most* like to have and explain why, using **porque** (*because*), as in the model.

▶ *Por ejemplo:*
No quiero ser médica **porque** no soy muy seria y no me gusta leer. Quiero ser fotógrafa **porque** soy aventurera y me gusta viajar y sacar fotografías.

F. Ratos libres.   You have some free time and want to do the following. Explain why, using words from **Imágenes y palabras** and others you've learned. Study the options provided in the model.

▶ *Por ejemplo:*
Quiero ir a casa...   **porque soy** muy hogareño(a).
   porque me gusta trabajar en la computadora.
   porque necesito comer (hacer mis tareas).

1. Quiero ir al centro estudiantil porque...
2. Quiero ir a la playa porque...
3. Quiero ir a un partido de... porque...
4. Quiero salir con amigos porque...
5. Quiero ir a la discoteca porque...
6. Quiero ir a la residencia estudiantil porque...

V O Z V O Z V O Z V O Z V O Z V O Z

Para deletrear tu nombre
When you travel to a Hispanic country, you will quite often have to spell your name on the phone or for clerks in banks, hotels, and many other places. Pronounce the following letters of the Spanish alphabet with your instructor.

a (a)	**f** (efe)	**k** (ka)	**ñ** (eñe)	**rr** (erre)	**w** (doble ve)
b (be)	**g** (ge)	**l** (ele)	**o** (o)	**s** (ese)	**x** (equis)
c (ce)	**h** (hache)	**ll** (elle)	**p** (pe)	**t** (te)	**y** (i griega)
d (de)	**i** (i)	**m** (eme)	**q** (qu)	**u** (u)	**z** (zeta)
e (e)	**j** (jota)	**n** (ene)	**r** (ere)	**v** (ve)	

Practice new vocabulary as you learn to spell your name: Write your name vertically on a sheet of paper. Then, have each letter of your name represent a characteristic that contains that letter (it doesn't have to *begin* with that letter). Read your poem to the class.

➡ *Por ejemplo:*
Me llamo **Alejandro**.
A porque soy **A**mable.
L me gusta **L**eer.
E de **E**mpresa. Soy dueño.
J de traba**J**ador.
A por ser **A**lgo grueso.
N me gusta **N**adar.
D porque soy **D**eportista (y porque sé **D**ibujar).
R de aventu**ReR**o. Quiero viajar.
O de mis **O**jos alegres. Me gusta conversar.

GRAMÁTICA 1

To Identify and Contrast: The Verb **ser**

You have used the verb **ser** (*to be*) in the expression **quiero ser** (*I want to be*). You have also used two forms of the verb **ser: soy** (*I am*) and **es** (*he or she is*), and the negatives **no soy** and **no es** to give nationality (**soy/es de**), profession, and physical or personality characteristics.

Here are all the forms of the verb **ser** in the present tense.

ser					
One person (singular)			**More than one person (plural)**		
(yo)	**soy**	*I am*	(nosotros[as])	**somos**	*we are*
(tú)	**eres**	*you are*	(vosotros[as])	***sois***	*you are***
(usted*)	**es**	*you are*	(ustedes*)	**son**	*you are*
(él/ella)	**es**	*he/she/it is*	(ellos[as])	**son**	*they are*

1. Notice that the subject pronouns **yo, tú, usted, él, ella, nosotros(as), vosotros(as), ustedes, ellos**, and **ellas** are given in parentheses. This is because in Spanish the subject *is already contained* in the verb form.

*****Usted** and **ustedes** are commonly written in abbreviated form, **Ud., Uds**.
******In several regions of Spain, the **vosotros(as)** form is used in addition to the **ustedes** form. It is used to address more than one person with whom one is on a first-name or **tú** basis.

Therefore, subject pronouns are used in Spanish *only* when you want to clarify, give emphasis, or contrast.

Soy responsable.	*I am dependable.*
Yo soy responsable.	*I am dependable* (*not you, not he*).

2. In Spanish, because all nouns are either masculine or feminine, there is no neuter subject pronoun equivalent to *it*. To say *it is*, simply say **es**.

¿Cómo **es** tu clase de sicología?	**Es** difícil.
What is your psychology class like?	*It's difficult.*

Use **ser** to

describe yourself	**Soy** tranquila, intelectual, deportista.
describe someone else	Sergio **es** tranquilo también.
describe your commonalities	**Los dos somos** diligentes.
contrast the two of you	**Yo** soy algo romántico, pero **ella** es realista.
address a friend	¿**Eres** supersticioso?
address more than one person (all of you)	¿**Son** supersticiosos también?
contrast others	**Tú eres** idealista, pero **ellos son** muy prácticos.

3. To make your statement negative, put **no** before a form of **ser**. To add another negative statement, put **tampoco** (*neither*) before **ser**.

Gary **no es** estudioso, Gail **tampoco es** estudiosa.

4. To express degrees of intensity, use **demasiado, algo,** and **muy**.

No soy **muy** deportista, pero **tampoco** soy perezoso.	I'm not *very* athletic, but *neither* am I lazy.
Soy **demasiado** trabajador.	I'm *too* hard-working.

5. Whenever **de** is followed by the article **el**, the two words are combined to form **del: de + el = del**.

En español, se dice «Sudamérica» o «la América **del** Sur». También se dice «Norteamérica» o «la América **del** Norte».

6. The following are some questions you can ask with forms of the verb **ser**.

to ask people's *identity*	**¿Quién eres? ¿Quién es? ¿Quiénes son?**
	—¿**Quién es** Gabriela Sabatini? —**Es** una tenista hispana.
to ask what people *are like*	**¿Cómo eres? ¿Cómo es? ¿Cómo son?**
	—¿**Cómo es** Arantxa? —**Es** muy inteligente y trabajadora. **Es** algo baja.
to ask for people's *occupations/professions*	**¿Qué eres (es)? ¿Qué son?**
	—¿**Qué es** Antonio Banderas?
	—**Es** artista de cine/actor.
to ask where people *are from*	**¿De dónde eres/es? ¿De dónde son?**
	—¿**De dónde es** Antonio Banderas?
	—**Es de** España.

Henry Cisneros

Gloria Estefan

Gabriela Sabatini   Antonio Banderas   Andy García

Ejercicio A. With a classmate, complete the following phone conversation between Antonio and Mercedes. Mercedes has answered Antonio's personal ad on page 26. Use appropriate forms of **ser** and any other necessary words, as indicated by the context.

MERCEDES: Hola, Antonio, ¿qué tal? _____ Mercedes Núñez. Me interesa tu anuncio en el periódico. Yo _____ la chica de tus sueños *(dreams)*.

ANTONIO: Mercedes, ¿cómo estás? Mucho gusto. ¿La chica de mis sueños? Pues, ¿cómo _____ ?

MERCEDES: Bueno, _____ alta y delgada, como mi papá, de ojos y pelo negros, como mi mamá. _____ de la República Dominicana. ¿Y tú? _____ de Puerto Rico, ¿no?

ANTONIO: Sí, _____ puertorriqueño. _____ gerente de ventas de una empresa que fabrica juguetes *(toys)*.

MERCEDES: ¿Juguetes? ¡Perfecto! Tengo un hijo de cuatro (4) años. ¿Cómo _____ tu familia, Antonio?

ANTONIO: Bueno, en mi familia _____ sólo tres (3) personas: mi papá, mi mamá y yo. Mi papá y mi mamá _____ dueños de una empresa.

MERCEDES: Ustedes _____ muy emprendedores, ¿no?

Antonio: Sí, con respecto al trabajo, nosotros _____ muy serios.
                ¿Qué _____ tú?

Mercedes: Actualmente _____ asistente de enfermería, pero quiero
                _____ algo más. Un día de éstos, quiero _____
                enfermera.

Ejercicio B. Complete the dialogs with the following question words, according to the context: **quién, quiénes, dónde, de dónde, qué, cómo.**

1. —Hola, Enrique, ¿ _____ estás?
   —Muy bien, ¿y tú? ¿ _____ está tu amiga?
   —Está en clase ahora.
2. —¿ _____ es la profesora de cálculo?
   —Es muy amistosa.
   —¿Y _____ es?
   —La doctora Murphy.
   —¿Murphy? ¿ _____ es?
   —De Inglaterra.
3. —¿ _____ son esas señoritas?
   —Son amigas de Carlos.
   —La rubia es muy bonita, ¿ _____ es?
   —Es abogada de la empresa donde trabaja Carlos.

Práctica de la gramática

Estrategias

The activities in this section will help you practice using the verb **ser** in description through the following strategies. Skim the activities to find those that ask you to . . .

- collaborate with others to exchange information;
- take notes to summarize, compare, and contrast;
- organize thoughts and map conversations;
- personalize models to express your own thoughts.

A. Un cumplido. Everyone needs a compliment now and then. On a piece of paper write two imaginative compliments: one for your instructor and one for someone in your class. Remember to use feminine endings of adjectives for females and to follow the rules for **tú/Ud**.

➠ *Por ejemplo:*
Señor/a (Doctor/a), **usted es** muy paciente y amable.
Jim, **tú eres** muy sociable.

B. ¿De dónde son?   In Analucía's classroom, there are people from many Hispanic countries. Can you give the country of origin for each?

➠ *Por ejemplo:*
Analucía y Martín: Guadalajara
Analucía y Martín son de México.

1. Pilar y Mercedes: Madrid
2. Natalia: Bogotá
3. Teresa y María: Lima
4. Juan José: Tegucigalpa
5. Roberto y Anita: Santo Domingo
6. Maribel y Laurentino: Caracas
7. Isabel y Olga: Quito
8. Arturo y Edna: San Juan
9. Gilda y David: Nueva York
10. Loreto y Jorge: Buenos Aires

C. ¡Mira cómo somos!   Complete the following statements to describe yourself to your partner:

Soy demasiado... y...   Soy muy... y...   Soy algo... y...   No soy muy...

Your partner will take notes and report to the class, comparing the two of you in terms of your differences and commonalities.

Diferencias:	No soy como...
	Él (Ella) es demasiado..., pero yo soy...
	Él (Ella) es algo..., pero yo soy muy...
Semejanzas:	En cambio (*On the other hand*), **él (ella) es...** y yo **también** soy...
	Él (Ella) **no** es muy... y **yo tampoco** soy muy...

D. Por teléfono.   "Call" one of your classmates on the phone by saying his or her name. Your classmate will not immediately know who you are, so you'll have to **(1)** spell your name, **(2)** identify yourself, and **(3)** describe your physical appearance. Follow the model.

➠ *Por ejemplo:*

Tú	**Tu compañero(a)**
¿Erica?	Sí, soy Erica.
¡Hola! ¿Qué tal?	Bien, gracias. ¿Quién es?
Soy Alfredo.	¿Quién?
Alfredo. A-L-F-R-E-D-O.	¿Quién eres?
Soy alumno de tu clase de español.	¿Cómo eres?
Soy alto y pelirrojo.	¡Ah, Alfredo! ¿Cómo estás?
Muy bien, gracias. ¿Y tú?	Excelente, gracias.

VOZ VOZ VOZ VOZ VOZ VOZ

¿Cómo es ser hispano-estadounidense?

Most Hispanics who live in the United States are bilingual. Even though their ability to speak English has enhanced their integration into society, some things are lost in transferring communication from Spanish to English. Read the following lines from the poem "Bilingual Sestina."

"Bilingual Sestina"
por Julia Álvarez

Gladys, Rosario, Altagracia—the sounds of Spanish
wash over me like warm island waters as I say
your soothing names: a child again learning the *nombres*
of things you point to in the world before English
turned *sol, tierra, cielo, luna* to vocabulary words—
sun, earth, sky, moon—language closed . . .
. . . the world was simple and intact in Spanish
awash with *colores, luz, sueños*, as if the *nombres*
were the outer skin of things, as if words were so close
to the world one left a mist of breath on things by saying
their names, an intimacy I now yearn for in English—
words so close to what I mean that I almost hear my Spanish
blood beating, beating inside what I say *en inglés*.

From Julia Álvarez, "Bilingual Sestina," *Hispanic Culture Review*, Vol. 1, no. 2 (Spring 1991), 38.

A. Why does this writer use both Spanish and English in her poem? According to her, what has been lost?

B. It can be very difficult to translate ideas from one language to another because words we use in English carry certain cultural ideas just as words used in Spanish carry certain ideas. Choose a word in English that is important to you or that depicts your idea of U.S. culture. Then give Spanish adjectives you would use to convey the feelings this word evokes in you.

➦ *Por ejemplo:*
my car: **independiente, responsable, puntual...**

GRAMÁTICA 2

To Describe People, Places, Things, and Ideas: Plural Forms and Agreement of Adjectives

In Spanish, nouns change for plural forms, just as in English.

I have one class today; I have three classes tomorrow.

However, when Spanish nouns are made plural, they trigger other changes. Count how many words change from the first to the second example in the pair that follows.

La **clase** es difícil pero interesante.
Las **clases** son difíciles pero interesantes.

Aside from the need for the plural verb form **son**, the switch from **clase** to **clases** triggered changes in the adjectives and articles. This is called *agreement*, and it requires that any article (**el, la, los, las**) or any adjective(s) used to describe a noun reflect the same *number* (singular or plural) and *gender* (masculine or feminine) of the noun itself.

1. To form the plural of a noun or adjective

add **-s** to the end of words ending in vowels | clase → clase**s**
add **-es** to the end of words ending in consonants | universidad → universidad**es**
for words ending in **-z**, change the final **-z** to **-c** and add **-es** | lápiz → lápi**ces**; voz → vo**ces**

2. Notice in the following charts the patterns of agreement when nouns refer to persons, such as **el profesor, la alumna, mi amiga, mi compañero**.

articles and adjectives convey the gender

the **-o** endings of nouns and adjectives are replaced by **-a** if the person is female

an **-a** is added to **-dor/-tor** endings of nouns and adjectives to refer to a female

Nouns

masculine form	feminine form	masculine plural	feminine plural
el art**ista**	**la** art**ista**	**los** art**istas**	**las** art**istas**
el gerent**e**	**la** gerent**e**	**los** gerent**es**	**las** gerent**es**
el dueñ**o**	**la** dueñ**a**	**los** dueñ**os**	**las** dueñ**as**
el trabaja**dor**	**la** trabaja**dora**	**los** trabaja**dores**	**las** trabaja**doras**
el inspec**tor**	**la** inspec**tora**	**los** inspec**tores**	**las** inspec**toras**

Adjectives

masculine form	feminine form	masculine plural	feminine plural
alt**o**	alt**a**	alt**os**	alt**as**
emprended**or**	emprended**ora**	emprended**ores**	emprended**oras**
pesim**ista**	pesim**ista**	pesim**istas**	pesim**istas**
alegr**e**	alegr**e**	alegr**es**	alegr**es**
puntual	puntual	puntual**es**	puntual**es**
popular	popular	popular**es**	popular**es**

El alumno es muy trabajador. Los alumnos son muy trabajadores.
La alumna es muy trabajadora. Las alumnas son muy trabajadoras.

Describing females	Soy/Es organizad**a**, responsabl**e** y divertid**a**.
	Son/Somos organizad**as**, responsabl**es** y divertid**as**.
Describing males	Soy/Es organizad**o**, responsabl**e** y divertid**o**.
	Son/Somos organizad**os**, responsabl**es** y divertid**os**.
Describing a feminine object	La universidad es muy estructurad**a**.
	Las clases son muy divertid**as**.
Describing a masculine object	El curso es muy rápid**o**.
	Los programas son muy divertid**os**.

3. When referring to a group of people, use the masculine plural form unless everyone in the group is female. When the group is entirely female, use the feminine plural form.

Las alumn**as** son muy seri**as**. **Los** chic**os** y **las** chic**as** son muy organizad**os**.

4. It is best to learn new words *with* their articles so you will remember the gender of the word

Ejercicio A. Give the article that would precede the following phrases.

1. profesora alta
2. información específica
3. sistemas prácticos
4. señoritas bien educadas
5. chico desordenado
6. pruebas difíciles
7. señor materialista
8. gente amistosa
9. estudiante divertido

Ejercicio B. Make the following groups of words plural and provide the articles.

Por ejemplo:
amigo perezoso → **los amigos perezosos**

1. examen fácil
2. lápiz nuevo (*new*)
3. artista romántico
4. prueba difícil
5. universidad buena
6. escritor pesimista
7. chica alegre
8. centro estudiantil
9. contadora seria

Práctica de la gramática

A. Somos compatibles.   List three adjectives that describe you well. Then, for each adjective, find at least one other person who shares the trait. Report back to the class on your findings, as in the model. Remember to use feminine endings if both of you are females.

➡ *Por ejemplo:*
Susana, ¿eres muy seria?   Sí.
(A la clase): Susana y yo somos muy seri**as**.

B. Polos opuestos.   It is said that opposites attract. If this is true, tell what the following people are like, using at least two adjectives in each case. For numbers 6, 7, and 8, complete the entire statement by making your own contrasts.

1. El Sr. García es serio, práctico y reservado. En cambio, su señora...
2. Los Gutiérrez son muy organizados, estudiosos y trabajadores. En cambio, sus hijas (*daughters*)...
3. Laurencio no es diligente en sus estudios. En cambio, su amiga...
4. Marisol es algo tímida y reservada. En cambio, sus amigos...
5. Jaime no es artista. Tampoco es muy agradable. Le gusta trabajar solo. En cambio, su pareja (*girlfriend*) Marilyn...
6. El presidente de los Estados Unidos... En cambio, su señora...
7. Soy... En cambio, mis amigos...
8. Soy... En cambio, la chica (el chico) de mis sueños...

C. Los jóvenes de mi época.   With a partner, provide at least two characteristics in each category to describe people of your generation. Then, tell the class how you are the same or different from your generation, as in the model.

1. Por lo general, los jóvenes de mi época son...
2. Las chicas de mi época son...
3. Los chicos de mi época son...

➡ *Por ejemplo:*
(A la clase): Por lo general, los jóvenes de mi época son... y...
Mi compañera y yo no somos como ellos porque... En cambio, yo soy como ellos porque...

GRAMÁTICA 3

To Describe Likes, Dislikes, and Interests: The Verb **gustar**

To describe what people like to do, use the verb **gustar**. You have already used **Me gusta.../No me gusta...** to say "I like to.../I do not like to..." (what activities please me or do not please me).

Me gusta dibujar.   Me gusta salir con amigos.   No me gusta trabajar.

←	←	←
To whom	*is pleasing*	*what*
(A mí) Me	**gusta**	cocinar y bailar.
Me	**gusta**	conversar con mis amigos.
No me	**gusta**	hacer ejercicio.

Note that when **gustar** is used with infinitives to say what one likes to do, the form **gusta** does not change. To describe things others like to do, use the phrases below with **gusta**, followed by the verb that indicates the activity.

To talk about...	To whom		What	
someone else	**(A Kim/A él/A ella)**	**le**	gusta	bailar.
more than one	**(A ellos/A ellas)**	**les**	gusta	viajar.
	(A los profesores)	**les**	gusta	leer.
me and someone else	**(A Kim y a mí)**	**nos**	gusta	viajar.
	(A nosotros[as])	**nos**	gusta	leer.
To address a friend	**(A ti)**	**te**	gusta	escribir.
To address formally	**(A usted)**	**le**	gusta	viajar.
To address you (pl.)	**(A ustedes)**	**les**	gusta	dibujar.
To address you (pl., familiar) in Spain	*(A vosotros[as])*	*os*	gusta	estudiar.

1. Notice that when you are talking about what people like to do, the word **gusta** does not change. The words **me, te, le, les, nos,** *os* indicate *to whom* the activity is pleasing.

He likes to study Spanish.   **(A él) Le** gusta estudiar español.
They like to read.   **(A ellos) Les** gusta leer.

To ask a friend, "Do you like to study Spanish?", you would say **¿Te gusta estudiar español?** But to someone older or whom you don't know very well, you would say **¿Le gusta estudiar español?**

2. Phrases such as **a mí, a ti, a él, a mi amigo,** or **a mi papá** may be added when you want to emphasize or contrast.

Yo soy muy tímido, pero Kim es muy aventurera.
I am very shy, but Kim is very adventurous.

A mí me gusta leer, pero **a Kim** le gusta viajar.
I like to read, but Kim likes to travel.

3. To say what people *do not* like to do, put **no** before the pronouns **me, te, le, les, nos**, or *os*.

A nosotros **no** nos gusta estudiar.   We *don't* like to study.
Y a él **no** le gusta leer.   And he *doesn't* like to read.

4. To talk about activities you like a lot, use **mucho** or **muchísimo**. If you don't like something at all, use **nada**.

Me gusta **mucho** ir al cine.   I like going to the movies *a lot*.
No me gusta **nada** estudiar.   I don't like to study *at all*.

5. To ask people what they like to do, use the following question.

¿Qué te/le/les gusta hacer?   What do you like to do?

Ejercicio A. Complete the following with the missing pronoun **me, te, le, les**, or **nos**.

1. A mí _____ gusta muchísimo hablar español.
2. A mi amigo no _____ gusta nada ir a la playa.
3. A muchos jóvenes no _____ gusta hacer ejercicio.
4. A mis padres (*parents*) _____ gusta bailar.
5. A ti _____ gusta demasiado comer.
6. A mis amigos y a mí _____ gusta conversar y escuchar música.
7. ¿A Ud. _____ gusta ir de compras?
8. A ti y a mí _____ gusta muchísimo salir con amigos.
9. Uds. no son muy aventureros. ¿No _____ gusta nada viajar?
10. Mis padres son artistas muy imaginativos. A los dos _____ gusta dibujar.

Ejercicio B. Complete the following contrasts with the missing words.

1. _____ _____ te gusta ser trabajador, pero _____ _____ no me gusta nada.
2. Yo soy muy sociable, pero mi amiga no. _____ _____ no le gusta salir con amigos.
3. **Juan:** Martín, ¿por qué son tan perezosos tú y tu amiga? Mi amiga y yo somos muy deportistas.
   Martín: Bueno, _____ _____ les gusta hacer deporte, pero _____ _____ no nos gusta nada. _____ _____ nos gusta mirar la tele.

Práctica de la gramática

Estrategias

The activities in this section will help you practice giving descriptions and making comparisons and contrasts using the following strategies. Skim the activities to find those that ask you to . . .

- use grids to sort information;
- collaborate with others to collect information;
- summarize and report information.

A. ¡Perdido!   You are looking for one of your classmates. With a partner, provide the following information about him or her (or your instructor!). If you don't know the information, guess, based on what you do know about the person. See if the class can guess who it is and where this person may be, based on what he or she likes to do.

1. ¿De dónde es?
2. ¿Cómo es (el físico)?
3. ¿Cómo es su personalidad?
4. ¿Con quién le gusta salir?

5. ¿Adónde le gusta ir?
6. ¿Qué le gusta hacer en sus ratos libres?
7. ¿Qué tipo de música le gusta escuchar?
8. ¿Qué quiere ser?

B. Invitaciones.   Think of one thing you like to do and where you can go to do it **(bailar/escuchar música → la discoteca; comer bien → mi casa/la cafetería)**. Then, find out if your partner likes to do what you have in mind and invite him or her to accompany you. Your partner will accept. Follow the model.

Tú	Tu compañero(a)
¡Hola! ¿Cómo te va?	Bien. Y tú, ¿cómo estás?
Excelente. Oye, ¿te gusta...?	Sí, me gusta mucho.
¿Quieres ir al (a la)...?	Sí, cómo no. Muchas gracias.
Bueno, hasta luego.	Chau, hasta pronto.

C. Mis compañeros y yo.   Write down two things you *like* to do and two things you *don't like* to do. In a group of four or five people, share your likes and dislikes and take notes on those of the other people in the group. Report back to the class on how many share your likes and dislikes.

Por ejemplo:
A mí me gusta dibujar. ¿A quién le gusta dibujar?
Tus compañeros: A mí, sí. A mí, no.

	Laura	Lisa	Eric	Greg
dibujar:	sí	no	no	sí

A la clase: A Laura, a Greg y a mí **nos** gusta dibujar. A Lisa y a Eric no **les** gusta. A mí no **me** gusta hacer ejercicio. A Lisa tampoco **le** gusta. Pero a Eric, a Laura y a Greg **les** gusta mucho.

D. Encuesta estudiantil.   Take a poll in your class. Circulate among your classmates, asking **¿Te gusta...?** for the following activities. Then, give results of your poll in terms of either many students **(muchos)** or few students **(pocos)**. Finally, describe the students in each group.

1. A _____ les gusta mirar la televisión.   (No) Son...
2. A _____ les gusta practicar deportes.   (No) Son...
3. A _____ no les gusta estudiar.   (No) Son...
4. A _____ les gusta viajar.   (No) Son...
5. A _____ les gusta escribir cartas.   (No) Son...
6. A _____ les gusta coleccionar cosas.   (No) Son...
7. A _____ les gusta trabajar en casa.   (No) Son...

E. ¡Quiero trabajar!   In search of a good job, you have contacted an employment agency by phone. Your partner will play the role of the employment agency representative who needs to fill out the following data card for the agency files. Your partner will ask you questions using **¿De dónde? ¿Cómo? ¿Qué? ¿Quiénes?** In this context, you will be addressing each other with **Ud**.

FICHA PERSONAL

Nombre completo: _____

Ocupación: _____   Nacionalidad: _____

Personalidad: _____

Características físicas: _____

Educación y cursos preferidos: _____

Intereses: _____

Metas: _____

En voz alta

A. Listen to the first message left on Anamaría's answering machine and provide as much of the following information as you can about the caller.

1. nombre   3. características   5. carrera   7. gustos e intereses
2. ocupación   4. nacionalidad   6. especialidad   8. número de teléfono

B. Now listen to the second message and provide the same information about the second caller.

C. Look at the ad to which both callers were responding. According to this ad, which of the two callers is most compatible with Anamaría? Explain your choice, as in the example.

_____ **y Anamaría (no) son compatibles porque Anamaría quiere... y**
_____ **es...**

> Alumna universitaria amistosa y divertida, quiere compañera de habitación deportista, alegre y adaptable. También ordenada y responsable. Por favor, sin animales. Anamaría Armas. Apartamentos Buena Vista. Tel. 32042

D. Anamaría tries to call one of the two women back, but no one is home. Take down her message.

Mi Refranero. The following is a popular Hispanic saying related to relationships. Do you agree with it? Listen to the saying on the tape and repeat it, trying to imitate the sounds as closely as possible.

Dime con quién andas y te diré quién eres. *Birds of a feather flock together.*

Voces del mundo hispano

¿Quién es el hispano?

Estrategias

This section provides more in-depth exploration of Hispanic culture through its *own voice*. Apply the strategies that you have been using to get the *gist* of the articles you will read. Remember to...

- think about and anticipate content before you read the article;
- look for cognates;
- look for words that look like other Spanish words you know;
- use the context to guess at unfamiliar words or phrases;
- always use what you know to access the unfamiliar.

A. ¿De dónde somos? The U.S. is a country of tremendous diversity, populated by people of many different nationalities and ancestral roots. Do any of these describe your ancestral roots?

africano-americano(a)	italiano-americano(a)	japonés-americano(a)
chino-americano(a)	haitiano-americano(a)	puertorriqueño-americano(a)
coreano-americano(a)	indo-americano(a)	vietnamita-americano(a)
polaco-americano(a)	irlandés-americano(a)	alemán-americano(a)

B. Mis culturas y yo. In any culture there exist a number of "co-cultures", or smaller cultures within the larger one. These smaller cultures may be based on things like geography, age, profession, situation, and circumstances, but they will display some cohesiveness in values and lifestyle.

1. Give an *adjective* you associate with one of the following "co-cultures" of U.S. culture.

2. Of which one are you a member?

la cultura sureña	la cultura del medio-oeste	la cultura rural
la cultura norteña		la cultura urbana
la cultura de los jóvenes	la cultura del este (oeste)	la cultura de la clase media
la cultura universitaria	la cultura neoyorquina	la cultura de las empresas
	la cultura californiana	

C. Nombres e imágenes. Names are important in any culture because they elicit associations. If you were able to provide an adjective for some of the co-cultures listed in Activity B, you know that a "label" often evokes certain images. Sometimes these images (whether or not they are accurate) become hardened and inflexible and serve only to block communication. Think of the characteristics associated with *your* co-culture in Activity B. Tell the class how they *do* and *do not* fit you personally.

D. Una carta al editor.   Read the following letter to the editor of a Hispanic magazine published in the U.S. You may not understand every word, but you will be able to get the gist. Then complete each statement below by selecting a word from the choices provided.

americano   estadounidense   hispanoamericano   latino

1. Para designar a la gente de Estados Unidos, a la escritora le gusta la palabra _____ .
2. Pero no le gusta la palabra _____ .
3. Para designar a la gente de habla española de las Américas, a la escritora le gusta la palabra _____ .
4. Pero no le gusta la palabra _____ .

Palabras útiles

patitos feos *ugly ducklings*

¿PATITOS FEOS?°

Con respecto a la palabra **americano** para designar a los estadounidenses, no estoy de acuerdo en que la comunicación sea más importante que la verdad, que es lo que todos debemos defender. Los ciudadanos de Hispanoamérica somos hispanoamericanos. Tampoco se nos debe llamar latinos, pues latinos son también los franceses, italianos, españoles, portugueses. Los ciudadanos de Estados Unidos son estadounidenses, que en inglés sería *Unitedstatean* o *USean*, como ya lo dijo el columnista estadounidense William Safire. Es triste que nos llamen **latinos**. Todo esto nos hace sentir un poco como **patitos feos** de América.

Martha Zepeda, San Francisco, CA.

"Cartas al editor", *Más*, vol. 3, N°5 (sept.–oct. 1991) 4.

E. ¿Cómo nos llamamos?   The following terms are used to designate groups of people. With a partner, give the countries or regions to which each term refers.

1. latino
2. norteamericano
3. hispano-estadounidense
4. americano
5. español
6. hispano
7. latinoamericano
8. hispanoamericano

F. ¿Quién es el hispano?   What images do the designations **latino** and **hispano** evoke for you? The following is a summary of part of an interview with the Panamanian actor and musician, Rubén Blades. As you read the article, take notes in two columns.

Los hispanos son...   **Los hispanos no son...**

¿Quién es el hispano?

Latino. Latinoamericano. La mezcla° de culturas y razas hacen de este panameño un latinoamericano por excelencia. "No somos una raza", insiste. "Entre nosotros hay rubios, negros, indios, chinos, de todo. Lo que nos une° es una cultura. Los latinos vienen hacia acá° por circunstancias de pobreza° o persecución política. No participan en la política por miedo° y porque muchos son indocumentados. Así se crea una diferencia entre el latino que está en Estados Unidos y el que está en su país. Los que venimos aquí perdimos la esperanza° latinoamericana. Y algo peor, "Lo que perdimos es la pasión. La pasión es domesticada cuando se llega a este país.... Yo quisiera tener hijos° que tuvieran la posibilidad de hablar cinco o seis idiomas, que no se sientan limitados por la geografía o por un nacionalismo mal entendido. Espero que se sientan integrados al planeta".

"La encrucijada de Rubén Blades", *Más*, Vol. IV, N° 5 (Septiembre 1992) 47.

Palabras útiles
la mezcla unión
une unifica
vienen hacia acá *come here*
la pobreza *poverty*
el miedo terror
la esperanza *hope*
perdimos *(we) lost*
los hijos *children*

G. Pérdida profunda.   According to Blades, many Hispanics lose **esperanza y pasión** when they leave their country and come to the U.S. To get a sense of the greatness of this loss, write these words on a sheet of paper. Then, beneath them, list as many adjectives as you can to describe those who have *not* lost these qualities.

H. Integrados al planeta.   Blades wants his children to be **integrados al planeta**. With a partner, think of two things a person could do to become more **integrado al planeta**.

P a r a   e s c r i b i r

Así soy yo
In this section, you will approach writing as a process by using strategies for thinking, planning and organizing, elaborating, and editing.

A. Thinking and planning.   Think about how you would describe yourself. Then, choose two of the following persons and, for each, give at least two questions that they would expect to have answered by your self-description.

a person of the opposite sex   a career advisor
a person of the same sex   a host family abroad

⟶ *Por ejemplo:*

Consejero(a) (*Career advisor*)	**Una familia extranjera (*Host family abroad*)**
¿Qué quieres ser?	¿Cómo eres?
¿Dónde quieres trabajar?	¿De dónde eres?

B. Organizing. Add to these questions two or more *branching* questions that would require detail or justification. Then, answer these questions to describe yourself. Notice that a career advisor and a host family may expect different responses to the question **¿Qué te gusta hacer?**

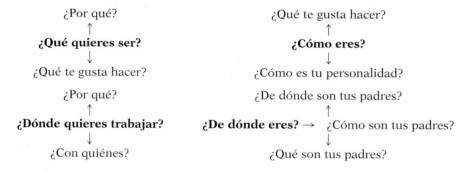

⟶ *Por ejemplo:*

Quiero ser ingeniera porque me gusta... y quiero aprender a... Quiero trabajar en Chicago porque me gusta... Me gusta trabajar con gente...

C. Combining and elaborating. You began by thinking about yourself from the point of view of two different persons. You did this in order to explore different sides of yourself for a richer and more complex description. Now weave the two descriptions into one, so that thoughts follow logically. Use the following connective expressions.

to add more information	**y, también, no soy..., tampoco...,**
to contrast	**además**
to provide reasons	**pero, no soy como XX: a él... (a ella...)**
to give examples and illustrations	**porque**
	por ejemplo

This example shows how parts of the two descriptions are woven together.

> **Soy muy sociable, práctica y trabajadora.** Quiero ser ingeniera **porque también soy muy organizada, estudiosa**, y me gusta organizar sistemas. **Pero además, me gusta salir** con amigos a bailar, ir al cine, escuchar música. **No soy muy deportista, pero me gusta** ir a los partidos de fútbol. **Soy de Idaho, pero mis padres son de...** Quiero trabajar en Chicago, porque me gusta ir de compras y trabajar con gente amistosa.

D. Editing. An important final stage is careful review of your writing. As you review your description, check first for content: Have you answered all your questions? Then check for accuracy: *Stop* at each adjective or article and *go* to the noun it describes. Do the noun and adjective agree? Do the articles agree with their nouns? If so, put a check mark in the margin.

Mi diccionario

Personalidad
alegre happy
amable kind
amistoso(a) friendly
bien educado(a) well-mannered
deportista athletic
desordenado(a) messy
divertido(a), fun, funny
emprendedor/a enterprising
hogareño(a) home-loving
impaciente impatient
impulsivo(a) impulsive
listo(a) smart
perezoso(a) lazy
puntual punctual
reservado(a) reserved
sensible sensitive
serio(a) serious
tímido(a) timid
trabajador/a hard-working
tranquilo(a) calm

El físico
alto(a) tall
bajo(a) short
de estatura mediana of medium height
delgado(a) thin
grueso(a) heavy
joven young
mayor older
de ojos claros/oscuros light/dark eyes
pelirrojo(a) red-haired
de pelo negro/rubio/trigueño black/blonde/brown hair
de piel clara/morena/trigueña light/dark/brown skin

Carreras
abogado(a) lawyer
analista de sistemas systems analyst
arquitecto(a) architect
contador/a accountant
dentista dentist
dueño(a) de owner of
enfermero(a) nurse
escritor/a writer
gerente manager
ingeniero(a) engineer
médico(a) doctor
periodista (el/la) journalist
profesor/a professor, teacher
programador/a programmer
sicólogo(a) psychologist
técnico(a) technician
terapista (el/la) therapist

Acciones
bailar to dance
cocinar to cook
comer to eat
conversar to talk, converse
descansar to rest
dibujar to draw
escuchar música to listen to music
hablar por teléfono to talk on the phone
hacer deporte/hacer ejercicio to play sports/to exercise
ir a... to go to . . .
ir de compras to go shopping
mirar la tele (televisión) to watch TV
nadar to swim
sacar fotografías to take photos
salir con amigos to go out with friends
trabajar en la computadora to work at a computer
viajar to travel

Descripción personal
gustarle (me/te/le/nos/les gusta) to like
querer (quieres/quiero) to want
ser to be

Cosas y lugares
el básquetbol basketball
el béisbol baseball
la casa (en casa) house (at home)
el centro estudiantil student center
el cine (movie) theater, movies
la discoteca disco, dance club
la empresa company, firm
el negocio business
el partido game, match (sports)
la playa beach
el tenis tennis

Preguntas
¿Cómo? How?
¿Cómo es? What is he/she/it like?
¿De dónde es...? Where is . . . from?
¿Por qué? Why?
¿Qué? What?
¿Quién(es)? Who?

Países
Alemania Germany
el Canadá Canada
(la) China China
(los) Estados Unidos United States
Francia France
la India India
Inglaterra England
(el) Japón Japan
Rusia Russia

Otras palabras y expresiones
a veces sometimes
algo somewhat
con respecto a regarding
demasiado too much
muy very
por ejemplo for example
porque because
también also
tampoco either, neither

Metas y aficiones

Los tres músicos, 1921. Pablo Picasso, español.

¿Qué tipo de música asocias con este cuadro? ¿La música clásica? ¿La música rock?
¿Los ritmos del jazz? ¿Tienes interés en la música? ¿Puedes tocar algún instrumento?
¿Quieres ser músico? En el Capítulo 2, vas a aprender a describir tus intereses y tus
planes profesionales.

Pablo Picasso, viajero en tierras de nadie

*Entre los grandes maestros del siglo XX (veinte), Pablo Picasso se destaca
(stands out) como monumento a la creatividad y la versatilidad. Durante su
larga y prolífica carrera como pintor, escultor y ceramista, Picasso siempre fue
un visionario y explorador de nuevos caminos de expresión. ¿Cuáles de estas
palabras describen lo que tú sientes cuando miras este cuadro?*

la energía	*el entusiasmo*	*la calma*
la acción	*la tranquilidad*	*la alegría*

Metas

En este capítulo vas a aprender a...
hablar de ti y de otros con respecto a...

la edad	**tener + años**, p. 61
los intereses	**tener interés en...**, p. 58
las obligaciones	**tener que** + infinitivo, p. 65
las habilidades	**poder** + infinitivo, p. 64
los planes y las actividades preferidas	**querer** + infinitivo, p. 70, 71
	ir a + infinitivo, p. 71
decir fechas y cantidades	**números de 1 a 100 y miles**, p. 60, 61
hacer algunas preguntas	**¿cuándo? ¿cuánto?**, p. 74

Vas a saber más de...
 cómo se llaman los hispanos
 cómo hablar por teléfono
 cómo solicitar empleo en el mundo hispano

Visiones del mundo hispano

Nombres y números

In the Hispanic world, particularly in the world of business, proper use of names and titles is very important. As you will see in this section, a full name and title presents an encapsulated history of an individual. One's full name **(nombre completo)** is composed of the given name(s) **(nombre[s])** followed by the father's last name **(apellido paterno)** as well as by the mother's last name **(apellido materno).** Do you recognize any of the following famous **apellidos**?

Miguel de Cervantes y Saavedra
Mario Vargas Llosa
Gabriel García Márquez

Guillermo Cabrera Infante
Carmen Martín Gaite
Federico García Lorca

Estrategias

In learning to use another language, people rely on a variety of effective learning and communication strategies. The activities in this section encourage use of reading strategies to . . .

- scan for specific information;
- look for patterns in new features of language;
- guess the unfamiliar through context, cognates, and familiar Spanish words;
- use new features of language in personal expression.

A. Saludos y presentaciones.   In the following dialog, two people are introduced and have presented each other their business cards. Listen to their conversation as you follow along below.

1. ¿Qué necesita el Sr. Batalla?
2. ¿Usan **tú** o **Ud.** para saludarse?

SECRETARIA:	Dra. Alvarado, el Sr. Ingeniero Roberto Batalla, gerente general de la empresa Cable Color, desea hablar con Ud.
DRA. ALVARADO:	Encantada, Ingeniero Batalla. ¿Cómo está Ud.?
ING°. BATALLA:	Mucho gusto, Dra. Alvarado. Buenos días.
DRA. ALVARADO:	¿En qué puedo servirle? (*How can I help you?*)
ING°. BATALLA:	Bueno, busco un abogado, digo, una abogada.

Dra. Dolores Alvarado Céspedes

ABOGADA

Apdo. 437-7050 Cartago
Tel. (506) 51-4159

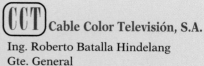 Cable Color Televisión, S.A.

Ing. Roberto Batalla Hindelang
Gte. General

Apartado 7968-1000 San José
Tel. (506) 31-2811
Fax. (506) 31-3838

B. Tarjetas de visita.   Look at the business cards above of these two professionals and compare the information to that given in the dialog.

1. ¿Cuáles son los apellidos completos de estas personas?
2. ¿Cuál de los dos apellidos usa la señorita? ¿Y el señor?

3. ¿Cuáles son sus profesiones? ¿Y sus títulos universitarios (*degree*)?
4. ¿Qué significan las abreviaturas **Ing°., Dra.?**

C. Datos profesionales.   Now look at the assortment of business cards below and on page 54. Tell which of the following types of information can be found on these cards by responding **sí** or **no.**

el nombre	el apellido del padre	la dirección
el nombre de la empresa	el apellido de la madre	la profesión
el teléfono de la oficina	el estado civil	la nacionalidad
el teléfono de casa	el título universitario	

DR. ARMANDO YÁÑEZ MARTÍNEZ
ARQTO.

Tel. 538 60 21
1833 Buenos Aires

Lcda. Carmen Elena Rodríguez Ortiz
C O N T A D O R A
Manuel Carpio 105, 7° 3
08500 México, D.F.
Teléf. 582 02 ó 580 95 04

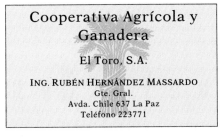

Cooperativa Agrícola y
Ganadera
El Toro, S.A.
ING. RUBÉN HERNÁNDEZ MASSARDO
Gte. Gral.
Avda. Chile 637 La Paz
Teléfono 223771

SCANIA M. BENZ
Importadores

Lic. Ramón Bravo Sánchez
Gte. Comercial
P° Manuel Bultó, 3868, PB
Caracas Of.: 279 40 16

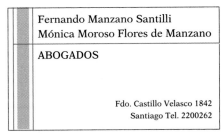

Fernando Manzano Santilli
Mónica Moroso Flores de Manzano

ABOGADOS

Fdo. Castillo Velasco 1842
Santiago Tel. 2200262

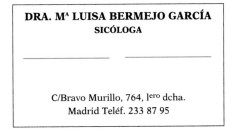

DRA. Mᴬ LUISA BERMEJO GARCÍA
SICÓLOGA

C/Bravo Murillo, 764, 1ᵉʳᵒ dcha.
Madrid Teléf. 233 87 95

D. Abreviaturas.   Many items are abbreviated in these business cards. Match the abbreviations on the left with their meanings on the right.

1. S. A.	primer piso (*floor*), a la derecha (*right*)
2. Apdo.	calle (*street*)
3. Avda.	Sociedad Anónima (*Incorporated*)
4. P°	Apartado postal (*P.O. Box*)
5. C/	piso siete, apartamento número 3
6. 1ᵉʳᵒ dcha.	avenida
7. 7° 3	paseo (*boulevard*)
8. PB	planta baja (*ground floor*)

E. Títulos y apellidos.   You have noticed that the Hispanic surname is composed of the father's last name **(el apellido paterno)** followed by the last name of the mother **(el apellido materno).** To address someone in a formal context, use the *paternal* surname, accompanied by the person's title, as in **Licenciado Bravo.**

A married woman may or may not use her husband's last name. Locate the business card for the married couple from Santiago on page 55 and give the name of the wife. Follow the guide below to write your mother's full name according to this system.

_____ _____ _____ de _____
  nombres   apellido paterno   apellido materno   apellido paterno del esposo

F. Presentaciones.   Find out your partner's complete surname and the profession he or she expects to have upon graduating. Then introduce him or her to the class.

¿Cómo es tu nombre completo? ¿Y tu título?

A la clase: Quiero presentarles al (a la) Licenciado(a) [Ingeniero(a)] Vásquez Brown.

V i s i ó n V i s i ó n V i s i ó n

La solicitud de empleo

What information would you expect to include in a job application **(una solicitud de empleo)?** Look over Carmen Elena's application and, with a partner, identify some items that you might *not* have expected to find.

A. Tell which of the following questions are answered, directly or indirectly in the application on page 57. How would you respond to each question?

1. ¿Qué es Ud.?
2. ¿Cuántos años tiene?
3. ¿Cuál es su teléfono?
4. ¿Cuál es su dirección?
5. ¿Es Ud. casada?
6. ¿Qué es su papá?
7. ¿Cuántos años tiene su esposo?
8. A Ud., ¿qué le gusta hacer?
9. ¿Cómo es Ud.?
10. ¿Dónde quiere trabajar?

B. Now add to the questions in Activity A at least five more questions Carmen Elena answers in her application. How would you respond to each?

Librería La Pajarita
SOLICITUD DE EMPLEO

I. Datos personales

Nombre: <u>Carmen Elena</u>   <u>Rodríguez</u>   <u>Ortiz</u>
          nombre de pila   apellido paterno   apellido materno

Fecha de nacimiento: <u>18/4/75</u> Sexo: <u>F</u> Estado civil: <u>S C D</u>

Nacionalidad: <u>mexicana</u> Ciudad y estado de nacimiento: <u>Monterrey, Nuevo León</u>

Domicilio: <u>Manuel Carpio 105, 7º 3</u>   <u>08500</u>   <u>México</u>   <u>D.F. México</u>
        calle   nº piso depto.   código postal   ciudad   estado

Teléf. particular: <u>5 80 02 72</u>   Teléf. altern: <u>5 80 95 04</u>

II. Familia

Padre: <u>Alberto Rodríguez Olmedos</u>   <u>mecánico</u>   <u>47</u>
      nombre de pila   apellidos   ocupación   edad

Madre: <u>Elvira Ortiz Martínez</u>   <u>secretaria</u>   <u>48</u>
      nombre de pila   apellidos   ocupación   edad

Cónyugue: <u>Leonardo Recio González</u>   <u>programador</u>   <u>30</u>
      nombre de pila   apellidos   ocupación   edad

III. Estudios

Universidad: <u>Universidad Tecnológica de México</u>
Facultad: <u>Administración y Ciencias Sociales</u>
Carrera: <u>Contaduría pública</u>   Título y fecha: <u>Licenciatura 15/6/96</u>

IV. Dominio de idiomas

	habla	lee	escribe	traduce
<u>inglés</u>	mb (b) r	(mb) b r	mb b (r)	mb b (r)
<u>francés</u>	mb b (r)	mb (b) r	mb b (r)	mb b (r)
	mb b r	mb b r	mb b r	mb b r
<u>español</u>	lengua materna			

V. Trabajos anteriores (orden cronológico)

1.Empresa: <u>Unitec</u>   Puesto: <u>contadora</u>
Dirección: <u>poniente 44, Col. San Salvador, Xochimanca</u>   Teléf: <u>396 70 13</u>
Fecha ingreso: <u>15/9/96</u>   Fecha egreso: _____
Ultimo sueldo: <u>NS 110,000</u>   Nombre jefe directo: <u>Dr. Ignacio Borrás</u>

VI. Actividades y/o intereses extralaborales

Clubes/instituciones públicas o privadas a las que pertence: _____

Deportes y otros intereses: <u>jugar tenis, tocar violín, cantar, pintar</u>
Periódicos/revistas que lee habitualmente: <u>Excelsior</u>
Lugar y fecha: <u>México, D.F. 6/3/98</u>

         Carmen Elena Rodríguez Ortiz
   firma

En voz alta

A. Escucha la conversación. ¿Es de un tema profesional? ¿Personal? ¿Académico?

B. Escucha otra vez.

1. ¿Están en una oficina? ¿Una sala de clase? ¿Una residencia estudiantil?
2. ¿Hablan de un viaje? ¿Un trabajo? ¿Un curso?

C. Escucha otra vez y escribe los nombres completos de cada persona.

Mi Refranero. In the conversation you heard the following popular saying. Do you agree with it? Listen as you hear it spoken on the tape. Then repeat it, trying to imitate the sounds as closely as possible.

Un buen consejo no tiene precio.   *Good advice is priceless.*

VOCABULARIO

Imágenes y palabras

¿Qué intereses tienes?

Tengo interés en...

la historia	el arte	los idiomas	las ciencias
la tecnología	los negocios	la naturaleza	las finanzas
la política			

¿Qué talentos y habilidades tienes?
Puedo... tocar un instrumento   **Además, me gusta...**
tomar decisiones
resolver problemas

¿Qué metas tienes? Quiero un puesto con un jefe (una jefa) amable...

en una empresa estable
en el estado de...

en una ciudad grande

en una oficina de gobierno

en un colegio secundario

en una iglesia

en una tienda

FLORERIA FONSECA

en el extranjero

en un restaurante   en un gimnasio   en un banco
en una escuela primaria en un laboratorio   en un hotel
                         en un hospital

Voy a...

ganar un sueldo magnífico

comprar otro coche

visitar muchos países

conocer otra gente

Pero ahora tengo que...

tomar mis exámenes
sacar buenas notas
sacar mi título universitario

pagar mis cuentas

¿Cuándo vas a...

buscar un puesto?

tener una entrevista de trabajo?

mandar una solicitud de empleo?

encontrar empleo?

Tengo una entrevista de trabajo el...

primero (1°), dos (2), tres (3), cuatro (4), cinco (5), seis (6), siete (7), ocho (8), nueve (9), diez (10), once (11), doce (12), trece (13), catorce (14), quince (15), dieciséis (16)...

de... enero, febrero, marzo, abril, mayo, junio, julio, agosto, septiembre, octubre, noviembre, diciembre

¿Cuántos años tienes? Tengo... años.

diecisiete (17)	veintiséis (26)
dieciocho (18)	veintisiete (27)
diecinueve (19)	veintiocho (28)
veinte (20)	veintinueve (29)
veintiún (21)	treinta (30)
veintidós (22)	treinta y un (31)
veintitrés (23)	treinta y dos (32)
veinticuatro (24)	treinta y tres (33)
veinticinco (25)	

En tu profesión, ¿cuánto dinero vas a ganar al año?

Voy a ganar más o menos...

veinte	treinta	cuarenta	cincuenta	sesenta	**... mil dólares**
setenta	ochenta	noventa	cien	más de cien	**... mil dólares**

Práctica del vocabulario

Estrategias

Activities in this section will help you use a variety of memory and communication strategies. Skim the activities to find those in which you will . . .

- associate new words with other words;
- combine new learning with previous learning;
- associate words with images;
- collaborate with others to brainstorm and make decisions;
- make lists to organize thoughts before speaking;
- personalize new words to express your own thoughts.

A. Asociaciones. To remember new words, it is helpful to group them with other words. Give words and expressions from **Imágenes y palabras** that you associate with each of the following.

➡ *Por ejemplo:*
una universidad: alumnos, libros, jugar básquetbol, estudiar, descansar

1. un banco	**6.** la historia
2. buscar empleo	**7.** la música
3. una empresa	**8.** en el extranjero
4. el gobierno	**9.** una tienda
5. la escuela primaria	

B. ¿Cuánto vale, más o menos?   With a partner, decide how much the following cost, more or less. Announce your prices to the class.

➠ *Por ejemplo:*

Un año de renta de un apartamento **vale más o menos** cinco mil dólares.

1. la matrícula de un año en tu universidad
2. un coche deportivo muy rápido
3. una lección particular (en casa) de español
4. un año de acceso a los servicios de un gimnasio
5. una noche en un hotel de una ciudad grande
6. una noche en el hospital
7. una comida en un restaurante elegante
8. una casa en tu ciudad
9. junio y julio en el extranjero
10. un título universitario

C. Edades claves.   Say the age you'd be for the following to be true.

1. Puedes votar en las elecciones.
2. Ganas un sueldo magnífico.
3. Puedes tomar bebidas alcohólicas.
4. Aprendes a leer en primer grado.
5. Vas a graduarte del colegio.
6. Vas a sacar tu título universitario.
7. Aprendes a hablar.
8. Puedes conducir un coche.
9. Quieres comprar un BMW.
10. Puedes contraer matrimonio.
11. Puedes ser presidente de EE.UU.
12. Tienes que buscar un puesto.

D. Gustos e intereses.   With a partner, use new vocabulary words to say what people with the following interests probably like to do. Then, choose two or three interests of your own and tell whether you also have these likes.

➠ *Por ejemplo:*

Si una persona tiene interés en el ajedrez, **le gusta** tomar decisiones.
Yo tengo interés en el ajedrez, pero no **me gusta** tomar decisiones.

1. el arte
2. la música
3. la tecnología
4. los negocios
5. las ciencias
6. las finanzas
7. los idiomas
8. la política
9. los deportes
10. los problemas urbanos
11. la historia
12. la naturaleza

E. Un calendario atroz.   Student life is hectic. Tell what things you have planned for *three* different months of the year. In each case, give the exact date. Use the expressions **Quiero...**, **Tengo que...**, and **Voy a...**

➠ *Por ejemplo:*

El 14 de marzo **quiero** ir de compras porque el 16 es el cumpleaños de mi mamá. El 26 y el 28 de mayo **tengo que** tomar mis exámenes. El 15 de junio **voy a** viajar a...

F. Mi futuro.   Complete the following to give a description of your personal goals and view of the future. Then, describe yourself to the class.

1. Voy a sacar mi título en _____ (especialidad) en el año _____ .
2. Voy a buscar un puesto en _____ (lugar) en _____ (ciudad/estado/país) donde puedo ganar un sueldo de más o menos _____ dólares al año.
3. Quiero trabajar con un/a jefe(a) amable y _____ y con un equipo de compañeros _____ y _____ , porque no puedo trabajar bien con gente _____ (adjetivos).
4. En mis ratos libres, para descansar, voy a _____ y _____ porque tengo interés en _____ .
5. Con respecto al matrimonio, busco una persona _____ y _____ pero no _____ (adjetivos) porque a mí me gusta _____ (infinitivo). Si no puedo encontrar la persona que busco, voy a _____ .
6. Quiero jubilarme (*retire*) a la edad de _____ años. Voy a _____ y _____ todos los días (*every day*).

V i s i ó n V i s i ó n V i s i ó n

Direcciones, fechas y cantidades: los números
The world of business is full of numbers and it is very important to be able to use them correctly. Here are some things about *placement* of numbers that you may already have observed.

Direcciones. For addresses, the number goes *after* the name of the street: Avda. Juárez N°457, Avda. Vallarta 6023.

Fechas. In writing dates, the system most commonly used is day/month/year. To say or write out dates as part of a sentence, use **el + día + de + mes + del + año.**

➡ *Por ejemplo:*
10–8–98: Su matrimonio es el 10 de agosto de 1998. Es el diez de agosto **del** noventa y ocho.

To say the *first* day of a month, use **primero**:

1–2–99: La fiesta es el 1° de febrero de 1999. Es el **primero** de febrero del noventa y nueve.

A. ¿Puedes decir las siguientes fechas?

30–6–90	16–7–89	1–4–93	13–11–79
21–10–64	14–5–51	17–2–45	15–8–66
10–9–94	12–12–48	24–3–55	19–1–77

Cantidades. In most of the Spanish-speaking world, the use of commas and periods to mark digits is the reverse of the U.S. system.

Se usa **una coma** para indicar los decimales: 50,4% (cincuenta **coma** cuatro por ciento)

Se usa **un punto** para indicar los miles: N$1.030 (mil treinta nuevos pesos [mexicanos])

B. ¿Puedes decir las siguientes cantidades y porcentajes?

66,2 por ciento de la gente	33,5 por ciento de las empresas
20.010 dólares estadounidenses	28.013 nuevos pesos mexicanos
44.022 pesetas españolas	79.100 colones costarricenses

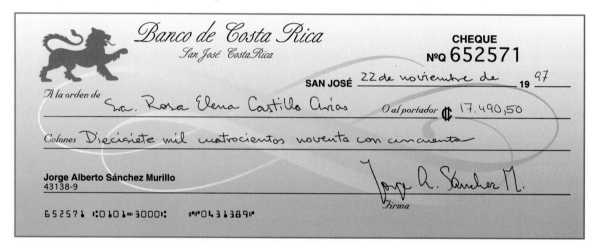

Banco de Costa Rica
San José Costa Rica

CHEQUE
N°Q 652571

SAN JOSÉ 22 de noviembre de 19 97

A la orden de Sra. Rosa Elena Castillo Arias   O al portador ₡ 17.490,50

Colones Diecisiete mil cuatrocientos noventa con cincuenta

Jorge Alberto Sánchez Murillo
43138-9

Jorge A. Sánchez M.
Firma

652571 ⑆0101⑈3000⑆   ⑈0431389⑈

G R A M Á T I C A 1

To Describe Oneself and Others Using the Verbs **poder** *and* **tener**

Even though the verbs **poder** (*to be able*) and **tener** (*to have*) seem to be very different, look for patterns in their endings.

1. Use the verb **poder** to say what you or others *can* or *are able* to do. Here are the present tense forms of the verb **poder.**

poder

One person (singular)		More than one person (plural)	
(yo)	**puedo**	(nosotros[as])	**podemos**
(tú)	**puedes**	(*vosotros*[as])	*podéis*
(él/ella)	**puede**	(ellos[as])	**pueden**
(Ud.)	**puede**	(Uds.)	**pueden**

Use **poder** followed by an infinitive to:

describe abilities	Puedo cocinar muy bien.
ask or give permission	¿Puedo usar el teléfono, por favor?
describe possibilities	—¿Puedes ir al cine?
	—No, gracias, no puedo. Tengo que estudiar.

2. Use the verb **tener** to express

age	—¿Cuántos años tienes?
	—Tengo veinte años.
interests	Tengo interés en la preservación de la naturaleza.
possession	Tengo un coche estupendo.

Use the verb **tener** with **que** + *infinitive* to express

obligation (*to have to*)	—¿Qué **tienes que** hacer?
	—**Tengo que** estudiar ahora.

Here are the present tense forms of the verb **tener.**

tener

One person (singular)		More than one person (plural)	
(yo)	**tengo**	(nosotros[as])	**tenemos**
(tú)	**tienes**	(*vosotros[as]*)	***tenéis***
(él/ella)	**tiene**	(ellos[as])	**tienen**
(Ud.)	**tiene**	(Uds.)	**tienen**

3. The following table gives you the forms of some very common adjectives you will find useful in talking about your possessions, interests, and obligations. Remember that adjectives *agree* (masculine or feminine; singular or plural) with the nouns they describe.

	a (an)	*another*	*the others*
masculine	**un** amigo	**otro** amigo	**los otros** amigos
feminine	**una** ciudad	**otra** ciudad	**las otras** ciudades
	much		*many*
masculine	**mucho** interés		**muchos** problemas
feminine	**mucha** habilidad		**muchas** cuentas
		our	
masculine	**nuestro** jefe		**nuestros** jefes
feminine	**nuestra** empresa		**nuestras** empresas

Remember the other possessive adjectives you have used. These adjectives must also agree (singular or plural) with the nouns they describe.

my	**mi/mis**	**mi** facultad/**mis** exámenes
your (informal)	**tu/tus**	**tu** solicitud/**tus** intereses
your (formal) *his/her/their*	**su/sus**	**su** colegio/**sus** direcciones

Notice the different meanings of **su** and **sus.** The context will usually clarify to whom the adjective refers. When meaning is not clear from the context, you may substitute an expression with **de: su dirección (la dirección de Uds./de ella/de Ud./de mi mamá/de Juan/de mis amigos).**

Ejercicio A. Complete the following conversation overheard at a swimming pool with the correct form of **poder, tener,** or **tener que,** according to the context.

MARILÚ: ¿Cuántos años _____ tú?

JOSÉ: _____ once, pero _____ nadar muy bien.

MARILÚ: Sé que _____ nadar bien, José, pero _____ ser mayor para nadar en nuestra piscina.

JOSÉ: ¿Uds. no _____ salvavidas (*lifeguard*)?

MARILÚ: Sí, aquí _____ salvavidas, pero nosotros no _____ mirar a todos los chicos constantemente. Es difícil _____ prestar atención a todos. Tu mamá _____ estar aquí también.

JOSÉ: ¿ _____ usar el teléfono para llamar a mi mamá?

MARILÚ: Claro, José. Allí está el teléfono público.

JOSÉ: Pero, no _____ dinero. ¿ _____ Ud. veinticinco centavos?

Ejercicio B. Join each of the nouns listed with the Spanish equivalents of the following adjectives, as in the model.

a/an   another   the others   many   our   their

➡ *Por ejemplo:*
coche → un coche, otro coche, otros coches, muchos coches, nuestro coche, su coche

1. jefa
2. cultura
3. solicitud
4. idioma
5. problema
6. decisión
7. país
8. meta
9. lápiz
10. gerente
11. universidad
12. residencia

Práctica de la gramática

A. Carmen Elena y yo.   Study Carmen Elena's **solicitud de empleo** in the **Visión** section on page 57. Use the verbs **tener** and **poder** to compare yourself to her in terms of differences and commonalities. Complete the following statements with at least two differences and two things you have in common.

Ella (no) puede..., pero yo (no) puedo...   **Ella tiene..., pero yo tengo...**
Los (Las) dos podemos...   **Los (Las) dos tenemos...**

B. A ver quién puede.   Number a sheet of paper from 1 to 8. Read each item in the list that follows and write the word **yo** beside the number that corresponds to those things *you* can do. Then circulate among your classmates, asking them about each item on the list. If a person responds **Sí, puedo,** write his or her name on your list next to the corresponding number. Keep asking until you have a name next to each item number. Summarize your findings for the class, as in the model.

▸ *Por ejemplo:*
Mark puede..., pero yo no puedo. Beth y yo podemos... Beth y Mark pueden... Nadie puede...

1. tocar bien un instrumento sin tener que practicar
2. ir a casa sin tener que viajar a otro estado
3. tomar decisiones sin tener que hablar con sus padres
4. sacar un título universitario sin tener que leer los textos
5. sacar buenas notas sin tener que estudiar
6. ganar dinero sin tener que trabajar mucho
7. comer sin tener que cocinar
8. jugar ajedrez solo(a)

C. Diferencias.   Make statements comparing each of the following pairs in terms of their differences, using **tener, tener que,** or **poder.**

⇒ *Por ejemplo:*
una tienda y un restaurante
En un restaurante **tenemos que** comprar algo, pero en una tienda, no. En una tienda **podemos** comprar cosas, pero no **podemos** comer.

1. una escuela primaria y un colegio
2. en el colegio y en la universidad
3. en casa y en la residencia estudiantil
4. en mi país y en el extranjero
5. en un gimnasio y en el hospital
6. en una entrevista de trabajo y una reunión con amigos

D. Problemas que resolver.   Work with a partner to solve the following problems for your instructor. Give practical advice or creative recommendations, using the verbs **poder** or **tener que,** as in the model.

⇒ *Por ejemplo:*
Tengo que leer tres libros pero no tengo mucho tiempo.
Si Ud. **tiene que** leer tres libros y **no tiene** mucho tiempo, **puede** comprar los cassettes (**tiene que** leer rápido/**puede** ver la película).

1. Tengo interés en el arte pero no puedo dibujar.
2. Quiero ganar un sueldo magnífico.
3. Mi esposo(a) tiene que buscar empleo.
4. No quiero pensar en el trabajo que tengo.
5. Tenemos un coche viejo que no funciona bien.
6. Mi esposo(a) y yo no tenemos nada que hacer.

E. Perfil del profesional.   With a partner, choose one of the following professionals and make a list of things you associate (or do not associate) with him or her. Then describe the person to the class, using the verbs **tener, tener que,** and **poder,** as in the model. Classmates will guess the profession.

⇒ *Por ejemplo:*
gerente de una empresa: Tiene mucho interés en los negocios y **puede** trabajar bien en equipo. **Tiene que** resolver muchos problemas y tomar muchas decisiones.

banquero(a)	profesor/a de...	deportista
ingeniero(a)	programador/a	periodista
músico(a)	escritor/a	especialista en...
politólogo(a)	director/a de personal	intérprete

F. Mil excusas.   Have you ever wanted to decline an invitation without having time to think of a good excuse? This time, prepare yourself. Think of at least three *creative* excuses and try them out on one of your classmates who will ask you out *insistently*. Use the model as a guide. Be convincing!

Tu compañero(a)	**Tú**
¿Te gusta escuchar música?	Sí, me gusta mucho.
¿Puedes ir al concierto con nosotros?	Ay, gracias, no puedo. Mi mamá y yo **tenemos que ir** de compras.
Pero es un concierto estupendo.	Es el cumpleaños de mi papá.
Pero tienes que ir.	Pero no puedo. **También tengo que...**
Pero puedes... ahora, y después (*afterwards*) puedes ir al concierto con nosotros.	Gracias, no puedo, porque **no tengo...**

VozVozVozVozVozVoz

Para llamar por teléfono

(b)

ACADEMIA MUSICAL

CLASES DE CANTO
Y GUITARRA
15-32-73

(a)

ESCUELA CUERNAVACA
INSTITUTO COLECTIVO DE LENGUA Y CULTURA, A.C.
ENSEÑANZA DEL ESPAÑOL

SAN JUAN 4
CUERNAVACA, MOR.   12-63-73

(c)

L. Silvia Salgado de Aguirre
PSICOLOGA
CONSULTA PREVIA CITA
18-78-53 13-55-44
CUERNAVACA, MOR.

(d)

Dr. Julio Gidi
MEDICINA GENERAL
NIÑOS Y ADULTOS
CONSULTA PREVIA CITA
AV. CENTRAL 35-D   15-22-81
DESP.3
URGENCIAS   15-87-49

(e)

FOTO BORDA, S.A. DE C.V.
DISTRIBUIDOR "KODAK"
LIBROS, REVISTAS Y DISCOS
12-13-14   12-65-60
ESQUINA JUAREZ
Y GUERRERO

Para decir los números de teléfono. Generally, telephone numbers are said by grouping the digits in pairs.

Tfno. (89) 22 15 10 (ochenta y nueve, veintidós, quince, diez)

Tel. 928 91 76 (nueve, dos, ocho, noventa y uno, setenta y seis)

A. Look at the preceding yellow-page ads from Mexican cities. Say one of the phone numbers. The class will identify the ad by the phone number and guess why you are calling, according to the ad.

⟾ *Por ejemplo:*
doce, trece, catorce
Quiere comprar... (tiene interés en.../quiere un/a.../quiere encontrar.../tiene que...)

Para contestar el teléfono. The most common way of answering the phone is **¿Aló?,** but you will hear other expressions, depending on the country or region. Notice that a *question* intonation is frequently used.

México:	**¿Bueno?**	España:	**Diga. (Dígame.)**
Caribe, Colombia,		Venezuela:	**A la orden. (Oigo.)**
Argentina:	**¿Holá?**		

B. Turn to the business cards on page 55 of the **Visiones del mundo hispano** section. "Call" one of the people by saying the number, remembering to pair the digits. The first of your classmates to find the number on the cards will "answer" the phone appropriately **(1)** according to the country in which this person resides, and **(2)** by giving the person's most commonly used surname (**¿Aló? Dra. Alvarado.**).

Para identificarse. Speakers begin each conversation by identifying themselves. When the person called is the same person who answers the phone, he or she responds, "This is he (she)."

la persona que llama	la persona que contesta
(Marca 5 5 5 78 23.)	¿Aló?
Buenos días, **¿Puedo hablar con Susana, por favor?**	**Con ella (él).**

The caller then identifies himself or herself.

Hola, Susana. **Habla Alfredo. (Soy Alfredo.)**	Ah, Alfredo, ¿cómo estás?

GRAMÁTICA 2

*To Make Plans and Issue Invitations: The Verbs **querer** and **ir a***

1. Use the verb **querer** (*to want*) to

express plans or desires.	—¿Qué quieres hacer?
	—Quiero ir al cine.
issue invitations	—¿Quieres salir con nosotros?
say you don't want to do anything	—No quiero hacer nada.

Here are the forms of **querer** in the present tense.

querer			
One person (singular)		More than one person (plural)	
(yo)	**quiero**	(nosotros[as])	**queremos**
(tú)	**quieres**	(*vosotros[as]*)	***queréis***
(él/ella)	**quiere**	(ellos[as])	**quieren**
(Ud.)	**quiere**	(Uds.)	**quieren**

2. You have used the verb **ir a** with **quiero** to say where you *want to go*.

Quiero ir al centro. No quiero ir a la playa.

If the name of the place is masculine, the **a** is combined with **el** to form **al**: **a + el = al.**

In the common expression "I want to go home," the article **la** is omitted: **Quiero ir a casa.**

To say you want to go somewhere to do something, simply add another **a** before the infinitive.

Quiero ir a la playa **a nadar.**

To ask where someone is going, use the question word **¿adónde?**

¿Adónde vas a ir después de sacar tu título?

Here are the forms of the verb **ir** in the present tense.

ir			
One person (singular)		More than one person (plural)	
(yo)	**voy**	(nosotros[as])	**vamos**
(tú)	**vas**	(*vosotros[as]*)	***vais***
(él/ella)	**va**	(ellos[as])	**van**
(Ud.)	**va**	(Uds.)	**van**

3. Use forms of the verb **ir** to

say where you are going	Vamos **al gimnasio.** ¿Vas con nosotros?
ask where someone is going	—**¿Adónde** vas, José?
say where you are going and what you intend to do	—Voy **a la biblioteca a estudiar.**
suggest activities, as in "let's . . ." or "why don't we . . . ?"	—**Vamos a casa a** mirar la tele.
	—No quiero. **¿Por qué no vamos** al parque a jugar tenis?
state plans and intentions or talk about the future	—¿Qué **vas a hacer?**
	—**Voy a** salir con amigos.
say you're not going anywhere	—**No voy a ninguna parte (ningún sitio).**
say you're not going to do anything	—**No voy a hacer nada.**

Ejercicio A. Complete the following with forms of **ir** or **ir a,** according to the context.

PROFESORA
(a los alumnos):   ¿Adónde _____ de vacaciones?

PATRICIA: _____ a casa, pero mis padres y yo no _____ ir a ninguna parte juntos. Mi mamá y su amiga _____ a Nueva York en junio, pero mi papá no _____ . Yo tampoco puedo _____ porque _____ trabajar en un restaurante en junio.

LEONARDO: _____ tomar clases en julio, pero en agosto mis amigos y yo _____ la playa.

PROFESORA: Pero, Leonardo, ¿por qué _____ tomar clases en julio? ¿No _____ sacar tu título en junio?

LEONARDO: Sí, pero _____ sacar mi maestría también.

PROFESORA: Mauricio, ¿tú y tu pareja _____ contraer matrimonio en junio?

MAURICIO: Mi pareja y yo no _____ hacer nada. No sé qué _____ hacer ella, pero yo _____ buscar otra chica. Y Ud., profesora, ¿qué _____ hacer?

Ejercicio B. Use the verbs **querer** and **ir a** to say these people *want to go* to these places to do these things.

➧ *Por ejemplo:*
mi amigo / laboratorio de idiomas / escuchar cintas
Mi amigo **quiere ir al** laboratorio de idiomas **a** escuchar cintas.

1. mis padres / playa / nadar
2. yo / casa / mirar la tele
3. tú y yo / biblioteca / estudiar
4. mi papá / restaurante / comer
5. nuestros padres / gimnasio / hacer ejercicio
6. los jóvenes / extranjero / conocer otra gente
7. tú / tienda / comprar algo
8. los turistas / hotel / conversar
9. Uds. / universidad / aprender algo
10. mi pareja y yo / discoteca / bailar
11. tu jefe / oficina / pensar
12. yo / no / ninguna parte

Práctica de la gramática

Estrategias

In this section you will use the new verbs as they are used in real life to ask and answer questions, make comparisons, summarize information for others, and so on. Skim the activities in this section and notice the learning strategies you will be using. You will . . .

• personalize new learning by using it to express your own ideas;
• combine new language elements with previously practiced language;
• collaborate with others in performing tasks;
• take notes and organize information for reporting;
• repeat expressions in different contexts.

A. ¿Qué van a hacer?   Find out what plans three classmates have for each of the term breaks you have this year. Take notes and report back to the class, sharing your own plans as well.

➡️*Por ejemplo:*
¿Adónde vas para las vacaciones de diciembre? ¿Qué vas a hacer? ¿Qué quieres hacer?

A la clase: Para las vacaciones de diciembre, Rumiko y Claude **van a casa a visitar** a sus padres. Esteban **quiere ir a** Puerto Rico. Yo **no voy a hacer nada. No puedo ir a ninguna parte** porque tengo que trabajar.

B. Adiós, profe.   With a partner, plan a trip for your teacher. He or she has the following questions for you to answer. See who can come up with the most interesting vacation.

Tu profesor/a quiere saber...

1. ¿cuándo voy a viajar?
2. ¿con quién voy a viajar?
3. ¿adónde vamos? ¿por qué?
4. ¿qué vamos a hacer?
5. ¿adónde podemos ir allí (*there*)?
6. ¿quién va a comprar mi pasaje (*ticket*)?
7. ¿cuánto dinero tengo que tener?
8. ¿quién va a dar mis clases?
9. ¿qué van a hacer Uds.?
10. ¿por qué quiero viajar?

C. ¿Quieres salir esta noche?   Ask your partner to go do something with you tonight.

1. Find out what he or she is going to do tonight **(esta noche).**
2. Invite your partner to go different places and do different things until he or she accepts, using questions such as the following:

¿Quieres ir a comer algo?   **Vamos a la discoteca a bailar, ¿quieres?**

¿Quieres salir con nosotros(as)?   **¿Por qué no vamos a la biblioteca a estudiar?**

3. Your partner will finally accept, but will tell you what he or she has to do beforehand.

   Sí, pero primero voy a... (tengo que...).

4. Then tell your partner exactly where the two of you will be going.

   Vamos a la discoteca Oxígeno en la calle... Karl y Gopal van con nosotros.

D. Así somos nosotros.   Before their arrival in the U.S., some exchange students have some questions about U.S. university life. With a partner, answer their questions, giving as much detail as possible.

1. "En nuestro país no tenemos residencias estudiantiles. ¿Qué pueden hacer en una residencia estudiantil?"

2. "Si Uds. no van a casa, ¿adónde van a comer en la universidad?"

3. "¿Cuántas clases tienen, por lo general? ¿Qué tienen que hacer para las clases? ¿Qué tienen que comprar para las clases? ¿Cómo son los profesores?"

4. "¿Por qué van Uds. a la universidad? ¿Por qué quieren estudiar español?"

5. "¿Pueden ir a clase y trabajar también? ¿Qué tienen que hacer si quieren buscar un puesto? ¿Cuánto dinero pueden ganar en sus trabajos?"

6. "¿Adónde van con sus amigos? ¿Qué les gusta hacer?"

7. "¿Cuándo tienen vacaciones? ¿Adónde van, por lo general?"

8. "¿Cómo son Uds., los alumnos estadounidenses?"

V O Z V O Z V O Z V O Z V O Z V O Z

La entrevista de trabajo

Hispanics are accustomed to answering personal questions in job interviews because it is important for the employer to know what kind of person the applicant is.

A. Look at the job application on page 57 of this chapter. What questions would not be part of an application in the U.S.?

➠ *Por ejemplo:*

¿Es usted casada?

¿Sí o no? Although some questions will elicit yes/no responses, it is always wise to go beyond a simple one-word response.

> ¿Puede Ud. viajar al extranjero si es necesario?
> Sí, me gusta viajar y tengo mucho interés en otras culturas.

B. With a partner, compose responses that go beyond a simple **sí** or **no**.

1. ¿Tiene Ud. coche?   **3.** ¿Le gusta trabajar en equipo?

2. ¿Le gusta resolver problemas?   **4.** ¿Es difícil tomar decisiones?

C. Use of question words elicits many types of different information. Notice that these words require a written accent. For each of the question words listed, write a question you might hear in a job interview using **usted** verb forms.

➠ *Por ejemplo:*   **(¿qué?)** ¿Qué intereses tiene **usted**?
                 (¿en qué?) ¿En qué mes va a sacar su título?

1. ¿qué?   **4.** ¿dónde?   **7.** ¿por qué?   **10.** ¿en qué mes... ?

2. ¿cómo?   **5.** ¿de dónde?   **8.** ¿cuál?   **11.** ¿en qué ciudad... ?

3. ¿quiénes? **6.** ¿cuántos/   **9.** ¿cuándo?   **12.** ¿adónde va... ?
                     cuántas?

D. The following are some typical interview questions. How would you respond to each as a job candidate? Address your interviewer with **Ud.**

Preguntas sobre tu personalidad

¿Cuáles son tus tres virtudes y tus tres defectos?

¿Cómo quieres ser y qué quieres tener dentro de cinco años?

¿Qué te gusta hacer en tus ratos libres?

¿Cuál es el verbo que mejor te describe a ti?

Preguntas sobre tu estilo de trabajo

¿Tienes interés en los problemas de otros?

¿Te gusta escuchar sus opiniones?

¿Con qué tipo de persona quieres trabajar?

¿Por qué tienes interés en nuestra empresa?

¿Con qué tipo de persona no puedes trabajar?

¿Quieres trabajar solo(a) o en equipo? ¿Por qué?

¿Cómo es el jefe ideal, en tu opinión?

¿Qué puedes contribuir a nuestra empresa?

E. You will also be expected to ask intelligent questions during the interview. List three good questions you would ask.

En voz alta

En una hoja de papel, prepara una ficha personal en blanco (*blank*) como la de la página 57. Luego, escucha una o dos veces la conversación. Finalmente, completa la ficha personal con toda la información que puedas.

Mi Refranero. Here is a popular saying related to career plans and the world of work. Listen to the saying on the tape, then repeat it, trying to imitate the sounds as closely as possible.

A quien madruga, Dios le ayuda.   *The early bird gets the worm.*

Voces del mundo hispano

El mundo del trabajo

This section provides more in-depth exploration of Hispanic culture through its own voice. You will learn more about the world of work in Hispanic cultures, especially what employers look for in candidates. As you have seen in this chapter, in Hispanic cultures the search for the ideal employee involves looking at *the total person*, not just his or her credentials.

A. Avisos de trabajo.   Have you ever responded to a job ad? Think of ads for job vacancies you have seen in the U.S. On a separate sheet of paper, with a partner, make a list in English of the types of information U.S. employers include in the job ads you have seen: experience, degrees, etc.

B. Otras culturas, otras perspectivas.   Now, at the top of your list, write the title **la cultura estadounidense.** By labeling your list, you have just taken an important step in cross-cultural learning. You have described objectively an aspect of the cultural system you live in, and you have identified your description as belonging to a culture. As you encounter aspects of Hispanic cultures, be aware that these belong to another list, **la cultura hispana.** Each culture's "list" reflects a distinct history and a distinct view of the world.

C. Puestos vacantes.   Look at the following job ads from various Hispanic countries.

1. What personal information is included here that you did *not* include in the list you developed in Activity A for U.S. culture?

EMPRESA COMERCIAL DE SERVICIOS
solicita

JEFE PARA SU DEPARTAMENTO DE CREDITO

REQUISITOS

• Experiencia en la dirección de departamentos de crédito y cobro de empresas comerciales con énfasis en la recuperación.

• Capacidad para trabajar por resultados. • Experienca en conciliar cuentas.

• Amable al tratar con el público. • Dispuesto a trabajar bajo presión.

• Contador (no indispensable). • Capacidad para dirigir personal.

SALARIO A CONVENIR SEGÚN CURRÍCULUM.
Interesados enviar currículum con fotografía reciente al apartado
166-1009, Fecosa San José

GERENTE DE INFORMATICA

REQUISITOS:

◊ **Escolaridad Licenciado en informática**
◊ **Estado civil casado**
◊ **Sexo masculino**
◊ **Edad de 25 a 35 años**
◊ **Idioma inglés**
◊ **Experiencia de 5 a 10 años**
◊ **Preferentemente que conozca equipo Hewlett Packard, hp-3000, paquetería MCBA, sistemas de conexiones, interconectores y paquetería en general**
◊ **Viva por el rumbo o zonas aledañas**
◊ **Buena presentación**

Ofrecemos:
◊ **Sueldo abierto, prestaciones de ley**

Interesados presentarse con currículum vitae en: VIA MORELOS Nº414, Col. Santa Clara, Ecatepec Edo. de México, con el Lic. Alfredo Caballero, tels: 755-87-77, 569-38-33.

2. What skills are required that are usually not required in the U.S.?

3. According to the ads, what should people do to apply for the jobs?

D. El currículum.   Carmen Elena has applied for one of the jobs advertised and has sent her resumé. Scan her resumé (CV) to find the following.

1. To which of the ads do you think Carmen Elena is responding?

2. What things does Carmen Elena include in her CV that would not generally be included in a CV in the U.S.?

3. Why do you think Hispanic employers would request a photo?

4. Why would an employer want to know the professions of the applicant's parents?

5. Why would indication of skills in other languages be a standard feature of a resumé in the Hispanic world?

CURRÍCULUM
VITAE

DATOS PERSONALES

Apellidos:	Rodríguez Ortiz
Nombre:	Carmen Elena
Lugar de nacimiento:	Monterrey, Nuevo León
Fecha de nacimiento:	18/4/75
Nacionalidad:	mexicana
Estado civil:	casada
Dirección y teléfono particular:	Manuel Carpio 105, 7º 3
	08500 México, D.F.
	Teléf. 580 0272
Dirección profesional:	Unitec
	Poniente 44, Col. San Salvador
	Xochimanca
	Teléf. 396 70 13
Nombre/ocupación del padre:	Alberto Rodríguez Olmedos, mecánico
Nombre/ocupación de la madre:	Elvira Ortiz Martínez, secretaria

CARGO AL QUE ASPIRA   Jefa, Departamento de Crédito

ESTUDIOS REALIZADOS y TÍTULOS

15 de junio de 1996:   Licenciatura en Contaduría Pública
Facultad de Administración y Ciencias
Universidad Tecnológica de Monterrey

EXPERIENCIA PROFESIONAL

Septiembre 1996-presente   UNITEC, Contadora

OTROS CONOCIMIENTOS
Conocimientos de C++

Idiomas:

Inglés	Hablado: bueno	Leído: muy bueno	Escrito: regular
Francés	Hablado: regular	Leído: bueno	Escrito: regular

REFERENCIAS
Dr. Manuel García Morelos, UNITEC

FECHA ___20/3/97___   FIRMA *Carmen Elena Rodríguez Ortiz*

E. La entrevista de trabajo.   You have noticed that Hispanics generally place tremendous value in knowing the person. Whereas U.S. culture tends to try to separate the personal (family) from the professional, Hispanic cultures tend to view family life as such an integral part of who a person is that it cannot be separated from one's professional identity. Scan the following article and find the line that conveys this notion.

La entrevista de trabajo

Es en el caso de la entrevista de trabajo cuando se hace más real que nunca el tópico de que «una imagen vale más que mil palabras». En la conversación, primordial y primero: demostrar interés en trabajar. La entrevista busca fundamentalmente sacar una fotografía real de tu personalidad.

   ¿Cuáles son las preguntas típicas? Te pueden preguntar por las aficiones, la familia, las relaciones personales, cualquier cosa de tu vida privada. Una pregunta casi obligada es: «Nombra tus tres virtudes y tres defectos». También te pueden preguntar sobre tu trabajo ideal y el tipo de jefe que prefieres. Es importante dar una respuesta° general, pero nunca hablar mal de un superior (tampoco de tus padres).

   En la entrevista, también tienes tú la oportunidad de preguntar. Pregunta por el puesto de trabajo, las funciones que vas a tener, el horario, de quién vas a depender, etc. Pero sobre el tema del dinero, mejor no preguntar.

   En general, es necesario estar tranquilo, ser preciso en las respuestas y mantener un tono de seriedad en la conversación. Tienes que comunicar una imagen de madurez°.

"La entrevista de trabajo," *Universitarios hoy* (6/91), 46–47.

Palabras útiles

la respuesta
   contestación
la madurez   cualidades
   de un adulto

F. ¡Está prohibido!   According to this article, there are two things you should *never* do in a job interview. Cite the lines that give you this information. From what you know of Hispanic culture, what impression would an employer have of someone who did these things?

G. Una fotografía de tu personalidad.   Do you believe the saying **Una imagen vale más que mil palabras?** Tell what impression the interviewer might have of the personality of each of these job candidates.

▸ *Por ejemplo:*
Viste mal (*He is badly dressed*).
Esta persona es desordenada, desorganizada, perezosa; es mal educada.

   1. No habla mucho; sólo responde con «sí» o «no».
   2. No tiene preguntas.

3. Sólo tiene interés en el sueldo.
4. Dice que no tiene mucho tiempo.
5. Habla mal de sus padres.
6. Usa mucho la palabra «yo».
7. No puede recordar el nombre de la empresa.
8. Saluda al jefe así: «¿Qué tal? ¿Cómo estás?»
9. No quiere hablar de su familia.
10. No puede mirar al jefe en los ojos.

≈ **La red electrónica.** Use the World Wide Web to read about some of the Hispanic companies offering services. Follow these steps.

1. dirección: http://www.yellow.com
2. selecciona: *search page*
3. selecciona: *browse by locations*
4. selecciona un país hispano

Scan the companies that advertise services. Prepare a written summary of three types of companies and the services they offer in the country you selected. Your instructor may also ask you to print the advertisements and notices you found on the Internet.

➠ *Por ejemplo:*
En Chile, la empresa... puede... En México, la empresa... tiene...

P a r a   e s c r i b i r

Soy un buen candidato
In this section, you will approach writing as a process by using strategies for thinking, planning and organizing, and elaborating and editing.

A. Listing. List at least four activities in each category that you could use to present yourself to an exchange program director, host family, or employer. Make sure the activities reflect the full range of your abilities and potential and enhance what you can do now and will be able or plan to do later.

Tengo (que)...   Quiero...   Soy...
Puedo...   Voy a...

B. Anticipating. Choose one of the persons from the list on page 80 and write at least five questions that he or she would expect to have answered by your self-presentation.

a foreign family in search of an *au pair* student
a study-abroad scholarship coordinator

a foreign specialist in search of an American assistant
a summer internship or job abroad coordinator

➠ *Por ejemplo:*

¿Cuántos años...? ¿Cuánto quieres ganar? ¿Cuánto vale el viaje de Estados Unidos a...? ¿Qué te gusta hacer? ¿Tienes interés en...? ¿Puedes...? ¿Qué quieres hacer en...? ¿Cuándo?

C. Expanding.   Add to the preceding questions two or more *branching* questions that would require detail or persuasive justification on your part. Then, answer these questions to paint yourself in the best light; your answers should therefore convey your best qualities and abilities.

D. Integrating.   Now weave your answers so that thoughts follow logically. Use the connective devices you have learned in this unit **(porque, pero, también, tampoco)** as well as the words for intensifying or softening your descriptions **(algo, demasiado, muy, mucho, otro, mi, su).** Also include some dates that are important to you and prices or totals of some relevant expenses or earnings **(viaje, ganar [dinero] al año, un apartamento al año).** The following will serve as an example of how to integrate different statements about yourself.

Quiero ir a Colombia a estudiar de junio a agosto **porque tengo interés en...** y también en... Allá (En Colombia) **tengo que trabajar** unas horas porque **tengo que ganar** dinero para viajar y comer. En mi profesión, es importante viajar, **pero ahora no tengo... Soy muy** organizado **pero** inquieto y **puedo ayudar a... Además, me gusta mucho...** y... **porque tengo interés en...**

E. Editing.   An important final stage is careful reading of what you have written. As you read through your description, check for **(1)** content: Have you answered all your questions and given interesting and persuasive detail or justification? **(2)** accuracy: Do words describing yourself agree with your gender? Are the dates and other numbers and intensifiers correctly chosen and spelled? Make sure that you use **muy** and **mucho(a), muchos(as)** correctly.

Mi diccionario

Intereses

el ajedrez chess
el arte art
las ciencias science(s)
las finanzas finances
la gente people
el gobierno government
las habilidades abilities
la historia history
los idiomas languages
los instrumentos instruments
las metas goals
el mundo hispano Hispanic world
la naturaleza nature
los negocios business
la política politics
la tecnología technology

Actividades

buscar to look for
cantar to sing
comprar to buy
conocer to be (become) acquainted with
correr to run
encontrar to find
ganar to earn
jugar to play (a game, sport)
mandar to send
pagar to pay
pensar en el futuro to think about the future
pintar to paint
poder/(ue) to be able
querer/(ie) to want
recordar to remember
resolver problemas to solve problems
sacar un título/buenas notas to get a degree/good grades
tener (ie) (que) to have (to)
tocar to play (an instrument)
tomar decisiones/ exámenes to make decisions/to take exams
visitar to visit

Lugares

el banco bank
la ciudad city
el colegio high school
la dirección address
la escuela primaria elementary school
el estado state
el extranjero abroad
el gimnasio gym
el hospital hospital
el hotel hotel
la iglesia church
el país country
el restaurante restaurant
la tienda store

El empleo

el apellido last name
el coche car
la cuenta bill
el dinero money
el dólar dollar
el empleo job
la entrevista interview
el equipo team
la fecha date
la gente people
el jefe/la jefa boss
el nombre name
el puesto job, position
la solicitud application
el sueldo salary

Los meses del año

enero January
febrero February
marzo March
abril April
mayo May
junio June
julio July
agosto August
septiembre September
octubre October
noviembre November
diciembre December

Los números

uno 1
el primero first of the month
dos 2
tres 3
cuatro 4
cinco 5
seis 6
siete 7
ocho 8
nueve 9
diez 10
once 11
doce 12
trece 13
catorce 14
quince 15
dieciséis 16
diecisiete 17
dieciocho 18
diecinueve 19
veinte 20
veintiuno (veintiún) 21
veintidós 22
veintitrés 23
treinta 30
cuarenta 40
cincuenta 50
sesenta 60
setenta 70
ochenta 80
noventa 90
cien 100
mil 1,000

Otras palabras

además besides
ahora now
mucho(s), mucha(s) much, a lot/many, a lot
otro(a) another, other
nuestro(a) our
más o menos more or less

Preguntas

¿Adónde vas? (ir a) Where are you going?
¿Cuál es tu...? What is your . . .?
¿Cuándo vas a... ? When are you going to . . . ?
¿Cuánto puede(s) ganar? How much can you earn?
¿Cuántos años tiene(s)? How old are you?
¿Qué quiere(s) hacer? What do you want to do?
¿Qué tiene(s) que hacer? What do you have to do?

Cabin Fever, 1984. Glugio Gronk Nicandro (Gronk), chicano.

El grito de Gronk

Gronk, nacido en Los Ángeles de padres mexicanos, se considera «arqueólogo de cultura». Gronk y sus compañeros, un grupo de artistas que se llama «Asco» (náusea o repugnancia), se rebelan contra las tradiciones para dar nuevas formas al arte chicano. Sus imágenes del mundo urbano, llenas de formas rectangulares y colores vivos, unen diferentes aspectos de la cultura para captar la intensidad del momento de una manera satírica. El uso de un cóctel como símbolo de la manera en que intentamos distanciarnos de una vida difícil es muy frecuente en las obras de Gronk. Para Gronk, el arte es una manera de escaparse, de crear un mundo personal propio.

UNIDAD 2

La civilización del ocio

¿CÓMO ESTÁ LA GENTE DEL CUADRO? SEGÚN TÚ,

¿ESTÁ CONTENTA? ¿CÓMO PASA SU TIEMPO LIBRE?

EN LOS CAPÍTULOS 3 Y 4, VAS A APRENDER A

HABLAR DE TU VIDA DIARIA Y DE TUS VACACIONES

Y RATOS LIBRES. TAMBIÉN VAS A VER CÓMO SE

DIVIERTE LA GENTE HISPANA. ESTA UNIDAD SE

LLAMA **LA CIVILIZACIÓN DEL OCIO** PORQUE LA

DIVERSIÓN, EL DESCANSO Y EL ENTRETENIMIENTO

SON MUY IMPORTANTES PARA UNA VIDA SANA.

PARA TI, ¿QUÉ ES EL OCIO?

¡Viva el finsemanismo!

El tren, c. 1900. Darío de Regoyos, País Vasco, España.

¿En qué piensas cuando ves este cuadro? ¿A ti te gusta viajar en tren? ¿Te gusta ir a las montañas? ¿Qué haces tú para pasarlo bien? En este capítulo, vas a aprender a hablar de tus actividades rutinarias y recreativas y, especialmente, de cómo pasas los fines de semana.

Darío de Regoyos, pintor vasco

*En este cuadro, un tren pasa por los Pirineos, las montañas que separan el norte de España del sur de Francia. En la parte central de la región norteña de España está Euskadi o el País Vasco, una de las comunidades autónomas de España. Allí vive una gente muy independiente, que conserva su propio idioma y cultura. El idioma del País Vasco, el **euskera**, no es como el español y su origen es un misterio. De los pintores vascos, Darío de Regoyos fue uno de los más famosos de su época. Usó un estilo impresionista para captar escenas de los campos de Euskadi.*

Metas

En este capítulo vas a aprender a...

hablar del tiempo y de las estaciones del año	**hace** + **frío (calor / fresco), llueve** **otoño, invierno, primavera, verano**, pp. 90–92
describir tus actividades rutinarias	verbos en el tiempo presente, p. 95
indicar la frecuencia de tus actividades	**los días de la semana**, p. 92 **siempre, a veces, a menudo, nunca**, p. 97
hablar de tus gustos	**gustar** + **el / la / los / las** + sustantivos, p. 101

Vas a saber más de...

cómo pasan sus ratos libres los hispanos

Visiones del mundo hispano

El fin de semana

Look at the ad for a travel magazine. List the words you recognize that refer to leisure time.

El camino
más corto
para salir
al campo

GRANDES VIAJES
PARA SOÑAR Y DISFRUTAR

GUÍA MAESTRA EN TODA ESPAÑA

500 ideas de
TURISMO RURAL

● Actividades excitantes
● Rutas divertidas
● Y casas cautivadoras

A. Viernes, sábado y domingo. Do you have plans for an upcoming weekend? Give the date and tell where you are going and what you are planning to do. If it is this coming weekend, say **este fin de semana**.

⇒ *Por ejemplo:*
El 28 **de** marzo **(Este fin de semana) voy a** Florida **a** nadar.

B. Mi tren de vida. Forms of transportation are part of one's lifestyle. In the U.S., when people want to get away for the weekend, how do they get there? Say which of these forms of transportation you like to use. Of those you don't like to use, tell why.

en coche   **en avión**   **en tren**   **en autobús**

Me gusta viajar en... porque (no) soy... / porque (no) es...
No me gusta viajar en... porque (no) puedo... / porque (no) tengo...

C. Para cada estación un destino. Train travel is very popular in Spain, where the **RENFE (Red Nacional de Ferrocarriles Españoles)** system provides efficient transportation from villages to cities to other countries. The **RENFE** ad on page 87 promotes travel in all four seasons. Scan the ad and cite the following information.

1. the number of different destinations **RENFE** offers
2. the words that refer to vacation spots or activities
3. the line that names the seasons in order

D. Las cuatro estaciones. **La playa, la piscina**, and **los balnearios** are all associated with one season of the year, **el verano**. Using this information as a clue, look at the **RENFE** ad again to identify each season (they're given in order).

CAMBIE SU DESTINO EN CADA ESTACION

Cambie de estación. Cambie de destino.
Tiene cuatro para elegir. Cuatro estaciones y
más de treinta destinos.
Con viajes organizados para fines de semana,
puentes o semanas enteras. Con tren, hotel en
régimen elegido, excursiones y visitas incluidas
en el precio del billete.
Viajes especiales para primavera–verano o
para otoño-invierno.

Para los amantes de la montaña y de la playa, del
deporte y de los balnearios. Para los amantes del tren.
Renfe dispone ahora de una alternativa de viaje para
cualquier afición.
Para que pueda cambiar de destino en
cada estación.
Infórmese en su Agencia de Viajes.

RENFE

MEJORA TU TREN DE VIDA

Palabras útiles

el balneario *beach resort, spa*

1. Identify each season by the months it includes.
2. Tell the season you associate with each of the following.

colores vivos	partidos de fútbol americano	acampar
sacar fotos	celebrar tu cumpleaños	vacaciones
viajar al extranjero	balnearios	béisbol
esquiar en las montañas	correr	jugar tenis

3. Tell which season is your favorite and why. Use the model on p. 88.

⟶ *Por ejemplo:*
Me gusta más el otoño porque **puedo... (no tengo que... / me gusta...)**

E. ¡Qué lujo!   You and your friends have won a weekend trip to a luxury resort where many activities and services are offered. Refer to the captioned symbols and tell the season(s) in which you can do each of the following things.

⟶ *Por ejemplo:*
En el balneario, podemos cocinar **en** todas las estaciones.

1. caminar o hacer excursiones
2. navegar en bote de vela
3. montar a caballo (practicar equitación)
4. jugar con las mascotas
5. tomar el sol en la playa
6. bucear en el mar
7. nadar en una piscina al aire libre
8. pescar en el lago
9. montar en bicicleta
10. esquiar en la nieve
11. patinar
12. lavar la ropa
13. alquilar un coche
14. jugar golf

ALQUILER DE AUTOS

PLAYA

PESCA

GOLF

SENDAS PARA CAMINAR

EQUITACIÓN

BUCEO

BOTES DE VELA ALQUILER

PATINAJE

ESQUÍ EN NIEVE

PISCINA AL AIRE LIBRE

MASCOTAS PERMITIDAS

FACILIDADES PARA LAVAR

BICICLETA

F. ¡Tanto que hacer!   Interview your partner to find out his or her plans to visit this resort area. Which of the activities available will he or she do? Get the following information, take notes, and report back to class.

1. ¿En qué estación va a viajar?
2. ¿Cómo va a viajar?
3. ¿Con quién va a viajar?
4. ¿Qué va a hacer allí?
5. ¿Qué no va a hacer allí? ¿Por qué?
6. ¿Qué le gusta hacer pero no hay en el balneario?
7. ¿Qué puede aprender a hacer?

V i s i ó n V i s i ó n V i s i ó n

La RENFE

When you think about traveling, two forms of transportation that probably come to mind are the car and the plane. But have you ever traveled by train? Which of the following do you associate with train travel?

1. eficiencia	4. rapidez	7. entretenimiento	10. servicio en el asiento
2. horario conveniente	5. confort	8. condiciones sanitarias	11. películas de cine
3. puntualidad	6. comida	9. acceso a muchos lugares	12. teléfonos

In Spain, train travel is very popular and the national rail system, **RENFE**, provides travelers a convenient alternative to both car and air travel. The pride of the **RENFE** fleet are the **Talgo 200** and **AVE** lines, which offer maximum speed and comfort.

A. Look at the following chart, which lists the services provided by the **AVE** line. Which of these services do you associate with train travel in the U.S.?

Servicios y prestaciones por clases			
	CLUB	**PREFERENTE**	**TURISTA**
Cafetería	Sí	Sí	Sí
Venta de artículos a bordo	Sí	Sí	Sí
Máquina de bebidas	Sí	Sí	Sí
Teléfonos	Sí	Sí	Sí
(i) Cuatro canales de música	Sí	Sí	Sí
(i) Vídeo	Sí	Sí	Sí
(i) Pasatiempos para niños	Sí	Sí	Sí
(i) Facilidades para minusválidos	Sí	Sí	Sí
(i) Aseo para bebés	Sí	Sí	Sí
(i) Restauración	A la carta	Sí	
(i) Acceso a salas Club AVE	Sí	Sí	
(i) Prensa diaria y revista *Paisajes*	Sí	Sí	
(i) Aparcamiento (*)	Sí	Sí	
(i) Servicio de bar en el asiento	Sí		

(i) Incluido en el precio del billete.
(*) 24 horas. Billete Sencillo/48 horas. Billete Ida y Vuelta.

Horarios del AVE MADRID Puerta de Atocha-SEVILLA Horarios válidos a partir del 1 de septiembre					
MADRID Puerta de Atocha	**Ciudad Real**	**Puerto-llano**	**Córdoba**	**SEVILLA Santa Justa**	**Restau-ración**
07:00	07:51	08:08	08.57	09.40	Desayuno
07:30	08:19	08:33	09:17	10:00	Desayuno
08:00	–	–	–	10:15	Desayuno
09:00	09:49	10:03	10:47	11:30	Desayuno
11:00	–	–	12:41	13:25	Snack
12:00	–	–	13:41	14:25	Snack
14:00	–	–	15:41	16:25	Almuerzo
15:00	–	–	16:41	17 :25	Almuerzo

B. Imagine that you are in Madrid, in the center of Spain, and want to travel to Sevilla, a city in the southwestern region of the country, about 480 kilometers, or 300 miles, from Madrid. You want to arrive in Sevilla before

3 P.M. and spend as little time traveling as possible. Look at the **AVE** schedule and tell what decisions you would make and why.

1. ¿Qué tren vas a tomar? Da el número. ¿Por qué?
2. En el tren que vas a seleccionar, ¿se ofrece algo de comer?
3. Para ir a Sevilla, ¿es más rápido ir en coche o en tren?

En voz alta

A. Escucha una conversación telefónica con atención. Luego, indica cuáles de los temas de la lista se mencionan.

Hablan...

_____ de un viaje   _____ de viernes y domingo
_____ del cine   _____ de lunes, miércoles y viernes
_____ de sus planes   _____ del fin de semana

B. Escucha otra vez y haz un horario de las actividades que se mencionan. No importa si no sabes toda la información ahora.

Días: viernes, _____ , _____
Actividades: ir al lago, _____

Mi Refranero. En la conversación oíste los siguientes refranes. Escúchalos otra vez y repítelos, tratando de imitar los sonidos.

Invierno frío, verano caluroso.   **Nunca llueve a gusto de todos.**

V O C A B U L A R I O

Imágenes y palabras

¿Qué haces en las vacaciones?

**Aquí en verano hace mucho calor.
Si hace sol, voy a...**

nadar en la piscina

bucear en el mar

tomar el sol

navegar en bote de vela

Voy a ir al río o al lago a...

a pescar

a esquiar en el agua

a navegar en canoa

En otoño, hace fresco. Voy al campo a...

hacer excursiones

montar a caballo

acampar

ver los colores de los árboles

ir a un parque de atracciones

En invierno, hace mucho frío. Voy...

al lago a patinar en el hielo

a la montaña a esquiar

En primavera, hace buen tiempo. Voy al parque a pasarlo bien. Voy a...

jugar tenis

dar un paseo

jugar con mi perro

montar en bici

patinar sobre ruedas

ver las flores

Si llueve o si hace mal tiempo, puedo hacer algo en casa. Puedo...

dormir
descansar

llamar a mis amigos

limpiar mi habitación

lavar la ropa

tocar mis discos compactos

alquilar una película

hacer una fiesta

aprender algo nuevo

¿Cómo es una semana típica? ¿Qué haces todos los días después de las clases?

lunes	martes	miércoles	jueves	viernes	sábado	domingo
estudio	astronomía 8:00	trabajo 13:00-15:00	¡¡Vacaciones!!			→

Vivo en la residencia estudiantil.

Los lunes estudio y hago las tareas.
Los martes cocino, lavo la ropa y limpio mi habitación.
Los miércoles trabajo, veo televisión y llamo a mis padres.
Los jueves termino mis proyectos y pienso en el fin de semana.

¿Qué haces este fin de semana?

El viernes juego básquetbol y salgo con mis amigos por la noche.
El sábado doy un paseo con mi pareja en el parque.
El domingo duermo toda la mañana. Leo el periódico y no hago nada.

Práctica del vocabulario

Estrategias

To remember new vocabulary and communicate effectively with it, you will use the following strategies. Scan the activities in this section to try to identify which strategies are used in each activity. This practice will also help you prepare for the things you will be doing in class.

- Associate new words with familiar words and with other new words to form connections.
- Transfer previous learning to new contexts and recombine with new learning.
- Personalize new learning to express your own thoughts.
- Use models to guide you in expanding your statements.

A. Un montón de verbos. You have learned many new verbs so far. Give the verb you associate with each of the following.

Por ejemplo:
título, buenas notas   **sacar**

1. un periódico, una revista
2. en el agua, en la nieve
3. a caballo, en bicicleta
4. un coche, una película
5. un instrumento, los discos compactos
6. en bote de vela, en bote de remos
7. un paseo, una fiesta
8. frío, calor
9. naipes, béisbol, fútbol americano, tenis
10. en casa, en una residencia estudiantil
11. en el hielo, sobre ruedas

B. Asociaciones. Give all the words from **Imágenes y palabras** that you associate with each of the following.

1. la semana
2. el fin de semana
3. el agua
4. el frío
5. el calor
6. limpiar
7. dar un paseo
8. la montaña
9. mal tiempo
10. descansar
11. el campo
12. la película

C. Sugerencias. Your partner will read one of the following situations. Respond with suggestions, such as **¿Por qué no vas a... a...? Puedes... o... Tienes que... ¿No quieres (aprender a)...?**

Por ejemplo:
Hace fresco.   **¿Por qué no vas a** dar un paseo con tus amigos?

1. Me gusta patinar, pero aquí nunca hace mucho frío.
2. Quiero conversar con mis amigos, pero no puedo salir de casa.

3. Me gusta hacer ejercicio al aire libre, pero no me gusta correr.

4. Quiero ver una película, pero el cine vale siete dólares.

5. Puedo nadar bien, pero no me gusta nadar en los ríos.

6. Llueve. No puedo ir a ningún sitio.

7. Mi papá es marinero, pero yo sólo puedo navegar en canoa.

8. Me gusta leer, pero no tengo mucho tiempo.

9. Quiero escaparme de la ciudad.

10. Quiero ir al río a descansar y pensar.

D. Personalidades y gustos.   Suggest one activity each of the following types of people will like and one each will probably not like.

➡ *Por ejemplo:*

A la gente perezosa **no le va a gustar patinar**.

1. deportista	**5.** aventurera	**9.** artística
2. romántica	**6.** perezosa	**10.** ordenada
3. hogareña	**7.** sociable	**11.** impaciente
4. inquieta	**8.** intelectual	**12.** seria

E. Mi horario.   Starting with today **(hoy)**, give your schedule for the week. Tell what you have to do, what you want to do, and what you plan to do. Use **el** with each day of the week.

➡ *Por ejemplo:*

El sábado tengo que limpiar mi habitación. Pero también quiero ver a mi pareja. Si no llueve, él (ella) y yo vamos a hacer un picnic en el parque. El domingo...

F. Por lo general.   Tell whether you do each of the following every day **(todos los días)**, only under certain weather conditions **(si hace...)**, or on certain days **(los** + *day of week*). If you never **(nunca)** do it, explain why.

➡ *Por ejemplo:*

Todos los días aprendo algo nuevo. **Los lunes (martes / miércoles)** hago las tareas. **Si llueve**, duermo todo el día. **Nunca** monto a caballo **porque** no tengo caballo.

1. Duermo toda la mañana.

2. Pienso en el fin de semana.

3. Practico deportes.

4. Como en la cafetería.

5. Trabajo en la computadora.

6. Lavo la ropa.

7. Veo a mi pareja.

8. Alquilo películas.

9. Voy al laboratorio.

10. Estudio con amigos.

11. Salgo con mis amigos.

12. Leo el periódico.

GRAMÁTICA 1

Para describir actividades rutinarias: el tiempo presente

You have already practiced talking about...

what you are going to do	**Voy a** acampar.
what you are able to do	**Puedo** jugar ajedrez.
what you want to do	**Quiero** sacar mi título.
what you have to do	**Tengo que** llamar a mis padres.
what you like to do	**Me gusta** bucear y hacer surfing.
what you want to learn to do	**Quiero aprender a** montar a caballo.

In each case, you have named activities using verbs in the infinitive form: **acampar, jugar, sacar**, etc.

1. When you want to describe what you and others *generally or routinely do*, you use various forms of these infinitives in the present tense, just as you practiced doing with the verbs **ir, tener, querer, poder**, and **ser**.

Los sábados **descanso** porque no **tengo** clases y no **trabajo. Converso** con mis amigos o **miro** la tele, pero nunca **trabajo**.

2. Present tense forms can express a variety of meanings, depending on the context.

Juego béisbol.	*I play baseball* (*general description*).
No juego béisbol los lunes.	*I don't play baseball on Mondays* (*routine*).
Juego hoy.	*I'm playing today* (*plans*).
No juego mañana.	*I'm not playing tomorrow* (*immediate future*).

3. There are three verb families in Spanish, marked by the endings of their infinitives: **-ar** verbs, **-er** verbs, and **-ir** verbs. All Spanish verbs belong to one of these families. Here are the present tense forms of three representative verbs.

-ar verb endings **descansar**		**-er** verb endings **correr**		**-ir** verb endings **vivir**	
-o	descanso	**-o**	corro	**-o**	vivo
-as	descansas	**-es**	corres	**-es**	vives
-a	descansa	**-e**	corre	**-e**	vive
-amos	descansamos	**-emos**	corremos	**-imos**	vivimos
-áis	*descansáis*	***-éis***	*corréis*	***-ís***	*vivís*
-an	descansan	**-en**	corren	**-en**	viven

Notice the following patterns.

> **-o** ending always indicates **yo**
>
> **-s** ending always indicates **tú**
>
> **-mos** ending always indicates **nosotros(as)**
>
> **-n** ending always indicates more than one person **(ellos / ellas / ustedes)**
>
> **-er** and **-ir** verb groups have the same endings, except in **nosotros(as)** and **vosotros(as)** forms

4. Some verbs are irregular. This means they do not follow the pattern and their forms must be memorized. You have learned to use two irregular verbs:

ser → soy, eres, es, somos, *sois*, son   **ir** → voy, vas, va, vamos, *vais*, van

5. Some verbs are irregular only in the **yo** form.

dar	**doy**, das, da, damos, *dais*, dan
hacer	**hago**, haces, hace, hacemos, *hacéis*, hacen*
salir	**salgo**, sales, sale, salimos, *salís*, salen
ver	**veo**, ves, ve, vemos, *veis*, ven
conocer	**conozco**, conoces, conoce, conocemos, *conocéis*, conocen
saber	**sé**, sabes, sabe, sabemos, *sabéis*, saben
estar	**estoy**, estás, está, estamos, *estáis*, están

6. Some verbs have a change in the stem, the part of the verb that remains when the ending is removed. In Chapter 2, you learned to use three of these stem-changing verbs: **querer (e → ie)**, **tener (e → ie)**, and **poder (o → ue)**. Remember that stem changes are not present in the **nosotros(as)** or **vosotros(as)** forms. The following chart presents other verbs you know that have stem changes in the present tense.

Verbs with an **e → ie** stem change

pensar (en):	**pie**nso, **pie**nsas, **pie**nsa, pensamos, *pensáis*, **pie**nsan
cerrar:	**cie**rro, **cie**rras, **cie**rra, cerramos, *cerráis*, **cie**rran

Verbs with an **o → ue** stem change

encontrar:	enc**ue**ntro, enc**ue**ntras, enc**ue**ntra, encontramos, *encontráis*, enc**ue**ntran
recordar:	rec**ue**rdo, rec**ue**rdas, rec**ue**rda, recordamos, *recordáis*, rec**ue**rdan
resolver:	res**ue**lvo, res**ue**lves, res**ue**lve, resolvemos, *resolvéis*, res**ue**lven
dormir:	d**ue**rmo, d**ue**rmes, d**ue**rme, dormimos, *dormís*, d**ue**rmen
llover:	ll**ue**ve (*only form used*)
jugar*:	j**ue**go, j**ue**gas, j**ue**ga, jugamos, *jugáis*, j**ue**gan

---

*Jugar** is the only verb that changes from **u** to **ue**.

---

*For weather descriptions, the only form used is **hace**, as in **hace frío / calor / fresco**.

Ejercicio. Tell how often you do the things listed in each of the following situations. Choose from these expressions of frequency: **(casi) siempre, a menudo, a veces, (casi) nunca**.

➠ *Por ejemplo:*
en las fiestas: bailar, comer, conocer a mucha gente, tomar bebidas alcohólicas

En las fiestas, siempre conozco a mucha gente. A veces bailo, a veces como, pero nunca tomo bebidas alcohólicas porque no tengo 21 (veintiún) años.

1. en la biblioteca: leer, estudiar, jugar con la computadora, encontrar silencio, dormir siestas, conocer gente
2. en las clases: resolver problemas, hacer preguntas, estar ausente sin excusa, sacar buenas notas, saber la respuesta (*answer*)
3. para pasarlo bien: escuchar música, practicar español, salir con amigos, pensar en mis clases, alquilar películas, hacer deporte
4. los fines de semana: ver televisión, recordar mis tareas, hacer fiestas, descansar, limpiar mi habitación, ganar dinero
5. en la universidad: vivir bien, comer en la cafetería, tomar decisiones, ver a mis padres, cocinar, encontrar trabajo

Práctica de la gramática

Estrategias

The activities in this section will help you practice using verbs in the present tense as they are used in real life to describe routines and customs, to ask questions, to compare and contrast, and to summarize. You will use the following learning strategies. Scan the activities in this section to see if you can identify which strategies are used in each.

- Collaborate with others to obtain information and practice.
- Combine new learning with previous learning.
- Take notes to recall information.
- Make lists to organize thoughts before speaking.
- Personalize new learning by using it to express your own thoughts.
- Vary your use of words.

A. Ustedes, los profes.   With a partner, develop a description of how you imagine your professors spend their time when they are not in class with you. Address your description to your teacher.

➠ *Por ejemplo:*
Susana y yo pensamos que ustedes, los profesores, nunca duermen. Cuando no tienen clase,... A veces...

B. ¿Cuántos lo hacen?   Ask three classmates the following questions. Take notes and tell the class how many responded **sí** by adding numbers to the statements at the right.

▶ *Por ejemplo:*
¿Juegas bien el ajedrez?

1: No, no juego ajedrez.
2: Juego ajedrez pero no muy bien.
3: Sí, juego bien el ajedrez.

A la clase: En nuestro grupo, uno juega bien el ajedrez. (Nadie juega bien el ajedrez.)

1. ¿Sales con amigos los sábados?	_____ alumnos salen con amigos.
2. ¿Juegas bien el tenis?	_____ alumnos juegan...
3. ¿Duermes menos de ocho horas al día?	_____ alumnos duermen...
4. ¿Ves a tus padres a menudo?	_____ alumnos ven...
5. ¿Sabes bucear?	_____ alumnos saben...
6. ¿Piensas en tus metas a menudo?	_____ alumnos piensan...
7. ¿Haces fiestas a veces?	_____ alumnos hacen...
8. ¿Buscas trabajo en verano?	_____ alumnos buscan...
9. ¿Limpias tu habitación si están de visita tus padres?	_____ alumnos limpian...
10. ¿Recuerdas más de cinco fechas históricas?	_____ alumnos recuerdan...

C. Mis metas.   List five things you don't know how to do. Then circulate among your classmates to find a person who does know how to do each item on your list. Report back to class, as in the model.

▶ *Por ejemplo:*
A otro(a) alumno(a): No buceo. ¿Buceas tú?

A la clase: No sé bucear, pero conozco a una persona que bucea bien. Es...

D. A veces sí, pero no siempre.   On a sheet of paper, make three columns labeled **a menudo, a veces, (casi) nunca**. Number your paper vertically from 1 to 8. For each of the following situations, write two things you do, putting each in the column that indicates how frequently you do it. Then, report back to the class.

▶ *Por ejemplo:*
Cuando hace calor, a menudo **nado** en la piscina y a veces **tomo el sol** en el parque. Casi nunca **corro** si hace mucho calor.

1. cuando vas al campo
2. cuando vas de vacaciones
3. cuando vas a la playa
4. en invierno, cuando hay nieve

5. en otoño, cuando hace fresco
6. en casa, si no tienes nada que hacer

7. si estás en el río o el lago
8. en primavera, si hace buen tiempo

E. Nuestro tren de vida. With a partner, take turns interviewing each other and taking notes on the following aspects of your lives. Report back to class comparing your lifestyles.

Por ejemplo:
¿Cuántas horas estudias todos los días?   Estudio dos horas, más o menos.

A la clase: Rita estudia dos horas todos los días. Pero yo sólo estudio una hora, más o menos. (Las dos estudiamos más o menos dos horas.)

1. ¿Cuántas horas estudian todos los días?
2. ¿Dónde comen si están en el campus?
3. ¿Qué tipo de ejercicio hacen?
4. ¿Duermen más o menos de seis horas?
5. ¿Cuánta gente famosa o importante conocen?
6. ¿Leen libros de terror (detectives / ciencia ficción)?

7. ¿Cuántas horas de televisión ven a la semana?
8. ¿Qué hacen para pasarlo bien en invierno? ¿en otoño?
9. ¿Cómo pasan los fines de semana, por lo general?
10. ¿Cómo recuerdan los cumpleaños de sus amigos y familiares?

F. Queridos compañeros. Imagine yourself in your favorite place during your favorite season. Write your classmates **(Queridos compañeros:)** a postcard describing what it is like in as much detail as possible. Don't forget to date the card and to include a closing, such as **Abrazos de tu amigo(a)** or **Hasta pronto**. Include answers to the following questions.

1. ¿Dónde estás?
2. ¿Qué tiempo hace?
3. ¿Qué haces todos los días?
4. ¿Cómo lo pasas por la noche?

5. ¿En qué o quién piensas?
6. ¿Qué haces mañana?
7. ¿Qué haces la semana que viene?
8. ¿Qué aprendes a hacer allí?

Visión Visión Visión

A la hora de salir

Para ti, ¿qué significa «salir»? ¿Adónde van tú y tus amigos(as) cuando salen por la noche? En las ciudades del mundo hispano, la gente sale por la noche a dar un paseo, a comer, bailar, reunirse con amigos, o van a un café o una disco. En fin, salen a pasarlo bien. Aquí tienes un fragmento de la *Guía del Ocio de Madrid* con descripciones de algunos de los clubs más populares de la ciudad.

TORERO

Dirección: Calle de la Cruz, 26
Metro: Sol
Zona: Sol/ Huertas
Discobar. Dos ambientes: flamenqueo en la planta de arriba y música jazz y baile en el sótano. Puertas franqueadas por enormes porteros.
Horario: a partir de las 23.00h

KATMANDÚ

Dirección: Sres. de Luzón
Metro: Ópera
Horario: 12.00-6.00
Admisión: 500 ptas.
Club soluero, blusero y popero que abre jueves, viernes y sábados. Mejor hora: 3.30-4.00. Bailoteo y buen ambiente. Mucho calor cuando está lleno. Con la entrada te tomas una cerveza.

EL CALENTITO

Dirección: Jacometrezo, 15
Metro: Callao/ Santo Domingo
Zona: Callao
Salsa y ritmos latinos. Para pasar un rato bailando salsa, rumba, merengue y eso, muy bien, pero llega a hacer un calor importante cuando está lleno. Gente de todo tipo.
Horario: 20.00h en adelante. Mejor hora: 2.30.

GOA

Dirección: Mesonero Romanos, 13
Metro: Callao
Zona: Gran Vía
Horario: A partir de las 6.00. Se puede llamar también *Soul Kitchen* o *Flamingo*, dependiendo del día y la hora.

EL SOL

Dirección: Jardines, 3
Metro: Sol/ Gran Vía
Zona: Gran Vía-Sol
Conciertos y muy buen ambiente de baile a partir de las 4.00 los fines de semana.
Horario: 23.30-5.00h. Mejor hora: 4.00h.
Admisión: 1000 ptas (incluye consumición).
Si se va en grupos, siempre se puede negociar pagar menos entradas. Música soul, pop y rock.

REVÓLVER

Dirección: Galileo, 26
Metro/Zona: Argüelles
Horario: A partir de las 21.00h
Admisión: 1.000 pts.
Uno de los locales protagonistas desde principios de los 90 de conciertos y todo tipo de actividades. Los lunes flamencos llegaron a ser unas de las actuaciones más entrañables del local. Por este club han pasado bandas de renombre y gran parte del panorama pop independiente musical español. Un joven clásico.

MARVILLAS

Dirección: San Vicente Ferrer, 35
Metro: Tribunal
Zona: Malasaña
Horario: Hasta las 3.00
Gente de las últimas tendencias, así como la música. Predominio de edades entre los18 y los 22 años. Imposible mantener una conversación, calor asfixiante, masas en la puerta y en la barra.

De softguía Madrid http://www.softdoc.es:80/~softdoc/guia_madrid/cio/salir/clubs.htm

A. Lee los comentarios sobre estos clubs y busca la siguiente información.

1. ¿Qué tipos de música puedes escuchar en Madrid?
2. ¿En cuál de los clubs es posible recibir un descuento (*discount*)?
3. ¿Qué pasa en algunos clubs cuando están llenos (hay mucha gente)?
4. En el club Torero (y en muchos otros) hay enormes «porteros» en la puerta para controlar a la gente. En inglés, ¿cómo se llaman estos porteros?

B. These brief descriptions tell you a little bit about the lifestyle of the **madrileños**. How is this lifestyle different from your own or from that of people in the U.S.? Compare Madrid to your city in terms of the following (you will find the information in the club descriptions).

1. ¿Qué forma de transporte es más popular en Madrid? ¿Y en tu ciudad?
2. ¿A qué hora abren estos clubs? ¿A qué hora cierran los clubs? ¿Y en tu ciudad?
3. Según estas descripciones, ¿qué horas son las mejores (*best*) para visitar un club los fines de semana? ¿Y en tu ciudad?

C. Which of these clubs would you like to go to? Why? Ask one of your classmates to accompany you to one of the clubs; describe it. Your classmate will suggest another one. Reach an agreement.

Tú	Tu compañero(a)
¿Quieres ir al club **Calentito** conmigo?	No sé. ¿Cómo es?
Hay música salsa y ritmos latinos. ¿Te gusta la salsa? (¿Sabes bailar merengue [rumba]?)	... ¿Por qué no vamos a...?

GRAMÁTICA 2

Para hablar de tus gustos: el verbo *gustar*

In Chapter 1, you used **gustar** with infinitives and the pronouns **me, te, le, nos, *os***, and **les** to talk about what you and others like to do.

—**¿Te gusta mirar la tele?**   —**No, a mí no me gusta, pero me gusta leer.**

1. To talk about people and things (nouns) you like and don't like, you use these same pronouns. However, in this case, the form of the verb **gustar** must agree with the noun, and the definite article **(el, la, los, las)** must be used.

If the noun is singular, use the singular form of the verb, **gusta**, and the singular definite article **el** or **la**.

A mí me gust**a la** música clásica, pero a mis padres les gust**a el** rock.

If the noun is plural, use the plural form of the verb, **gustan**, and the plural definite article **los** or **las**.

A mi papá le gust**an las** películas y **los** libros de terror.

gustar			
(a mí)	**me gusta/n**	(a nosotros[as])	**nos gusta/n**
(a ti)	**te gusta/n**	(a ustedes)	**les gusta/n**
(a usted)	**le gusta/n**	(*a vosotros[as]*)	***os* gusta/n**
(a él / ella)	**le gusta/n**	(a ellos[as])	**les gusta/n**

A mí **me gustan los deportes**, pero a mi amigo José no le gustan. A él **le gusta el ajedrez**. A muchos amigos también **les gustan los viajes y los idiomas**. Pero a todos **nos gusta el cine**.

2. To express a very strong like or love of something, you can also use the verb **encantar**, which is used exactly like the verb **gustar**.

> A Susanita **le encantan las grandes ciudades**; no le gusta el campo. En cambio, a sus padres **les encanta el campo**. Por eso, Susanita siempre tiene que pasar sus vacaciones allí.

Ejercicio A. Tell what things the following people like or don't like, based on their activities. In each case, use nouns with **gustar**.

➠ *Por ejemplo:*

Leo mucho, es decir (*in other words*), **me gustan los libros.**

1. Hablamos inglés, francés, español y alemán, es decir, ...
2. Ud. va al cine o alquila videos todos los fines de semana, es decir, ...
3. Hago surfing y navego en bote de vela, es decir, ...
4. Mis amigos juegan tenis, vóleibol y fútbol, es decir, ...
5. Siempre acampas y haces excursiones en verano, es decir, ...
6. Ustedes buscan problemas para resolver, es decir, ...
7. Mis padres van al lago, al río o a la playa, es decir, ...
8. ¿Quieren ver la última moda (*latest fashion*) de Francia? Es decir, ¿...?
9. Mi compañero de cuarto toca sus discos compactos todos los días, es decir, ...
10. Carlos y yo vemos una exposición de las pinturas de Gronk, es decir, ...

Ejercicio B. In groups of four, take turns interviewing each other to find out how many like the following things. Take notes and tell the class how many responded **sí** by adding numbers to the statements at the right. For those you like also, include yourself, using the pronoun **nos**. If no one likes something, say **a nadie le gusta/n**. Be sure to fill in the article **el, la, los**, or **las**.

➠ *Por ejemplo:*

¿A ustedes les gusta la música de los setenta?	Sí, a mí me encanta.
Y a ti, Megan, ¿te gusta?	A mí, no. No me gusta nada.
¿Y a ti te gusta, Rob?	A mí tampoco me gusta. (A mí también me gusta.)

1. el invierno cuando hay nieve   A _____ les (nos) gusta...
2. las películas de amor   A _____ les (nos) gustan...
3. las telenovelas (*soap operas*)   A _____ les (nos)...
4. las entrevistas de trabajo   A _____ les (nos)...
5. el hielo en la calle   A _____ les (nos)...
6. los colores del otoño   A _____ les (nos)...
7. las revistas de deportes   A _____ les (nos)...
8. la residencia estudiantil   A _____ les (nos)...
9. la música clásica   A _____ les (nos)...
10. la naturaleza   A _____ les (nos)...

Práctica de la gramática

Estrategias

The activities in this section will help you practice using the verb **gustar** to make descriptions, inquiries, comparisons and contrasts, summaries, and speculations using the following learning and communication strategies. Scan the activities in this section to identify which of these strategies you will use in each.

- Personalize grammar to express your own thoughts.
- Use models to elaborate and expand your statements.
- Strive for varied use of language.
- Plan what you want to say by organizing and mapping out your thoughts.
- Collaborate with others to exchange information.

A. Corre la voz. Word of mouth is sometimes the best system for finding out about a good movie, book, CD, etc. Recommend your personal favorites for the following and find out how many classmates are familiar with them. If they are, find out if they like them.

Por ejemplo:
una novela → Me gusta la novela *One Hundred Years of Solitude*. ¿Cuántos conocen la novela? ¿Te (Les) gusta?

1. un libro
2. una clase
3. las películas de...
4. los discos compactos de...
5. un programa de software
6. un restaurante
7. un video (una película)
8. un programa de televisión

B. La televisión. Give your opinion of each of the following types of TV programming in general. Then, mention a specific one that you or someone you know likes (or does not like).

Por ejemplo:
En general, a mí me gustan las telenovelas, pero no me gusta "Hospital". (En general, a mí **no** me gustan las series educativas, **pero sí** me gusta "Nova".)

1. las telenovelas
2. las series educativas
3. los programas de entrevistas (*talk shows*)
4. los concursos (*game shows*)
5. los dibujos animados (*cartoons*)
6. las películas extranjeras
7. los programas deportivos
8. los anuncios comerciales

C. A mí me gusta. Tell whether you like each of the following. Then tell whether you like each of the things associated with them. Notice in the model the various ways to respond.

➠ *Por ejemplo:*

biblioteca: libros y silencio

Por lo general, (no) me gusta la biblioteca.

Me gustan los libros, **pero** no me gusta el silencio.

Me gustan los libros y **también** me gusta el silencio.

No me gustan los libros; **tampoco** me gusta el silencio.

1. ciudad: gente y tráfico
2. campo: tranquilidad y aventura
3. invierno: vacaciones y frío
4. verano: insectos y calor
5. primavera: flores y paseos

6. televisión: diversión y violencia
7. universidad: residencias y clases
8. cine: películas y precios (*prices*)
9. español: vocabulario y gramática
10. otoño: colores y tiempo fresco

D. Cosas de valor.   What are some of your favorite things? On a piece of paper, write your name and *five* things that are very valuable to you **(me gusta/n…)**. Pass your paper to a classmate who will then draw conclusions and report to the class about things you do. See if your other classmates can re-construct your list **(a él / ella le gusta/n…)**.

➠ *Por ejemplo:*

tu lista: Me gusta mi perro, mi computadora, mi bicicleta… Me gustan mis amigos, mis discos compactos…

Tu compañero(a) dice: Jeff juega con su perro y trabaja mucho en la computadora. También monta en bicicleta, escucha música y sale con sus amigos.

E. ¿Igualitos?   Compare yourself to three different people **(mi papá, mi mamá, mi mejor amiga(o), mi pareja, mis profesores)** in terms of likes and dislikes. In each case, tell one thing you *both* like (or dislike) and one like or dislike you do not share.

➠ *Por ejemplo:*

A mi pareja y a mí nos gusta la naturaleza. Pero a mi pareja le gustan las montañas y la aventura y a mí me gustan las flores y los árboles.

V O Z V O Z V O Z V O Z V O Z V O Z

La música: una lengua sin fronteras

A. ¿Cuáles de los siguientes tipos de música te gustan a ti? ¿Cuáles no te gustan nada?

Me encanta… También me gusta… No me gusta nada…

1. la música rock
2. el jazz
3. la música clásica
4. la música *country*

5. la música *soul* o *blues*
6. el sonido tecno o la «nueva ola»
7. el *rap*

8. la música disco
9. la música *reggae*
10. el *heavy metal*

La Habana, Cuba.

B. ¿Conoces estos tipos de música del mundo hispano? ¿Puedes identifícar sus países de origen?

1. el merengue   **3.** la cumbia   **5.** el flamenco
2. la ranchera   **4.** el chachachá   **6.** el tango

La música del mundo hispano es un auténtico crisol° de ritmos, culturas y emigraciones de ida y vuelta. En el Caribe, **la salsa** es el nombre genérico que se usa para referirse a una gran variedad de ritmos y bailes que son el resultado de la raíz hispano-afro-caribeña: **el merengue dominicano; la cumbia colombiana; el guaguancó y la charanga cubanos; la rumba, el mambo y el cha cha chá**, que es su síntesis. Pero hoy en día los artistas se mueven sin fronteras por el mundo de la música y lo que producen se caracteriza más que nada por la fusión y la personalización. La música de una parte no es *adoptada* por otra, sino que es *adaptada*, integrada a otra cultura.

En España, grupos como Ketama y Pata Negra son los pioneros de lo que se llama **el nuevo flamenco, el rock gitano** o **el flamenco rumba**. Con estos nuevos artistas, el flamenco, la música tradicional de los gitanos° de la región de Andalucía, ahora tiene un gran toque de las Américas con la integración de elementos del *jazz*, de la salsa, de la rumba, del *blues*, del *rock*, del *funky*. Aunque la guitarra es el instrumento tradicional del flamenco, la nueva generación de músicos introduce también el tambor, el violín, la percusión, la flauta, el piano o incluso el cajón peruano°.

Para la nueva generación de músicos hispanos, el mar que separa España de las Américas no limita el cambio de ideas, ritmos, energías y culturas.

C. Flamenco is often described by three words: **tragedia, sinceridad, pasión**. In what way is this musical form similar to the following forms that developed in the U.S.: rock, blues, soul, rap?

Palabras útiles

el crisol *melting pot*
los gitanos *gypsies*
el cajón peruano *box drum*

En voz alta

A. Escucha la conversación y escribe la palabra que usa el chico cuando contesta el teléfono. Luego, escucha otra vez y escribe el horario completo.

B. Escucha la conversación otra vez y trata de imaginar las preguntas que hace la otra persona. Luego, indica las preguntas de la lista que *no* son lógicas en este contexto.

_____ ¿De dónde eres?	_____ ¿Cómo son?	_____ ¿Con quién estás?
_____ ¿Qué vas a hacer?	_____ ¿Por qué no me	_____ ¿Adónde vas a ir?
_____ ¿Qué hacemos el domingo?	llamas?	_____ ¿Quieres ir a...?
_____ ¿Por qué no vamos a	_____ ¿Qué tal?	_____ ¿Cómo están?
esquiar?		

Mi Refranero. Lee este refrán popular. ¿Estás de acuerdo (*Do you agree*)? Ahora, escúchalo y repítelo, tratando de imitar los sonidos.

Más vale un hoy que diez mañanas.

Voces del mundo hispano

Los fines de semana y los «puentes»

The RENFE ad on page 87 advertises «**viajes organizados para fines de semana, puentes, o semanas enteras**». In this section, you will learn what the word **puente** (*bridge*) means in the context of vacations and weekend activities.

Estrategias

Use the strategies practiced in previous chapters to increase your understanding of the value of *family time* in the Spanish-speaking world.

A. La Semana Santa. Look at the Spanish calendar for the month of April which depicts a procession during Holy Week. What kind of a week is this? Decide with your partner and answer the questions.

lunes	martes	miércoles	jueves	viernes	sábado	domingo	lunes	martes	miércoles	jueves	viernes	sábado	domingo
					abril	1	mayo	1 Día del trabajo	2	3 Comunidad de Madrid	4	5	6
2	3	4	5	6	7	8	7	8	9	10	11	12	13
9	10	11	12 Jueves Santo	13	14	15 Domingo de Pascua	14	15	16	17	18	19	20
16	17	18	19	20	21	22	21	22	23	24	25	26	27
23	24	25	26	27	28	29	28	29	30	31			
30													

1. ¿Es ésta una semana de... trabajo / ocio / vacaciones / estudio / problemas / estar en casa?
2. ¿Es ésta una semana para... pasarlo bien con los familiares / pensar en el trabajo / leer mucho / ver televisión?

B. Días feriados.   Look at the calendar as you do the following.

1. Say the dates for these April and May holidays and the days of the week on which they fall.

Por ejemplo:
El doce de abril es jueves. El... de mayo es...

2. Say what people will probably be tempted to do on the work or school days just *before* or just *after* these holidays.

Por ejemplo:
Probablemente van a... No van a...

C. Puentes y superpuentes.   In the following article, the writer discusses the calendar you studied and gives his opinion. Quickly skim the article, focusing *just* on words you know or can recognize in order to get the gist of what the author is saying. Expect to find unfamiliar words, but don't let them stop you. Choose one of the following to summarize the author's view as you understand it.

Al escritor del artículo...

1. le gusta el calendario para celebrar las fiestas religiosas y locales.
2. no le gusta el calendario para celebrar las fiestas religiosas y locales.

LOS SUPERPUENTES

Sólo catorce días después de la Semana Santa, el calendario laboral y el calendario académico cambian otra vez por este superpuente. Como el martes es la festividad del Primero de Mayo, Día del trabajo y los trabajadores, y el miércoles es el Día de la Comunidad de Madrid, este fin de semana adquiere° dimensiones majestuosas de «superpuente».

Para los españoles, la «civilización del ocio» no es una anticipación deseable y tentadora, es casi una realidad. La tentación irresistible no son los días festivos, exactamente. La gente se tienta con los días que juntan° el fin de semana con el día de fiesta. Estos días invitan al ausentismo, invitan a ir de vacaciones más largos, invitan a irse más lejos°; y así tenemos los «puentes» o conexiones entre los días festivos y el fin de semana. En este caso concreto, tenemos un superpuente del viernes 27 de abril al jueves 3 de mayo que es, en realidad, un verdadero «acueducto».

Algo debemos° hacer para eliminar estas gigantescas pausas en el trabajo productivo. Si se fija la celebración de festividades los lunes o los sábados, se puede introducir un poco de racionalidad en las fechas de trabajo y descanso del calendario laboral y académico.

Palabras útiles
adquiere   tiene
juntan   forman unión con
más lejos   a gran distancia
debemos   *we should*

"Los superpuentes", *ABC de Madrid* (Sábado 28-4-90), 17.

D. A leer, paso a paso.   Now read the article more carefully to focus on detail. Use the following activities to guide your comprehension, paragraph by paragraph.

Primer párrafo. Choose the statement that best summarizes what this paragraph is about.

1. Después de unas vacaciones, hay otras.
2. El día de los trabajadores.
3. Mucho trabajo, poco descanso.

Segundo párrafo. Find and cite the line that tells you the following.

1. ¿Qué es un «puente», exactamente?
2. ¿Qué causan o provocan los puentes?
3. ¿Qué es un «superpuente»?

Tercer párrafo. Which of the following is the author suggesting? You may select more than one, but for each, cite the lines in the article that you used to help make your decision.

1. Celebrar feriados los sábados y los lunes no es racional.
2. Tenemos que tener más días para descansar y pasarlo bien.
3. Los días feriados interrumpen la rutina de estudio y trabajo.
4. Es importante organizar bien el calendario de festividades.
5. Todas las celebraciones deben ser los lunes para tener un calendario laboral y académico más racional.
6. Los trabajadores pueden tomar sus días feriados en otra fecha.

E. Feriados estadounidenses.   In the U.S., the celebration of many commemorative days has now been standardized for celebration on Mondays in order to avoid mid-week disruptions. Tell which of the days listed are considered holidays in the U.S. Then, answer the questions that follow.

El Día del Trabajo
el Día de los Veteranos
el día de Yom Kippur
el día de Año Nuevo

el Día de Acción de
 Gracias
el Día de los Presidentes
el Día de Colón
la Semana Santa

el Día de Martin Luther
 King
el Día de la Independencia
el día de Navidad
la Jánuca

1. ¿En qué mes se celebra cada uno?
2. ¿Cuáles de estos días celebras tú?
3. ¿Cuáles se celebran donde vives tú?

4. ¿Cuáles se celebran los lunes?
5. ¿Cuáles se celebran con la cancelación de clases?
6. Para ti, ¿cuál es el más importante?

F. Puentes estadounidenses.   We all look forward to days off. But do you ever take advantage of a one-day holiday to sneak in a longer vacation from classes? Tell how your class schedule is altered (or how you alter it). What do you do to celebrate this holiday?

Por ejemplo:
Tengo clases los lunes, miércoles y viernes. Pero para el Día de..., salgo de la universidad el... y voy a... Allí...

Para escribir

Una carta a mi profe

In this section, you will approach writing as a process by using strategies for thinking, planning and organizing, elaborating, and editing.

A. Pensar. Look at the places pictured in these photos and choose *one* for a visit. Be a tourist and think beyond the photo to see movement, activity, and sights that the camera cannot capture. Think of the people and what they do there, not only in their "photo moment," but before, after, next week, and so on. Then, list the things you see in your mind's eye, using nouns with adjectives (remember to make your adjectives agree with your nouns) and verbs.

Por ejemplo: tiendas pequeñas   ir de compras
              gente amable y trabajadora   correr

El Paseo de la Reforma, México, D.F.   El mercado de Pujili, Ecuador. Boquerón, Puerto Rico.

B. Imaginarse. Now imagine that you are vacationing at this site. You have spent a week there and have another week of vacation left. List six things you imagine yourself doing there.

Por ejemplo: Conozco a muchos(as) chicas(os).   Compro el periódico todos los días.
              Doy paseos para mirar a la gente.   Aprendo a usar el metro.

C. Describir. Use the lists you made in Activities A and B to complete the following letter to your Spanish instructor from your vacation site. Double-space your lines.

1. Tell where you are and what the weather is like. This is your *opening statement*.
2. Describe the place: what it is like, what you like about it, what the people are like, and what people do there.
3. Tell how you spend your time: things you do frequently, sometimes, on certain days, or never.
4. Describe how you plan to spend your remaining week.
5. Ask your instructor some questions about how (or what) he or she is doing.
6. Tell your instructor when you will be returning by using **Hasta...**

> Estimado señor Johnson: _____, 27 de marzo de 199__
>   (ciudad)
>
> Aquí estoy.... Hace.... Es un lugar fantástico y muy.... Me gusta(n).... La
> gente es muy... y.... Aquí, todos... y.... Todas las mañanas.... Por la noche,
> siempre.... A menudo, también.... A veces,.... Los domingos..., pero nunca....
> El lunes visito..., ... y.... Luego, quiero... y....
>
> ¿Cómo está Ud.? ¿Le gustan las vacaciones? ¿...? ¿...? ¡Hasta el...de...!
>
>   Afectuosos saludos de...
>   (Tu nombre)

D. Corregir. After writing your draft, focus on the correctness of your language. Follow these steps to check for agreement of nouns-adjectives and subjects-verbs.

1. *Underline all* the nouns you used. Then look to the right or left of *each* noun, checking articles **(el / la / los / las)** and adjectives used. Does the article or adjective agree with the noun (both singular/plural and masculine/feminine)? If not, change it. Place a check mark in the margin to show you have reviewed this aspect of your writing.
2. Now go back and *circle all* the verbs you used. As you circle each verb, look at its ending. Does the verb ending convey the subject of the sentence? If not, you may confuse your reader. If so, place a pound symbol (#) in the margin to show you have checked this aspect.
3. Double check your use of **gustar**. Underline each use of **gustar** twice. Look to the right to see the nouns you have used with it. Did you use the article with these nouns? Will it be clear to your reader *to whom* this is pleasing? Place an asterisk in the margin to show you have checked these items.

E. Leer. Now that you have checked for grammar, read your letter to see if it flows smoothly. Is there a sense of beginning, middle, and end? If your answer is yes, **¡Felicitaciones!**

Mi diccionario

Sustantivos
el campo countryside
(el) domingo (on) Sunday
el fin de semana weekend
el invierno winter
el jueves Thursday
el lago lake
(el) lunes (on) Monday
(el) martes (on) Tuesday
(el) miércoles (on) Wednesday
la montaña mountain
el otoño fall
la pareja boyfriend/girlfriend, mate
el parque de atracciones amusement park
la piscina swimming pool
la primavera spring
el río river
(el) sábado (on) Saturday
la semana week
las vacaciones vacation
el verano summer
(el) viernes (on) Friday

Verbos
acampar to go camping
alquilar una película to rent a movie
bucear en el mar to scuba dive
cerrar (ie) to close
dar un paseo to take a walk
dormir (ue) to sleep
encantar to like a lot
esquiar en el agua / la nieve
   to water ski, to snow ski
hace buen / mal tiempo
   the weather is nice/bad
hace (mucho) calor / frío / sol
   It's (very) warm/cold/sunny
hace fresco it's cool (out)
hacer excursiones to go hiking
hacer (dar) una fiesta to throw a party
jugar (ue) básquetbol / naipes / tenis
   to play basketball, cards, tennis
jugar con mi perro to play with my dog
ir a un parque de atracciones to go to
   an amusement park
ir en to go by
   coche car

avión plane
tren train
autobús bus
lavar la ropa to wash clothes
leer el periódico to read the newspaper
limpiar mi habitación to clean my room
llamar a mis amigos / padres to call my
   friends/parents
llueve it rains, it's raining
montar a caballo / en bicicleta to ride a horse/a bike
navegar en bote de remos / vela to row, to sail
no hacer nada to do nothing
pasarlo bien to have a good time
patinar en el hielo / sobre ruedas to
   ice skate/roller skate
pensar (ie) (en) to think about
pescar to fish
saber to know (things, how to do something)
salir con mis amigos to go out with friends
terminar el proyecto to finish the project
tocar mis discos compactos to play my CDs
tomar el sol to sunbathe
trabajar to work
ver la tele / los colores de los
   árboles / las flores to watch TV, to
   look at the foliage, to look at
   the flowers
vivir to live

Expresiones de frecuencia y tiempo
a menudo often
a veces sometimes
el año que viene next year
casi almost
después de after
hoy today
mañana tomorrow
nunca never
por la noche at night
la semana que viene next week
siempre always
toda la mañana all morning
todos los días every day

Otras palabras
aquí here
típico(a) typical

Quiero escaparme de la rutina

El auto cinema, 1985. Roberto Gil de Montes, mexicano-americano.

Algunas veces, ¿haces lo que hace la gente del cuadro? ¿Sabes dónde están? Si estás harto(a) de los estudios y quieres escaparte de la rutina, en este capítulo vas a tener la oportunidad de pensar en tus vacaciones y en tus ratos libres.

Gil de Montes en Hollywood

Nacido en México, Gil de Montes se muda a Los Ángeles a la edad de 15 años. Muchos de sus cuadros reflejan sus reacciones personales a los mitos de esta gran ciudad y —muy especialmente— al cine, que le fascina. A Gil de Montes, simplemente le encanta probar y ver lo que puede hacer con la pintura (paint), por el puro gusto de pintar y divertirse.

Metas

En este capítulo vas a aprender a...

expresar tu descontento

hablar de ti y de otros respecto a...
    los estados de ánimo
    la rutina diaria
    la hora
    la hora de un evento

Vas a saber más de...
cómo pasan las vacaciones los hispanos

estoy harto(a) / cansado(a) de... +
infinitivo, p. 117

los verbos **sentirse** y **estar**, p. 118
verbos reflexivos, p. 122
es la / son las + número, p. 129
a las + número + **de la mañana / tarde /
noche**, pp. 128–9

Visiones del mundo hispano

Los jóvenes y las vacaciones

How do Hispanic youths spend their summer vacation? The article and activities in this section will guide you to use the Spanish you already know to recognize some new words and expressions that you will be learning to use in this chapter. Look at the cover of the magazine to find the following information.

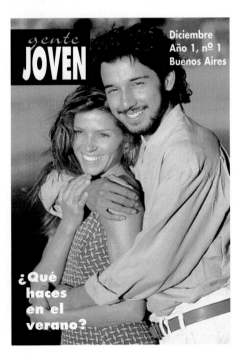

1. ¿De qué país es esta revista?
2. ¿De qué mes es esta revista?
3. ¿En qué meses es el verano en tu país?

Estrategias

The activities in this section help you use various strategies to become a more efficient language learner. Skim the activities to identify which of the following strategies you will be using in each activity.

- Recall and organize what you already know.
- Scan for specific information.
- Take notes to organize and summarize information.
- Draw comparisons to your personal experience.
- Identify new features of the language.
- Collaborate with others to exchange information.
- Use context and cognate clues to make logical guesses.
- Personalize new language to express your own messages.

A. Mis vacaciones.   Think about what you usually do in the following months. List as many activities as you can think of under each month.

En junio...	**En julio...**	**En agosto...**
Duermo.	Visito a mi familia.	Viajo.
Trabajo en...	Tomo clases.	

B. Los jóvenes argentinos.   The magazine *Gente Joven* has published interviews in which young people from Argentina talk about what they do during their summer vacation. The following are some of the things they say.

1. Look at their comments and find the summer months they mention.

> **En Argentina, los meses de verano son...**

2. List all the summer activities they mention. Then complete the following statements to compare their activities to yours. Which of the activities do you have in common? What do they do that you don't (or hardly ever) do?

> **Los jóvenes argentinos..., ... y... Yo también..., ... y...**
> **En cambio, los jóvenes argentinos... y... Pero yo nunca... y casi nunca...**

DANIEL: Hace tanto calor que no quiero hacer nada. Duermo, leo un libro o veo la tele. En febrero nos vamos a la playa; allá siempre hace más fresco. ¡Qué alivio!

ROSARIO: Me gusta ir al club a navegar con mi novio o a bailar.

ROBERTO: Tomamos la mochila y acampamos en la montaña o vamos a bucear. Nado un poco y a veces escribo cartas o escribo en mi diario de viaje.

JOSÉ FRANCISCO: Para mí, las vacaciones significan pasar mucho tiempo con amigos, ir al centro comercial, tomar helados o comer pizza, dormir hasta las doce. Lo mejor para pasar el calor en enero y febrero es ir al cine por la tarde.

¿QUÉ HACE LA GENTE JOVEN EN EL VERANO?

Ahora que no hay clases y todos están de vacaciones hasta marzo, les preguntamos a varios lectores qué hacen en el verano. Aquí están sus respuestas.

🦗 *Daniel Rovira (20 años), Buenos Aires*

Hace tanto calor que no quiero hacer nada. **Me acuesto** en la terraza y duermo o leo un libro o veo la tele. No puedo hacer deporte porque **estoy siempre tan cansado.** En febrero **nos vamos** a Miramar, a la playa. Allá siempre hace más fresco. ¡Qué alivio! Entonces voy a **levantarme** temprano, **a las seis de la mañana**, para andar en bici° y nadar un poco. Por la noche, siempre **me junto con** mis amigos y vamos a bailar a Villa Gessell, que **no está lejos** de Miramar.

🦗 *Rosario Santilli (23 años), San Isidro, provincia de Buenos Aires*

A veces, **me quedo** en casa y no voy a ninguna parte. Pero me gusta ir al club a navegar con mi novio o a bailar cuando **nos juntamos** con otros chicos. Aquí siempre **estoy con amigas** y todas **asistimos a** clase de aerobismo los jueves. Nos encanta hacer ejercicio.

🦗 *Roberto Weissman (21 años), Bariloche, provincia de Río Negro*

Me encanta el sur para las vacaciones. Tomamos la mochila y acampamos en la montaña. Ahora **estamos con** mis tíos por dos semanas, pero después vamos a ir a bucear a Puerto Madryn que **está más al sur.** El próximo verano queremos ir de mochileros al Perú, a Machu Picchu. Aquí en Bariloche **me divierto** muchísimo en la playa del lago y en las discotecas. Hay muchos **lugares** para la juventud. Nado un poco y a veces escribo cartas o escribo en mi diario de viaje. Nunca **estoy aburrido** porque hay mucho que hacer.

🦗 *José Francisco Núñez (18 años), Buenos Aires*

Para mí, las vacaciones significan pasar mucho tiempo con amigos, **relajarme**, ir al centro comercial, tomar helados o comer pizza **a medianoche**, dormir hasta las doce **de mediodía**, descansar. No puedo nadar porque **estoy lejos** del río y de una pileta°. Lo mejor para pasar el calor en enero y febrero es ir al cine por la tarde.

Palabras útiles
andar en bici
   montar en bicicleta
la pileta   piscina

C. Leamos.   Now read the entire article. Some new words and structures that will be practiced in this chapter appear in bold print. As you read, try to guess what these words may mean through the context in which they are used.

1. List new verb forms (some accompanied by **me** or **nos**) that you find.
2. The verb **estar** is used to express feelings or location. List the **estar** expressions you find. Which describe feelings? Which describe locations?

D. En otras palabras.   With a partner, locate in the article the new expressions given in the left-hand column that follows. Find the sentence to the right that best explains the meaning of each one. Use context clues in the article to help you make logical guesses.

➡ *Por ejemplo:*
José Francisco dice: Estoy lejos del río.
En otras palabras, no hay río donde vive.

En otras palabras, ...

1. **Daniel:** Estoy siempre tan cansado.   No tiene mucha energía.
2. **Daniel:** Me junto con mis amigos.   No va a dormir por la mañana.
3. **Daniel:** Voy a levantarme temprano.   No va a estar solo.

4. **Daniel:** Me acuesto en la terraza.
5. **Rosario:** Asistimos a clase de aerobismo.
6. **Rosario:** A veces, me quedo en casa.
7. **Roberto:** Me divierto muchísimo.
8. **Roberto:** Nunca estoy aburrido.
9. **José Fco.:** Las vacaciones significan... relajarme.

Van a clase a hacer ejercicio.
Va a dormir bien, donde hace fresco.
Va a pasarlo bien.
No va a ninguna parte.
Va a hacer muchas cosas.
Va a descansar.

El Cono Sur: Argentina, Chile y Uruguay.

E. Mi verano.   Tell the class which of the statements made by the young people interviewed apply to your summer vacation.

En voz alta

A. Escucha la conversación entre dos amigas y subraya todas las palabras que describan cómo se siente Rosa, la persona que llama.

Rosa está...   **feliz / contenta / entusiasmada / preocupada / frustrada / nerviosa / agitada / exasperada / fatal / preparada / tranquila.**

B. Rosa llama a Teresa porque...

1. no puede salir con el grupo.
2. no van a venir algunos chicos.
3. tiene una profesora muy estricta.

Mi Refranero. En la conversación oíste el siguiente refrán. ¿Estás de acuerdo con el refrán? Ahora, escúchalo otra vez y repítelo, tratando de imitar los sonidos.

El que se queja, sus males aleja.   *The squeaky wheel gets the grease.*

VOCABULARIO

Imágenes y palabras

¡Me muero de aburrido(a)!

Todos los días...

me despierto temprano
por la mañana

me levanto para asistir a clases

me ducho o me baño rápido

me arreglo rápido

me acuesto tarde

me quejo de la rutina

Estoy cansado(a) de...

despertarme temprano   arreglarme rápido
levantarme para asistir a clases   acostarme tarde
ducharme o bañarme rápido   quejarme de la rutina

Los fines de semana...

¡Estoy harto(a) de...!
vestirme bien para trabajar
quedarme solo(a) en la residencia
preocuparme por los estudios

me visto bien
para trabajar

me quedo solo(a)
en la residencia

me preocupo por
los estudios

Cuando me voy de vacaciones, ...

me relajo
en la piscina

me río de mis problemas

me olvido
de los horarios

me divierto en grande

me junto con mis
viejos amigos

¡Quiero irme de vacaciones!
Tengo ganas de...
divertirme por la noche
juntarme con mis amigos
olvidarme de los horarios

reírme de mis problemas
relajarme en un hotel de lujo

En este lugar, estoy lejos de mis familiares. Pero cuando estoy en casa con mis familiares...

Me siento...
contento(a)
tranquilo(a)

Casi nunca estoy...
nervioso(a)
deprimido(a)

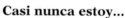

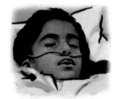

alegre

sano(a)

cansado(a)

enfermo(a)
o estresado(a)

triste
o deprimido(a)

feliz

enojado(a)

lleno(a)
de energía

Práctica del vocabulario

A. Asociaciones. What activities or things do you associate with each of the following?

Por ejemplo:
quedarme en casa: pasarlo bien, sentirme solo, no ir a..., dormir, lavar mi ropa, ir a la piscina, ver tele, no hacer nada, estar...

1. preocuparme	**4.** sentirme lleno(a) de energía	**7.** arreglarme bien
2. reírme	**5.** quejarme de...	**8.** divertirme en grande
3. relajarme	**6.** juntarme con amigos	**9.** sentirme alegre

B. Estados de ánimo. Tell how you feel (or do not feel) in the following situations, using either **(No) Me siento...** or **(No) Estoy...**

Por ejemplo:
Si hago mucho ejercicio, **me siento cansada**.

1. Cuando voy a viajar lejos...	**6.** Cuando bailo o escucho música...
2. Después de correr o hacer deporte...	**7.** Cuando me acuesto muy tarde...
3. Cuando tengo que vestirme elegante...	**8.** Cuando no hay nada que hacer...
4. Si voy a conocer a otra gente...	**9.** Cuando no asisto a clase...
5. Cuando me preocupo por un problema...	**10.** Cuando me despierto temprano...

C. Digo yo. Which of the following are statements you would make about your life as a student? For each, respond **sí** or **no**. Then, explain your statement by giving a reason. You may use the infinitive forms of the verbs with expressions such as **tengo que, puedo, necesito, quiero, me gusta, tengo ganas de**.

➡ *Por ejemplo:*

Normalmente, me acuesto muy tarde por la noche.

No. No puedo acostarme tarde porque **tengo que levantarme** temprano.
Sí. Tengo que acostarme tarde porque estudio mucho.

1. Me acuesto muy tarde por la noche.
2. Me divierto con amigos después de las clases.
3. Me despierto temprano por la mañana.
4. Me ducho por la noche, no por la mañana.
5. Me siento lleno(a) de energía.
6. Me relajo en mis clases.
7. Me preocupo por mis notas.
8. Me visto con ropa elegante.
9. Me quedo solo(a) los fines de semana.
10. Me levanto a las seis.

D. Así lo hago yo.   For each of the following, use the verbs listed to make statements that express your ideas and lifestyle.

➡ *Por ejemplo:*

Me río cuando... estar con mis amigos, ir a fiestas, asistir a reuniones
Siempre me río cuando estoy con amigos y cuando voy a fiestas. **Casi nunca me río cuando** asisto a reuniones.

1. Me relajo cuando... dar un paseo, salir con amigos, pensar en mis metas, dormir una siesta
2. Me divierto cuando... montar en bicicleta, jugar naipes, leer libros de texto, reírme con amigos
3. Me quejo si... morirme de aburrido(a), llover, tomar un examen difícil, tener que vestirme bien
4. Me despierto tarde si... asistir a clase, sentirme enfermo(a), olvidarme de una clase, acostarme tarde
5. Me visto elegante cuando... salir con amigos, asistir a una entrevista, quedarme en casa, conocer gente importante
6. Me preocupo si... sacar una mala nota, olvidarme de una reunión, no saber una respuesta, no encontrar trabajo
7. Duermo bien cuando... estar cansado(a), sentirme tranquilo(a), preocuparme de mis clases, acostarme muy temprano
8. Me siento triste cuando... estar lejos de mi familia, estar deprimido(a), no resolver mis problemas, juntarme con amigos

E. Quejas y soluciones.   For each of the following situations, complete the statements to express your own ideas. Try to produce as long a sentence as possible. In each case, your partner will offer you a solution.

➡ *Por ejemplo:*

TÚ: **Me muero de aburrido(a) en** la oficina del dentista **cuando** no hay nada que hacer.

TU COMPAÑERO(A):   **¿Por qué no** lees una revista (hablas con la gente / haces tus tareas / estudias para una prueba)?

1. Siempre me quejo en... / de...
2. Estoy harto(a) de...
3. Tengo ganas de...
4. Me muero de aburrido(a) en... / cuando...
5. A veces me preocupo por...
6. Siempre me olvido de...

Visión Visión Visión

Las cuatro estaciones en Bariloche

Roberto, uno de los estudiantes de la entrevista en la página 115, es de San Carlos de Bariloche, una ciudad que está a 1.600 kilómetros al suroeste de Buenos Aires. Bariloche es uno de los grandes centros turísticos de Argentina. Allí la gente practica todo tipo de deportes.

Imagine that you are planning to go to Bariloche. Read the description of each season in the brochure and complete the following sentences to say which season you would choose to visit and why. Describe the weather, what you can see, what you can do, and any other information available.

Tengo ganas de irme a Bariloche en (mes) **porque en la estación de... puedo divertirme en... y... También quiero... En la estación de... hace...**

*P*ara los amantes de la vida natural, de los deportes de aventuras, de largas caminatas alrededor de un lago y para los fanáticos de los finísimos chocolates, Bariloche se presenta como el lugar ideal para unas emocionantes vacaciones. Una geografía de montaña y meseta, bosques, ríos y lagos ofrece la posibilidad de disfrutar de muchas actividades. Las cuatro estaciones te dan la oportunidad de encontrar un lugar para el descanso, la recreación o el deporte.

PRIMAVERA: Una explosión de color: increíbles bosques y vegetación en flor. Los *rafting* por el río Manso y Limay proponen interesantes rápidos con un cierto grado de dificultad, invitando a disfrutar activamente de una navegación a remo, en medio de un paisaje muy especial. Días frescos, noches frías. Temperaturas de 7 a 20° C.

VERANO: Inigualable combinación de todos los verdes, enmarcando los transparentes lagos. La luz del día se prolonga hasta las 22 horas. Elegir playas solitarias, bahías inexploradas. Para los amantes de la pesca, la región posee importantes lagos y ríos con buenos ejemplares de trucha° y salmón. Días cálidos y soleados, noches frescas. Temperaturas de 18 a 27° C.

OTOÑO: La mano de la naturaleza crea una pintura multicolorida. Pasarlo bien mediante el *trekking,* el *mountain bike,* el montañismo, los paseos a caballo... Días frescos-templados, noches frías. Llueve mucho. Temperaturas de 4 a 13° C.

INVIERNO: Centro tradicional del esquí patagónico. Juegos en la nieve, esquí alpino, recorridos en *snowcats,* paseos en trineo, jetski, parapentismo°, *trekking* y paseos a caballo. Temperaturas de 0 a 10° C.

Palabras útiles

la trucha *trout*
el parapentismo *hang-gliding*

GRAMÁTICA 1

Para describir lo que haces y cómo te sientes: los verbos reflexivos

In the preceding activities, you practiced verbs that used the pronoun **me**, either at the end of the infinitive **(acostarme, dormirme)** or before the verb form **(me muero)**. These verbs are called *reflexive* verbs, and are used with *reflexive pronouns*. When you learn a new verb, you will know it is used reflexively when you see the pronoun **se** attached to the infinitive: **divertirse, preocuparse**. With some verbs, these pronouns represent the notion of *self*, as in **divertirse** (*to enjoy oneself, to have fun*).

> **Me divierto mucho en esta clase.**

Many of the verbs you have used in other chapters can be made reflexive by adding reflexive pronouns. In these cases, the pronoun indicates that the action is done *to* or *for oneself*.

presentar	*to introduce*	→	**presentarse**	*to introduce oneself*
mirar	*to look at*	→	**mirarse**	*to look at oneself*
llamar	*to call*	→	**llamarse**	*to call oneself, to be named*
preguntar	*to ask*	→	**preguntarse**	*to ask oneself, to wonder*
lavar	*to wash*	→	**lavarse**	*to wash oneself*

Me escribo notitas para recordar cosas importantes.   *I write myself notes to remember important things.*

To talk about what other people do to or for themselves, use the pronoun that corresponds to the person. Notice in the chart that the pronoun **se** has many different meanings and can refer to one person or more than one.

Reflexive pronouns	
myself **(yo)**	**me**
yourself **(tú)**	**te**
himself **(él)**, herself **(ella)**, yourself **(Ud.)**, themselves **(ellos, ellas)**, yourselves **(Uds.)**	**se**
yourselves (**vosotros[as]**)	**os**
ourselves **(nosotros, nosotras)**	**nos**

1. Activities that are part of one's personal care, or that one does *to* or *for oneself*, are usually reflexive.

acostarse *to go to bed (to put oneself to bed)*

arreglarse *to get (oneself) ready*

levantarse *to get (oneself) up*

bañarse *to take a bath (to bathe oneself)*

juntarse con *to get together with (to join oneself with . . .)*

vestirse *to get dressed (to dress oneself)*

despertarse *to wake up (to awaken oneself)*

ducharse *to take a shower (to shower oneself)*

preocuparse por *to worry about (to worry oneself about; to concern oneself with)*

2. Reflexive verbs do not always convey the notion of self clearly, however.

quedarse	*to stay*	**sentirse bien/mal/mejor**	*to feel good/bad/better*
olvidarse de	*to forget*	**quejarse**	*to complain*
cansarse	*to get tired*	**enojarse**	*to get angry*

Some verbs, such as **ir** and **dormir**, convey a slightly different meaning when used reflexively.

ir a	*to go*	**irse a**	*to go away, to go off, to leave*
dormir	*to sleep*	**dormirse**	*to fall asleep, to get to sleep*

3. When a verb is used reflexively, the pronoun **(me, te, se, nos, *os*)** must correspond to the subject of the verb. When you use reflexive verbs in the infinitive form, you attach the pronoun to the end. Notice how you use the following constructions with reflexive verbs.

querer	Quiero acostar**me**.	***I*** *want to go to bed.*
poder	No puede despertar**se**.	***He (She)*** *can't wake up.*
tener que	Tenemos que levantar**nos** temprano.	***We*** *have to get up early.*
necesitar	Necesitan ir**se** temprano.	***They*** *need to leave early.*
ir a	¿Vas a duchar**te**?	*Are* ***you*** *going to take a shower?*
gustar	A ustedes les gusta divertir**se**.	***You (all)*** *like to have fun.*

4. Look at the chart for the verb **quedarse** (*to stay*). To use reflexive verbs in their conjugated forms (*I stay, you stay, they stay*, etc.), place the reflexive pronoun **(me, te, se, nos, *os*)** *directly before* the verb form and use the same verb endings as you have used with non-reflexive verbs. To add a subject pronoun or the word **no**, follow this order:

Subject pronoun (if needed) + **no** *(if needed) + reflexive pronoun + conjugated verb form*

quedarse

One person (singular)	More than one person (plural)
me quedo	**nos** quedamos
te quedas	***os*** *quedáis*
se queda	**se** quedan

Me canso de estar solo los sábados y a veces **me muero** de aburrido pero, como tengo clases difíciles, siempre tengo que estudiar. Mis amigos no **se preocupan** por sus notas y, mientras ellos **se divierten** en los cafés y las discos, yo **me quedo** en casa. Pero **no me quejo**, porque este fin de semana mis amigos y yo **nos juntamos** para **irnos** de vacaciones. El viernes, después de los exámenes, **nos vamos** todos a la playa.

5. You have noticed that some of the reflexive verbs presented in this chapter have stem changes in all forms except the **vosotros(as)** and

nosotros(as) forms. Remember that the stem is that part of the verb that remains when the **-ar, -er,** or **-ir** ending is removed (**despertar → despert-**).

o → **ue**
acostarse

me ac**ue**sto	nos acostamos
te ac**ue**stas	*os acostáis*
se ac**ue**sta	se ac**ue**stan

Morirse also has these stem changes.

e → **ie**
sentirse

me s**ie**nto	nos sentimos
te s**ie**ntes	*os sentís*
se s**ie**nte	se s**ie**nten

Despertarse and **divertirse** also have these stem changes.

6. Two of the verbs presented in this chapter have a different kind of stem change. Their stem changes from **e** to **i** in all forms except the **nosotros(as)** and **vosotros(as)** forms.

e → **i**

| **vestirse** | me v**i**sto | te v**i**stes | se v**i**ste | nos vestimos | *os vestís* | se v**i**sten |
| **reírse** | me r**í**o | te r**í**es | se r**í**e | nos reímos | *os reís* | se r**í**en |

Ejercicio. Ask three classmates the following questions. Take notes and tell the class how many responded **sí** by keeping count in the right-hand column.

1. ¿Te ríes cuando estás solo(a)?   _____ alumnos se ríen cuando están solos.
2. ¿Te acuestas muy temprano?   _____ alumnos se acuestan muy temprano.
3. ¿Te despiertas fácilmente?   _____ alumnos se despiertan fácilmente.
4. ¿Te sientes alegre hoy?   _____ alumnos se sienten alegres hoy.
5. ¿Te diviertes en clase?   _____ alumnos se divierten en clase.
6. ¿Te vistes con ropa elegante   _____ alumnos se visten con ropa elegante
   para salir?   para salir.
7. ¿Te juntas con amigos todas   _____ alumnos se juntan con amigos todas
   las noches?   las noches.
8. ¿Te quedas en casa los fines   _____ alumnos se quedan en casa los fines
   de semana?   de semana.

Práctica de la gramática

Estrategias

This section will help you practice using reflexive verbs in the present tense to describe people and their routine activities, to draw comparisons and give explanations, to ask questions and summarize information, and to offer solutions and give advice. You will use a variety of learning and communication strategies. Skim the activities in this section to identify which of the following strategies are used in each.

- Personalize new learning to express your own messages.
- Use models, lists, and other visual organizers to guide and structure your expression.
- Recycle previous learning to combine it with new learning in different contexts.
- Expand statements by offering reasons, explanations, solutions, and consequences.
- Take notes to organize thoughts and summarize information.
- Collaborate with others to practice and exchange information.

A. Mi rutina. Which of the following things do you always **(siempre)** do, sometimes **(a veces)** do, never **(nunca)** do, in terms of your everyday routine?

➠ *Por ejemplo:*
ducharse por la mañana   **A veces, me ducho** por la mañana.

1. despertarse temprano	**7.** irse a bailar por la noche
2. enojarse con un/a amigo(a)	**8.** preocuparse por la familia
3. vestirse con la ropa de un/a amigo(a)	**9.** acostarse sin comer
4. juntarse con amigos para estudiar	**10.** sentirse deprimido(a)
5. dormirse en clase	**11.** bañarse con agua fría
6. quedarse en casa los sábados	**12.** quejarse de las tareas

B. ¿Por qué no? As your instructor reads you the following problems, use the verbs that follow to suggest possible solutions to him or her. For number 6, add your own suggestions. Remember to use **usted**.

➠ *Por ejemplo:*

Tu profesora dice: Estoy harta de corregir pruebas.

Soluciones: relajarse, olvidarse, divertirse, arreglarse y salir

Tú dices: Si usted está harta de corregir pruebas, ¿por qué no se relaja?
    ¿Por qué no se arregla y sale con amigos?

Tu profesor/a dice...	**Soluciones**
1. Me siento enfermo(a).	quedarse en casa, acostarse, dormirse, relajarse un poco
2. Estoy triste.	reírse, divertirse, juntarse con amigos, olvidarse de sus problemas
3. Me canso de las clases.	olvidarse del horario, pensar en el fin de semana, irse de vacaciones

4. Estoy enojado(a).

encontrar un lugar tranquilo, sentirse más alegre, reírse de sus problemas

5. Tengo ganas de viajar.

comprarse un boleto (*ticket*), hacer una reservación en un hotel de lujo, divertirse en el extranjero

6. Me muero de aburrido(a).   ¿?

C. Por lo general. With a partner, choose from the verbs listed (or provide your own) to describe certain types of people. Use as many verbs as possible in each description.

acostarse	sentirse	preguntarse si	divertirse en
dormirse	olvidarse de	juntarse con	cansarse (de)
levantarse	quejarse de	relajarse	morirse de
prepararse para	preocuparse por	presentarse	quedarse en
vestirse con	enojarse con	mirarse	despertarse
comprarse	irse a	reírse de	ducharse o bañarse

 Por ejemplo:
responsable
Por lo general, la gente responsable nunca **se olvida de** los horarios, siempre asiste a clases y **se preocupa** mucho **por** los estudios. **Se acuesta** temprano y **se despierta** temprano.

La gente...

1. deportista y llena de energía
2. egoísta o materialista
3. curiosa o aventurera
4. sociable y amistosa
5. romántica o sentimental
6. pesimista
7. bien educada
8. puntual y ordenada

D. Profes y alumnos. What makes your instructors different from you—or *are* they that different? For each of the following phrases, work with a partner to make statements comparing teachers and students.

Por ejemplo:
olvidarse de   A veces, **los profes se olvidan de** corregir las pruebas y **nosotros, los alumnos**, a veces **nos olvidamos de** hacer las tareas.

1. quejarse de
2. preocuparse por
3. reírse (de) cuando
4. divertirse en grande cuando
5. sentirse alegres cuando
6. sentirse deprimidos cuando
7. morirse de
8. enojarse (con)
9. vestirse (con)

E. Entrevista. How much do you know about the habits of your classmates? Interview your partner about the following aspects of his or her life, using the **tú** form. You will find question words to use beside each verb. Take notes on your partner's responses and be prepared to report back to the class.

⟶ *Por ejemplo:*

preocuparse / ¿por qué?

TÚ: **¿Por qué te preocupas?**
TU COMPAÑERO(A):   **Me preocupo por** mi pareja (mi prueba de... / mis
                   notas).

A LA CLASE: **Carmen se preocupa por** su pareja (su prueba de... / sus
                   notas).

1. sentirse deprimido(a) / ¿cuándo, por qué?

2. reírse / ¿cuándo, de qué?

3. juntarse con los amigos / ¿dónde?

4. enojarse a veces / ¿con quién, por qué?

5. morirse de aburrido(a) / ¿dónde, por qué?

6. divertirse / ¿cuándo, dónde?

7. sentirse nervioso(a) / ¿cuándo, por qué?

8. sentirse enfermo(a) / ¿cuándo, dónde?

9. irse enojado(a) a casa / ¿cuándo, con quién, por qué?

10. quedarse en casa / ¿cuántas veces a la semana, con quién?

F. Sugerencias para un alumno novato. Give a freshman at your school an
orientation to student life. Use each of the following verbs to describe the
practice or custom at your school. Follow this up with a reason or
explanation.

⟶ *Por ejemplo:*

juntarse con amigos   Aquí **nos juntamos** con los amigos para estudiar.
                          Si no te juntas con amigos, **te mueres de** nervios
                          y estrés.

1. acostarse y despertarse

2. prepararse para los exámenes

3. olvidarse de las tareas

4. juntarse con...

5. dormirse en clase

6. vestirse con...

7. sentirse nervioso(a)

8. divertirse en grande

9. relajarse y calmarse

10. reírse de...

11. quedarse solo(a) en la residencia

12. quejarse de los profesores

Visión Visión Visión

El tango

The tango is **"un corazón y cuatro piernas"** (*one heart
and four legs*), a dance of passion, intimacy, drama,
and great complexity. Every Argentine knows the name
of Carlos Gardel who, before his death in 1935,
popularized the tango through song. For those devoted
to the dance, he has achieved cult status, on a par with
that of Elvis Presley in the U.S.

The Argentine writer Ricardo Güiraldes describes the tango in the following lines. Do you associate any of his words with dances of your generation? What words would you use to describe how you feel when you dance?

Palabras útiles

soberbio *proud*
la amenaza *threat*

Tango fatal, soberbio° y bruto

...

Tango severo y triste
Tango de amenaza°
Baile de amor y muerte.

Ricardo Güiraldes, "Tango", *El cencerro de cristal*, (1911).

G R A M Á T I C A 2

Para dar la hora

In **Capítulo** 3, you practiced some expressions for describing the frequency of certain routine activities.

los... lunes/martes/miércoles	**los fines de semana**	**todos los días**
siempre	**a veces**	**nunca**

1. To say at what time during the day one routinely does something, use the following phrases.

To express the time of day in general terms, use **por**.

por la mañana   **por** la tarde   **por** la noche

¿Cuándo te bañas? Me baño **por la mañana**, no **por la noche**.

To express the time of day in specific terms, give the hour plus **de la mañana (tarde / noche)**.

—¿Cuándo piensas hacer la tarea de física?   —A las seis **de la tarde**.

2. To give the specific time of an event or activity, use **a las** + *hour*, except for *one o'clock*. For 1:00 say **a la una**. To ask what time an event or activity will take place, use the question **¿A qué hora...?**

—**¿A qué hora** te vas para la   —Me voy **a la una de** la tarde
   universidad?   porque tengo clase **a las dos**.

3. To express fractions of the hour, use **y** to express minutes after the hour and **menos** to express minutes before the hour.

Mi laboratorio empieza **a las nueve *y* cinco** (9:05) y termina **a las once *menos* cinco** (10:55).

The half hour is expressed by **... y media**.

—¿A qué hora es la reunión?   —Es a las cuatro **y media**.

Quarter hours are expressed by **... y cuarto** or **... menos cuarto**.

El programa empieza a las ocho **y cuarto** (8:15) y termina a las nueve **menos cuarto** (8:45).

6:00 a las seis de la mañana	**1:00** a la una de la tarde	**9:00** a las nueve de la noche
8:30 a las ocho y media de la mañana	**1:30** a la una y media de la tarde	**10:30** a las diez y media de la noche
9:15 a las nueve y cuarto de la mañana	**4:15** a las cuatro y cuarto de la tarde	**11:15** a las once y cuarto de la noche
9:45 a las diez menos cuarto de la mañana	**4:45** a las cinco menos cuarto de la tarde	**11:45** a las doce menos cuarto de la noche
12:00 al mediodía		**12:00** a medianoche

4. To say what time it is now, use the verb forms **es** or **son**. For *one o'clock*, say **Es la una.** For any other hour, use **Son las...** To ask the time, use the question **¿Qué hora es?**

—¿Qué hora es? *¿Es la una?*   —No. *Es mediodía.* Bueno, en realidad, *son* las doce menos diez.

5. To say when something is done *in reference to* other activities, use **antes de / después de** + *infinitive*. Notice the ways this is expressed in English.

Antes de vestirme, me baño.   ***Before getting dressed (Before I get dressed),*** *I take a bath.*

Después de comer, duermo una siesta.   ***After eating (After I eat),*** *I take a nap.*

When you are referring to an event, use **antes de / después de** + *article* + *noun*.

> **Después de las** clases, me junto con mis amigos.
>
> **Antes del** examen, me siento nervioso y cansado.
>
> **Después**, regreso a casa y me relajo.

Notice that you will need to use the contraction **del** when you are using the article **el**.

6. To sequence, or order, activities, use words such as the following.

> **Primero**, me levanto y me ducho.
>
> **Luego**, me visto y me arreglo bien.
>
> **Entonces**, busco los libros y me voy.

7. You frequently will see time written in terms of the 24-hour clock on signs (schools, stores, offices, banks, movie theaters) and on schedules (subway, bus, train, airlines, class schedules, TV schedules, invitations). The 24-hour clock numbers each hour of the day, starting with one o'clock in the morning. To convert conversational time to 24-hour time, add 12 to any hour after 12:00 noon. Notice that to write the time, you separate hours from minutes by a period. For example, 2:00 P.M. becomes **las 14.00 hrs.** and 7:40 P.M. becomes **las 19.40 hrs.**

Ejercicio. Give the time in Spanish, using **Son las...** or **Es la...** and **de la mañana, de la tarde**, or **de la noche**.

1. 3:55 P.M.	**4.** 1:15 P.M.	**7.** 11:30 P.M.	**10.** 12:45 A.M.
2. 7:30 A.M.	**5.** 5:40 P.M.	**8.** 8:14 A.M.	**11.** 4:15 P.M.
3. 10:45 P.M.	**6.** 1:25 A.M.	**9.** 9:15 P.M.	**12.** 10:30 P.M.

Práctica de la gramática

Estrategias

The activities in this section will help you practice talking about time, schedules, and the sequence of events, using the following learning and communication strategies. Skim the activities in this section to identify which of these strategies are used in each.

- Personalize new learning to express your own messages.
- Express relationships between routine activities and make comparisons.
- Collaborate with others to exchange information.
- Use models and lists to organize your thoughts and structure your statements.
- Take notes to summarize information.

A. Un día de televisión.   The following is the schedule offered by **Televisión Nacional de Chile** for one day of TV viewing. Answer the following questions, based on the schedule.

1. ¿A qué hora empieza el primer programa del día?
2. ¿A qué horas puedes ver las noticias (*news*) del día?
3. ¿A qué hora puedes ver una telenovela colombiana?
4. ¿A qué horas puedes ver programación estadounidense?
5. ¿Cuándo vas a ver la mayoría de las películas, por la mañana, por la tarde o por la noche?
6. Después de mirar la telenovela, ¿qué programa puedes ver? ¿A qué hora es?
7. Antes de ver la primera película del día, ¿qué programa puedes ver? ¿A qué hora?
8. ¿A qué horas puedes ver dibujos animados (*cartoons*)? **(Primero... luego... entonces... también...)**
9. ¿A qué hora se divierte más la gente joven que mira la televisión? ¿Y tú? ¿Por qué?
10. ¿A qué hora se muere de aburrida la gente joven? ¿Por que?
11. En tu opinión, ¿de qué programa se quejan más los jóvenes? ¿Por qué?

06.45	Carta de Ajuste	**17.00**	Serie: Rescate 911
07.00	Noticiario 24 Horas, edición matinal	**17.30**	*Educando a Arizona.* Al obtener la libertad bajo
08.00	Serie: Porque usted lo pidió		palabra, un recluso, enamorado de una joven
08.45	Dibujo: Moo mesa		gendarme, contrae matrimonio con ella. Ansiosos de
			tener un hijo, sus planes se quiebran al darse cuenta
09.10	Dibujo: Conan y los jóvenes guerreros		de que ella es estéril.
09.30	Dibujo: Panda Patrol	**19.00**	*La increíble mujer diminuta.* Una crítica social
09.45	Serie: Tocado por un ángel		al consumismo desenfrenado, en la cual una
			extrovertida ama de casa empieza a disminuir
10.45	Serie: Gladiadores americanos		gradualmente de tamaño. Protagonizada por Lily
11.30	Dibujos: Los motorratones de Marte		Tomlin y Charles Grodin.
12.00	Serie: Doctora Quinn	**21.00**	Noticiario 24 Horas, edición central
13.10	Dibujos: El mundo de Bobby	**22.00**	Tardes de cine. *Locademia de policía: los*
13.30	La oficina		*nuevos reclutas.*
14.00	Noticiario 24 Horas, primera edición		El alcalde decide cerrar una de las dos academias de
14.30	Telenovela: *La viuda de blanco.* Teleserie		policía y organiza una competencia entre las dos
	colombiana ambientada en el pueblo de Trinidad, al		academias en la que sólo la ganadora va a quedarse.
	cual llega una extraña mujer en busca de su pasado. El	**00.00**	Noticiario 24 Horas, edición nocturna
	misterio, romance y suspenso son los ingredientes de	**00.30**	Cine nocturno. *La guerra de los Rose.*
	esta historia de pasión, odio e incertidumbre.		Aficionados al arte, una pareja se conoce en un remate
15.20	Serie: Beverly Hills 90210		disputando una estatuilla. Luego de un corto romance
16.10	Serie: La nueva ola		se casan y adquieren lujosos bienes. El amor se
			extingue y viene el divorcio y la pelea por lo material.
			Protagonizada por Michael Douglas, Kathleen Turner y
			Danny DeVito.
		2.30	Cierre.

B. Antes o después.   Tell what you do or how you feel either before or after doing the following things.

➡ *Por ejemplo:*
levantarme

Antes de levantarme, duermo diez minutos más.

Después de levantarme, me siento lleno(a) de energía.

1. tomar una prueba
2. hacer las tareas
3. enojarme con otra persona
4. irme de vacaciones
5. acostarme
6. presentarme a otra gente
7. salir a bailar por la noche
8. juntarme con amigos
9. correr mucho
10. dormir la siesta
11. arreglarme bien
12. descansar en la terraza

C. Los sábados me relajo.   Tell how your Monday schedule is different from your Saturday schedule regarding the following activities.

⟫ *Por ejemplo:*

levantarse   Los lunes me levanto **a las seis de la mañana**, pero los
sábados me levanto **a la una de la tarde**.

1. prepararse o comprarse el desayuno
2. despertarse
3. hacer deporte o ejercicio
4. acostarse

5. juntarse con amigos
6. trabajar
7. vestirse y arreglarse
8. mirar la tele

D. Encuesta estudiantil.   Survey your classmates to find at least one person
who does each of the following things. Also ask the follow-up question
provided. Take notes on which person does what, and report back to the
class.

⟫ *Por ejemplo:*

acostarse después de medianoche los sábados / ¿a qué hora?

TÚ: TU COMPAÑERO(A):
¿Te acuestas después de medianoche los sábados?   Sí.
¿A qué hora?   A la una, generalmente.

A la clase: Los sábados mi compañera Nora generalmente se acuesta a la una.

1. acostarse después de medianoche los jueves / ¿por qué?
2. irse a casa los fines de semana / ¿cuándo?
3. levantarse antes de las siete los días de clase / ¿a qué hora?
4. acostarse antes de hacer las tareas / ¿por qué?
5. sentirse enfermo(a) después de hacer un viaje lejos / ¿por qué?
6. quedarse solo(a) en casa / ¿cuándo?
7. ver telenovelas por la tarde / ¿a qué hora?
8. dormir más de seis horas todas las noches / ¿cuántas horas?
9. irse a trabajar / ¿cuándo? ¿a qué hora?
10. vestirse con ropa vieja a veces / ¿cuándo?

En voz alta

Escucha a Rosa y a Teresa y completa las siguientes frases según la conversación.

1. Me muero de terror porque…
2. No es el examen de biología, es…
3. Estoy harta de sacar malas notas, después de…
4. No puedo… ni puedo… La única solución es…

5. No puedes hacernos esto. Jaime y Carlos se van a…
6. ¿Por qué no estudias por la mañana y…?
7. No puedo divertirme cuando…

Mi Refranero. El siguiente refrán ofrece buenos consejos (*advice*), ¿no?
Escúchalo y repítelo, tratando de imitar los sonidos.

Más vale quedar hoy con gana que estar enfermo mañana.
Everything in moderation.

V o c e s   d e l   m u n d o   h i s p a n o

De vacaciones

Vacationing is a topic of great interest to everyone, but it may mean different things to different people. In this unit, you have learned something about how people from two areas of the Hispanic world, Spain and the Southern Cone of South America, might spend their leisure hours, weekends, and summer vacation time. Think about and then answer the following questions.

1. What does vacation time mean to you? Mark as many responses as you wish.

Para mí, las vacaciones son sinónimo de...

a. amor
b. aburrimiento
c. aventura
d. descanso

e. ocio o entretenimiento
f. estudio o trabajo
g. viajes

h. horarios diferentes
i. familiares
j. amigos

2. How important is vacation time to you?

Para mí, las vacaciones son...

a. un lujo
b. una necesidad

c. de poca importancia
d. sólo una interrupción del calendario

3. How do you think Hispanics would respond to the previous question (2)?

De vacaciones en Machu Picchu, Perú

Estrategias

In this section, you will practice the following strategies to increase your understanding of the articles and documents you will read. Always rely on what you know to access what seems unfamiliar.

- Skim, think, and anticipate content before you read.
- Use cognates and context clues to guess unfamiliar words or phrases.
- Look for words that look like other Spanish words you know.
- Scan for specific information.

Use the following strategies to increase your cultural understanding of the importance of vacation time in the Spanish-speaking world.

- Think about your own culture. Define its values and customs regarding vacations, free time, hobbies, leisure in general.
- Set your own culture aside. Look at the other culture to learn and form hypotheses. See aspects of the other culture as part of a different system.

A. La temporada de vacaciones.   Look at the headlines of newspapers from Madrid, Spain, and Santiago de Chile and complete the following paragraph to summarize the information.

Muchos chilenos y españoles viajan para las vacaciones de _____ . Mientras en España la temporada de vacaciones empieza en _____ y termina en _____ , en Chile empieza en _____ y termina en _____ . En España, los meses más populares para viajar son _____ y _____ , pero en Chile los meses más populares son _____ y _____ . Mucha gente prefiere viajar en _____ y por eso hay mucho tráfico en las carreteras.

Hoy comienza la «Operación Verano», que registrará 8 millones de desplazamientos

A las tres de la tarde de hoy se abrirá el horizonte veraniego. Otras fechas conflictivas de esta operación serán del 12 al 16 y del 24 al 28, del 31 de julio al 1 de agosto, del 14 de agosto al 1° de septiembre y del 13 al 16 de ese mes.

Preparan regreso a Santiago de 100 mil vehículos

Más de cien mil vehículos deben regresar a Santiago este mes de marzo, en el epílogo de la temporada de vacaciones. Según cálculos, más de 150 mil vehículos salieron de Santiago los primeros días de enero y, entre el 1° y el 3 de febrero, abandonaron la capital 121 mil vehículos.

Hoy a las 23'19" empezará el verano. Su duración será de 93 días, 15 horas y 29 minutos. ¿Tiene decididas sus vacaciones?

B. Infinitas posibilidades.   When thinking about your dream vacation, consider the many experiences that await you throughout the world. The following article from a newspaper in Spain suggests some interesting vacation possibilities. First, skim the article to familiarize yourself with the type of information it provides. You do not need to understand every word at this point. Then, look at the title. To what region(s) does **el polo** refer in this article? To what region(s) does **el trópico** refer? Which would you prefer to visit, **el polo o el trópico**?

C. Información turística.   Now scan the article for some specific information and, for each destination mentioned, complete the following lists.

Lugar	Actividad	Atractivos	Gente
el sur de Argentina	esquiar	pistas de esquí	amantes del «deporte blanco»
Nepal o Tibet	acampar	montañas	
Costa Rica			
África			
Laponia (*Lapland*)			
Cayo Largo			
Gran Bretaña / Inglaterra			
el Caribe			
el norte de España			

Entre el Polo y el Trópico: infinitas posibilidades para un verano con imaginación

Convertir las vacaciones estivales° en algo más que 15 días en una playa típica con gente por todas partes, depende en gran parte de la imaginación de cada persona.

Cuando en España los termómetros marcan casi 40 grados (104°F), en San Carlos de Bariloche y Las Leñas en Argentina, hay estupendas pistas° de esquí para los amantes° del deporte blanco, que así también pueden esquiar en verano. Otra opción "fresca" puede ser ir a acampar por el Nepal o el Tibet, al pie del Everest, la montaña más alta del mundo.

Para los que el verano es sinónimo de playas blancas, aguas limpias y tranquilas pero sin gente, Costa Rica puede ser su destino. En la provincia de Guanacaste se encuentran las playas más espectaculares de Costa Rica: Tamarindo, Bahía Pez Vela, Flamingo, Hermosa y Sámara. En esta región, también están los refugios de aves migratorias y acuáticas, de simios (o monos°) y de felinos (panteras, pumas, leopardos, linces).

Para los aventureros, las vacaciones pueden tener muchos escenarios. En África pueden hacer un safari con tiendas de campaña°, visitar las cataratas de Victoria o ir a la selva° de Kenia. Pueden buscar oro° en Laponia, o cazar° iguanas en Cayo Largo.

Si buscan emoción y terror, la perfecta organización del turismo en Gran Bretaña tiene 12 hoteles con fantasma incluido, como por ejemplo, el fantasma de María Estuardo que se aparece en Dundley. Y la gente con cuentas de banco° muy importantes puede divertirse a todo lujo, porque casi todo se puede alquilar—desde un castillo inglés con *lord* incluido hasta una isla del Caribe en exclusiva.

Por último, para ejecutivos estresados, lo mejor es una estancia° en el Monasterio de Silos (Burgos, España) en donde, por 1.800 ptas. al día, todo incluido, pueden encontrar tranquilidad en un ambiente de calma total, sólo con la compañía de los monjes°. Algunas agencias de viajes ya están contratando viajes al espacio, pero no hay fechas aún.

_____

*Gabriela Correa, "Con los ojos al cielo", *El Mercurio, Revista del Domingo* (17 de septiembre de 1995), 14–15.

Palabras útiles

estivales de verano
las pistas *trails*
los amantes *lovers*
los monos *monkeys*
las tiendas de campaña *tents*
el oro *gold*
cazar *to hunt*
selva *jungle*
las cuentas de banco *bank accounts*
la estancia visita
los monjes *monks*

D. Viajeros y turistas. Use the ideas in the article to give some travel options to the following people, according to their likes and interests.

1. Si te gusta acampar y eres amante de los animales, puedes ir al (a la)...
2. Puedes ir a un castillo inglés o a un safari sólo si te gustan...
3. Si para ti las vacaciones son una playa blanca y tranquila, ...
4. Si eres algo aventurero(a) y tienes dinero, ...
5. Si te sientes nervioso(a) y estresado(a) y tienes ganas de irte lejos, ...
6. Si estás harto(a) de todo y quieres escaparte por completo a un lugar solitario, ...
7. Si no quieres preocuparte por encontrar un hotel, puedes...
8. Si te encantan la naturaleza y la ecología, ...

≈ **La red electrónica** Use the World Wide Web to read about some of the Hispanic companies offering services. Follow these steps.

1. dirección: http://www.yellow.com
2. selecciona: *search page*
3. selecciona: *browse by locations*
4. selecciona un país hispano
5. selecciona: **turismo, puntos de interés o lugares que visitar**

Scan the descriptions, depending on your likes and interests. Prepare an oral presentation for the class to summarize three types of places you can visit in the country you selected and what your classmates can do there. Your instructor may also ask you to print the information you find on the Internet.

➡ *Por ejemplo:*
En Chile, Uds. pueden esquiar en julio o agosto en... o en...
En México, el balneario de Isla Mujeres tiene... Allí ustedes pueden...

P a r a   e s c r i b i r

Una encuesta
In this section, you will develop an effective survey by following a process of thinking and analyzing, planning and organizing, elaborating, summarizing, and editing. Good surveys do not ask random questions, but are based on careful thought and planning; they have clear motives, focus on specific issues, and elicit specific responses. Broad topics and ambiguous questions generally elicit broad and ambiguous responses.

A. Elegir y pensar en el tema. The first step in gathering information through a survey is to identify a good topic and then focus on specific facets of the topic you are interested in researching. To do this, follow these two steps.

1. Choose one of the following topics that is of interest to you.

la tecnología	los horarios	la lectura (leer)
las bebidas alcohólicas	la música	la universidad
los deportes (o los atletas)	el ocio	el trabajo
la familia	los viajes	el dinero

2. Since these topics are very broad, you will want to delimit the topic you have chosen. List one or two sub-themes for your topic. Choose one sub-theme and explore some interesting issues related to it, as in the model.

Theme	Sub-Theme	Issues	
El transporte →	el coche →	el coche y los jóvenes	la licencia de
		tener coche en el campus	conducir
		las bebidas alcohólicas y	el tráfico
		el uso del coche	

B. Analizar y organizar. Look at the *issues* column for your specific sub-theme. There should be at least one particular issue you would like to explore through a survey. Choose one issue as "the problem" you are going to investigate through your survey. In terms of this specific problem, what would you most like to know about the opinions or habits of others? You can ask people only five questions. Develop your *five best* questions, using words and expressions such as the following: **¿qué? ¿cómo? ¿quién? ¿dónde (adónde)? ¿cuántos(as)? ¿a qué hora? ¿de quién? ¿con quién? ¿con qué frecuencia?**

▶ *Por ejemplo:*
el tráfico → ¿A qué hora se va a la universidad?

C. Elaborar. Develop response options for each survey question by anticipating responses you will receive. Since this is a formal survey, use **Ud.** forms. Here are some sample questions.

1. ¿Cuántas veces a la semana usa el coche para ir a la universidad o al trabajo?

a. todos los días   **b.** dos veces   **c.** tres veces   **d.** cuatro veces

2. ¿Con qué frecuencia encuentra mucho tráfico en su viaje a la universidad?

a. siempre   **b.** a veces   **c.** con frecuencia   **d.** rara vez

3. ¿A qué hora se va para la universidad?

a. entre las 7.00 y las 9.00   **b.** entre las 9.00 y las 11.00   **c.** entre las 13.00 y las 16.00   **d.** después de las 16.00

4. ¿Con quién va a la universidad?

a. solo(a)   **b.** con otra persona   **c.** con más de una persona

D. Corregir.   Check your survey to make sure that **(1)** you used **Ud.** and its corresponding verb forms; **(2)** you used the correct reflexive pronouns, if necessary; and **(3)** you inserted the corresponding articles **el, la, los, las** when using days of the week or the verb **gustar**.

E. Recoger y resumir los datos.   Give the survey to a group of people (whole class or smaller groups) and collect the answer sheets or keep careful records of oral answers. Tally the answers and convert them into percentages of the total. Then, write summary statements such as the following.

➡ *Por ejemplo:*
Un 55 por ciento de los encuestados va en coche con otra persona, un 20 por ciento va con más de una persona y un 25 por ciento va solo en coche a la universidad.

F. Corregir, otra vez.   Scrutinize your report for the following five types of common errors. At the bottom of your final copy, write the numbers 1–5. Review your paper for each of these error types and, after you have checked for each error type, place a check mark beside the corresponding number on your report to show your instructor that you have checked and found no errors.

1. All of your verbs agree with the subjects to which they refer (remember that words like **la gente**, although referring to more than one person, are singular).
2. You used the appropriate reflexive pronoun when necessary.
3. You inserted **a** whenever you wanted to clarify the **le(s)** of **le gusta(n) / les gusta(n)** (*A mucha gente* **le gusta...**).
4. You inserted the corresponding articles **(el, la, los, las)** when referring to days of the week or after the verb **gustar**.
5. You have checked all adjectives to make sure they agree with the people, places, or things to which they refer.

If you have a check mark next to each, congratulations! You can turn in your survey and results, confident that you have done your best.

Mi diccionario

Adjetivos

aburrido(a) bored
alegre cheerful
cansado(a) tired (not sleepy)
contento(a) happy, content
deprimido(a) depressed
enfermo(a) sick
enojado(a) mad, upset
estresado(a) stressed
feliz happy
harto(a) de fed up with
lleno(a) de energía full of energy
nervioso(a) nervous
sano(a) healthy
solo(a) alone
tranquilo(a) calm
triste sad
viejo(a) old

Verbos reflexivos

acostarse (ue) to go to bed
arreglarse to groom oneself, get ready
bañarse to take a bath
cansarse to get tired (not sleepy)
despertarse (ie) to wake up
divertirse (ie) (en grande) to have (great) fun
ducharse to take a shower
irse de vacaciones to go on vacation
juntarse con to get together with
levantarse to get up
morirse de (ue) to die of
olvidarse de to forget about
preocuparse por to worry, get concerned about
quedarse to stay, remain
quejarse de to complain about
reírse (i) de to laugh at
relajarse to relax, rest
sentirse (ie) bien / mal / mejor to feel well/bad/better
vestirse (i) to get dressed

Expresiones de hora, tiempo y secuencia

a la una at one o'clock
a las dos / tres / cuatro at two/three/four o'clock
a las trece / catorce / quince horas at one/two/three o'clock in the afternoon
¿a qué hora es? at what time is it?
antes de + *infinitive* before + *-ing*
¿cuándo es? when is it (general)?
de la mañana / tarde / noche in the morning/in the afternoon, evening (with clock time)
después de + *infinitive* after + *-ing*
entonces after that, later
luego then, after that
la medianoche midnight
el mediodía noon
menos cuarto a quarter to
por la mañana / la tarde / la noche in the morning/in the afternoon, evening/at night (not with clock time)
primero first
¿qué hora es? what time is it?
tarde late
temprano early
y cuarto / media and a quarter/half

Otras palabras y expresiones

asistir a clases to attend class
en otras palabras that is to say
los familiares family members, relatives
el horario schedule
el hotel de lujo luxury hotel
lejos de *far from*
el lugar place
el problema problem
rápido quickly
la rutina (daily) routine
tener ganas de to feel like +-*ing*

Lugar natal, 1989. Eduardo Kingman, ecuatoriano.

LAS MANOS OMNIPRESENTES DE EDUARDO KINGMAN

Las obras de Eduardo Kingman narran el drama diario del pueblo ecuatoriano. Sus temas son el amor en todas las formas, el mundo del trabajo, la familia y el hogar, las festividades, la enfermedad, la muerte. En los cuadros de Kingman, las manos—grandes, fuertes y laboriosas—comunican la ternura (*tenderness*) y la pena, el sufrimiento y la esperanza (*hope*), la solidaridad entre las gentes no sólo de su país, sino del continente. El mensaje de Kingman es el de la identidad: "Somos americanos".

UNIDAD 3

En casa

¿En qué piensas cuando miras este cuadro?
En los Capítulos 5 y 6 vas a ver cómo es la
familia hispana. En las culturas hispanas la
familia es sumamente importante, y consiste
no sólo en los padres y los hermanos, sino
también en otros parientes (*RELATIVES*) y
amigos de la familia. Para el pintor de esta
obra, ¿qué significa «familia»? ¿Qué significa
«familia» para ti?

Asuntos de familia

La comunión o..., 1981. Jacobo Borges, venezolano.

En el Capítulo 5, vas a aprender a describir a tu familia y lo que ustedes hacen juntos. También vas a aprender a contar lo que pasó en ciertas ocasiones importantes de tu vida. ¿Cuándo se juntan tú y tus familiares para celebrar algo? ¿Qué ocasión importante se celebra en este cuadro?

La realidad de Jacobo Borges
Como a muchos pintores y escritores latinoamericanos, el tema de «el sueño (dream) y la realidad» le fascina al venezolano Jacobo Borges. En este autorretrato (self-portrait), vemos la fusión pasado-presente-futuro que forma la realidad de Borges. En esta obra alegórica, Borges, el patriarca, sueña con el futuro, pero está preocupado. El mono (ape), símbolo de una época primitiva de la historia del ser humano, sirve como recuerdo de las lecciones que debemos aprender, lecciones importantes de las que depende nuestro futuro. Mira el título de esta obra. Para ti, ¿qué significa la comunión? ¿Por qué es esta palabra un mensaje importante para nuestro futuro?

Metas

En este capítulo, vas a aprender a...

hablar de tu familia

padre, madre, hijos, hermanos
tíos, primos, abuelos, padrinos, pp. 148–
    149

hablar del pasado
decir cuánto tiempo hace que algo ocurrió

el tiempo pretérito, pp. 154, 160
hace + expresión de tiempo, p. 156

Vas a saber más de...

cómo se celebran algunas ocasiones importantes
    en el mundo hispano

Visiones del mundo hispano

Los hitos de la vida

In Hispanic cultures, landmark events in one's life are always a time for
family gathering and celebration. In this section, you will learn about some
of these major events by looking at documents associated with them. Which
of the following life events are depicted in the photos that follow? Will you
be celebrating any of these events in the near future?

un cumpleaños (cuando una
    persona cumple años)

un nacimiento (cuando nace un
    bebé)

una graduación (cuando una
    persona saca su título o diploma)

una boda (cuando los novios se
    casan o contraen matrimonio)

Estrategias

The activities in this section will help you use strategies to become a more efficient reader and learner. Skim the activities in this section to identify which of the following strategies are used in each. Apply these strategies when you read.

- Scan for specific information.
- Use cognates, context, and familiar words to guess the unfamiliar.
- Pay attention to the following strategies to learn from your reading.
- Identify patterns to facilitate new learning.
- Use models to structure new expressions.
- Personalize new learning to express your own thoughts.

A. De las páginas sociales. Los novios, Claudio y Anamaría, van a contraer matrimonio. Es decir, van a casarse. Mira los tres anuncios para ver qué eventos se celebran. Luego, completa la tabla con la información que corresponde a cada evento.

Palabras útiles
té *tea*

	FECHAS		
	16 de octubre	**17 de octubre**	**19 de octubre**
¿Qué?	un té°		
¿Quiénes?			
¿Por qué?	despedida de soltera		
¿Dónde?			
¿A qué hora?			

B. Costumbres del mundo hispano. Estudia los tres documentos y contesta si las siguientes frases son ciertas o falsas (**sí** o **no**).

1. En los países hispanos, los novios pueden tener dos ceremonias de matrimonio.
2. Los novios se casan (tienen la boda) muy temprano por la mañana.
3. Los testigos que firman el certificado de matrimonio tienen que estar presentes en la ceremonia civil.
4. Antes de la boda del 19 de octubre, ya están casados los novios.

C. Los apellidos. Ahora mira el anuncio (participación) de matrimonio. Escribe los nombres completos de las siguientes personas. Para el número 3, usa **los** con el apellido de la familia. Por ejemplo: los García, los Rodríguez. Esta actividad continúa en la página 146.

1. El nombre completo del novio: Señor _____
2. El nombre completo de la novia, antes y después de la boda:
Antes: Señorita Anamaría _____ Harvey.
Después: _____ Anamaría _____ _____ de _____ .

Vida Social
Martes, 16 de octubre de 1997

Despedida de soltera

Hoy a las cinco de la tarde, en el Hotel Panamericano, un grupo de amigas de la señorita Anamaría Quintero Harvey le ofrece un té con motivo de su matrimonio el próximo viernes 19 de octubre en la Parroquia San Pedro de Las Condes. Presentes en el té estarán también las testigos de la novia en la ceremonia civil a celebrarse mañana miércoles 17 de octubre, las señoritas Paulina Andrade Gutiérrez y Pilar Quintero Palma y las señoras Pilar Menéndez de Quintero y la hermana del novio, Irene Río Agost.

Vida Social
Sábado, 20 de octubre de 1997

Matrimonio

El viernes a las 21 hrs. en la Parroquia de San Pedro de Las Condes se celebró el matrimonio de don Claudio Río Agost con la señorita Anamaría Quintero Harvey, hija de don Antonio Quintero B. Padrinos del novio fueron sus padres don Claudio Río Cáraves y señora Irene Agost de Río; padrinos de la novia fueron sus padres don Antonio Quintero Barona y señora Anamaría Harvey de Quintero. Ofició el Rdo. Padre Agustín Muñoz Cardemil.

Antonio Quintero Barona   *Claudio Río Cáraves*
María Harvey de Quintero   *Irene Agost de Río*

Participan a Ud(s). el matrimonio de sus hijos
Anamaría y Claudio
y tienen el agrado
de invitarle(s) a la ceremonia religiosa,
que se celebrará el viernes 19 de octubre,
a las 21:00 hrs. en punto,
en la Parroquia de San Pedro
de Las Condes (Isabel La Católica 4360).

Santiago, septiembre de 1997

3. El nombre de la familia del novio: ellos son los _____ _____ .
El nombre de la familia de la novia: ellos son los _____ _____ .
El nombre de la nueva familia del novio y de la novia: ellos son los _____
_____ .

SERVICIO DE REGISTRO CIVIL E IDENTIFICACION CHILE	**CERTIFICADO DE NACIMIENTO**	Nro **8.086.719**

Circunscripción	:	PROVIDENCIA			
Nro. inscripción	:	**994**	Registro:	Año:	**1973**
Nombre inscrito	:	**RODRIGO ANDRES WINTHER TOLEDO**			
R.U.N.	:	**9.493.716-7**			
Fecha nacimiento	:	**25 Febrero 1973**			
Sexo	:	**Masculino**			
Nombre del padre	:	**GERMAN LUIS WINTHER CORDERO**			
Nombre de la madre:		**LAURA NICEFORA DEL ROSARIO TOLEDO LLANOS**			

El hijo de los Winther Toledo nació en 1973. ¿Cuántos años tiene ahora? ¿Qué dice tu certificado de nacimiento?

Visión Visión Visión

¡Vivan los novios!

Un compromiso y un matrimonio o boda son motivo de varias celebraciones que incluyen y unen a las familias del novio y de la novia. Primero, el novio, o los padres del novio con su hijo, visitan a los padres de la novia y **piden la mano de la novia** o hacen **la visita de estilo**. En esta visita, entonces, se pide el consentimiento oficial para el matrimonio de los jóvenes. Esta ocasión es muy importante porque desde ese momento los novios están formalmente comprometidos para casarse. A veces, a esta reunión familiar también asiste un sacerdote°, quien bendice° los anillos de los futuros esposos. Mientras **están de novios**, los jóvenes usan el anillo en la mano derecha; después de casarse, el anillo se usa en la mano izquierda. En España, en Colombia y en algunas familias judías, se sigue la costumbre europea de usar el anillo en la mano derecha después de casarse. Como el mundo hispano es tan grande y tan variado, también hay otras costumbres típicas de cada ciudad. Por ejemplo, son famosas las **serenatas** o las **vísperas** para la novia.

Palabras útiles
el sacerdote *priest*
bendice *blesses*
los anillos *rings*

Cada pareja tiene su historia a la hora de hablar de amor. ¿Tienes tú una historia que contar? En la revista ecuatoriana *Vistazo*, algunas parejas nos revelan cómo y cuándo los atrapó Cupido, qué sienten y qué piensan. En sus comentarios, las parejas dan su opinión sobre las relaciones amorosas. ¿Con cuál de estas frases estás más de acuerdo?

a. Las mujeres siempre tienen sus tácticas.
b. En el amor y en la guerra todo está permitido.
c. Los polos opuestos se atraen.

~ **Gustavo Navarro Guerrero (26) y
Carla Sala Vallazza (27):**

DICE GUSTAVO: Yo visitaba mucho su casa por mi amistad con su hermano. Una noche se fue la luz y todos corrían y corrían. En la oscuridad, ella me besó°. Yo me fui rápido para escapar de un problema con su hermano. Tenemos un año y 11 meses de enamorados.

~ **Reinaldo Egas (30), cantante de salsa, y
Verónica Noboa (19), modelo y actriz:**

DICE REINALDO: El amor nos atrapó en el set. Hacíamos el papel° de enamorados en una película, y nos gustó tanto que seguimos practicándolo en la vida real.
DICE VERÓNICA: Fue cuatro meses después de la filmación, en la fiesta de lanzamiento de la serie, cuando Reinaldo me tomó la mano y me preguntó si quería estar con él. También miró a mi papá y le preguntó: "Suegro°, ¿puedo estar con su hija?" Mi papá pensó un ratito y respondió: "Lo que ella quiera°".

~ **Viviana Arosemena Plaza (24) y Ángel Jiménez (30):**

DICE VIVIANA: Había un admirador anónimo que mandaba flores, chocolates y todo tipo de regalos cada día. Y como Pedro quería estar antes que él, me declaró su amor rápidamente.
DICE ÁNGEL: Las mujeres siempre tienen sus tácticas.
DICE VIVIANA: En el amor y en la guerra° todo está permitido.

Palabras útiles
besó   *kissed*
el papel   *role*
el suegro   *father-in-law*
lo que ella quiera
   whatever she wants
la guerra   *war*

"Sintonía de amor", *Vistazo*, sección "Gente", (8 Feb 96). http://www2.vistazo.com.ec:80/feb08_96/htm/gente0.htm

En voz alta

A. Escucha una conversación entre dos personas y contesta lo siguiente.

1. ¿Quiénes conversan? ¿mamá e hijo? ¿esposo y esposa? ¿dos amigos?
2. ¿De qué conversan? ¿del presente? ¿del pasado? ¿del futuro?

B. Marca todas las respuestas que son ciertas, según la conversación. En esta conversación, las dos personas...

_____ se ríen   _____ se pelean   _____ se enojan   _____ se recuerdan de
                                              _____ se hablan   algunas cosas

_____ se quejan   _____ se despiden   _____ se saludan   _____ se enamoran
_____ se casan   _____ se conocen

Mi Refranero. En la conversación oíste el siguiente refrán popular. ¿Estás de acuerdo con el refrán? Escúchalo otra vez y repítelo tratando de imitar los sonidos.

Amor sin celos, no lo dan los cielos.

VOCABULARIO

Imágenes y palabras

Yo nací en mil novecientos... (19...)[1]

Acabo de cumplir... años

Quiero mucho a mi familia

Mi padre (madre, padrastro, madrastra) nació en mil novecientos... y creció rodeado de...

una familia muy grande

una familia pequeña

No soy hijo(a) único(a).

Tengo una hermana mayor

Tengo un hermano menor

Mis hermanos se parecen a mi papá.
Pero yo me parezco a mi mamá.

---

1. Para hablar del siglo XXI: **el año... dos mil, dos mil uno, dos mil cinco, dos mil diez**, etc.

Mis bisabuelos ya están muertos. Se murieron[2] hace muchos años.

Mis abuelos (bisabuelos) paternos / maternos son muy cariñosos.

Influyeron mucho en sus tres hijos: dos hijas y un hijo.

Los hijos de mis abuelos son mis padres y mis tíos.

Yo soy nieto(a) de mis abuelos.

mis bisabuelos

mis abuelos

mis tíos

mis padres

los hijos
(mis hermanos)

yo

Mi tío(a) está...   divorciado(a)

casado(a)

soltero(a)

viudo(a) porque su mujer/marido se murió[2] hace años.

Los hijos de mi tío son mis primos. Mi primo(a)...

está enamorado(a) de una chica guapa (un chico guapo)

está comprometido(a). Va a casarse con su novio(a) muy pronto.

acaba de conseguir un puesto...

... y va a mudarse a otra ciudad

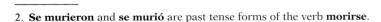

2. **Se murieron** and **se murió** are past tense forms of the verb **morirse**.

Nunca me gusta despedirme³ de mis familiares...

...cuando mis parientes y yo nos juntamos para...

los cumpleaños

las bodas

En las fiestas familiares, es bueno...

llevarse bien

no pelearse

compartir historias

no llegar tarde

Práctica del vocabulario

Estrategias

To remember new words and use them to communicate effectively, you will use a variety of communication and memory strategies in this section. Skim the activities to identify which of the following strategies are used in each. This process will also prepare you for the kinds of things you will be doing in class.

- Associate words with real life contexts.
- Expand and connect statements by giving reasons, explanations, and examples.
- Collaborate with others to collect information.
- Take notes to organize thoughts.
- Rephrase and summarize information.

---

3. **despedirse (e → i)**

A. Buenas noticias. Tell the class one piece of good news that has just happened to you, a friend, or a family member.

⟹ *Por ejemplo:*

Mi hermanastra **acaba de** mudarse, mi primo **acaba de** casarse, mi hermano **acaba de** conseguir un puesto y yo **acabo de** conocer a la chica de mis sueños.

B. En otras palabras. Usa el nuevo vocabulario para expresar las siguientes frases de otra manera.

⟹ *Por ejemplo:*

Mi hermana va a casarse pronto. → Ella está comprometida.

1. Mi primo quiere mucho a su novia. Está loco de amor. Está...
2. No se lleva bien con su hermano. Hay muchas discusiones. Se...
3. Su papá es alto como él. Él tiene el pelo negro como su papá. Él se...
4. Vivo en California, pero acabo de conseguir un puesto en Michigan. Me...
5. Mis abuelos están muertos desde el año 85. Hace muchos años que se...
6. Tengo que decirles adiós a mis parientes. Tengo que...
7. Mañana, mi hermano contrae matrimonio con su novia. Mañana se...
8. Mi mamá tiene 48 años. Ella... en 19..., hace... años.

C. Mi árbol genealógico. Use the following questions to describe your family to a classmate. Your classmate will draw your family tree and take notes as you speak. Then, he or she will choose some of the information to introduce your family to the class. For each of your partner's questions, respond with as much detail as you can to help your partner diagram your family tree.

⟹ *Por ejemplo:*

Tu COMPAÑERO(A):	¿Cuántos tíos tienes?
Tú:	Tengo una tía y un tío, Carlos. Mi tía Flora es hermana de mi madre. Ella está casada con mi tío Ralph y tienen dos hijas, mis primas Violeta y Rosa. Mi padre no tiene hermanos. Es hijo único.

Tu compañero(a), a la clase: Su tío materno es Carlos. Su única tía es hermana de su mamá también. Ella está casada y tiene dos hijas. Su padre es hijo único.

1. ¿Eres hijo(a) único(a)?
2. ¿Es muy grande la familia de tu papá? ¿Y de tu mamá?
3. ¿Cuántos nietos tienen tus abuelos?
4. ¿Cómo se llaman tus bisabuelos?

D. ¿Qué quieren decir? Da una definición o una frase para ilustrar qué quieren decir las palabras de la página 152.

⟿ *Por ejemplo:*

nieto   Los nietos son los hijos de los hijos de los abuelos. Mis hermanos y
yo somos los nietos de nuestros abuelos.

1. soltero	**4.** comprometido	**7.** compartir	**10.** viudo
2. abuela paterna	**5.** despedirse de	**8.** mudarse	
3. primos	**6.** hermano mayor	**9.** tía	

E. ¿Compatibles?   Describe a una persona de tu familia con quien te llevas
muy bien y otra con quien te llevas mal con respecto a dos aspectos de su
personalidad y dos actividades.

⟿ *Por ejemplo:*

Me llevo bien con mi abuelita porque es muy cariñosa y divertida. Sabe
mucha historia y se ríe todo el tiempo.

Me llevo mal con mi hermano menor porque es muy perezoso y
desordenado. Nunca limpia su habitación y habla por teléfono todo el día.

F. Así somos.   Usa las siguientes palabras para decir algo de ti y de tu
familia.

⟿ *Por ejemplo:*

compartir cosas   Mi hermana y yo compartimos ropa a veces. Siempre
compartimos historias y secretos.

1. pelearse	**4.** compartir cosas	**7.** llegar tarde
2. ayudar	**5.** mudarse	**8.** influir en
3. parecerse	**6.** juntarse	**9.** despedirse (de)

G. Muchas explicaciones.   The following are some emotions everyone has
experienced at one time or another. With a partner, choose two of the
statements and use words from **Imágenes y palabras** to offer as many (non-
academic) explanations as possible.

⟿ *Por ejemplo:*

Una persona se siente triste. → **Se siente triste porque** su perro **se murió**,
va a **mudarse** a otra ciudad, tiene que **despedirse** de un amigo, **acaba de
pelearse con** sus familiares, no **se lleva bien** con su compañero(a) de
habitación...

1. Una persona está enojada.	**4.** Una persona está alegre.
2. Una persona está preocupada.	**5.** Una persona se siente estresada.
3. Una persona está nerviosa.	**6.** Una persona se siente deprimida.

H. Encuesta familiar.   With a partner, take turns asking questions to find
out the following information. Take notes and report back to the class,
summarizing the information about your partner.

➜ *Por ejemplo:*

Mi compañero, Lawrence, se parece más a su mamá.

1. ¿A quién te pareces más? ¿Por qué?
2. ¿Cuándo te juntas con tus familiares?
3. ¿Qué hacen ustedes para divertirse juntos?
4. ¿Cuándo naciste? ¿Y tu papá, tu mamá?
5. ¿Se mudan Uds. a menudo?
6. ¿Con quién te peleas (compartes tus secretos)?
7. ¿Acabas de celebrar un cumpleaños o una boda?
8. ¿Cuántos de tus familiares están solteros?
9. ¿Cuándo te casas tú? ¿Estás enamorado(a)?
10. ¿Cuánto tiempo hace que murieron tus bisabuelos?

Visión Visión Visión

Los padrinos y el compadrazgo

En el anuncio del matrimonio de Claudio y Anamaría dice «**Padrinos** del novio fueron sus padres don Claudio Río Cáraves y señora Irene Agost de Río; **padrinos** de la novia fueron sus padres don Antonio Quintero Barona y señora Anamaría Harvey de Quintero». ¿Quiénes son los padrinos?

Para el bautismo y, en algunos países, también para la confirmación y para el matrimonio, los hispanos católicos reciben otros dos padres o **padrinos (padrino y madrina)** que van a ayudarles en la vida. La relación entre los padres de un bebé y los padrinos se llama **compadrazgo** y los cuatro adultos se llaman **compadre** o **comadre** entre ellos, según corresponda. El niño apadrinado se llama **ahijado**, o **ahijada** si es niña; es decir, son casi como un hijo o una hija de sus padrinos.

Los padrinos tienen funciones tan importantes como los padres, pues en general ayudan a criar° y educar a los ahijados y también ayudan con buenas conexiones en el mundo profesional o del trabajo. En algunos casos, si los padres se mueren o se separan, los ahijados se van a vivir con su padrino o su madrina. En general, los padrinos consienten° a los niños y les dan regalos o dinero para los cumpleaños, las graduaciones y otras fiestas importantes. Por eso, los niños adoran a sus padrinos. La institución del compadrazgo les da a los niños y jóvenes otro grupo familiar y a los adultos les da relaciones importantes y duraderas que sirven para hacer negocios y para resolver todo tipo de dificultades diarias.

Palabras útiles
criar *to raise*
consienten *spoil*

1. ¿Tienes padrinos o una persona que es como padrino o madrina para ti?
2. ¿Qué amigos de la familia participan en las actividades familiares o ayudan a resolver problemas en tu casa?

GRAMÁTICA 1

Para hablar del pasado: el tiempo pretérito

In some of the previous activities you used forms such as **nací, nació**, and **murieron** to refer to events that took place in the past. These verb forms correspond to a past tense called the *preterit* tense. Look at the forms of the preterit tense and notice the following.

a. Verbs ending in **-er** and **-ir** share the same endings.

b. The **nosotros(as)** forms of **-ar** and **-ir** verbs are the same in the preterit tense as in the present tense.

c. As in the present tense, the **nosotros(as)** forms have **-mos** endings; the **ellos / ellas / Uds.** forms have a final **-n**.

-ar verbs	**-er** verbs	**-ir** verbs
casarse con	**nacer**	**compartir**
me cas**é** con	nac**í**	compart**í**
te cas**aste** con	nac**iste**	compart**iste**
se cas**ó** con	nac**ió**	compart**ió**
nos cas**amos** con	nac**imos**	compart**imos**
*os cas**asteis** con*	*nac**isteis***	*compart**isteis***
se cas**aron** con	nac**ieron**	compart**ieron**

To say . . .	for **-ar** endings use . . .	for **-er/-ir** endings use . . .
what I did	**é**	**-í**
what you (**tú**) did	**-aste**	**-iste**
what he/she/you (**Ud.**) did	**-ó**	**-ió**
what we did	**-amos**	**-imos**
what all of you (*vosotros[as])* did	*-asteis*	*-isteis*
what they or all of you did	**-aron**	**-ieron**

Mi hermano y yo **nacimos** y **vivimos** muchos años en Denver. Después, hace cinco años, **nos mudamos** a Albuquerque.

Mi abuela materna **creció** en Austria y luego **viajó** a los Estados Unidos, pero nunca **aprendió** inglés.

Conocí a mi novia en la clase de biología. ¿Dónde **conociste** a tu novia?

1. The verb **conocer** (*to know* or *to be acquainted with*), when used in the preterit tense, expresses *met a person.*

El año pasado, **visité a** mi amigo en la Florida. **Vi a** sus padres y **conocí a** su novia.

2. Notice that the preterit tense is formed from the infinitive; therefore, stem changes that you learned in the present tense do not carry over to the preterit tense.

Ayer **me desperté** temprano y **jugamos** básquetbol toda la mañana, pero nunca **resolví** los problemas de cálculo. Qué bueno que **jugué** por la mañana, porque después **llovió** mucho.

3. The verbs **ser, ir, dar, ver, hacer** are irregular in the preterit tense. Study the following chart. Notice that **dar** uses the endings of **-er/-ir** verbs and **ser** and **ir** have the same forms in the preterit tense. More irregular verbs (**tener, querer, saber, estar, poder**) are presented in Chapter 6.

ser/ir	dar	ver	hacer
fui	di	vi	hice
fuiste	diste	viste	hiciste
fue	dio	vio	hizo
fuimos	dimos	vimos	hicimos
fuisteis	*disteis*	*visteis*	*hicisteis*
fueron	dieron	vieron	hicieron

Fui a la fiesta de mi prima. Allí **vi** a mi amigo de la escuela secundaria y los dos **dimos** un paseo por la ciudad después. ¡**Fue** una fiesta estupenda!

4. Here are some expressions to describe when something occurred in the past.

ayer	*yesterday*	**anoche**	*last night*
anteayer	*the day before yesterday*	**antenoche**	*the night before last*
		el mes pasado	*last month*
el año pasado	*last year*	**el lunes / el**	*last Monday/*
la semana pasada	*last week*	**martes pasado**	*Tuesday*
el fin de semana pasado	*last weekend*	**el otro día**	*the other day*

hace + años / días / meses / horas *years/days/months/hours ago*

Mi prima se casó **hace diez años**, pero se divorció **el año pasado**.

Ejercicio A. Convert each of the infinitives to the preterit tense as you say what the people probably did *or did not* do. For reflexive verbs, use the appropriate reflexive pronoun, and be careful with the verb **gustar**.

⟹ *Por ejemplo:*

Fui a la biblioteca anteayer. Allí **hablé** con mis amigos, **leí** un poco, no **estudié** mucho, ...

1. **Fui a mi casa...** limpiar mi habitación, ayudar a mis padres, cocinar, llamar a mis amigos, pelearme con mi hermano(a), comer bien, ver la tele, hacer las tareas, escribir una carta, morirse de aburrido(a), dar una fiesta, acostarse, escuchar música, dormir hasta muy tarde
2. **Fuimos a una fiesta...** llegar tarde, bailar, conocer a gente simpática, cantar, quejarse de la música, compartir nuestros discos compactos, tomar vino, conversar con nuestros amigos, hacer las tareas, divertirse, gustarnos la fiesta
3. **Mi profesor/a fue a la playa...** comer en restaurantes caros, hacer excursiones, bucear, tomar el sol, esquiar, relajarse, hacer deporte, conocer al presidente, dar paseos, correr por la playa, jugar naipes, olvidarse de sus clases, ver botes de vela, gustarle el tiempo, quedarse allí un año
4. **Mis padres se fueron al extranjero...** aprender otros idiomas, sacar fotos, escribir y mandar cartas, ver sitios históricos, conocer a gente interesante, despertarse tarde todos los días, dar paseos juntos, enamorarse de nuevo, pensar en mí, mudarse allí hace un mes

Ejercicio B. Survey three classmates to find out when they last did each of the following things. Your classmates will respond with a time expression. Then, summarize their responses, using statements such as the one in the model.

⟹ *Por ejemplo:*
salir con tus amigos

¿Cuándo **saliste** con tus amigos?   **Salí** con ellos **hace tres días**.

Dos alumnos salieron anoche; uno salió hace tres días y otro salió el lunes pasado.

1. llamar a casa   _____ llamó...; _____ llamaron...
2. dar un paseo romántico   _____ dio...; _____ dieron...
3. irse de vacaciones   _____ se fue...; _____ se fueron...
4. ver una película muy buena   _____ vio...; _____ vieron...
5. hacer ejercicio   _____ hizo...; _____ hicieron...
6. pelearse con un amigo   _____ se peleó...; _____ se pelearon...
7. comer en un restaurante   _____ comió...; _____ comieron...
8. escribir una composición   _____ escribió...; _____ escribieron...
9. quejarse de una clase   _____ se quejó...; _____ se quejaron...
10. gustarle(s) una clase   a _____ le gustó...; a _____ les gustó...

Práctica de la gramática

Estrategias

In this section you will practice using new verb forms to enumerate past events, make comparisons and contrasts, ask questions and summarize information, using a variety of learning strategies. Skim the activities in this section to identify which strategies you will be using in each. This practice will also help you prepare for the things you will be doing in class.

- Use lists to focus content or organize what you are going to say.
- Take notes to help you summarize.
- Collaborate with others to collect information.
- Personalize learning by using it to express your own thoughts.

A. Un día común y corriente. Exchange information with your partner about how you spent the day yesterday, using models 1–4. Take notes and tell the class similarities and differences in your activities.

1. después de despertarme: Primero, ... Luego, ... Después, ...
2. después de mis clases: Primero, ... Entonces, ... Después, ...
3. por la noche: Primero, ... Luego, ... Después, ...
4. antes de acostarme: Primero, ... Luego, ... Después, ...

B. El otro día no. Di cómo o cuándo haces las siguientes cosas generalmente y después di qué pasó en otro día diferente.

⟶ *Por ejemplo:*
despertarse
Casi siempre **me despierto** a las siete, pero el domingo pasado **me desperté** a las diez.

1. llevarse bien con los profes
2. acostarse
3. pensar en las clases
4. juntarse con amigos
5. hacer ejercicio
6. dormirse
7. quedarse en casa
8. divertirse con amigos
9. dar un paseo
10. ver a los padres

C. Buenos recuerdos.   Use the following questions to interview your partner about what his or her vacations are like in general and then about one vacation that was different. Take notes and report back to the class about your partner.

1. ¿Qué haces para las vacaciones, por lo general? ¿Adónde vas y qué haces?
2. ¿Hiciste algo diferente alguna vez?
3. ¿Adónde fuiste esa vez? ¿Cuánto tiempo pasaste allí?
4. ¿Con quién fuiste? ¿A quién viste o conociste?
5. ¿Qué hiciste allí, exactamente? ¿Qué te gustó más?

D. Lo bueno y lo malo.   Diles a tus compañeros(as) dos cosas buenas y dos malas que te pasaron recientemente.

➤ *Por ejemplo:*

Las malas primero: Mi pareja **se enojó** conmigo y **a** mi profesora no **le gustó** mi composición.

Y ahora, las buenas: **Conocí** a un chico guapo en la cafetería y **resolví** un problema difícil de cálculo.

E. Todos nosotros.   ¿Qué pasó la última vez que tú y tus familiares se juntaron para una celebración? Apunta (*Jot down*) la siguiente información para prepararte y, luego, comparte la historia con la clase.

➤ *Por ejemplo:*

Mi papá cocinó, mi tío compró... y nosotros, los primos, ...

1. Di quiénes asistieron a la fiesta.
2. Di tres cosas que hicieron varias personas.

3. Di tres cosas que hiciste tú.
4. Di dos cosas que hicieron Uds. juntos.

F. ¿Quién lo hizo también?   Write down five things you did last weekend (aside from sleeping). Then, in a group of four classmates, ask who did each thing you did. Report back to the class.

➤ *Por ejemplo:*

Hice tareas desde las dos hasta las diez.

Al grupo: ¿Hicieron tareas desde las dos hasta las diez?

A la clase: ... y yo hicimos tareas toda la tarde.

Visión Visión Visión

¡Feliz santo!

En la cultura hispana, se celebra el día del santo que corresponde al nombre de una persona. Por ejemplo, si un chico se llama Miguel, él puede hacer una fiesta el 29 de septiembre todos los años para celebrar su santo o día del santo. En algunas familias y también según la popularidad del santo, el día del santo es más importante que el cumpleaños. Los santos más celebrados son San Pedro, Pablo, José, Antonio, Juan, Jaime, Julio, Enrique, Manuel, Miguel, Andrés y Santa María, Ana, Isabel, Magdalena, Teresa, Josefina, Pilar, Rosa, Juana, Asunción y Concepción.

A. Busca en este fragmento de un calendario el día de tu santo o el de un/a amigo(a), familiar o compañero(a) de clase y dile la fecha a la clase.

Por ejemplo:
El santo de mi amigo Alex es el 31 de enero y mi santo es el 19 de marzo, porque me llamo Joseph.

ENERO

LUNES	MARTES	MIERCOLES	JUEVES	VIERNES	SABADO	DOMINGO
		1 Año Nuevo	2 Ss.Basilio Gregorio	3 Sta. Genoveva	4 Sta. Yolanda	5 Sta. Emiliana
6 Ss. Melchor, Gaspar,Baltazar	7 San Raimundo de Pañafort	8 S. Luciano	9 Sta. Lucrecia	10 S. Gonzalo	11 San Alejandro	12 S. Julián Sta. Tatiana
13 S. Hilario	14 S. Félix	15 Sta. Raquel	16 S. Marcelo	17 S. Guido	18 Sta. Ximena	19 S. Mario
20 Ss. Sebastián Fabián	21 Sta. Inés	22 Beata Laura Vicuña	23 Sta. Virginia	24 San Francisco de Sales	25 Sta. Elvira	26 Sta. Paula
27 Sta. Angela de Mérici	28 Sto. Tomás de Aquino	29 S. Horacio	30 Sta. Martina	31 Sta. Marcela		

FEBRERO

LUNES	MARTES	MIERCOLES	JUEVES	VIERNES	SABADO	DOMINGO
					1 S. Héctor	2 Presentación del Señor
3 S. Oscar	4 S. Gilberto	5 Sta. Agueda	6 Sta. Doria	7 S. Gastón	8 Sta. Jacqueline	9 S. Reinaldo
10 Sta. Escolástica	11 Ntra. Señora de Lourdes	12 CENIZAS S. Eulalia	13 Sta. Beatriz	14 S. Valentín	15 S. Fausto(ino)	16 S. Samuel
17 S. Alexis	18 Sta. Bernardita S.Eladio	19 S. Alvaro	20 S. Eleuterio	21 S. Severino	22 Sta. Eleonora	23 S. Florencio
24 S. Rubén	25 S. Néstor	26 S. Augusto	27 S. Gabriel Dol.	28 S. Román		

MARZO

LUNES	MARTES	MIERCOLES	JUEVES	VIERNES	SABADO	DOMINGO
					1 S. Rosendo	2 S. Lucio
3 Ss. Emeterio y Celedonio	4 S. Casimiro	5 Sta. Olivia	6 Sta. Elcira	7 Sta. Felicia	8 S. Juan de Dios	9 Sta. Francisca Romana
10 S. Ulises	11 S. Eulogio	12 Sta. Norma	13 Ss. Rodrigo y Salomón	14 Sta. Matilde	15 Sta. Luisa	16 S. Heriberto
17 S. Patricio	18 S. Cirilo	19 S. José	20 Sta. Alejandra	21 Sta. Eugenia	22 Sta. Lea	23 RAMOS
24 Sta. Elba 31 S. Benjamín	25 Anunciación del Señor	26 S. Dimas	27 Jueves Santo S. Ruperto	28 Viernes Santo S.Juan Capistrano	29 Sábado Santo- Ba. Beatriz de Silva	30 Pascua Resurrección S. Amadeo

En el día de tu Santo
CON MUCHO CARIÑO

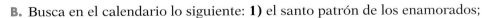

B. Busca en el calendario lo siguiente: **1)** el santo patrón de los enamorados; **2)** la fecha de «Reyes» (los tres Reyes Magos), el día que los hispanos católicos hacen regalos para celebrar el nacimiento del niño Jesús.

GRAMÁTICA 2

Para hablar del pasado: el tiempo pretérito

A. *Spelling changes in the preterit tense*

Some verbs have spelling changes in the preterit tense. These changes are necessary so that the verb is spelled the way it is pronounced.

1. Saying what I did: Spelling changes in the **yo** form

• **-car** → **-qué**, practicar → practi**qué**   In the **yo** form of infinitives ending in **-car**, the **c** changes to **qu** but remains a **c** in all other forms.

buscar	**busqué**, buscaste, buscó...		pescar	**pesqué**, pescaste, pescó...
tocar	**toqué**, tocaste, tocó...		sacar	**saqué**, sacaste, sacó...

   Toqué todas las cintas y **practiqué** todas las palabras del capítulo.

• **-gar** → **-gué**, pagar → pa**gué**   In the **yo** form of infinitives ending in **-gar**, the **g** changes to **gu** but remains a **g** in all other forms.

jugar	**jugué**, jugaste, jugó...	llegar	**llegué**, llegaste, llegó...

   El otro día, **navegué** en barco de vela por primera vez y **llegué** tarde a casa.

• **-zar** → **-cé**, empezar → empe**cé**   In the **yo** form of infinitives ending in **-zar**, the **z** changes to **c** but remains a **z** in all other forms.

organizar	**organicé**, organizaste, organizó...
comenzar	**comencé**, comenzaste, comenzó...

2. Saying what others did: Spelling changes in the **él / ella / Ud.** and **ellos / ellas / Uds.** forms

For the verbs **leer** and **oír**, and for **-uir** verbs like **influir, incluir**, and **construir**, the **él / ella / Ud.** form ends in **-yó** and the **Uds. / ellos / ellas** form ends in **-yeron**. Other persons of the verbs do not change.

leer	leí, leíste, **leyó**, leímos, *leísteis*, **leyeron**
influir (en)	influí, influiste, **influyó**, influimos, *influisteis*, **influyeron**

   Mi mamá **influyó en** mi papá y **construyeron** una casa en el campo.

B. *Stem changes in the preterit tense*

As you learned in Chapter 4, certain **-ir** verbs are stem-changing verbs. Here are some stem-changing **-ir** verbs you've learned so far.

divertirse	despedirse	vestirse	sentirse
reírse	dormir(se)	morirse	conseguir

Only **-ir** verbs have stem changes in the preterit tense.

1. e → i This group has a change from **e** to **i**, but *only* in the **él / ella / Ud.** and **ellos / ellas / Uds.** forms. The following are some examples.

despedirse (de)	divertirse	vestirse	sentirse	reírse	conseguir
me despedí	me divertí	me vestí	me sentí	me reí	conseguí
te despediste	te divertiste	te vestiste	te sentiste	te reíste	conseguiste
se despidió	se divirtió	se vistió	se sintió	se rió	consiguió
nos despedimos	nos divertimos	nos vestimos	nos sentimos	nos reímos	conseguimos
os despedisteis	*os divertisteis*	*os vestisteis*	*os sentisteis*	*os reísteis*	*conseguisteis*
se despidieron	se divirtieron	se vistieron	se sintieron	se rieron	consiguieron

2. o → u Two **-ir** verbs have an **o** to **u** change in the **él / ella / Ud.** and **ellos / ellas / Uds.** forms.

morirse		dormir(se)	
me morí	nos morimos	me dormí	nos dormimos
te moriste	*os moristeis*	te dormiste	*os dormisteis*
se murió	se murieron	se durmió	se durmieron

The verb **morirse** is frequently used to emphasize the expression of sensations and emotions, as you saw in Chapter 4. For example, **casi morirse de terror (frío / calor / alegría / aburrimiento / nervios)**.

Cuando nació mi prima, **mi tío casi se murió de alegría**.

Ejercicio A. Tell what events led up to each of the things that just happened. Follow the model, using the verbs indicated.

➡️ *Por ejemplo:*
Mi primo Jaime acaba de mudarse al campo. (influir en su mujer, construir una casa cerca del lago, despedirse de la ciudad)

Influyó en su mujer, **construyó** una casa cerca del lago y se **despidió** de la ciudad.

1. Acabo de conseguir un puesto. (sacar mi título, organizar mi currículum, practicar para las entrevistas)
2. Los alumnos acaban de graduarse. (leer mucho, no dormir nada, despedirse de los profesores)
3. Mi hermana acaba de casarse. (divertirse mucho en la despedida de soltera, vestirse de blanco, casi morirse de nervios)
4. Acabo de pelearme con mi amiga. (olvidarse de su cumpleaños, buscar un regalo y no encontrar nada, llegar tarde a su fiesta)
5. La novia acaba de recibir un anillo de diamantes. (casi morirse de alegría, sentirse nerviosa, reírse como loca)
6. Acabo de pasar una semana en la playa. (pescar en el mar, navegar en bote de vela, jugar... toda la semana)

Ejercicio B. Ask classmates questions (using **tú** forms) until you find at least *two* people who did each of the following. Summarize responses by completing the statements to the right.

¿Quién...?

1. durmió más de cinco horas anoche   _____ y _____ durmieron más de...
2. no se vistió elegante hoy   _____ y _____ no se vistieron...
3. se sintió frustrado(a) después de una prueba   _____ y _____ se sintieron frustrados...
4. se rió en una clase hoy   _____ y _____ se rieron en...
5. casi se murió de aburrimiento anoche   _____ y _____ casi se murieron de...
6. se divirtió el fin de semana pasado   _____ y _____ se divirtieron...
7. leyó un buen libro recientemente   _____ y _____ leyeron...
8. consiguió un trabajo este año   _____ y _____ consiguieron...

Práctica de la gramática

Estrategias

The activities in this section will help you practice using the preterit tense to enumerate past events, make comparisons, ask questions and summarize information. Skim the activities to identify which of the following strategies are used in each.

- Collaborate with others to collect information.
- Take notes to summarize.
- Associate new learning with previous learning by recombining and paraphrasing.
- Personalize new learning to express your own thoughts.
- Expand your statements with reasons and explanations.

A. ¡Qué va! Use the following phrases to make a joking accusation about one of your classmates. Your classmate will respond that not only is the accusation absurd, but it was *you* who did it. For numbers 4–6, complete the statements with your own ideas.

➡ *Por ejemplo:*

TÚ: Arturo sacó una F en su prueba de gramática.
ARTURO: ¡Qué va! Tú sacaste una F; yo saqué una A.

1. dormirse en el coche anoche   4. conseguir trabajo en...
2. leer el *Enquirer* ayer   5. reírse cuando...
3. pelearse con un profesor   6. divertirse con...

B. La última vez. Interview your partner to find out when was the last time he or she did the following things **(¿Cuánto hace que...?)**. Your partner will respond, giving details when possible. Take notes and report back to the class.

Por ejemplo:

tomar una decisión difícil

TÚ: **¿Cuánto hace que** tomaste una decisión difícil?
TU COMPAÑERO(A): **Tomé** una decisión difícil hace dos semanas. **Decidí** no
                  irme a la Florida con mis amigos.

A la clase: Hace dos semanas, mi compañera **tomó** una decisión difícil.
        Decidió no irse a...

1. resolver un problema familiar
2. leer el periódico
3. divertirse en una prueba
4. dormirse en una clase
5. practicar español en casa
6. reírse como loco(a)
7. conocer a una persona interesante
8. casi morirse de terror
9. casi morirse de alegría
10. llegar tarde a una reunión

C. Casi se murieron de... Completa las frases de una manera imaginativa para decir qué pasó en las siguientes situaciones.

Por ejemplo:

Mi hermano / morirse de enojo

Mi hermano casi se murió de enojo cuando vio a su novia con un chico guapo.

1. Mis padres / morirse de alegría
2. Yo / morirme de frío
3. Mi profesor/a / morirse de pánico
4. Mis amigos y yo / morirse de terror
5. Los alumnos / morirse de aburrimiento
6. Mi amigo / morirse de nervios

D. Entrevista. Your partner will choose one of the following areas of conversation. Ask him or her the questions indicated and report back to the class about what your partner told you.

Fui al cine: ¿Qué película viste? ¿Con quién fuiste? ¿Te divertiste? ¿Te reíste? ¿Cómo te sentiste? ¿Te gustó la película? ¿Qué hiciste después? ¿A qué hora llegaste a casa?

Conseguí un puesto: ¿Qué puesto conseguiste? ¿Cómo (Qué) hiciste? ¿Quién influyó en tu decisión? ¿Cuándo comenzaste el trabajo? ¿Cómo te vestiste el primer día? ¿Cómo te sentiste el primer día? ¿Te quejaste de algo? ¿Trabajaste en equipo el primer día? ¿Te gustó?

Asistí a una celebración: ¿Qué tipo de celebración fue? ¿A quién viste allí? ¿Te divertiste? ¿Qué hiciste? ¿Qué hicieron los otros? ¿Cómo te sentiste? ¿Cuánto tiempo te quedaste allí? ¿A qué hora te despediste de la gente? ¿Te gustó?

E. Todo salió mal.   Write a description of a day (imaginary or real) that didn't go exactly as expected. Tell what you generally do; then say how that day was different. Pay attention to the spelling of past forms.

➡ *Por ejemplo:*

Después de clase, casi siempre juego fútbol con mis amigos. Llego a mi residencia a las cinco o seis de la tarde y entonces comienzo a hacer mis tareas. Pero ese día no jugué con mis amigos, no llegué a casa hasta las nueve de la noche, no comencé mis tareas hasta las diez. Mi pareja influyó en mí y me quedé en el campus para asistir a una reunión del gobierno estudiantil y...

En voz alta

Escucha la conversación y completa lo siguiente. Luego, escribe un párrafo para resumir la información.

1. Se conocieron hace... años en... Rafael la invitó a...
2. Los vio bailar una chica, ... y ella se enojó porque...
3. Después de esa noche, Rafael vio a... sólo... veces.
4. Se casaron hace... Parece que Rafael y su mujer se...

Mi Refranero. En la conversación oíste el siguiente refrán. Escúchalo otra vez y repítelo, tratando de imitar los sonidos.

Manos frías, corazón caliente.   *Cold hands, warm heart.*

Voces del mundo hispano

La familia equilibrada

Según tú, ¿cómo es la familia ideal, bien equilibrada? ¿Qué hacen juntos? ¿Qué actividades haces tú en familia? ¿Qué hiciste tú en familia recientemente?

A. Problemas familiares.   Con otra persona, indiquen los cinco problemas más comunes de una familia estadounidense típica.

_____ Los padres se enojan fácilmente.

_____ Los padres no se llevan bien; se pelean mucho.

_____ Los padres se divorcian y los hijos se preocupan mucho por el futuro.

_____ Los padres pasan demasiado tiempo en el trabajo.

_____ Los padres no ganan mucho sueldo.

_____ Los padres no comparten su tiempo y sus problemas con sus hijos.

_____ Los padres influyen demasiado en las decisiones de sus hijos.

_____ Los familiares no se comunican bien.

_____ La familia no comparte el trabajo (las tareas) de la casa.

B. Mira el artículo.   Con un/a compañero(a), miren los dos primeros párrafos del artículo. Concéntrense sólo en las palabras que saben o que pueden reconocer. Luego, digan qué temas de la actividad A se mencionan aquí.

¿QUÉ DICES, PAPÁ?

Si los padres no tienen tiempo para estar con sus hijos en familia, a esos niños les falta° lo fundamental: el contacto con su progenitor. La comunicación diaria, íntima, es imprescindible, necesaria y absolutamente intransferible. La madre no es la única educadora, también lo es el padre, aunque muchos piensan que esta tarea es solamente femenina.

La mentalidad yuppy que convierte a los padres — y también a más y más madres — en desconocidos para sus hijos, eliminó los sentimientos de culpabilidad° y los cambió por los conceptos de **dedicación cualitativa y dedicación cuantitativa.** Y entonces, un padre dedica sólo diez minutos al día a sus hijos, dice que es un tiempo **cualitativo** y se queda tan feliz. Por el contrario, la amistad, el cariño y la confianza crecen cuando el padre y sus hijos aprovechan el tiempo para jugar un partido de fútbol, hacer montañismo, pintar una pared, tomarse una coca-cola compartida en la cocina, ir de compras al hipermercado o preparar una cena sorpresa. Como dijo el poeta «de estos momentos cotidianos será mañana el material de mis sueños y mis nostalgias».

Ahora veamos qué dicen estos famosos padres.

Miguel Delibes, escritor español

«Todos mis hijos crecieron al aire libre. Los eduqué en la idea de que lo importante en la vida no es escoger una carrera que proporcione° fuertes ingresos° sino que° les haga felices».

Carlos Fuentes, escritor mexicano

«Mis tres hijos, como todos los de su generación, son hijos de la televisión. Pero yo les dije un día: "nada de vivir pegados a la pantalla°". Todos los días nos sentábamos a leer a Dickens. Desde entonces, para ellos, la pantalla es otra fuente° de información, como los periódicos».

Julián Marías, filósofo, ensayista, periodista español

«A mi padre le debo algo fundamental: su rectitud y fuerza de principios. Siempre se tomó las cosas con una gran responsabilidad».

Palomo Linares, torero español

«Más que un gran padre, lo que intento es ser muy amigo de mis hijos. No soy ni muy autoritario ni muy blando. Mi mayor preocupación es que sean buenas personas, hombres de bien».

Julio Caro Baroja, antropólogo español

«Frente a las teorías de los conflictos generacionales y lo que llaman oposición natural entre padres e hijos, reconozco que yo les debo todo a mis padres».

Manuel Hidalgo, crítico de cine

«Mi hijo me hizo descubrir una capacidad de resistencia y de esfuerzo que yo no conocía. Me volví menos egocéntrico. Creo que, en este respecto, los hijos te sacan° lo mejor que tienes en ti».

Palabras útiles

les falta   no tienen
la culpabilidad   *guilt*
proporcione   *provides*
fuertes ingresos
   muchísimo dinero
sino que   *but instead*
la pantalla   la televisión
la fuente   *source*
te sacan   *bring out*

C. ¿Sí o no?   Mira los dos primeros párrafos otra vez. Indica si las siguientes frases son ciertas o falsas, según el artículo. En cada caso, cita la frase del artículo que te dio la información.

1. La educación de los niños no es sólo responsabilidad de la madre.
2. Los años 80 (la época *yuppie*) influyeron en la familia de una manera positiva.
3. Diez minutos de tiempo cualitativo al día es suficiente.
4. Padres e hijos tienen que compartir actividades.
5. Si los hijos van a conocer a sus padres y van a conocerse a sí mismos (*themselves*), padres e hijos tienen que pasar más tiempo juntos.

Mira el segundo párrafo y el resto del artículo, donde se encuentran comentarios de gente famosa sobre el papel de los padres y la educación de sus hijos. No vas a comprender todas las palabras, pero puedes adivinar las palabras desconocidas si usas buenas estrategias. Mientras lees, usa estrategias para conectar las palabras de la izquierda con sus definiciones a la derecha.

apegarse a	seleccionar
culpabilidad	sentimiento entre los amigos
amistad	ética; ser correcto
confianza	estar seguro de otra persona o de uno mismo
rectitud	sentirse responsable por algo negativo
escoger	no separarse de

D. Para resumir.   Lee los comentarios de la segunda parte del artículo y di quién dice lo siguiente.

Lo importante en la vida,...

1. es ser buen amigo y una persona sincera y honrada.
2. son las horas que pasamos con la familia.
3. es sentirse responsable.
4. no es ganar dinero, sino ser feliz.
5. es respetar a los padres.
6. es ser generoso y pensar en los otros.
7. es hacer algo juntos y no mirar la tele solos.
8. es tener buenas relaciones entre padres e hijos.

E. En mi casa.   Piensa en tu propia familia y responde a las siguientes preguntas.

En tu familia,...

1. ¿quién es el(la) educador/a?
2. ¿hay comunicación diaria? ¿De qué forma?
3. ¿ven la tele juntos? ¿Es para entretenimiento o información?
4. ¿son amigos padres e hijos?
5. ¿se sientan a leer juntos a veces?
6. ¿«carrera» significa dinero o felicidad?

F. La dedicación cualitativa.   Completa las frases, según tu parecer.

1. Para mí, «la dedicación cualitativa» significa que el padre (la madre)...
2. Por ejemplo, en mi familia, ...

G. Otro punto de vista.   El artículo «¿Qué dices, papá?» trata de las responsabilidades de los padres, pero ¿qué deberes tienen los hijos? Completa las frases, según tu parecer.

1. Los hijos deben (pueden / tienen que)...
2. Para dedicarle tiempo cualitativo a la familia, los hijos tienen que (deben / pueden)...

H. El material de mis recuerdos y nostalgias.   Relata un evento que recuerdes de tu niñez (un partido de béisbol, una excursión) en el que tú y tus padres (o hermanos, familiares) hicieron algo juntos. Explica por qué este recuerdo tiene mucha importancia en tu vida ahora.

P a r a   e s c r i b i r

Un retrato. In this section, you will approach writing as a process by using strategies for thinking, planning and organizing, elaborating, and editing. You will use strategies to write a tribute to a family member **(abuela, hermano, tío)**. You may choose a living or deceased relative.

A. Pensar.   Think of the people in your family and what they do and have done with you and for you, not only as a regular chore, but on occasion as an extraordinary act of love or support. Choose one person and list the things you see in your mind's eye, using **(1)** nouns and adjectives that describe this person (do not forget to make adjectives masculine or feminine), and **(2)** verbs that describe how this person has influenced you. Use present tense verb forms for things he or she always does with or for you and preterit tense verb forms for special things he or she did with or for you when you were younger.

Por ejemplo:

1. sus cualidades: responsable, generosa, cómica, buena amiga, ...
2. su filosofía y cómo influyó en ti: Para ella, lo más importante es... Vio mi interés en... y...

B. Describir.   Use the lists you made in Activity A to compose a tribute to this person. If you submit this assignment handwritten, double-space your lines.

1. Tell who this person is, what he or she is like and why he or she is important to you. This is your opening statement.
2. Describe how this person influenced you, what this person shares with you, and how you feel when you are with him or her.
3. Describe some things both of you do (or did) together as well as the things you never do (or did) together.
4. Recall one time you spent together. What did you do? What did you learn from the experience?
5. Describe how you plan to use his or her teachings or what you remember more often about this person. This is your closing statement.

⟹ *Por ejemplo:*

Me llevo muy bien con mi prima Anita porque ella es una persona responsable y generosa...

Influyó mucho en mi vida porque...

Con ella puedo compartir... y también... Nunca nos peleamos porque... Cuando estoy con Anita, me siento alegre y optimista porque...

Siempre voy a recordar cuando fuimos a... (conversamos... / jugamos...) y cuando... Ese día dijo... (me enseñó...)

Por eso quiero a Anita. Ese día, yo comprendí que lo más importante en la vida es...

Mis recuerdos de Anita van a ser el material de mis sueños. Lo importante en la familia es...

C. Corregir.   After writing your draft, focus on the correctness of your use of Spanish. Follow these steps to check for correct agreement between nouns and adjectives and correct spelling of verbs in the preterit.

1. Underline all adjectives and make sure that they agree in gender with the person you are describing. Add **muy** or **tan** to give emphasis when desired.
2. Circle all present and past tense verbs and make sure that they are spelled correctly, particularly those that require a spelling change in the preterit. Also make sure that you used accent marks for forms such as **consiguió, vivió, trabajé, ayudó, influyó**.
3. Make sure that you are using the correct endings for each person; otherwise you may confuse your reader.
4. Check your use of **gustar**. Underline forms of **gustar** twice. Look to the right to see the nouns you have used with it. Did you use the article with these nouns? Will it be clear to your reader *to whom* this is pleasing?

D. Leer.   Now that you have checked for grammar, read your composition to see if it flows smoothly. Insert **por eso, es decir, por lo general, por ejemplo** and so on, whenever necessary. Is there a sense of beginning, middle, and end to your tribute? If your answer is yes, ¡**Felicitaciones!**

Mi diccionario

Sustantivos

el/la abuelo(a) grandfather/grandmother

el/la bisabuelo(a) great grandfather/grandmother

la boda wedding

la ciudad city

el cumpleaños birthday

la familia family

el/la hermanastro(a) stepbrother/stepsister

el/la hermano(a) brother/sister

el/la hijo(a) son/daughter

los hijos children

la madrastra stepmother

la madre mother

la madrina godmother

el marido husband

la mujer wife

el/la nieto(a) grandson/granddaughter

el/la novio(a) fiancé/e, boyfriend/girlfriend

el padrastro stepfather

el padre father

los padres parents

el padrino godfather

los parientes relatives

el/la primo(a) cousin

la reunión reunion, meeting

el siglo century

el/la tío(a) uncle/aunt

el/la viudo(a) widower/widow

Adjetivos

cariñoso(a) affectionate

casado(a) married

comprometido(a) engaged

divorciado(a) divorced

enamorado(a) (de) in love (with)

familiar family member

guapo(a) good-looking

materno(a) maternal, mother's

mayor older

menor younger

muerto(a) deceased

paterno(a) paternal, father's

soltero(a) single

único(a) only (child)

Verbos

acabar de + *infinitive* to have just (done something)

casarse con to get married to

comenzar (ie) to begin

compartir historias to share stories

conseguir (i) un puesto to get a job

construir to build

crecer rodeado(a) de... to grow up surrounded by

cumplir... años to turn . . . years old

despedirse (i) de to say good-bye to

estar casado(a) con / divorciado(a) de / enamorado(a) de to be married to/divorced from/in love with

influir (en) to influence, have influence (on)

juntarse to get together

llegar a to arrive at, in

llevarse bien / mal con to get along well/poorly with

morirse (ue) to die

mudarse a (otra ciudad) to move to (another city)

nacer to be born

parecerse a to look like

pelearse (con) to break up with, to have an argument

querer (ie) a to love (someone)

Expresiones de tiempo

anoche last night

anteanoche the night before last

anteayer the day before yesterday

el año / mes pasado last year/month

ayer yesterday

el fin de semana pasado last weekend

el lunes / martes pasado last Monday/Tuesday

el otro día the other day

la semana pasada last week

Otras expresiones

el año dos mil / dos mil uno / dos mil cinco year 2000 / 2001 / 2005

el año mil novecientos... year 19 . . .

hace... años . . . years ago

el siglo XXI 21st century

Los hitos de la vida

El cumpleaños de Lala y Tudi, 1989. Carmen Lomas Garza, estadounidense (chicana).

¿Qué se celebra en este cuadro? ¿Puedes describir la escena? Este capítulo trata de los hitos de la vida, los festejos y las tradiciones familiares y la red familiar en la cultura hispana. ¿Cuáles son los hitos de la vida en tu cultura? ¿Qué recuerdos familiares tienen mucha importancia para ti?

Los recuerdos de Carmen Lomas Garza

Carmen Lomas Garza usa imágenes y recuerdos del pasado para representar el amor profundo que siente por su herencia mexicana, su familia y las costumbres tradicionales de su niñez. En este cuadro, vemos una de las fiestas de cumpleaños que dieron sus padres en el jardín de su casa. Todos sus familiares están allí: su madre, su padre, sus tíos y sus primos. Carmen está en el centro del cuadro con su hermano y la piñata que tratan de romper. En este cuadro podemos ver claramente que todos, grandes y chicos, participan en la gran celebración de un evento familiar.

Metas

En este capítulo vas a aprender a...

describir algunos regalos

describir favores que les hace la gente a otros

comparar cosas, gente, ideas y acciones

hablar del pasado

es de... oro, plata, madera, seda, lana, pp. 175–176

pronombres de complemento indirecto: **me, te, le(s),** *os,* **nos**, p. 180

más / menos + adjetivo + **que**
mejor / peor que; mayor / menor que, p. 184

verbos irregulares del pretérito como **dije, tuve, pude**, p. 188

Vas a saber más de...
la red familiar y su papel en la cultura hispana
los hitos de la vida en la cultura hispana

Visiones del mundo hispano

Las celebraciones

En todas las sociedades, hay días especiales dedicados a ciertos grupos de gente. Mira las invitaciones. ¿Qué días especiales se celebran? ¿Qué días especiales hay en Estados Unidos para celebrar a cierta gente?

Por ejemplo:
Celebramos el Día de la Madre.

COLEGIO DE ABOGADOS DE TUCUMAN

Cena Anual de Camaradería
Viernes 28 de agosto de 1987

CELEBRACION DIA DEL ABOGADO

Salón del Restaurante "El Lago"

——— HORAS 22 ———
VALOR DE LA INVITACION A $20.

N⁰ 332

BODAS DE ORO

1937-1987

Con motivo de sus BODAS DE ORO la comunidad
del Colegio Guillermina L. de Guzmán, te invita a
compartir con alegría fraterna

EL DIA DEL MAESTRO.

Te esperamos el 11 de setiembre a hs. 9:30.
Av. Sáenz Peña 637 - no faltes

> **Estrategias**
>
> The activities in this section will help you become a more effective reader and learner through the following reading and learning strategies. Skim the activities in this section to identify which strategies you will be using in each.
>
> - Use models to practice new learning.
> - Guess from context and cognate clues.
> - Skim for the gist.
> - Scan for specific information.
> - Associate new words with known words and with other new words to form connections.
> - Sort words into groups to show relationships.
> - Use lists and notes to organize your thoughts.

A. Tarjetas y regalos.   Piensa en una de las siguientes ocasiones. ¿Qué recibiste? ¿Quién te mandó una tarjeta (*card*)? ¿Quién te dio o te regaló algo? ¿Qué regalos (*gifts*) te hicieron? Sigue el modelo.

tu graduación	**el Día de los Enamorados**	**tu cumpleaños**
la Navidad	**la Jánuca**	**un aniversario**

Por ejemplo:
Para mi cumpleaños recibí muchos regalos. Mis abuelos **me regalaron** veinte dólares, mis tíos **me llamaron** por teléfono, mi hermana **me mandó** una tarjeta, mi pareja **me dio** flores y mis padres **me hicieron** una fiesta.

B. ¿Qué día es?   Mira el título y la primera frase del artículo de la página 173. ¿De qué ocasión se trata? ¿Qué le diste tú a tu mamá el año pasado?

Por ejemplo:
El año pasado **le** di flores y **le** escribí un poema.

C. A leer.   Con tu compañero(a), lean sólo la primera parte del artículo y contesten las siguientes preguntas. Si encuentran palabras desconocidas, traten de adivinar su significado a través de palabras españolas o inglesas. Por ejemplo: **confundir** (*confound, confuse*); **hogar (hogareño)**.

1. ¿Por qué se preocupan los hijos y esposos en esta época?
2. ¿Qué error pueden cometer cuando seleccionan el regalo?
3. Según el artículo, ¿qué es lo que quiere una madre, en realidad?
4. Según el artículo, ¿qué tipos de «madre» hay?

D. Asociaciones.   Ahora, mira la segunda parte del artículo, donde hay listas de regalos recomendados para diferentes tipos de madres. ¿Cuáles de los regalos mencionados asocias con cada uno de los verbos debajo del artículo?

EL REGALO DE MAMÁ

Cada año, por esta época, los hijos y los esposos andan preocupados, mirando vitrinas° y consultando con los amigos, en busca de una inspiración que los ayude a decidir el regalo que le darán a mamá en su día.

Al final, muchas veces, la inspiración los conduce a confundir los términos *madre* y *hogar*, y el resultado es una olla° a presión o un juego de vasos° que, en realidad, no constituyen un verdadero detalle que la madre disfrute como propio°.

Pero este año, Ud. puede producir un gran cambio; en este día de la madre puede llegar la sorpresa° para ese ser tan querido. Un regalo que la haga sentir diferente, que le recuerde que, ante todo, ella es *mujer*.

La clave° puede ser la espontaneidad. A continuación SEMANA ofrece una lista de posibles regalos para quienes todavía andan indecisos, mirando vitrinas y consultando con los amigos.

MADRE DEPORTISTA
- la matrícula para un gimnasio
- una camiseta° estampada
- un radio portátil
- una bicicleta estática
- un reloj-cronómetro

MADRE EJECUTIVA
- un juego de bolígrafo y pluma
- un perfume para la bolsa°
- un maletín para sus papeles importantes
- un juego de aretes y cadena°
- unos marcos para sus fotos

MADRE MODERNA
- una minifalda° de cuero
- un cuaderno electrónico
- unos jeans a la moda
- un juego de herramientas°
- una suscripción a SEMANA, su revista preferida.

MADRE VIAJERA
- una guía turística de bolsillo°
- una cámara fotográfica con rollos de película
- un juego de maleta y maletín
- un pasaje de ida y vuelta al Caribe (para ella y papá)

MADRE ROMÁNTICA
- una ampliación fotográfica de sus hijos (o nietos)
- una fiesta sorpresa
- una carta de amor y una rosa
- una semana de playa
- un ramo de rosas
- un libro de poesía

MADRE GLOTONA
- una cena preparada por sus hijos
- un libro de recetas° por regiones
- una caja de bombones o chocolates
- una botella de su vino preferido

Palabras útiles

las vitrinas *store windows*
la olla *cooking pot*
el juego de vasos *set of glasses*
disfrute como propio *enjoys as her own*
la sorpresa *surprise*
la clave *el secreto*
la camiseta *T-shirt*
la bolsa *bag, purse*
el juego de aretes y cadena *earrings and necklace set*
la minifalda *miniskirt*
las herramientas *tools*
el bolsillo *pocket*

➡️ *Por ejemplo:*
beber → una botella de vino

1. escribir	**4.** leer	**7.** relajarse	**10.** divertirse
2. escuchar	**5.** cocinar	**8.** mirar	**11.** vestirse
3. reparar	**6.** comer	**9.** hacer ejercicio	**12.** enamorarse

E. De tiendas. Con un/a compañero(a), busquen las siguientes palabras en el artículo. Luego, digan qué otras cosas del mismo tipo se pueden regalar o comprar.

➡️ *Por ejemplo:*
Un juego de vasos, platos...

1. un juego de...	**5.** un ramo de...	**9.** un/a... sorpresa
2. una suscripción a...	**6.** una botella de...	**10.** una caja de...
3. un libro de...	**7.** un/a... de bolsillo	**11.** la matrícula para...
4. un pasaje a...	**8.** una colección de...	**12.** una semana de (en)...

F. ¿Cómo es tu mamá? Piensa en tu mamá y de qué grupo de madres es. Luego describe qué cosas le puedes regalar, según sus características.

➡️ *Por ejemplo:*
Mi mamá es romántica y sentimental. A ella le gusta/n... **Le** puedo regalar...

Adaptado de "El regalo de mamá", *Semana* (3 de mayo de 1988), 98–100.

VOZ VOZ VOZ VOZ VOZ VOZ

Los hitos de la vida

Para llevarse bien con gente de otras culturas, es importante saber qué decir en las ocasiones que son importantes para ellos. Aquí tienes algunas de las expresiones de cortesía que se usan en la cultura hispana.

Ocasión	Qué decir	Qué escribir
Nacimiento	¡Felicitaciones! (¡Felicidades!) Es un/a bebé / un/a niño(a) precioso(a).	¡Que crezca sano(a) y feliz en compañía de sus padres y hermanos!
Bautismo	¡Que Dios lo (la) bendiga!	¡Que Dios lo (la) bendiga y lo (la) proteja!
Cumpleaños	¡Felicitaciones! (¡Felicidades!) ¡Que los cumplas feliz!	¡Que seas muy feliz y que recibas muchos regalos!
Matrimonio	¡Felicitaciones! ¡Vivan los novios!	¡Que sean muy dichosos y que su amor sea cada día más grande y más hermoso!
Muerte	Mi sentido pésame.	Reciba(n) mi más sentido pésame por esta irreparable pérdida. Acompaño a Ud(s). en su pesar desde aquí.

A. Reacciona a las siguientes declaraciones con las frases apropiadas.

1. «Mira, éste es el bebé de mi hermana.»
2. «Ahora puedes saludar a los novios.»
3. «¡Qué pena! Se murió el abuelo de Juan y aquí viene a hablarnos.»
4. «¡Hombre, qué contento estoy! Hoy cumplo 21 años.»
5. «Saluda a mi madre. Hoy está de aniversario de matrimonio.»
6. «Ahora que ya terminó la ceremonia de bautizo, saludemos a los padres y a los padrinos.»

B. Usa las expresiones de cortesía para escribir una nota típica de cumpleaños para un/a amigo(a). Incluye también un mensaje más personal.

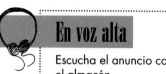

En voz alta

Escucha el anuncio comercial y elige de la siguiente lista los tipos de artículos que ofrece el almacén.

Hay artículos, aparatos y electrodomésticos...

_____ para el hogar	_____ para la oficina	_____ para viajar
_____ para niños	_____ para los mayores	_____ para coches
_____ para hacer comida	_____ para leer	_____ electrónicos

Mi Refranero. Aquí tienes dos refranes populares que expresan el valor y la importancia de tu mamá. Escúchalos y repítelos, tratando de imitar los sonidos.

Amor de madre, que todo lo demás es aire.

De mujer que es madre, nadie nunca mal hable.

V O C A B U L A R I O

Imágenes y palabras

¿Qué le compro a mamá en su día? En las tiendas me dieron consejos.

En la librería (papelería), me dijeron*: «¿Por qué no le dices *felicidades* con...?»

una tarjeta

un juego
de bol grafo y pluma

un marco para fotos

un libro de recetas

En la dulcería me dijeron: «Le puedes llevar...»

En la joyería, me mostraron...**

un pastel

una caja de
chocolates o bombones

un llavero de plata

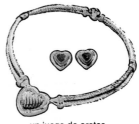
un juego de aretes
y cadena

un reloj de oro

---

*Present tense **yo** forms of **decir** are irregular; **decir** also has stem changes: **decir → digo**, dices, dice, decimos, *decís*, dicen.

****mostrar (ue)**

En la ferretería, me recomendaron*...

electrodomésticos

un juego de herramientas

En el almacén, me trajeron** muchas cosas. Les pregunté: «¿Cuánto cuesta/(n)...?»

las camisas de seda

las bolsas de cuero

el juego de
vasos de cristal

los guantes de lana
y un suéter de lana

las billeteras
de cuero

**Allí todo es tan caro; no puedo pagar tanto.
Por fin me vendieron...**

una cajita de música
de madera

unos rollos
de película

una camiseta
de algodón

***recomendar (ie)**
Present tense **yo forms of **traer** are irregular: **traer** → **traigo**, traes, trae, traemos, *traéis*, traen.

Mi hermano me dijo: «¿Por qué no le enviamos rosas o una planta con...?»

una botella de
su vino preferido

from:<sal@aol.com
to:<eva@aol.com

Te quiero mucho, mamita

un mensaje por correo electrónico

Si le prestamos nuestros discos compactos, le podemos...

enseñar a bailar

dar una fiesta sorpresa

regalar una semana de descanso

Mi papá le regaló a mi mamá...
una cámara fotográfica
un viaje de ida y vuelta a Europa

Si vienen* mis padres para celebrar mi cumpleaños, les voy a pedir...**
una cena en un
restaurante elegante

una maleta de cuero

la llave de un coche nuevo

más cartas y llamadas telefónicas

*Present tense **yo** forms of **venir** are irregular; **venir** also has stem changes: **venir → vengo,**
vienes, viene, venimos, *venís*, vienen.
****pedir (i)**

Práctica del vocabulario

A. Aniversarios.   ¿Qué regalos les puedes dar a las siguientes parejas que van a celebrar su aniversario?

➤ *Por ejemplo:*
Primer aniversario: bodas de papel
Les puedo regalar un libro de poemas.

1. Primer aniversario: bodas de papel
2. Segundo aniversario: bodas de algodón
3. Tercer aniversario: bodas de cuero
4. Cuarto aniversario: bodas de flores
5. Quinto aniversario: bodas de madera
6. Sexto: bodas de dulce
7. Séptimo: bodas de lana
8. Octavo: bodas de cristal
9. Noveno: bodas de objetos de plata
10. Décimo: bodas de joyas de oro

B. Consejos y recomendaciones.   Di qué le muestran o recomiendan los vendedores al cliente que pide lo siguiente.

➤ *Por ejemplo:*
El cliente pide artículos de cuero y **le** muestran (recomiendan) guantes, una billetera y...

1. electrodomésticos
2. artículos de viaje
3. regalos sentimentales
4. regalos para caballero
5. regalos prácticos
6. joyas
7. aparatos electrónicos
8. cajitas
9. regalos caros (no muy caros)

C. ¡No faltan ideas!   **(1)** With a partner, choose one of the following to complete in as many ways as you can. **(2)** Then, individually, use your list to describe three things you will give **(dar)**, send **(enviar)**, or ask for **(pedir)** and explain why, as in the model.

▻ *Por ejemplo:*

(1) Una tarjeta de saludo, cumpleaños, béisbol, crédito...

(2) **Le envío** una tarjeta de saludo a mi papá para... **Le pido** la tarjeta de crédito a mi mamá. **Le doy una tarjeta de béisbol a...**

una caja o cajita de (para)...	un pasaje de ida y vuelta	una botella de...
herramientas para...	a...	consejos sobre...
un electrodoméstico	una caja (colección) de...	un mensaje que
(aparato) para...	una semana en (de)...	dice...

D. ¿Qué hay ahí?   Imagínate todas las cosas que típicamente se encuentran en los siguientes lugares. Usa vocabulario de **Imágenes y palabras** y otras palabras que hayas aprendido.

▻ *Por ejemplo:* En una cocina encuentro ollas, unos vasos, ...

1. en una bolsa o mochila
2. en una fiesta sorpresa
3. en la maleta o el maletín de un viajero
4. en una cajita

5. en una ferretería
6. en una billetera
7. en una tienda de ropa
8. en una papelería

E. ¿Me haces un favorcito?   For each of the following needs, ask a friend to do something for you to help you out. Follow the model, using the present tense of each of the verbs provided only once, according to the context: **decir, enseñar, enviar, llevar, mostrar, prestar, recomendar, traer, vender, venir a visitar**.

▻ *Por ejemplo:*
Quieres recibir un mensaje por correo electrónico.
¿**Me envías** un mensaje, por favor?

1. Quieres un vaso de agua.
2. Quieres aprender a jugar ajedrez.
3. Quieres recibir una carta de tu amigo.
4. Quieres ver las fotos del viaje de tu amigo.
5. Quieres comprar la bici de tu amiga.
6. No conoces los restaurantes de aquí y necesitas ideas.

7. Tienes que pagar tu cena y necesitas cinco dólares.
8. Tienes que ir al aeropuerto y no tienes coche.
9. Tienes que quedarte en casa y estás aburrido(a).
10. Tu amigo está preocupado y no sabes por qué.

F. Artículos y aparatos.   Si no sabemos el nombre de algo que buscamos, tenemos que describir el artículo. Con un/a compañero(a), traten de describir uno de los siguientes artículos sin decir el nombre, contestando algunas de las siguientes preguntas. Sus compañeros pueden adivinar qué es. Miren el modelo de la página 180.

¿De qué material es?	¿Cómo se vende, en	¿En qué tienda hay?
¿Para qué sirve?	juegos, cajas...?	¿Qué tipo de artículo es?
	¿Cuánto cuesta, más o	
	menos?	

Por ejemplo:

una cámara fotográfica

El aparato que busco es de plástico o de metal. Es como una caja. Es para los turistas o gente que quiere recordar eventos. Cuesta más de 100 dólares. Sirve para sacar fotos.

un marco	un reloj	champaña	una receta	un llavero	un vaso
una cadena	una bolsa	un bolígrafo	el correo electrónico	herramientas	un arete

V i s i ó n V i s i ó n V i s i ó n

Pisos y plantas

En varios países hispanos, los pisos de los edificios pueden tener otros números, como en algunos hoteles y edificios grandes de los Estados Unidos. Imagina un edificio; el sistema es así:

décimo piso/**décima** planta		*tenth floor*, may be eleventh in the U.S.
noveno piso/**novena** planta		*ninth floor*, may be tenth in the U.S.
octavo piso/**octava** planta		*eighth floor*, may be ninth in the U.S.
séptimo piso/**séptima** planta		*seventh floor*, may be eighth in the U.S.
sexto piso/**sexta** planta		*sixth floor*, may be seventh in the U.S.
quinto piso/**quinta** planta		*fifth floor*, may be sixth in the U.S.
cuarto piso/**cuarta** planta		*fourth floor*, may be fifth in the U.S.
tercer piso/**tercera** planta		*third floor*, may be fourth in the U.S.
segundo piso/**segunda** planta		*second floor*, two flights up from ground floor, may be third floor in the U.S.
primer piso/**primera** planta		*first floor*, one flight up from ground floor, may be second floor in the U.S.
piso **bajo** /planta **baja**		*ground floor*, may be first floor in the U.S.
sótano		*basement*

G R A M Á T I C A 1

Para expresar favores y atenciones: los pronombres de complemento indirecto

In some of the activities in this chapter, you used the indirect object pronoun **me** (*me*) to say what people do for you. You also used the pronouns **le** and **les** to say what you do for others.

Mis hermanos siempre **me** dan discos compactos para mi cumpleaños.

A los novios **les** voy a regalar un pasaje de ida y vuelta al Caribe.

Indirect object pronouns answer the questions *to whom* or *for whom* something is done. Notice in the chart that these are the same pronouns you used with the verb **gustar** to indicate to whom something is pleasing.

a mí	**me**	**a nosotros(as)**	**nos**
a ti	**te**	*a vosotros(as)*	*os*
a él / a ella / a Ud.	**le**	**a ellos / a ellas / a Uds.**	**les**

1. Indirect object pronouns are placed *before* a conjugated verb to indicate to or for whom an action is done.

(to) me	Mi hermano **me** dijo «felicidades».
(to) you	¿**Te** dieron buenos consejos tus padres?
(for) us	Los padrinos **nos** pagaron la matrícula.

To talk about things done for another person or to address someone formally, use **le**.

(to) him/her	Al abuelo **le** escribo cada dos semanas. A mi tía casi nunca **le** escribo.
(to) you	¿Sus familiares también **le** enviaron tarjetas **a Ud**.?

To describe favors done for several people, or to address more than one person, use **les**.

(to) all of you	—¿Nos vas a decir la verdad? —Claro, siempre **les** digo la verdad **a Uds**.
(to) them	—Y a tus padres, ¿qué **les** dijiste?

2. In addition to the pronouns **me, te, le(s), nos,** *os,* the person to whom the pronoun refers may be clarified or emphasized using a phrase with **a**. These clarifications may go at the beginning or end of the verb phrase.

a. To clarify to whom **le** or **les** refers

A mi abuelo todo el mundo **le** pregunta sobre su vida.

Todos **le** piden favores **a mi mamá**, porque ella es muy amable.

b. To provide emphasis or contrast

A mi hermano le dieron 50 dólares, pero **a mí** me regalaron un reloj.

*They gave **him** $50, but they gave **me** a watch.*

3. When you use phrases that include a conjugated verb and an infinitive (as in **puedo recomendar, voy a preguntar, tengo que enviar**), you have the following two options.

a. You may put the pronoun *before* the conjugated verb.

Te tengo que pedir un favor, ¿**me** puedes prestar tus discos compactos?

b. You may attach the pronoun to the *infinitive*.

Tengo que **pedirte** un favor, ¿puedes **prestarme** unos discos compactos?

4. Indirect object pronouns are used much more frequently in Spanish than in English. They *must* be used when someone is receiving the action. Notice the difference between Spanish and English. In Spanish, even though the indirect object is named, a pronoun is still used.

¿Le escribiste **a tu mamá?**	*Did you write **to your mother**?*
Les pedí los apuntes **a mis amigos.**	*I asked **my friends** for the class notes.*

5. Some verbs are regularly used with indirect object pronouns because they imply a receiver or listener. Use indirect object pronouns with the following verbs.

dar	**decir**	**contestar**	**traer**	**enseñar**
enviar	**pedir**	**escribir**	**regalar**	**mostrar**
mandar	**preguntar**	**llevar**	**prestar**	

Ejercicio. For each of the following activities, say who does them for you sometimes. Then, say for whom you do them sometimes.

⟶ *Por ejemplo:*

enseñar algo → Mis amigos **me** enseñan matemáticas **a mí.** Yo **les** enseño ajedrez **a mis hermanos.**

1. cocinar	**4.** enseñar algo	**7.** dar consejos
2. enviar cartas	**5.** resolver problemas	**8.** prestar ropa
3. decir «no»	**6.** comprar ropa	**9.** recomendar clases

Práctica de la gramática

Estrategias

The activities in this section will help you practice using indirect object pronouns to express your thoughts through the following learning and communication strategies. Skim the activities to identify which strategies are used in each.

- Use models and lists to plan conversation.
- Personalize new learning to express your own thoughts.
- Collaborate with others to rehearse and exchange ideas.
- Invest in your learning through problem solving.

A. Hoy por ti, mañana por mí.   List three things you don't know how to do, but would like to learn. Then, list three things you do very well. Your goals are **(1)** to find at least one classmate who can teach you the things you don't know how to do, and **(2)** to find at least one classmate who wants to learn to do the things you do well. Report back to the class as in the model.

➠ *Por ejemplo:*

¿**Me** puedes enseñar a bucear?
Yo programo computadoras. ¿Quieres aprender a programar?

A la clase: Jason y Lisa **me** van a enseñar a bucear. **A Bill le** puedo enseñar
a programar.

B. Buenas relaciones. Elige a un/a familiar o amigo(a) y di lo siguiente con
relación a él (ella).

1. una cosa que le envías a veces
2. una cosa que le pediste
3. una pregunta que quieres hacerle
4. una cosa que tienes que decirle
5. un favor que acabas de hacerle
6. una cosa que quieres mostrarle
7. algo que le puedes enseñar
8. una cosa que le regalaste

C. Recíprocamente. Con un/a compañero(a), prepárense para decirle al
profesor (a la profesora) **(1)** tres cosas que él (ella) hace por Uds. y **(2)** tres
cosas que ustedes, los alumnos, hacen por él (ella).

➠ *Por ejemplo:*

Usted **nos muestra** cómo escribir los verbos cuando...
Nosotros **le prestamos** mucha atención porque...

D. Un buen arreglo lo hace todo. Escribe una lista de tres cosas que tienes
que hacer y dale la lista a tu compañero(a). Después, digan cómo pueden
ayudarse mutuamente.

➠ *Por ejemplo:*

TÚ:	llevar los libros a la biblioteca, estudiar cálculo
TU COMPAÑERO(A):	reparar el coche, limpiar mi habitación
TÚ:	Si tú me llevas los libros a la biblioteca, yo te reparo el coche.
TU COMPAÑERO(A):	Si tú me limpias la habitación, yo te enseño cálculo.

V i s i ó n V i s i ó n V i s i ó n

¿Mujer, esposa o ama de casa?

El artículo de la página 173 indica que a veces nos cuesta mucho separar los términos
madre y **hogar**. ¿Qué piensas tú? La revista *Tú* les hizo la siguiente pregunta a sus
lectores: «En el matrimonio, ¿la esposa deja de ser° mujer para convertirse en ama de
casa?» Aquí tienes algunas de las respuestas de hombres y mujeres.

Palabras útiles
deja de ser *stops being*

Mi esposa es una excelente ama de casa pero, cuando termina sus tareas domésticas, está tan agotada que no tiene tiempo ni para arreglarse... Por eso, me pregunto «¿para qué me casé?» Nuestra relación era más estimulante cuando éramos novios.

Juan Alberto Castro, Venezuela

Mi esposa no trabaja, es simplemente ama de casa. Todo lo tiene en perfecto orden... El secreto está en su organización, que le permite darse tiempo para el hogar y para mí.

Esteban Sandino, México

Atender a la familia y cuidar el hogar es una labor bella en una mujer. Mi hermano está casado y su esposa es la más desordenada que existe en el mundo. ¿Son felices? Hasta el momento sí, pero mi hermano me dijo que a él no le gusta llegar a su casa y entrar en un cuarto donde el ambiente es incómodo. Hay que darse tiempo para todo.

Mónica V., México

Las labores del hogar se comparten. Eso permite a los casados tener más tiempo para divertirse juntos.

Luisa Peralta, Honduras

No estoy casado, pero espero encontrar una mujer que sea todo para mí: esposa, amiga, compañera, amante y ama de casa. Si ella se limita a ser sólo esto último, me sentiré frustrado toda la vida.

Marco Tellar, Venezuela

_____

"Mujer vs. esposa", *Tú internacional*, Año 9, N°7 (julio de 1988), 91.

A. Con otra persona, elijan uno de los comentarios y preparen una respuesta para enviarle a la revista.

B. Los expertos dicen que la clave de las buenas relaciones matrimoniales es el equilibrio. Para ti, ¿qué significa «guardar el equilibrio» en el matrimonio? ¿Qué hacen los esposos para ayudarse el uno al otro? ¿Qué vas a hacer tú para ayudar a tu marido o mujer algún día?

G R A M Á T I C A 2

Para hacer comparaciones

An important aspect of description is the use of techniques to compare and contrast, and to intensify or emphasize. In Chapter 5, for example, you learned the adjectives **mayor** and **menor** to refer to ages. Notice how these adjectives are used to make comparisons.

Mi mamá es **mayor que** mi papá. Mi tío también es **menor que** mi tía.

Here is a summary of some other ways to make comparisons.

A. *To compare and contrast **quality**, using nouns and verbs*

To compare nouns in terms of good and bad, or verbs in terms of well or poorly, use **mejor (que)** and **peor (que)** with objects, ideas, people, and actions.

1. Bueno–mejor and **malo–peor.** The following examples show how **mejor** (*better*) and **peor** (*worse*) are used with nouns to express how good something is. Notice that nouns and descriptors (adjectives, articles) must agree, and that the word **que** is necessary as a connector when the two objects being compared are placed side by side.

Éste es un **buen** reloj, señor, pero ese reloj de oro es **mejor**.

El reloj de oro es **mejor que** el (reloj) de plata.

Una **buena** idea es pensar en los intereses de tu mamá. Para ella, una calculadora es **mejor que** un juego de vasos.

Las tiendas de regalos de aquí son muy **buenas**. Son **mejores que** las (tiendas) de mi ciudad.

To express *best* or *worst*, simply use the article with **mejor** or **peor**.

Ésta es **la mejor** joyería de la ciudad o, al menos, es una de **las mejores**.

De todas las cajitas, ésta es **la peor**. El material es muy malo.

2. Bien–mejor and **mal–peor.** The following examples show how **mejor** and **peor** are used with verbs to compare *how well* something is done.

well	*better*
Mi mamá baila **bien**,	pero canta **mejor**.
Patino bastante **bien**,	pero mi hermana patina **mejor que** yo.

poorly	*worse*
Entiendo **mal**,	pero escribo **peor**.
Mi marido se organiza muy **mal**.	Se organiza **peor que** yo.

B. *To compare and contrast **quantity** with nouns and verbs*

1. The expressions **más (que)** (*more* [*than*]) and **menos (que)** (*less, fewer* [*than*]) are used with nouns and verbs to make comparisons.

Hay **más** variedad de herramientas en las ferreterías **que** en los almacenes, pero en las ferreterías las herramientas cuestan **más**.

En mi casa hay **menos** problemas **que** en la casa de mi novio, porque en la casa de mi novio hay **más** gente.

2. When followed by *numbers*, **de** is used instead of **que**.

¡Este marco cuesta **más de** 100 dólares!   *This frame costs more than $100!*
¿No tiene uno a **menos de** 50 dólares?   *Don't you have one for less than $50?*

C. *To compare and contrast with adjectives*

Use **más** + *adjective* (+ **que**) and **menos** + *adjective* (+ **que**) to make comparisons using adjectives. Remember that adjectives must always agree with the nouns they modify.

En mi familia, los aniversarios de matrimonio son **menos importantes que** los cumpleaños.
Soy **más gastador que** mi papá, pero mi hermano mayor es **más económico**.

D. *To give emphasis to quantity or quality*

1. To stress quantity with nouns and verbs, use the word **tanto(a/os/as)** (*so much, so many*). This word may be used as an adjective with nouns or as an adverb with verbs. When used as an adjective, it must agree with the noun it describes.

En este almacén siempre hay **tanta** gente.   *In this store, there are always so many people.*
Recibieron **tantos** regalos para sus santos.   *They got so many gifts for their saints' days.*
Quiero **tanto** a mi abuelita.   *I love my grandmother so much.*

2. To intensify an adjective, use the word **tan** (*so*).

Mi hermano es **tan** perezoso.   *My brother is **so** lazy.*
Mi abuelita es **tan** generosa.   *My grandmother is **so** generous.*

Ejercicio. En cada caso, indica un lugar no muy lejos de tu universidad que corresponda a la descripción.

➧ *Por ejemplo:*
Las colas más largas se encuentran en la librería del centro estudiantil.

1. Los regalos más estupendos se encuentran en...
2. Los dependientes más amables trabajan en...
3. La tienda más cara de la ciudad se llama...
4. La mejor ropa se compra en...
5. Se paga menos por el almuerzo en...
6. Es fácil gastar más de 50 dólares en...
7. La peor comida se encuentra en...
8. Los meseros (*waiters*) trabajan menos en...
9. Los adultos se divierten más en...
10. Los jóvenes lo pasan mejor en...

Práctica de la gramática

A. ¡Estoy harto(a)!　Usa formas de **tanto** para completar las siguientes frases. Recuerda que **tanto(a/os/as)** es adjetivo.

➠ *Por ejemplo:*
Estoy harta de tantos exámenes.

1. Estoy harto(a) de...
2. Mis profesores me piden...
3. No puedo aprender...
4. En mi casa hay...
5. En el Día de la Madre hay...
6. En esta ciudad hay...
7. En los almacenes hay...
8. Para mi cumpleaños me dieron...

B. De la misma familia pero...　Compárate con un/a familiar explicando qué tienen en común y qué tienen de diferente en cuanto a la edad, las características físicas, la personalidad y las actividades.

➠ *Por ejemplo:*
Me parezco mucho a mi mamá porque las dos somos bajas. Pero yo soy **menor**, claro. Soy **más alta que** ella y tengo el pelo **menos oscuro**. Yo soy **menos sociable**, pero ella es **más trabajadora que** yo. También canta **mejor que** yo, pero yo soy **mejor** para trabajar en la computadora.

C. Buenos consumidores.　Choose one of the following pairs and indicate **(1)** what they have in common, **(2)** which is better, and **(3)** the good and bad points of each. If you don't know the exact words you want to use, try to express the idea in a different way.

➠ *Por ejemplo:*
las herramientas de una ferretería / las de un almacén

Las dos tiendas venden **buenas** herramientas, pero las de la ferretería son **mejores**. En las ferreterías encontramos **más selección** y **mejor calidad que** en los almacenes, pero en los almacenes las herramientas muchas veces **cuestan menos que** en las ferreterías.

una camisa de seda / una de algodón　　　　guantes de lana / de cuero
un mensaje de correo electrónico / una llamada telefónica

D. Guía turística.   Con un/a compañero(a), identifiquen los siguientes lugares para los turistas que visitan su ciudad. Luego, seleccionen dos lugares y explíquenle a la clase las diferencias y semejanzas entre ellos.

1. el peor restaurante / el mejor restaurante
2. el peor almacén / el mejor almacén
3. la peor tienda de ropa / la mejor tienda de ropa
4. una discoteca mala / una discoteca que te gusta tanto

E. ¡Viva la diferencia!   Con un/a compañero(a), escojan una de las siguientes parejas de personas y compárenlas.

las chicas y los chicos	los menores y los	los artistas y los científicos
los padres y los hijos	mayores	los profesores y los
	los jefes y los empleados	alumnos

G R A M Á T I C A 3

Para hablar del pasado: el tiempo pretérito de algunos verbos irregulares

In Chapter 5, you practiced narrating past events by using preterit verb endings. You also used some verbs that are irregular in the preterit tense: **ir, ser, dar, hacer**.

1. Here are some other **-er** and **-ir** verbs that are irregular. Notice the similarities between **traer** and **decir, estar** and **tener, saber** and **poder**. Notice also that, with the exception of the **ellos / ellas / Uds.** forms of **traer** and **decir (-jeron)**, all of these irregular verbs have the same endings.

traer	**decir**	**estar**	**tener**
traje	dije	estuve	tuve
trajiste	dijiste	estuviste	tuviste
trajo	dijo	estuvo	tuvo
trajimos	dijimos	estuvimos	tuvimos
trajisteis	*dijisteis*	*estuvisteis*	*tuvisteis*
trajeron	dijeron	estuvieron	tuvieron

poder	**saber**	**querer**	**venir**
pude	supe	quise	vine
pudiste	supiste	quisiste	viniste
pudo	supo	quiso	vino
pudimos	supimos	quisimos	vinimos
pudisteis	*supisteis*	*quisisteis*	*vinisteis*
pudieron	supieron	quisieron	vinieron

2. In addition to their literal meanings, the verbs **poder, querer, tener**, and **saber** may also acquire a slightly different meaning when used in the preterit tense. Study the following examples.

Supe todos los problemas de mi prueba de esta mañana.

I figured out all the problems for my test this morning.

Supieron que mañana traen los regalos del almacén.

They found out that the gifts are arriving from the store tomorrow.

No **quiso** comprarle la camisa de seda porque es muy cara.

She refused to buy him the silk shirt because it is very expensive.

Quiso encontrarle una camisa de algodón.

She tried to find him a cotton shirt.

No **pude** encontrar las flores que le gustan a mamá.

*I couldn't find (**did not succeed in** finding) the flowers my mother likes.*

Ayer **tuve** carta de mi pareja, pero no **tuve** tiempo de escribirle.

*I had (I got) a letter from my boyfriend/girlfriend yesterday but **I didn't have (didn't get)** time to write him/her.*

To summarize, here are some of the possible meanings conveyed by these verbs in the preterit tense. Only the **yo** forms are modeled here.

supe	*I learned, found out, figured out*	**pude**	*I was able to, succeeded in*
quise	*I wanted, tried*	**tuve**	*I had, got, received*
no quise	*I refused*		

Ejercicio. Completa el siguiente diálogo entre Juan and Juana, según el contexto. Usa la forma apropiada de los verbos indicados en el tiempo pretérito. Algunos verbos se pueden usar más de una vez.

decir	hacer	querer	saber	traer
estar	ir	poder	tener	venir

JUAN: _____ **(1)** hablarte anoche, Juana, pero, cuando nadie contestó el teléfono a las once de la noche, _____ **(2)** «¿qué le pasa a Juana, que no me contesta?»

JUANA: Ah, Juan, es que ayer _____ **(3)** a visitarme papá y mamá y _____ **(4)** que salir con ellos a buscar un regalo para mi abuela. No _____ **(5)** llamarte porque nosotros _____ **(6)** que irnos rápido a la tienda. ¡No _____ **(7)** abandonar a mis padres en una ciudad desconocida!

JUAN: Pero ayer por la mañana cuando te pregunté por tus planes, no me _____ **(8)** nada de la visita de tus padres.

JUANA: Pues, sólo _____ **(9)** de su visita cuando me llamaron a la una.

JUAN: ¿Adónde _____ **(10)** Uds.?

JUANA: Ya te _____ **(11)**, Juan, que _____ **(12)** de compras al almacén Macy's. _____ **(13)** allí dos o tres horas y luego _____ **(14)** a ver una película.

JUAN: Y después, ¿qué _____ (15) Uds? Te llamé a las once... y también llamé a tus padres.

JUANA: Sí, ellos me _____ (16) que llamaste a las once. Juan, ¿quieres venir a cenar? Mis padres me _____ (17) mucha comida y yo tengo algo que contarte. ¿Recuerdas esa semana que yo _____ (18) en Chicago? Pues, allí conocí a un chico...

Práctica de la gramática

Estrategias

The activities in this section will help you practice narrating the past through a variety of learning and communication strategies. Skim the activities in this section to identify which of the following strategies are used in each.

- Use lists, models, and other visual organizers to map out your thoughts.
- Integrate new learning with previous learning.
- Personalize new learning to express your own messages.
- Collaborate with others to share information.

A. No tuve tiempo para nada.   Haz una lista de por lo menos tres cosas que no pudiste hacer la semana pasada. En cada caso, explica qué otra cosa tuviste que hacer.

▶ *Por ejemplo:*

Quise estudiar historia, pero **no pude** porque **tuve que** terminar un proyecto para la clase de química.

B. ¿Cuánto tiempo hace?   Di cuánto tiempo hace que pasaron las siguientes cosas o cuánto tiempo hace que ocurrieron por primera vez. Explica qué pasó.

▶ *Por ejemplo:*

viajar en avión → Hace diez años viajé en avión por primera vez. Mi mamá y yo fuimos a...

enviarte algo → Hace una semana mis padres me enviaron el «cumpleaños feliz» por correo electrónico. Fue una sorpresa estupenda.

Lo que hiciste	Lo que hicieron otros
1. conocer a una persona querida	6. traerte flores
2. decirle algo tonto (*silly*)	7. darte consejos
3. no querer hacer algo	8. enviarte algo
4. saber algo interesante	9. pedirte algo
5. tener noticias de...	10. prestarte algo

C. Acciones y reacciones.   Di qué hiciste tú o qué hizo otra persona que causó las siguientes reacciones de tus amigos, parientes, jefes o profesores. Usa los verbos indicados para crear por lo menos tres frases.

Reacción: enojarse   Acción: pedir

Mi mamá **se enojó** cuando **le pedí** su coche por décima vez.

Me enojé cuando mis amigos **me pidieron** dinero.

Reacciones		Acciones			
enojarse	preocuparse	vestirse	venir	llegar	hacer
sentirse alegre	sentirse enfermo(a)	destruir	pedir	querer	dar
casi morirse de emoción (de alegría)		saber	mostrar	decir	dormir

D. La pura verdad.   Con tu compañero(a), hagan y contesten las siguientes preguntas. Él / Ella te hace las cinco primeras preguntas; tú le haces las otras. Tomen apuntes para resumir sus respuestas.

➡ *Por ejemplo:*

Alguien te escribió una notita. ¿Quién? ¿Qué te dijo?

Mi novio me escribió una notita ayer. Me dijo: «Te quiero».

A la clase: A Joan, su novio le escribió una notita ayer. Le dijo: «Te quiero».

1. Dijiste algo romántico. ¿A quién? ¿Qué le dijiste?

2. Tuviste una pelea. ¿Con quién? ¿Por qué se pelearon?

3. Una persona te dio un ramo de flores. ¿Quién y por qué?

4. Viniste a esta ciudad. ¿Cuándo? ¿De dónde? ¿Por qué?

5. Quisiste ayudar a alguien. ¿A quién? ¿Qué le hiciste?

6. Tus padres te dijeron «gracias». ¿Por qué?

7. Alguien te dijo una mentira. ¿Quién?

8. Supiste algo secreto. ¿Qué? ¿De quién?

9. Estuviste enfermo(a) en cama. ¿Cuándo?

10. Tuviste una entrevista. ¿Con quién? ¿Por qué?

V O Z V O Z V O Z V O Z V O Z V O Z

La red° familiar

En el mundo hispano, muchas veces la familia incluye a todos los familiares, amigos, padrinos, compadres y los familiares de estos últimos que se mantienen en contacto y funcionan como un grupo. La principal función de este grupo es ayudarse a todo nivel, especialmente en las relaciones personales y en los negocios y el trabajo.

Por lo tanto, cuando un hispano percibe que necesita ayuda para conseguir algo, puede pedirle ayuda a un **compadre, a un amigo o un familiar**. Entonces, el familiar busca a una persona que sirva de contacto o **«enchufe»°** con otra persona que pueda solucionar el problema. Es muy importante cultivar amistades en el mundo hispano porque mucho depende de la habilidad con que se usen los enchufes que uno tiene.

Think of an occasion in which someone helped you make the right contacts to get something that you needed, such as a job, scholarship, or an

Palabras útiles

la red *network*
el enchufe *connection*

opportunity. Describe the relationship of the people who helped you and what they did. Sometimes these relationships are quite elaborate.

➡ *Por ejemplo:*

Un amigo de la mamá de la novia de mi primo me consiguió una entrevista en la empresa...

En voz alta

Escucha el anuncio comercial y da ejemplos de los tipos de artículos que ofrece este almacén.

1. artículos para el hogar, como...
2. artículos deportivos, como...
3. artículos para niños, como...

4. artículos para viajar, como...
5. aparatos electrónicos, como...

Mi Refranero. Aquí tienes un refrán popular relacionado con el tema de la familia y de la red familiar. Léelo a ver si estás de acuerdo. Luego, escúchalo y repítelo, tratando de imitar los sonidos.

Amistad fuerte, llega más allá de la muerte.

Voces del mundo hispano

Que en paz descanse

En las culturas hispanas, cuando muere una persona, los familiares, parientes, amigos y conocidos **(los deudos)** publican múltiples anuncios del fallecimiento (*passing*) en los periódicos. ¿Recuerdas lo que les dices a los familiares para expresarles tu condolencia?

A. En Estados Unidos.   ¿Qué se hace en Estados Unidos cuando una persona muere? ¿Quién publica los anuncios en el periódico? ¿Qué información incluyen?

B. Hasta el final.   El estudio de estos anuncios funerarios nos enseña mucho sobre la red familiar hispana. Con un/a compañero(a), miren los anuncios del periódico costarricense **La Nación**. ¿A quiénes se incluye en una red familiar, según estos anuncios? Hagan una lista de todas las personas que expresan condolencias en estos anuncios.

➡ *Por ejemplo:*
hermanos, ...

C. ¿A quién le corresponde?   Para comprender mejor la red familiar hispana, estudia los anuncios con tu compañero(a) y contesta la siguientes preguntas.

1.

MISA DE
PRIMER ANIVERSARIO

en recuerdo de nuestro inolvidable
padre, abuelo y bisabuelo

Miguel Amen Acón

(Miguel Acón León)

Sus hijos: *Bernardo y María Fung de Amen*
              Carlos y Luisa Chen de Amen
              Víctor Julio y Vera Rojas de Acón
              Estéfano e Iria Acón de Arias

nietos y bisnietos invitan a familiares y amigos
al acto de recordación que con motivo de
conmemorarse un año de su partida a la casa
del Señor, se oficiarán el día 13 de junio, a
las 7 p.m., en la iglesia catedral de Alajuela.
Quedaremos sumamente agradecidos por
su asistencia.

2.

Misa De
Primer Aniversario
en recuerdo de nuestro inolvidable

Ofelia Alvarado de Ulloa

Su esposo: Rafael Angel Ulloa Ortega

Sus hijos: *Rodolfo Ulloa Alvarado*
             Ofelia María Ulloa Alvarado de Stockwell
             Rafael Enrique y Sonia Steinworth de Ulloa

Sus nietos, hermanos, sobrinos, primos y
demás familiares, INVITAN a la MISA que
se efectuará hoy domingo 12 de junio, a las
7:00 p.m., en la iglesia de SAN ANTONIO
DE PADUA (frente Clínica Católica) en
Barrio Esquivel Bonilla en Guadalupe.

San José, 12 de junio

3.

El Personal de la División
y la Región de

CocaCola
Interamerican Corporation

lamentan profundamente
el fallecimiento de la señora

Dina María Zúñiga Mora

hermana de nuestra querida compañera
y amiga Sussy Zúñiga Mora,
a quien acompañamos en su dolor.
Hacemos extensivas
nuestras condolencias
a su estimable familia.

San José, junio

4.

ALMACEN CERDAS, S.A.

lamenta con profundo
pesar el deceso del señor

André Reynoard Michel

padre político del señor Ing. Luis Ruenes C.,
Gerente General de Molinos de Costa Rica,
S.A., abuelo de los señores Lic. Luis José
Ruenes R. y Lic. José Eduardo Ruenes R., a
quienes hacemos llegar nuestras condolencias
y se une al dolor que embarga a sus
estimables familias.

Cartago, 13 de junio

1. ¿Quién publicó el primer anuncio? ¿el segundo? ¿el tercero? ¿el cuarto?
2. En los anuncios 3 y 4, explica la relación entre los fallecidos (muertos) y los que publicaron el anuncio.
3. ¿Qué tienen en común los anuncios 1 y 2?

D. Vida y muerte.   Aquí tienes dos estrofas de una elegía que escribió el poeta español Jorge Manrique cuando murió su papá, Rodrigo. En esta obra del siglo XV el poeta nos revela no sólo su visión de la muerte, sino también su concepto de la vida. Lee el poema y busca lo siguiente. Luego piensa: ¿Qué es la muerte para ti?

1. ¿Qué símbolos usa Manrique para representar la vida? ¿la muerte?
2. ¿Qué imágenes emplea el poeta para decir que en la muerte todos somos iguales?

Palabras útiles

señoríos gente importante o de mucho dinero

derechos a se acabar y consumir *straight to their end and consumption*

caudales grandes

allegados *on arriving*

morada sin pesar hogar sin tristeza

tino habilidad

fenecemos morimos

---

3. ¿Por qué es la vida como un viaje, según el poeta? ¿Es difícil este viaje?

4. ¿Cómo es el destino (*destination*)? Según Manrique, ¿qué puede hacer su padre ahora?

Coplas por la muerte de don Rodrigo Manrique

Nuestras vidas son los ríos
que van a dar en la mar,
    que es el morir,
allí van los señoríos°
derechos a se acabar
    y consumir°,
    allí los ríos caudales°,
allí los otros medianos
    y más chicos,
allegados°, son iguales
los que viven por sus manos
    y los ricos.

Este mundo es el camino
para el otro, que es morada
    sin pesar°,
mas cumple tener buen tino°
para andar esta jornada
    sin errar.
    Partimos cuando nacemos,
Andamos mientras vivimos
    y llegamos
al tiempo que fenecemos°,
así que cuando morimos,
    descansamos.

E. Homenaje. Follow the following outline and model to write a brief poem in tribute to a friend or family member who has been very important to you

1. Lines 1–2; two things the person did for you, using **me**.
2. Lines 3–4: two things you did for him or her.
3. Line 5: Use **nos**, **le**, or **les** to summarize your feelings

A mi abuelo
Me ayudaste a crecer.
Me preguntaste, ¿quién quieres ser?
A ti te enseñé a bailar.
Te llamé sólo para hablar.
A todos **les** digo que fuiste mi mejor amigo.

≈ **La red electrónica.** Para aprender más sobre las tradiciones y costumbres familiares del mundo hispano, puedes hacer tu propia búsqueda o encontrar información usando palabras clave como las siguientes. Cuéntale a la clase lo que aprendas.

matrimonio	padrastros	quinceañera	amor
divorcio	boda	celebraciones	cumpleaños
pareja	tradiciones	novios	padrinos

P a r a   e s c r i b i r

Un retrato de la amistad You can write very interesting descriptions of people by making comparisons and contrasts and by emphasizing or enhancing unique features.

A. Hacer una lista.   Think of an old friend, someone who was influential in your life, or who is very important to you. List below the words that best describe this person.

¿Cómo es?	¿Qué sabe hacer bien?	¿Qué hace por ti?
sentimental	Juega ajedrez.	Me habla con calma.
alto	Dibuja.	Me ayuda a pensar.
deportista	Corre.	Me hace sentir bien.
divertido	Escribe poesía.	

B. Comparar.   Now describe another person in the same way. Once you have developed both lists, look for words that you have used to describe both friends. Copy these as in the example, using exes (x) to indicate the relative degree of the characteristics both have in common.

⟹ *Por ejemplo:*

Kevin: deportista x   dibuja xx   me ayuda xxxx
Courtney: deportista xxxx   dibuja x   me ayuda xx

C. Escribir 1.   For each of the shared traits in Activity B, write a statement that expresses the comparison.

⟹ *Por ejemplo:*
Kevin es menos deportista que Courtney. Courtney dibuja mejor que Kevin. Kevin me ayuda más que Courtney.

D. Escribir 2.   Good comparisons show shades of difference and give details and reasons. Notice how each of the following examples improves on the previous one. Expand each of your statements from the previous activity by offering evidence, detailed description, or examples of incidents.

⟹ *Por ejemplo:*

1. Courtney es mejor deportista que Kevin **porque** ella dedica más tiempo a...
2. **Aunque** Kevin es menos deportista que Courtney, el año pasado fue el mejor compañero de su club de ciclismo. **En cambio**, a Courtney le gusta ser siempre la mejor en todo y no tiene tanto interés en sus compañeros.

E. Conectar.   Use the title **"Un retrato de la amistad"** to describe your two friends and your ties to them. Weave your comparisons together with words such as the following.

aunque *although*
como *since, because*
a pesar de que *in spite of the fact that*
en cambio *on the other hand*
con respecto a *regarding*
por ejemplo *for example*

F. Corregir.   After writing your comparison, focus on your accuracy.

1. Underline all adjectives and make sure that they agree in gender with the person you are describing. To draw good comparisons, do not forget to **(a)** add **muy** or **tan, más... que** or **menos... que** to adjectives; **(b)** add **bien / mejor** or **mal / peor** to verbs to indicate how well your friends do something; **(c)** add **bueno / mejor** and **malo / peor** to nouns to describe how good your friends are.

2. Circle all present and past tense verbs and make sure that they are spelled correctly, particularly those that are irregular or require a spelling change in the preterit. Also make sure that you used accent marks for forms such as **me consiguió, me ayudó, trabajó, influyó**.

3. Make sure that you are using the correct endings for each person; otherwise you will confuse your reader.

G. Leer.   Now that you have checked for grammar, read your comparison to see if it flows smoothly. Insert **aunque, a pesar de, por lo general, como,** and so on, whenever necessary. Is there a sense of beginning, middle, and end to your description? If your answer is yes, **¡Felicitaciones, ya terminaste!**

Mi diccionario

Sustantivos
el almacén department store, store
el aparato appliance, device
los aretes earrings
el artículo item, article
el auto car
la billetera wallet
la bolsa (el bolso) handbag
los bombones bonbons
la botella bottle
la cadena chain
la caja box
la cajita (de música / joyas) music/jewelry box
la cámara (máquina) fotográfica camera
la camisa shirt
la camiseta T-shirt
la carta letter
la cena dinner
el chocolate chocolate
el correo mail, post office
la cosa thing, item
el cumpleaños birthday
los electrodomésticos appliances
Europa Europe
la fiesta sorpresa surprise party
los guantes gloves
las herramientas tools
el hogar home
el juego de set of
la llamada (phone) call
la llave lock, key
el llavero key chain
la maleta suitcase
el marco frame (photo, picture)
el mensaje message
el pasaje de ida y vuelta round-trip ticket
el pastel (layer) cake
el piso floor (in a building)
la planta (floor) level; plant

la pluma fountain pen
la receta recipe
el regalo gift
el reloj watch, clock
el rollo roll (of film)
la rosa rose
la semana de descanso / trabajo week off/work week
el suéter sweater
la tarjeta (de crédito / saludo) (credit/greeting) card
el vaso glass (for drinking)
el vino wine

Materiales
el algodón cotton
el cristal crystal, glass
el cuero leather
la lana wool
la madera wood
el oro gold
la plata silver
la seda silk

Tiendas
la dulcería pastry shop
la ferretería hardware store
la joyería jewelry store
la librería bookstore
la papelería stationery store

Números ordinales
primero(a) first
segundo(a) second
tercero(a) third
cuarto(a) fourth
quinto(a) fifth
sexto(a) sixth
séptimo(a) seventh
octavo(a) eighth
noveno(a) ninth
décimo(a) tenth

Adjetivos
caro(a) expensive
electrónico(a) electronic
mejor, el / la mejor better, the best

nuevo(a) new
peor, el / la peor worse, the worst
preferido(a) favorite
tanto(a) so much/many

Verbos
celebrar to celebrate
contestar to answer
costar (ue) to cost
dar consejos to give advice
decir to say, to tell
enseñar a to teach, to show how to
enviar to send, to ship
escribir cartas / notas to write letters, notes
llevar to take, to carry (toward the listener)
mandar to send, to ship
mostrar (ue) to show
pedir (i) to ask for, to request; to order (at restaurant)
preguntar to ask
prestar to loan
recomendar (ie) to recommend
regalar to give a gift
traer to bring (toward the speaker)
vender to sell
venir to come

Otras palabras y expresiones
a pesar de que in spite of
allí (over) there
aunque although
como since, because
¿cuánto cuesta (vale)? how much is it?
en cambio on the other hand
¡Felicidades! Congratulations!
por fin finally
tan so
tanto so much
todo everything

El patio, 1983. Julio Larraz, cubano.

JULIO LARRAZ Y LA NOSTALGIA

Al cubano Julio Larraz le gustaba pintar escenas de memoria. En esta obra, el patio, parte central de la casa tradicional, evoca recuerdos placenteros de su infancia. El patio, luminoso, sereno y tranquilo, es un símbolo frecuente en la poesía hispana también. Según el poeta Jorge Luis Borges, «El patio es la ventana por donde Dios mira las almas (*souls*)». A ti, ¿qué parte de tu casa te evoca recuerdos del pasado?

UNIDAD 4

Recuerdos del pasado

¿QUÉ PARTE DE LA CASA VES EN ESTE CUADRO?

¿QUÉ IMÁGENES EVOCA ESTA ESCENA? EN LOS

CAPÍTULOS 7 Y 8, VAS A TENER LA OPORTUNIDAD

DE DESCRIBIR TUS RECUERDOS DEL PASADO, DE

CUANDO ERAS NIÑO(A). ¿RECUERDAS TU CASA Y

TU VECINDARIO (*NEIGHBORHOOD*), LAS

REUNIONES FAMILIARES, TUS AMIGOS, TU ESCUELA?

PIENSA EN TU NIÑEZ Y HAZ UNA LISTA DE LAS

ACTIVIDADES QUE MÁS TE GUSTABAN EN ESA

ÉPOCA IMPORTANTE DE TU VIDA. ¿SON LAS MISMAS

ACTIVIDADES QUE TE GUSTAN HOY DÍA?

Hogar, dulce hogar

Mae West's Face, Which Can Be Used as a Surrealist Apartment, 1934. Salvador Dalí, español.

En esta pintura surrealista vemos el salón de una casa en un retrato de la famosa actriz, Mae West: los ojos son dos cuadros; la nariz, una chimenea; los labios sirven de sofá y el pelo, de cortinas. ¿Este «apartamento» se parece mucho a tu residencia? En el Capítulo 7, vas a aprender a describir tu residencia actual y la(s) de tu niñez. También vas a pensar en las cosas que tenías que hacer en casa cuando eras niño(a).

Salvador Dalí, ¿genio loco o loco genial?

Algunos de los adjetivos que se usan para describir al famoso pintor catalán, Salvador Dalí, son: irreverente, paranoico, rebelde, blasfemo, visionario, comediante, egocéntrico, excéntrico, extravagante, loco, genio... y, sobre todo, surrealista.

En este capítulo vas a aprender a...

describir casas y cosas y tu niñez

decir lo que tenías que hacer en casa
dar fechas y precios

referirte a personas o cosas ya mencionadas

describir deseos, planes, habilidades y tareas del pasado

habitaciones, muebles y adornos de la casa, pp. 206–207

los quehaceres de la casa, p. 207
números de **100 (cien)** a **1.000.000 (un millón)**, p. 211

pronombres de complemento directo **lo, la, los, las**, p. 212

el tiempo imperfecto de ciertos verbos, p. 215

Vas a saber más de...

algunas casas y cosas del mundo hispano

Visiones del mundo hispano

Casas, casonas y casitas

Para ti, ¿qué imágenes evoca la palabra **hogar**? ¿Dónde se encuentra tu hogar? ¿En la casa, apartamento o residencia donde vives ahora o en casa con tus padres, en la casa de tus abuelos, en la casa de tu niñez? En esta sección, vas a ver cómo se describen las casas y los apartamentos. Mira el anuncio y di para quién es esta urbanización (*housing development*) en la ciudad de Miami. Contesta las preguntas de la página 202 con **sí** o **no**.

¿Es para...?

1. los que buscan el descanso
2. los deportistas
3. las familias grandes
4. los ejecutivos

5. los solteros
6. la gente a quien le gusta nadar
7. la gente a quien le gusta divertirse
8. los que tienen interés en la naturaleza

Estrategias

This section will help you become a more efficient reader and language learner by using a variety of strategies. Skim the activities in this section to identify which of the following strategies are used in each.

- Guess from context and cognate clues.
- Skim for the gist.
- Scan for specific information.
- Sort words into groups to show relationships.
- Associate new words with known words and with other new words to form connections.
- Use models to structure your own expression and practice new learning.
- Collaborate with others to practice new learning in context.

A. Bienes raíces.   Mira los anuncios de la siguiente página y di qué anuncio corresponde a las casas que siguen.

el apartamento colombiano   **la casa costarricense (Bariloche)**
la casa española   **el condominio ecuatoriano (Scorpio)**
la casa mexicana

1. La residencia más grande es... y la más pequeña es...
2. La residencia más lujosa (elegante y cara) es... y la menos lujosa es...
3. La residencia con más terreno (área física) es... y la con menos terreno es...
4. La residencia cerca de la playa es...
5. La residencia más interesante para mí es... porque...

B. Adentro y afuera.   Mira los anuncios otra vez y, con tu compañero(a), haz una lista de cosas que se encuentran **adentro** (*inside*) y **afuera** (*outside*).

Adentro podemos encontrar   **Afuera podemos encontrar**
la cocina   cuadras de caballos

VALLE DE BRAVO
(México): 500.000 dólares

Rancho de 45 hectáreas con cuatro casas, dos almacenes y seis cuadras de caballos en un total de 940 metros cuadrados construidos. Cuenta con una gran variedad de herramientas agrícolas como tractor, sembradoras, equipo de riego por aspersión, empacadora y camioneta *jeep*. Actualmente está dedicado a la siembra de maíz, avena y papas. 52 millones de pesetas. (Sr. Escalera. Apdo. Correos 131, Valle de Bravo, Estado de México. 51200).

Palabras útiles

Apdo. Correos *P.O. box*
los azulejos *floor tiles*
la parcela *lot*
los metros cuadrados
  (m2) *square meters*
la hectárea 10.000 metros
  cuadrados o 2,47 acres

CASA EN CALI

Avenida 5 Calle 29. 231 m2 de lote, 330 m2 de construcción. Frente 10.20 mt y fondo 22.65 mt. 2 plantas. Sala, comedor, estudio, 4 alcobas, terraza, 4 baños, garaje doble, jardines. $120.000.000. Informes teléfono: 6132712, Santafé de Bogotá.

En San Lorenzo de Flores-Heredia, 2km al norte de San Joaquín y rodeada de las más bellas montañas, tenemos su casa con todos los detalles de calidad y elegancia que siempre soñó:

- 3 ó 4 dormitorios
- 2 y 1/2 baños
- Garaje para dos carros
- Amplias zonas verdes con jardines
- Agua caliente con colector solar
- Alarma con sensores infrarrojos

- Cerámica y azulejos italianos
- Techo de shingle americano
- Enchufes polarizados
- Maderas de lujo
- Closets y muebles de cocina completos

¡Venga a conocerlo!

os desde 420 m2 y 190 m2 de construcción.
$103.300 (pagaderos en colones)
amiento con el Banco Nacional
Mutual Heredia

ita, comuníquese por el
5163. Fax: (506) 265-6431
e lunes a domingo
a 5 pm

Bariloche
R·E·S·I·D·E·N·C·I·A·L
Casas de máxima categoría...

12161

Dos Opciones para Un Gran Estilo de Vida
CONDOMINIO SCORPIO

SCORPIO

SALINAS
SECTOR DE SAN LORENZO

- 8 Modernos departamentos con vista al mar.
- Zona residencial.
- En dos y tres dormitorios.
- Parqueo cubierto y bodega.
- Equipados con anaqueles de cocina y closets.
- Acabados de primera.
- Financiación directa y sin intereses

VISITE NUESTRO
PISO MODELO
ATENCION EN OBRA
SABADOS Y DOMINGOS.

TENERIFE: 49 millones

Casa de 380 metros cuadrados en dos plantas. Cinco habitaciones, tres baños, garaje doble, piscina, jardines y terrazas con vistas. (Apdo. Correos 2, Playa Américas-Tenerife Sur.)

C. Asociaciones. Asocia cada palabra de la columna de la izquierda con una acción de la columna de la derecha en la página 204.

➠ *Por ejemplo:*

el patio → El patio **sirve para** estar al aire libre (tener flores).

1. el garaje	dormir
2. la piscina	viajar por terreno difícil
3. la camioneta Jeep	ducharse y lavarse
4. el dormitorio o la alcoba	relajarse y juntarse con los familiares
5. la terraza	nadar
6. el baño	estar al aire libre
7. el salón	estacionar coches
8. el jardín	plantar flores y árboles

D. Se vende o se alquila.   Escribe un anuncio para vender o alquilar la casa, habitación, residencia estudiantil o apartamento donde vives ahora. Usa palabras de los anuncios para dar una descripción completa de sus características (adentro y afuera). Incluye tu teléfono o apartado postal.

➠ *Por ejemplo:*

Se vende (Se alquila) apartamento a... minutos de... **Tiene... Afuera** hay... **Teléfono... Apdo....**

E. Busco vivienda.   Llama por teléfono a un/a compañero(a) que quiere vender o alquilar su apartamento o residencia. Hazle por lo menos tres preguntas sobre las características de la residencia.

➠ *Por ejemplo:*

¿Cuántos dormitorios tiene? ¿Cómo es la cocina? ¿En qué piso está?

VOZ VOZ VOZ VOZ VOZ VOZ

A cada cual lo suyo

Si viajas a distintas partes del mundo hispano, vas a ver y oír muchas diferencias porque cada región del mundo hispano tiene su propia variedad regional o dialecto. Si buscas un apartamento en México o Argentina, por ejemplo, vas a hablar de un **departamento**. En España vas a usar la palabra **piso**. Si quieres que el apartamento tenga piscina, en México vas a preguntar si hay **alberca** y en Argentina vas a usar la palabra **pileta**. No debes tratar de aprender todas las variaciones que existen, pero si visitas un país hispano debes prestar atención a las palabras que se usan en esa región.

A. Mira los anuncios de la página 203 y di en qué país(es) se usan las siguientes palabras para referirse a estas dos habitaciones de la casa.

una habitación para dormir	**un lugar para juntarse con los familiares**
un dormitorio	el estar
una alcoba	la sala
una habitación	el salón

B. ¿Qué imágenes asocias con la palabra **casa**? Como puedes ver, en el mundo hispano la palabra **casa** evoca muchas imágenes diferentes. ¿Cuál de estas casas te gusta más?

San Juan

Mérida, Península de Yucatán

Sevilla

Caracas

En voz alta

A. Escucha el anuncio comercial y toma apuntes. Después, di para qué sirve el anuncio. Recuerda que no tienes que comprenderlo todo para adivinar el mensaje.

_____ vender casas y apartamentos   _____ vender artículos de decoración
_____ alquilar casas y apartamentos   _____ vender habitaciones
_____ dar ideas de decoración   _____ vender servicios de decoración

B. Escucha los precios que se ofrecen y da un artículo para cada uno de los siguientes precios.

1. más de 1.000 (mil) dólares
2. menos de mil dólares
3. 200 (doscientos) dólares
4. la mitad del precio, 50% (cincuenta por ciento)

Mi Refranero. El siguiente refrán popular nos ofrece buenos consejos a los consumidores. Léelo, a ver si estás de acuerdo. Luego, escúchalo y repítelo tratando de imitar los sonidos.

No es oro todo lo que reluce.   *All that glitters is not gold.*

VOCABULARIO

Imágenes y palabras

La casa de mi niñez estaba en...

el campo

Yo creía que era...
pequeña y antigua
grande y moderna
común y corriente

las afueras
de la
ciudad

Era de
madera.

Era de
ladrillo.

Era de
piedra.

Adentro había...

dos
sillones

una
lámpara

una
mesita

una
alfrombra

un
sofá

un salón

un
microondas

una
estufa

un
refrigerador

un
lavaplatos

una cocina con muchos
electrodomésticos

un baño
completo

un comedor

con un retrato
de mis padres
en la pared

un aseo

Abajo había un sótano con...

una secadora
de ropa

una lavadora
de ropa

Tenía que
subir ↗ y ↘ bajar
la escalera
oscura

Allí podía poner*
mis cosas viejas.

Arriba había tres dormitorios. Mi dormitorio era pequeño, pero cómodo. Tenía...

un cartel en la pared

un estante para mis libros

un escritorio

una pequeña ventana

una cama

un armario para guardar mi ropa

una cómoda

Cuando era chico(a), en mi casa siempre había muchos quehaceres. Tenía que...

sacar la basura

sacudir los muebles

pasar la aspiradora

ordenar mi dormitorio

sacar a pasear el perro

lavar y secar los platos

darle comida al gato

hacer las camas

poner la mesa

Afuera había un jardín. Me gustaba...

regar** las plantas

cortar el césped

barrer el patio

---

*Poner is irregular in the **yo** form of the present tense (*pongo*, **pones, pone, ponemos,** *ponéis*, **ponen**) and in all forms of the preterit (**puse, pusiste, puso, pusimos,** *pusisteis*, **pusieron**). Notice the similarities to the preterit of **querer (quise, quisiste, quiso...).**

**regar (ie)

Ahora alquilo un apartamento en un edificio cerca de (lejos de) aquí.

En el ascensor,
subo a mi piso...

y bajo al garaje
donde guardan
los carros

Práctica del vocabulario

Estrategias

To remember new vocabulary and communicate effectively with it, pay attention to the memory and communication strategies you use in this section. Skim the activities to identify which of the following strategies are used in each.

• Associate new words with known words and with other new words.
• Combine new learning with previous learning to form connections.
• Stretch your ability to express yourself through circumlocution.
• Personalize and create with language.
• Use models to guide you in expanding your statements.
• Use lists to organize your thoughts in speaking and writing.

A. ¿Para qué sirve?   Di para qué es cada una de estas cosas.

▸ *Por ejemplo:*
un garaje → Sirve para guardar el coche (el carro).

1. un armario	**4.** una estufa	**7.** una cómoda
2. una aspiradora	**5.** unos electrodomésticos	**8.** un ascensor
3. un escritorio	**6.** un sillón cómodo	**9.** una ventana

B. ¿Dónde lo haces?   Contesta la pregunta **¿dónde?** de una manera detallada para las siguientes actividades.

▸ *Por ejemplo:*
estudiar → Casi siempre estudio en el escritorio de mi dormitorio, pero a veces estudio en la alfombra del salón o en la mesa grande del comedor.

1. preparar la comida	**4.** descansar y pensar	**7.** guardar cosas viejas
2. dormir una siesta	**5.** hablar por teléfono	**8.** lavar la ropa
3. subir y bajar	**6.** sentarse a ver la tele	**9.** divertirse al aire libre

C. ¿Quién lo hizo?   Donde vives tú, ¿quién hizo lo siguiente recientemente? ¿tú? ¿tu compañero(a) de habitación? ¿tus padres? ¿O es que nadie lo hizo?

➠ *Por ejemplo:*
pasar la aspiradora → Yo pasé la aspiradora anoche (hace una semana / ayer / anoche).

1. poner los platos en el lavaplatos
2. quejarse de los quehaceres
3. hablar por teléfono
4. regar las plantas
5. poner algo en la pared
6. ordenar el armario
7. sacudir el estante
8. hacer la cama
9. poner la mesa
10. barrer el suelo de la cocina

D. ¿Dónde lo pones?   For each of the following, use new vocabulary to tell either **(1)** at least two *places* where you can put the object(s); or **(2)** at least two *things* you can put in the places.

➠ *Por ejemplo:*

cosas secretas   **Pongo mis cosas secretas en** el armario, en la cómoda o en mi escritorio.

en la cómoda   **Pongo** mi ropa, mis joyas, mis cajitas secretas y... **en la cómoda**.

1. cosas viejas
2. en la pared
3. afuera
4. la ropa vieja
5. la comida
6. debajo de la cama
7. en el suelo del dormitorio
8. los discos compactos
9. en el garaje

E. Para llegar a un acuerdo.   Escríbele una notita a una persona con quien vives: tu compañero(a) de habitación, tu mamá, tu papá, tu amigo(a). Tienes que sugerirle una división de los quehaceres; incluye por lo menos tres propuestas (*proposals*). Sigue el modelo.

➠ *Por ejemplo:*
Querido(a) compañero(a):

Tenemos que llegar a un acuerdo con respecto a los quehaceres de la casa. Por eso, te propongo el siguiente plan:

1. Si tú nos limpias el refrigerador a menudo, yo pongo la mesa todas las noches.
2. Yo lavo los platos todos los días si tú nos sacas la basura.

F. Recuerdos de mi niñez.   Completa las siguientes frases para hacer una descripción de tu casa y tus quehaceres cuando eras chico(a).

1. Mi casa (apartamento) estaba en... (la ciudad de... / el campo / las afueras de... / cerca de...). Era de...
2. Tenía... (dos dormitorios / un sótano, ...). Pero me sentía más cómodo(a) en...
3. (No) Me gustaba mi dormitorio porque...
4. Afuera había... Cerca de mi casa había...

5. En casa, siempre tenía que... (hacer la cama / sacudir / darle la comida al gato, ...)
6. Cuando era niño(a), me gustaba... (barrer / bajar al sótano y... / jugar afuera / trabajar en el jardín, ...)

G. La casa de mis sueños.   Escribe una descripción detallada de tu casa ideal. Incluye los muebles y cualquier accesorio que te guste o interese.

➡ *Por ejemplo:*
La casa de mis sueños está en... y tiene... Afuera hay... Arriba hay... Abajo hay... En el salón, voy a poner... porque... En mi habitación voy a... Pero en el garaje no voy a...

Visión Visión Visión

¿Cuánto cuesta?
Cada país hispano tiene su propia economía y su propia moneda, por supuesto. La siguiente tabla te da información sobre las monedas que usan algunos países hispanos. Como puedes ver, hay varios países que usan distintos **pesos**. Para representar el peso se usa el símbolo **$** (el mismo símbolo que se usa para el dólar estadounidense).

Las monedas de algunos países hispanos

País	Moneda	Símbolo	Tasa de cambio por cada US$
Argentina	peso	$	1
Chile	peso	$	418
Colombia	peso	$C	1076
Costa Rica	colón	₡	215
Ecuador	sucre	S/.	3885
España	peseta	Ptas.	144
Estados Unidos	dólar	US$ (USD)	
México	nuevo peso	N$	8
Perú	nuevo sol	NS	3
Uruguay	nuevo peso	NU$	9
Venezuela	bolívar	Bs	483

A. Mira los anuncios clasificados y trata de identificar dónde está cada casa o apartamento que se vende, según la moneda que se usa.

¿Está en Chile, Colombia, Costa Rica, España, Estados Unidos, México o Venezuela?

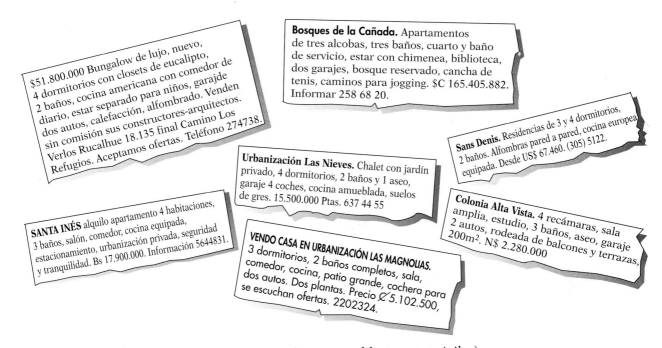

$51.800.000 Bungalow de lujo, nuevo, 4 dormitorios con closets de eucalipto, 2 baños, cocina americana con comedor de diario, estar separado para niños, garaje 2 autos, calefacción, alfombrado. Venden sin comisión sus constructores-arquitectos. Verlos Rucalhue 18.135 final Camino Los Refugios. Aceptamos ofertas. Teléfono 274738.

Bosques de la Cañada. Apartamentos de tres alcobas, tres baños, cuarto y baño de servicio, estar con chimenea, biblioteca, dos garajes, bosque reservado, cancha de tenis, caminos para jogging. $C 165.405.882. Informar 258 68 20.

Sans Denis. Residencias de 3 y 4 dormitorios, 2 baños. Alfombras pared a pared, cocina europea equipada. Desde US$ 67.460. (305) 5122.

Urbanización Las Nieves. Chalet con jardín privado, 4 dormitorios, 2 baños y 1 aseo, garaje 4 coches, cocina amueblada, suelos de gres. 15.500.000 Ptas. 637 44 55

Colonia Alta Vista. 4 recámaras, sala amplia, estudio, 3 baños, aseo, garaje 2 autos, rodeada de balcones y terrazas, 200m². N$ 2.280.000

SANTA INÉS alquilo apartamento 4 habitaciones, 3 baños, salón, comedor, cocina equipada, estacionamiento, urbanización privada, seguridad y tranquilidad. Bs 17.900.000. Información 5644831.

VENDO CASA EN URBANIZACIÓN LAS MAGNOLIAS. 3 dormitorios, 2 baños completos, sala, comedor, cocina, patio grande, cochera para dos autos. Dos plantas. Precio ₡ 5.102.500, se escuchan ofertas. 2202324.

B. Para hablar de casas y otras cosas caras (como muebles y automóviles), hay que usar números grandes. Usa la siguiente tabla para decir cuánto cuestan las casas y los apartamentos de los anuncios.

De cien a un millón	
100 cien	700 setecientos(as)
102 ciento dos	800 ochocientos(as)
200 doscientos(as)	900 novecientos(as)
300 trescientos(as)	1.000 mil (dólares, pesetas)
400 cuatrocientos(as)	500.000 quinientas mil (pesetas)
500 quinientos(as)	1.000.000 un millón (de pesos, bolívares, pesetas)
550 quinientos(as) cincuenta	3.500.000 tres millones quinientos mil (sucres)
600 seiscientos(as)	11.000.000 once millones (de bolívares, sucres)

GRAMÁTICA 1

Para referirse a gente y cosas ya mencionadas: los pronombres de complemento directo

Read the following paragraph aloud. What is wrong with the way it sounds?

Acabo de conseguir un apartamento fantástico. Alquilé el apartamento con mi amigo Diego. Él encontró el apartamento hace un mes y me dijo que tenía que ver el apartamento. El apartamento es viejo, pero van a renovar el apartamento. Los dormitorios son grandes y acaban de pintar los dormitorios. También instalaron ventanas nuevas. Cambiaron las ventanas de estilo tradicional a moderno.

The repetition of **apartamento, dormitorios**, and **ventanas** is not only irritating to the reader but may actually cause confusion in communication. To avoid repetition of these nouns (direct objects), good speakers and writers replace them with direct object pronouns. In the following example, find the direct object pronouns and tell what noun each refers to.

Acabo de conseguir un apartamento fantástico. **Lo** alquilé con mi amigo Diego. Él **lo** encontró hace un mes y me dijo que tenía que ver**lo**. Los dormitorios son grandes y acaban de pintar**los**. También instalaron ventanas nuevas. **Las** cambiaron de estilo tradicional a moderno.

Note that **lo** replaced **apartamento, los** replaced **dormitorios**, and **las** replaced **ventanas**. As the following chart shows, the direct object pronoun you use depends on whether the noun replaced is masculine or feminine, singular or plural.

Use	to refer to
lo	him, it (a masculine noun), or **Ud.** (a male)
la	her, it (a feminine noun), or **Ud.** (a female)
los	them (masculine), or **Uds.** (masculine)
	or to refer to a group of people (mixed males and females)
las	them (feminine) or **Uds.** (feminine)

In addition, the pronouns **me, te, nos** and *os*, which you have already practiced, may serve as both indirect and direct objects.

1. Like indirect object pronouns, direct object pronouns are placed *before* the conjugated verb.

—¿Regaste la planta de tu dormitorio esta mañana?
—No, no **la** regué esta semana, pero **la** voy a regar ahora mismo.

2. Direct object pronouns also may be attached to infinitives.

la voy a regar   voy a regar**la**

3. As you can see in the preceding chart, direct object pronouns can refer to people as well as to things.

—¿Conoces a mi hermana, Teresa?   —Sí, acabo de conocer**la**.
—¿**La** viste en el concierto de anoche?   —Yo no **la** vi, pero mis amigos **la** vieron ayer con su novio, Jorge.

—¿Y conociste a Jorge?   —No, no **lo** conocí; dicen que es muy simpático. Voy a invitar**lo** a mi fiesta para conocer**lo**.

Notice the use of **a** before **mi hermana** and **Jorge** in the preceding examples. This **a** is called the **a personal** and it is used whenever the direct object refers to one or more *persons*. It is omitted when direct objects are replaced by direct object pronouns.

>   Conozco **a** Teresa pero no conozco **a** Jorge. **Lo** voy a conocer este fin de semana.

4. Direct object pronouns are not used after prepositions. After prepositions, use **mí, ti, él, ella, ellos(as), nosotros(as), Ud., Uds**.

>   Me senté en el sofá. → Me senté **en él**.

Ejercicio Contesta las siguientes preguntas según el modelo, usando los pronombres de complemento directo.

➠ *Por ejemplo:*
—¿Limpiaste tu dormitorio?
—Sí, **lo** limpié hace unos días (una semana / un mes).

1. ¿Lavaste los platos?	Sí, los...		**6.** ¿Limpiaste el refrigerador?	Sí,...
2. ¿Ordenaste la cómoda?	Sí, la...		**7.** ¿Resolviste tus problemas?	Sí,...
3. ¿Sacaste la basura?	Sí, la...		**8.** ¿Pusiste la mesa?	Sí,...
4. ¿Cortaste el césped?	Sí, lo...		**9.** ¿Aspiraste las alfombras?	Sí,...
5. ¿Hiciste tu cama?	Sí, la...		**10.** ¿Pintaste las paredes del salón?	Sí,...

Práctica de la gramática

Estrategias

The activities in this section apply the following learning and communication strategies to help you practice using direct object pronouns as they are used in everyday interactions.

- Personalize new learning to express your own thoughts.
- Collaborate with others to exchange information.
- Take notes to organize your thoughts in summarizing and reporting.
- Use models to expand statements with details.

A. La mudanza. Ustedes acaban de mudarse. ¿Dónde pusieron estas cosas el día de la mudanza?

➠ *Por ejemplo:*
la mesita de noche → **La** pusieron en el dormitorio de...

1. el refrigerador grande	**4.** la mesita del teléfono	**7.** la alfombra grande
2. la mesa grande	**5.** el sillón más cómodo	**8.** tu cama
3. el escritorio	**6.** el sofá grande	**9.** la lavadora de ropa

B. Con método. Algunos compañeros(as) de habitación son muy metódicos(as) y les gusta asegurarse de que las cosas se hagan bien. Di qué hiciste en cada caso; incluye el electrodoméstico que usaste, si puedes.

⚫⚫⚫⚫⚫⚫⚫⚫⚫⚫⚡➡ *Por ejemplo:*

EL METÓDICO DICE: ¿Y los vasos sucios?
TÚ DICES: Los lavé en el lavaplatos.

1. ¿Y la ropa sucia?   **6.** ¿Y el perro?
2. ¿Y la cena de tres minutos?   **7.** ¿Y la alfombra?
3. ¿Y la comida que quedó?   **8.** ¿Y las revistas viejas?
4. ¿Y las plantas?   **9.** ¿Y el césped?
5. ¿Y la ropa limpia?

C. Hoy no, pero mañana sí. Pregúntale a tu compañero(a) si hizo lo siguiente. Si lo hizo, tiene que decirte cuándo o a qué hora lo hizo. Si no lo hizo, tiene que decirte cuándo va a hacerlo (o cuándo tiene que hacerlo). Toma apuntes para informarle a la clase.

⚫⚫⚫⚫⚫⚫⚫⚫⚫⚡➡ *Por ejemplo:*
hacer la tarea de física esta mañana

TÚ: ¿Hiciste tu tarea de física esta mañana?
TU COMPAÑERO(A): **Sí, la hice esta mañana a las ocho**, antes de irme a clase.
    No la hice esta mañana. **La voy a hacer** (Voy a hacerla / Tengo que hacerla / La tengo que hacer) antes de clase.

1. sacar la basura esta mañana   **6.** conseguir un puesto este año
2. visitar a tus padres esta semana   **7.** pagar las cuentas esta semana
3. hacer la cama hoy   **8.** lavar el coche hoy
4. barrer el garaje esta mañana   **9.** alquilar un apartamento este año
5. leer el periódico esta mañana   **10.** llamar a los amigos del colegio

D. ¿Lo hicieron Uds.? Infórmale a la clase sobre las siguientes cosas que hiciste. Luego, pregúntales a tus compañeros de clase si las hicieron ellos y si les gustó. Sigue el modelo.

⚫⚫⚫⚫⚫⚫⚫⚫⚡➡ *Por ejemplo:*
una exposición que visitaste
Anoche visité la exposición de... y me gustó mucho. **¿La visitaron Uds? ¿Les gustó?**

1. una película que viste   **4.** un disco compacto que escuchaste
2. un libro que leíste   **5.** un video que alquilaste
3. una clase que tomaste   **6.** un programa que escuchaste

E. Recuerdos del pasado. Nombra *dos* cosas que eran importantes para ti cuando eras chico(a). Luego, di si todavía las tienes o ya no las tienes.

⚫⚫⚫⚫⚫⚫⚫⚡➡ *Por ejemplo:*
Tenía una bicicleta roja, pero ya no **la** tengo.
Mi mamá **la** vendió hace diez años. (Mi hermana todavía **la** tiene).

GRAMÁTICA 2

Para describir condiciones en el pasado: el tiempo imperfecto

In Chapters 5 and 6 you learned to use the preterit tense to relate actions that occurred in the past.

> Mis hermanos y yo **nacimos** en Honduras, pero hace cinco años **nos fuimos** a Chile y **vimos** la nieve de los Andes por primera vez.

Some verbs, however, tend to express *states* or *conditions*, instead of actions.

state of ownership:	**tener**	obligation:	**tener que**
state of being:	**ser, estar**	knowledge:	**saber**
ability:	**poder**	desire:	**querer**
thought/belief:	**creer**	familiarity:	**conocer**
existence:	**hay (haber)**	like/dislike:	**gustar**

In this chapter, you have seen some of these verbs used in another past tense, the *imperfect tense*. The imperfect tense, rather than the preterit tense, is commonly used to describe a state or condition in the past.

> **Tenía 18 años** cuando me mudé. **Quería** vivir sola en la universidad porque me **gustaba** ser independiente. No **podía** cocinar en mi residencia, pero muy cerca **había*** muchos restaurantes.

1. The imperfect tense is formed by replacing the ending of the infinitive with imperfect tense endings.

Replace **-ar** with				Replace **-er** or **-ir** with			
-aba	estaba	**-ábamos**	estábamos	**-ía**	podía	**-íamos**	podíamos
-abas	estabas	*-ábais*	*estábais*	**-ías**	podías	*-íais*	*podíais*
-aba	estaba	**-aban**	estaban	**-ía**	podía	**-ían**	podían

Notice in these endings that the **yo** and **él / ella / Ud.** forms are the same, and that the **tú** form ends in **-s**, the **nosotros(as)** form in **-mos**, and the **ellos / ellas / Uds.** form in **-n**.

> Recuerdo que mi abuelo **sabía** hablar tres idiomas y siempre **tenía que** hacer viajes de negocios a muchos países diferentes. Le **gustaba** viajar pero cuando **estaba** en el extranjero, no **podíamos** verlo.

2. There are only three irregular verbs in the imperfect tense.

ser	**era, eras, era, éramos,** *érais,* **eran**
ir	**iba, ibas, iba, íbamos,** *íbais,* **iban**
ver	**veía, veías, veía, veíamos,** *veíais,* **veían**

***Había**, like its present tense form **hay** (*there is/are*), is used only in the singular form to express *there was* or *there were*.

3. The following are some ways you have used verbs of state in the present tense. Notice how they are used in the imperfect tense to describe the same conditions in the past.

	Presente	Pasado
To give the time	No **es** la una; **son** las dos.	No **era** la una; **eran** las dos.
To describe personality or physical appearance	**Soy** amable y divertido. **Somos** altos y delgados.	**Era** amable y divertido. **Éramos** altos y delgados.
To indicate location of people or places	La casa de mis abuelos **está** lejos de aquí.	La casa de mis abuelos **estaba** lejos de aquí.
To describe moods and feelings	Todos **estamos** contentos. Nadie **está** enojado.	Todos **estábamos** contentos. Nadie **estaba** enojado.
To describe surroundings or express quantities	No **hay** sótano pero **hay** cinco dormitorios.	No **había** sótano pero **había** cinco dormitorios.
To give one's age	**Tengo** veintiún años.	**Tenía** veintiún años.
To express intentions	**Voy** a alquilar un video.	**Iba a** alquilar un video.

Yo **estaba** en casa. **Eran** las cinco y los hijos de mi hermano **iban a** llegar muy pronto. El mayor **tenía** ocho años y **era** muy activo. Siempre **estaba** aburrido cuando no **había** nada que hacer.

4. As you learned in Chapter 6, some verbs of state can convey different meanings when used in the preterit. In the following chart, notice that the preterit of these verbs depicts a *moment or point in time* and the imperfect of these verbs describes a *general state or condition*.

The verb	in the imperfect means	but in the preterit *may* mean
tener	**tenía** (*had*)	**tuve, tuviste, tuvo, tuvimos, *tuvisteis*, tuvieron** (*got, received*)
saber	**sabía** (*knew how*)	**supe, supiste, supo, supimos, *supisteis*, supieron** (*found out*)
querer	**quería** (*wanted, loved*)	**quise, quisiste, quiso, quisimos, *quisisteis*, quisieron** (*tried to*)
	no quería (*didn't want*)	**no quise, no quisiste, no quiso, no quisimos, no *quisisteis*, no quisieron** (*refused to*)
poder	**podía** (*was able/allowed to*)	**pude, pudiste, pudo, pudimos, *pudisteis*, pudieron** (*could, succeeded in*)
hay (haber)	**había** (*there was/were*)	**hubo** (*there was/happened/appeared*)
conocer	**conocía** (*was familiar with/ acquainted with*)	**conocí, conociste, conoció, conocimos, *conocisteis*, conocieron** (*met*)

No **sabía** que mi hermano Carlos **quería** tanto a Andrea. Pero anoche
supe que los dos iban a casarse cuando **tuve** una llamada telefónica de
Carlos. **Quise** decirle que él no la **conocía** bien (la **conoció** hace sólo un
mes), pero Carlos **no quiso** escucharme. No **pude** convencerlo de su
error.

You will learn more about the uses of the imperfect and preterit tenses in
Chapter 8.

Ejercicio. El siguiente cuento es una versión moderna de una fábula antigua.
Complétalo con la forma apropiada de los verbos indicados en el tiempo
imperfecto o el tiempo pretérito, según el contexto. En este cuento, se usa el
pretérito 13 veces. ¿Puedes encontrar todos estos usos?

En el pueblo de Ríos Fuertes todos _____ (**1.** conocer) y _____
(**2.** poder) contar la historia de dos amigos, Flojo Saltamontes y Antonio
Obrero. Flojo _____ (**3.** ser) un joven muy gracioso que siempre
_____ (**4.** estar) de buen humor. Le _____ (**5.** gustar) reírse, dar
fiestas y pasarlo bien todo el día, pero como no _____ (**6.** ser) nada
trabajador, _____ (**7.** tener) que vivir en un coche viejo cerca del río. En
cambio, su amigo Antonio _____ (**8.** saber) pensar en el futuro; _____
 (**9.** ser) muy emprendedor y _____ (**10.** creer) que, con largas horas de
trabajo, algún día _____ (**11.** ir a) poder comprarse la casa que
_____ (**12.** querer).
Después de muchos años de trabajar y ahorrar (*saving*), _____
(**13.** llegar) el momento en que Antonio por fin _____ (**14.** poder)
comprarse la casa de sus sueños.
Mientras tanto, Flojo todavía _____ (**15.** estar) en su coche–casa cerca
del río, donde, por supuesto, no _____ (**16.** haber) ni refrigerador, ni
cama, ni baño. Un día, cuando _____ (**17.** saber) de la casa nueva de su
amigo Antonio, _____ (**18.** tener) una gran idea: ¡ _____ (**19.** ir a)
hacerse su compañero de habitación! Inmediatamente, se fue a hablar con
Antonio, pero al llegar, ¡qué sorpresa _____ (**20.** tener)! Antonio le
_____ (**21.** cerrar) la puerta y no _____ (**22.** querer) hablarle. Flojo,
insistente, le _____ (**23.** decir): —¡Antonio, Antonio! (Yo) _____
(**24.** creer) que tú y yo _____ (**25.** ser) buenos amigos. ¿Recuerdas
cuando tú _____ (**26.** tener) 14 años y no _____ (**27.** poder) salir de
noche? Una noche, yo te _____ (**28.** ayudar) a escapar de casa. Cuando
tú y yo _____ (**29.** estar) en la escuela, una vez yo te _____
(**30.** conseguir) las respuestas de un examen. ¿Recuerdas?
Pero nada. No _____ (**31.** haber) ni una palabra de respuesta y Flojo
_____ (**32.** irse). Al día siguiente, _____ (**33.** haber) una inundación
en el río y se llevó el coche de Flojo. Desde entonces, Antonio no puede
dormir tranquilo.

Práctica de la gramática

> **Estrategias**
>
> The activities in this section will help you practice descriptions, comparisons, and summaries, using the past tenses of verbs. Skim the activities to identify which of the following strategies are used in each.
> - Personalize new learning to express your own messages.
> - Use lists and visual organizers to map out your thoughts.
> - Use models to expand your statements with details.
> - Collaborate with others to exchange information.

A. ¡Ah, qué linda era la vida!   Describe tu vida cuando estabas en la escuela secundaria. Usa el siguiente esquema como guía.

Por ejemplo:
Teníamos siete horas de clase, pero teníamos sólo media hora para almorzar.

1. Las clases eran...   y no eran...
2. Había...   pero no había...
3. Podíamos...   pero no podíamos...
4. Teníamos que...   pero no teníamos que...
5. Los maestros eran...   pero no eran...
6. Yo estaba...   pero no estaba...
7. Siempre íbamos a...   pero no íbamos a...
8. Nos gustaba(n)...   pero no nos gustaba(n) nada...

B. Antes y ahora.   Compara tu vida de ahora con la de hace dos o tres años. Primero usa cada verbo para decir cómo era tu vida antes. Luego, di si **todavía** es así o si **ya no** es así.

Por ejemplo:
ser → **Antes**, mi papá era gerente de una empresa. **Todavía** es gerente pero ahora trabaja en otra empresa. (**Ya no** es gerente. Es dueño de su propia compañía.)

1. gustar   3. tener que   5. poder   7. ser   9. ir a
2. saber   4. creer   6. ver   8. querer   10. conocer

C. Sueños infantiles.   Anota tres cosas que siempre querías hacer cuando eras chico(a). Después, explícale a la clase por qué no podías hacerlas.

Por ejemplo:
salir con amigos
A la clase: Siempre quería salir con amigos por la tarde, pero no podía porque tenía que irme a casa (hacer mis tareas / trabajar).

D. Las cosas cambian. Mira cuánto han cambiado las cosas en estos años. Compara tu niñez con tu juventud con respecto a lo siguiente.

➠ *Por ejemplo:*
el cine → Antes, mis amigos y yo no íbamos a las películas para mayores, pero ahora puedo ver todo lo que me gusta.

1. la ropa
2. el español
3. la televisión
4. la comida
5. los amigos
6. las fiestas
7. los quehaceres de la casa
8. los permisos para salir
9. el trabajo

E. Recientemente. Haz unas frases para contarle a la clase algo de los eventos recientes de tu vida.

➠ *Por ejemplo:*
algo que querías hacer... no pudiste hacerlo

Quería comprar una computadora nueva, pero no **pude** porque no tenía dinero.

1. algo que querías hacer... no pudiste hacerlo
2. algo que no sabías antes... lo supiste recientemente
3. una persona que no conocías antes... la conociste recientemente
4. algo que no querías hacer... tuviste que hacerlo
5. una persona te compró algo... no te gustó
6. algo que ibas a hacer... no lo hiciste
7. quisiste hacer algo... hubo problemas
8. viste algo... no pudiste creerlo
9. querías a una persona... algo pasó
10. querías algo... por fin lo conseguiste

F. ¡Qué lata! Anota tres quehaceres de la casa que tenías que hacer cuando eras chico(a). Luego, usa tu lista para entrevistar a tu compañero(a). Después, explícale a la clase qué cosas hacían los (las) dos y qué cosas hacía sólo uno(a) de Uds.

➠ *Por ejemplo:*
A tu compañero: ¿Tenías que lavar los platos?

A la clase: Los dos **teníamos que** lavar los platos. Yo **tenía que** secarlos también, pero ella no. Ella **tenía que** pasar la aspiradora, pero yo **tenía que** barrer la terraza.

V O Z V O Z V O Z V O Z V O Z V O Z

La casa y la identidad

¿Crees que una casa o un apartamento refleja la identidad de su dueño o habitante? Cuando ves una casa, ¿te preguntas a veces cómo es la gente que vive en ella?

A. ¿Qué tipo de vivienda asocias con la siguiente gente?

1. una señora emprendedora
2. una persona sin trabajo
3. una familia adinerada grande
4. una ejecutiva soltera
5. un matrimonio joven
6. un padre soltero
7. tres amigas jóvenes
8. cuatro universitarios
9. un soltero muy sociable

Palabras útiles

enfiladas *in rows*
los cuadrados *squares*
el alma *soul*
en fila *in rows*
la espalda *back*
he vertido... una lágrima
   I shed a tear

B. Según la poeta argentina, Alfonsina Storni, las casas revelan mucho de la gente. Lee el poema y explica qué símbolos usa para comunicarnos los siguientes temas: la conformidad, la apatía, el terror de no tener identidad.

Cuadrados y ángulos

Casas enfiladas°, casas enfiladas
Casas enfiladas.
Cuadrados°, cuadrados, cuadrados.
Casas enfiladas.
Las gentes ya tienen el alma° cuadrada,
Ideas en fila°
y ángulo en la espalda°.
Yo misma he vertido ayer una
   lágrima°.
Dios mío, cuadrada.*

*Alfonsina Storni, "Cuadrados y ángulos," *El dulce daño*, 1918

C. ¿Se puede ver la conformidad en las casas estadounidenses? ¿Qué aspectos de tu casa reflejan la conformidad y cuáles el individualismo?

En voz alta

A. Escucha el anuncio comercial y da el precio o el descuento para cada uno de los siguientes artículos.

1. camas sencillas
2. estantes
3. mesas y mesitas
4. sofás cómodos
5. lámparas de cristal
6. mesas para el televisor

B. Haz una lista de los muebles y artículos rebajados que se pueden comprar para cada una de las siguientes habitaciones.

la biblioteca   el comedor   el dormitorio   el salón

Mi Refranero. Aquí tienes unos refranes relacionados con la casa. ¿Puedes explicar qué significan? ¿Estás de acuerdo con ellos? Ahora, escúchalos y repítelos, tratando de imitar los sonidos.

Casa con dos puertas, mala es de guardar.   Casa chica, infierno grande.

V o c e s   d e l   m u n d o   h i s p a n o

El bienvivir, el malvivir

Ya sabes hablar de los muebles, los electrodomésticos y los otros accesorios que asocias con una casa bien amueblada. Ahora, imagínate que tienes que sacrificar algunas cosas. Ordena las siguientes cosas del 1 al 9, según su importancia (1 = el / la más importante). Luego, explícale a la clase tus decisiones.

Por ejemplo:

Para mí,... es un lujo. No lo (la) necesito porque... En cambio, ... es esencial y todos lo (la) necesitamos porque... (En cambio, ... son esenciales y todos los (las) necesitamos porque...)

_____ el aire acondicionado   _____ la calefacción   _____ las lámparas
_____ el lavaplatos   _____ el microondas   _____ el televisor
_____ la lavadora de ropa   _____ la estufa   _____ la piscina

En esta sección, vas a conocer a gente que no tiene ninguna de estas cosas. **Son desamparados.** Es decir, viven al margen de la sociedad porque no son tan afortunados como los demás. Mira el cuadro. ¿Cómo es la gente que vas a conocer?

El verano, 1937.
Antonio Ruiz, mexicano.

Estrategias

Apply the strategies you have learned and practiced to comprehend and use the information presented in the article in this section.

- Use titles, pictures, and openers to orient yourself to the theme.
- Skim for the gist.
- Look for cognates and derivatives of Spanish words you know.
- Use lists and outlines to summarize and organize information presented.
- Guess unfamiliar words through the context in which they are used.
- Periodically summarize your comprehension.
- Associate new words with other words.
- Scan for specific information.
- Collaborate with others to express a position or point of view.

A. Piensa en el tema. Mira el título y lee sólo **el primer párrafo**, usando buenas estrategias para adivinar las palabras desconocidas. Ahora que sabes de qué trata este artículo, busca la palabra **malvivir** en este párrafo. Copia palabras y expresiones relacionadas con el tema de **malvivir**. Luego, completa las siguientes frases para describir qué es **malvivir**.

1. Una persona malvive si...
2. Esta gente no puede...
3. La persona vive... y sólo gana... (es decir,... US$).

La ruta de los pobres

Antonio tiene 62 años y busca trabajo; Gabriel ha cumplido los 92 y recoge cartones° cada mañana para ayudar en su casa. Antonio se encuentra entre los dos millones de españoles considerados indigentes y Gabriel malvive, bajo el nivel de pobreza (dispone de menos de 21.000 pesetas al mes). Como ellos, hay más de ocho millones de personas que no pueden vivir con dignidad.

Antonio quería ver a los Reyes Magos el 6 de enero* y, como un niño más, se puso en la fila. De repente escuchó a una señora que le dijo a una amiga: "¡Cuidado°!" El peligro° era él, Antonio, un hombre vestido con ropa vieja, con el pelo un poco largo y con zapatillas°. Las señoras pensaron que quizás él les iba a robar la cartera y se fueron.

Una noticia en el periódico sobre las concentraciones de marginados llevó a Antonio hasta una iglesia del barrio de Entrevías, donde contactó con la Coordinadora de Barrios. La Coordinadora es una de las instituciones que organizó la movilización de marginados.

Llegó a la iglesia a pie°. En el bolsillo, llevaba 40 pesetas y en la cartera, el carné de identidad, un permiso para dormir en un albergue municipal° y la cartilla de beneficiencia. "Llevo 62 años sufriendo pero todavía creo en Dios", dice. "Pensé que era caridad° y vine aquí, pero me encontré con un grupo de gente que trabajaba por los derechos° de los 'sin casa', de los marginados de este país". Trabajó toda la semana para la coordinadora y trató de traer a sus compañeros de albergue a la demostración, pero ellos no quisieron. "Ellos no quieren saber nada de nadie, se acostumbraron a la miseria y al desamparo".

Trabajó como conductor de un camión° durante nueve años y eso es lo que quiere hacer ahora. Pero a su edad nadie le da trabajo y es demasiado joven para jubilarse y recibir una pensión. Y no tiene dirección fija. Sin embargo, no se resigna a ser un hombre sin derechos y exige: "Quiero trabajar, no me gusta la caridad. Me cansé de hablar con todas las asistentas sociales de todos los distritos. Durante el invierno, conseguí un trabajo temporal; asaba castañas° en la calle. Ganaba 2.500 pesetas por trabajar 11 horas".

Pero ahora ya no es temporada de castañas y Antonio no tiene ni trabajo ni casa. Es un sin casa, un desamparado más.

"La ruta de los pobres", *El País* (domingo 1° de abril de 1990), 26.

B. Lee un poco. Lee **el segundo párrafo**, donde se describe un incidente en que participó Antonio. Completa las preguntas sobre el incidente.

1. ¿Cómo era Antonio? Tenía... porque era...

2. ¿Dónde estaba Antonio? Estaba en...

3. ¿Quiénes estaban allí? Había...

---

recoge cartones *recolecta cajas de cartón*
¡Cuidado! *Be careful!*
el peligro *danger*
las zapatillas *sneakers*
a pie *on foot*
el albergue municipal *city shelter*
la caridad *charity*
los derechos *rights*
el conductor de un camión *truck driver*
asaba castañas *roasted chestnuts*

*****Los Reyes Magos.** In the traditional religious celebration of the Epiphany honoring the visit of the Wise Men, the three Magi parade the streets in Spain and other countries, and bring gifts to children on January 6.

4. ¿Qué quería hacer? ¿y qué hizo?   Antonio quería... Por eso, ...
5. ¿Qué pasó? ¿por qué?   Entonces, una señora le dijo... a su
amiga y las dos... Las dos creían que...

C. Lee otro poco.   Mira **el tercer y cuarto párrafo** para tener una idea
general de otra parte de la historia de Antonio. Luego, busca las palabras del
artículo que completan este resumen.

1. Antonio no tenía mucho dinero, sólo...
2. Como no tenía casa, Antonio tenía que dormir en un...
3. Allí había otros desamparados, es decir, había otros...
4. Antonio fue a..., donde había una organización que quería...
5. Creía que la organización era... pero allí encontró...
6. Antonio quiso traer a... a una demostración por los derechos de..., pero
ellos no..., porque ya estaban acostumbrados a...

D. Para terminar.   Ahora, lee **los dos últimos párrafos**, sólo para tener una
idea general de lo que le reserva el futuro a Antonio. Luego completa el
resumen con tus propias palabras.

1. Antonio quería ser...
2. No podía jubilarse porque... Sin embargo, tampoco pudo conseguir
trabajo porque era demasiado...
3. Pero tenía que trabajar porque no quería aceptar la...
4. Durante el invierno consiguió un trabajo... Pero su sueldo era de sólo...
5. Cuando se acabó el invierno, se acabó... Antonio se quedó sin... Era...

E. Busca detalles.   Lee las siguientes frases y, según el artículo, di si son
ciertas o falsas. Si son falsas, debes corregirlas. En cada caso, cita la línea del
artículo que te dio la información.

Antonio...

1. podía leer.
2. era religioso.
3. tenía dirección fija.
4. creía en la misión de la Coordinadora.
5. no era joven.

6. no sabía exactamente lo que
quería hacer.
7. no tenía interés en el trabajo.
8. no conocía a nadie.

F. Cuenta la historia.   Completa las siguientes frases con los verbos dados
para contar algunos episodios de la historia de Antonio.

1. Antonio _____ leer. Por el periódico, _____ que había una
organización que lo _____ ayudar. (podía, sabía, supo)
2. Antonio _____ conducir camiones, pero no _____ conseguir
trabajo. (pudo, podía)
3. Antonio _____ hacer algo para ayudar a la Coordinadora; por eso,
_____ traer a sus compañeros a las demostraciones, pero ellos no
_____ participar. (quería, quisieron, quiso)
4. _____ un desfile (el de los Reyes Magos) y Antonio _____ verlo;
por eso, se _____ en fila. Pero una señora _____ que Antonio
_____ un peligro y le _____ «¡Cuidado!» a su amiga. (creía, dijo,
era, había, quería, puso)

G. Nuestro punto de vista.   La organización Coordinadora de Barrios trata de ayudar a los marginados, movilizándolos para luchar por sus derechos. ¿Qué piensas de esta idea? En grupos de tres, elijan uno de los siguientes temas y prepárense para presentar su punto de vista a la clase.

1. ¿Tener casa es un derecho o un privilegio?
2. ¿Los marginados deben organizarse y movilizarse para protestar sus condiciones?
3. Además de las organizaciones de caridad, ¿quién tiene la responsabilidad de ayudar a los pobres, el gobierno o cada persona? ¿las iglesias o las empresas?
4. ¿Crees que mucha gente prefiere aceptar la caridad en vez de trabajar?
5. ¿Qué solución existe para los pobres que ya están acostumbrados a su situación?

Para escribir

Un rincón del alma
Good description allows readers not only to visualize a scene, but to experience it and relate to it personally. This section will guide you to prepare appealing descriptions of places and things from your past.

A. Identificar.   Choose one very specific, special spot you remember well from a home of your early childhood (it need not be *your* home).

➡ *Por ejemplo:*

el sótano (el ático) de la casa de mis
    abuelos
un rincón (*corner*) del dormitorio de mis
    padres
un armario debajo de la escalera

la cocina de mi abuela
el jardín de mi vecino
la terraza de la casa de mi tía

B. Imaginar.   Imagine you are in this place. Answer each of the following questions with as much detail as you can. Do not neglect this stage of your writing simply because it will take some time. The details you generate will result in a more interesting description.

¿Dónde estás?	en un rincón del dormitorio de mis padres
¿Cómo es?	Es un lugar cómodo, secreto, interesante, algo desordenado, silencioso, oscuro.
¿Qué hay allí?	la cómoda grande de mi mamá; perfumes, lociones y cosméticos; cajitas de plata; fotos de familiares en marcos de madera; el sillón viejo cerca de la ventana; la mesita pequeña; la lámpara antigua; el reloj cucú en la pared; las zapatillas de mi mamá; las revistas de finanzas de mi papá

¿Cómo te sientes? aventurera, curiosa, tranquila, segura

¿Qué haces? Me siento en el sillón, sacudo la cómoda, miro las fotos, pienso en...

C. Describir. Describe your special spot as a *memory*, using the imperfect tense and the ideas you generated in Activity B as your core. As you write, keep in mind the following guidelines.

1. Describe, don't list. Readers are fatigued by descriptions that sound like inventories, such as **había..., también había...,** and **además, había...** Aim for variety in the structure of your sentences and try to avoid repetition of verbs and nouns.
2. Elaborate whenever possible to express personal meaning. Use adjectives that evoke personal feelings and experiences. Try to produce the same emotions in your reader that your memory produces in you.
3. Combine and mesh your ideas in interesting ways. In Activity B, you generated many images and ideas. Now weave these ideas together creatively so that your description comes alive for your reader. Don't write as if you were simply responding to questions with information.

➡ *Por ejemplo:*

Me sentía **tranquila y segura** en el rincón **desordenado** del dormitorio de mis padres. No sé cuántos años tenía **el sillón viejo** donde pasaba tantas horas en mi **silencioso** mundo de fantasía, pero...

La cómoda de mamá era **grande,** de una madera oscura, y yo siempre creía que guardaba muchos **secretos.** Me gustaba **sacudirla,** arreglar la **curiosa** colección de **perfumes,** tocar las **cajitas de plata** sin abrirlas...

D. Editar. After you have written your draft, evaluate it.

1. *Review the content.* Have you provided enough details? Is your description interesting? Does your description reveal something about you?
2. *Evaluate your expression.* Read your description *aloud* to yourself. Do you hear any repetition of verbs or nouns? If you hear repetition of verbs, restructure your sentences; if you hear repetition of nouns, use direct object pronouns if possible.
3. *Check for accuracy.* **(a)** Show that you have checked for agreement of adjectives and direct object pronouns by placing the symbol √a (adjectives) and √p (direct object pronouns) in the margin on each line in which they appear. **(b)** Show that you have checked all verb endings by placing the symbol √v in the margin where verbs appear.

Mi diccionario

Sustantivos
las afueras suburbs
la alfombra carpet
el apartamento apartment
el armario wardrobe, closet
el ascensor elevator
el aseo half bath
la aspiradora vacuum cleaner
el baño bathroom
la basura trash, garbage
la cama bed
el carro (el coche) car
el cartel poster
el césped lawn
la cocina kitchen
el comedor dining room
la cómoda dresser
el dormitorio bedroom
el edificio building
la escalera staircase
el escritorio desk
el estante (para libros) (book) shelf
la estufa stove
el garaje garage
el gato cat
el jardín flower garden
el ladrillo brick
la lámpara lamp
la lavadora de ropa washer
el lavaplatos dish washer
la mesa table
la mesita side/small table
el microondas microwave oven
el mueble piece of furniture
la niñez childhood
la pared wall (interior)
el patio yard, patio, courtyard
el perro dog
la piedra stone, rock
el plato dish
los quehaceres household chores
el refrigerador refrigerator
el retrato portrait
la ropa clothes
el salón living room
la secadora de ropa clothes dryer
el sillón armchair
el sofá sofa
el sótano basement
el suelo floor
la ventana window

Adjetivos
antiguo(a) old, of antique quality
cómodo(a) comfortable
completo(a) full; complete
común y corriente ordinary
grande large, big
moderno(a) contemporary
oscuro(a) dark
pequeño(a) small

Adverbios de lugar
abajo downstairs
adentro inside
afuera outside
arriba upstairs
cerca (de) near, close (to)
lejos (de) far (from)

Verbos
alquilar to lease, to rent
bajar to go downstairs, to descend
barrer to sweep
cortar el césped to mow the lawn
creer to believe
darle comida al / a la... to feed (pet) . . .
guardar to put away, to keep
hacer la cama to make the bed
lavar to wash
ordenar to tidy up, to straighten up
pasar la aspiradora to vacuum
poner to put, to place, to put away
poner la mesa to set the table
regar (ie) to water (plants)
sacar to take out
sacar a pasear al / a la... to walk (dog) . . .
sacudir to dust
secar to dry
subir to go upstairs, to climb

Números
cien(to) 100
doscientos(as) 200
trescientos(as) 300
cuatrocientos(as) 400
quinientos(as) 500
seiscientos(as) 600
setecientos(as) 700
ochocientos(as) 800
novecientos(as) 900
mil 1,000
un millón 1,000,000

8

Historias de mi niñez

San Antonio de Oriente, 1967. José Antonio Velásquez, hondureño.

¿En qué piensas cuando miras este cuadro? ¿Puedes describir la escena? Imagínate las cosas que pueden contarnos los vecinos de este pueblo. En el Capítulo 8, vas a aprender a contar tu propia historia, la historia de tu infancia y tu niñez.

A San Antonio de Oriente, con cariño

José Antonio Velásquez, sin duda uno de los más famosos pintores primitivistas del siglo XX, tuvo un solo tema en sus obras: un pueblecito hondureño de 200 viviendas que se llama San Antonio de Oriente. En este rincón de calma, a unos 40 kilómetros de Tegucigalpa, el tiempo está detenido y no cuentan las horas, ni los días, los meses, los años, los siglos. Allí vivió Velásquez hasta su muerte, sirviendo no sólo de pintor sino también de telegrafista, barbero, alcalde (mayor) y amigo de sus amigos. Velásquez pintó su mundo humilde y tranquilo con minucioso detalle, desde las paredes blanqueadas, los techos de tejas (tiles) y las pequeñas ventanas de las casitas, hasta los animales que acompañan a la gente en sus labores. ¿Puedes imaginarte la vida de un pueblo como éste?

Metas

En este capítulo vas a aprender a...

hablar de tus recuerdos

describir tu rutina diaria y tus actividades de antes

contar una historia **con descripción del ambiente**

  y **con narración de lo que ocurrió**

Vas a saber más de...

cómo hablan algunos jóvenes hispanos
qué recuerdan los mayores de su niñez

juegos, pasatiempos y actividades de la niñez, pp. 232–234

el tiempo imperfecto, p. 237

el tiempo imperfecto, p. 243

el tiempo pretérito, p. 243

V i s i o n e s   d e l   m u n d o   h i s p a n o

Intereses, aficiones, pasatiempos

¿Qué intereses tienes tú? ¿Los tenías de niño(a) también? Como vas a ver en esta sección, las aficiones de la gente joven son muy variadas. Mira las revistas de esta página. ¿Cuál te interesa más a ti? ¿Por qué?

A. Mi hobby.   ¿Qué hobby tenías tú cuando eras niño(a)? ¿Te gustaba coleccionar cosas? Usa el siguiente modelo para decir qué cosas te fascinaban a ti cuando eras más joven.

Me fascinaba(n)...	**Tenía...**	**Coleccionaba...**
la biología	un microscopio	insectos
los planetas	un telescopio	libros de astronomía
la música rock	una guitarra	carteles de músicos
los animales	perro y gato	fotos de animales
el béisbol	un guante con autógrafos	tarjetas de béisbol
la tecnología	una computadora	videojuegos

Estrategias

The activities in this section will help you become a more efficient

reader and language learner by focusing on the following strategies.

Skim the activities in this section to identify which strategies are used.

- Think about the theme and use grids to organize your thoughts.
- Use cognates, derivatives, context clues, and your own experiences to guess the meaning of words.
- Sort and group items according to similarities.
- Associate new learning with previous learning.
- Scan for specific information.
- Personalize new learning to express your own thoughts.

B. ¿Qué se ofrece?   En los anuncios de un periódico mexicano unos alumnos de colegio tratan de vender cosas que ya no usan. Mira los anuncios y di cuál anuncio ofrece algo relacionado con las siguientes categorías. No es necesario comprender cada palabra para identificar el artículo.

Por ejemplo:
instrumentos o equipo musical
En el número uno, una persona vende un órgano y un amplificador de guitarra.

1. equipo para videojuegos
2. computadora o software
3. cassettes y discos
4. recuerdos de viaje

5. ropa
6. equipo deportivo
7. juguetes de niñas
8. mascotas o animales domésticos

AVISOS ECONÓMICOS ESCOLARES	
1	Vendo órgano Casio en SK8 nuevo a la mejor oferta. También amplificador de guitarra N$1.035*. Llamar al 5877480. También permuto.
2	Vendo SEGA MASTER con dos controles, pistola y cartuchos perfectas condiciones. Llamar al 2272331.
3	Vendo computadora AST 486 en buen estado con módem, ratón y 95 disquettes. También discos compactos Myst, Encarta. Teléf. 2275307. Fernando.
4	Vendo discos los Beatles y los Doors, llamar al 5472662.
5	Vendo par zapatillas marca Reebok americanas blancas número 44, nuevas, sin uso, N$658. Teléf. 6962005, también teléf. 5568360.
6	Vendo gafas sol y nieve marca Vic francesas nuevas. Llamar al 5749418 o al 5748094.
7	Vendo traje de artes marciales negro kung fu, impecable N$113, par de zapatillas, especial salto alto jabalina N°40-41, N$85, impecables. Tel. 6966346.
8	Equipo buceo italiano completísimo mujer talla 42-44, vendo N$1.487. Oportunidad. 2933695.
9	Vendo raqueta de tenis Prince Response, 90, casi nueva. Teléf. 6833698, N$847.
10	Vendo piscina Barbie y accesorios de muñeca. Llamar al 29204430.
11	Colección monedas de todo el mundo. Ofertas sobre N$800. 2735430.
12	Regalo hermosos gatitos. Tel. 5668536.
13	Cachorrito Doberman, 7 meses, precioso, vacunado, regalado en N$320 por cambio a departamento, 4061997.

*N$8 (nuevos pesos mexicanos) = US$1

C. ¿Qué quiere decir?   Usa buenas estrategias para unir las palabras de los anuncios de la columna A con las palabras de la columna B que tengan un significado similar.

A   **B**

1. cachorrito   condición
2. marca   protector para la gente que esquía
3. estado   perrito
4. gafas de sol y nieve   nombre de la compañía

D. ¿Qué se puede hacer?   Con otra persona, busquen en los anuncios un artículo o aparato relacionado con cada una de las siguientes actividades.

Por ejemplo:

tomar el sol   Las gafas de sol y nieve **sirven para** tomar el sol.

1. bucear   5. jugar a las muñecas
2. tocar música   6. jugar a los videojuegos
3. jugar tenis   7. esquiar
4. practicar el karate   8. correr

E. ¡Súperbueno!   Los vendedores quieren dar la impresión de que sus artículos son de muy buena calidad. Con tu compañero(a), hagan una lista de las palabras que usan para expresar esto.

Por ejemplo:
perfectas condiciones, ...

F. Artículos y aficiones.   Describe cosas de tu niñez. Usa palabras de los anuncios para describir lo que tenías y lo que querías, según el modelo.

Por ejemplo:
Cuando era niño(a), tenía una computadora súperbuena, de marca... que me gustaba mucho. **Siempre quería...** pero...

En voz alta

A. Toma apuntes mientras escuchas una conversación entre varias personas. Luego, indica cuál es el tema de la conversación.

_____ deportes y partidos   _____ padres e hijos   _____ problemas de la juventud
_____ quehaceres del hogar   _____ juegos de niños   _____ aficiones de la juventud
                                                                  de hoy

B. Marca las palabras que describan el tema de esta conversación.

_____ peleas	_____ competencia	_____ responsabilidad
_____ terror	_____ sorpresas	_____ diversión
_____ viajes	_____ imaginación	_____ amor
_____ quejas	_____ recuerdos	_____ fiestas
_____ diferencias	_____ dificultad	_____ niñez

Mi Refranero. En la conversación oíste los siguientes refranes. Léelos a ver si estás de acuerdo. Luego, escúchalos otra vez y repítelos, tratando de imitar los sonidos.

Palabras útiles

el nidillo   *little nest*
la cuna   *cradle*

A cada pajarillo le gusta su nidillo°.

Lo que se aprende en la cuna° siempre dura.

V O C A B U L A R I O

Imágenes y palabras

Cuando era niño(a), tenía que cuidar mis mascotas. Tenía...

un/a perrito(a)   un/a gatito(a)   una lagartija   un pez   un pájaro

una rana   una tortuga   un conejo   un ratoncito

En casa o en la guardería, mis amigos y yo jugábamos...

a la guerra   al papá y la mamá   a las muñecas   a la pelota   al escondite

Con los chicos de mi vecindario, me gustaba...

columpiarme
en el parque

treparme
a los árboles

explorar lugares
peligrosos

montar en la
montaña rusa

tirar piedras

Cuando me quedaba en casa, me gustaba...

saltar en
las camas

mirar los dibujos
animados

construir o
armar cosas

leer las tiras
cómicas

Fingía que era...

jugador/a en la liga nacional de...
cantante en un conjunto de rock
piloto(a) de un avión
científico(a) loco(a)
actor o actriz famoso(a)

bombero(a)

Coleccionaba...

monedas

insectos

estampillas

muñecas

animalitos de felpa

conchas de mar

piedras y minerales

tarjetas postales

recuerdos y juguetes

Como era niño(a), lloraba cuando...

me hacía daño

me caía*

me perdía**

rompía algo

**soñaba con monstruos

Era algo travieso(a). Mis padres me castigaban cuando...

hacía mucho ruido

dejaba la ropa
en el suelo

volvía** a casa
muy tarde

Siempre me quejaba cuando tenía...

mucha sed

miedo

hambre

calor

frío

razón y
nadie comprendía

sueño

prisa

---

*Caerse is irregular in the **yo** form of the present tense: *me caigo*, **te caes, se cae, nos caemos, os caeis, se caen**. **Perderse, volver,** and **soñar** are stem-changing verbs in the present tense: **me pierdo, te pierdes, se pierde, nos perdemos,** *os perdéis*, **se pierden; sueño, sueñas, sueña, soñamos,** *soñáis*, **sueñan; vuelvo, vuelves, vuelve, volvemos**, etc.

Práctica del vocabulario

A. Sueños y pesadillas. Imagínate dónde creen que están estas personas mientras sueñan.

⟶ *Por ejemplo:*

«Veo tortugas y peces.» → Sueña que está en el lago, en el mar o en un acuario.

1. «Busco conchas.»
2. «Me pierdo en estas calles desconocidas».
3. «Encuentro ranas y lagartijas por todas partes».
4. «Salto en la cama más grande de la casa».
5. «Hay mucho ruido y toda la gente baila».
6. «Mi amiga tira la pelota y rompe la ventana de mi vecino».
7. «Estamos en la parte más alta. La gente grita y tengo miedo».
8. «Papá me grita: «¿dejaste tu ropa en el suelo otra vez?»
9. «Subí a construir una casita, pero me caí y me hice daño».
10. «Los niños juegan y empiezan a gritar al entrar sus mamás».

B. Niños precoces. Usa el nuevo vocabulario para decir qué cosas probablemente les gustaban a los siguientes tipos de niños.

⟶ *Por ejemplo:*

imaginativa → Le gustaba armar o construir cosas o...

1. ingeniera	5. solitario	9. desordenada
2. aventurero	6. sociable	10. coleccionista
3. artista	7. cómico	11. hogareña
4. deportista	8. traviesa	12. sentimental

C. ¡Qué bien lo pasaba!   Piensa en cuando eras chico(a). Di qué recuerdos asocias con las expresiones que siguen.

➡ *Por ejemplo:*
la naturaleza → Miraba las plantas, los insectos y las flores en el jardín de mi casa.

1. cosas de miedo o peligrosas
2. en el bosque o el lago
3. cosas de chicos
4. cosas entretenidas
5. a solas en casa
6. en la playa
7. cosas de chicas
8. cosas aburridas
9. cosas traviesas
10. cosas imaginarias

D. Mascotas preciosas.   Hazle preguntas como las siguientes a tu compañero(a) para saber algo sobre las mascotas que tenía cuando era niño(a). Toma apuntes y descríbele a la clase cómo eran sus mascotas.

¿Cuántos años tenías cuando tuviste tu primera mascota? ¿Qué era? ¿Cómo se llamaba? ¿Cómo era? ¿Qué le gustaba hacer? ¿Tenías otras mascotas?

E. Ansias.   Para cada situación, di cuándo o por qué te sentías así de niño(a).

➡ *Por ejemplo:*
Tenías hambre. → Siempre tenía hambre cuando me despertaba por la mañana, cuando volvía a casa después de clase o cuando veía los anuncios comerciales en la televisión.

1. Tenías prisa.
2. Tenías ganas de llorar.
3. Tenías miedo.
4. Te morías de aburrido(a).
5. Tenías tanto sueño.
6. Tenías frío o calor.
7. Tenías razón.
8. Tenías hambre.

F. Entrevista.   Usa las siguientes preguntas para entrevistar a tu compañero(a) con respecto a su niñez. Toma apuntes para informarle luego a la clase.

➡ *Por ejemplo:*
Dennis lloraba cuando se hacía daño o cuando no podía ver televisión.

¿Cuándo...

1. llorabas?
2. te reías?
3. te quejabas?
4. te sentías tranquilo(a)?
5. te enojabas?
6. hacías mucho ruido?
7. te hacías daño?
8. te castigaban tus padres?
9. te sentías aventurero(a)?
10. eras algo travieso(a)?
11. creías que tenías razón?
12. lo pasabas muy bien?

VOZ VOZ VOZ VOZ VOZ VOZ

Los superlativos de los jóvenes

¡divino!
¡maravilloso!   ¡fantástico!
¡extraordinario!   ¡estupendo!
¡notable! ¡glorioso! ¡increíble!
¡legendario! ¡tremendo! ¡fenomenal!
¡la octava maravilla! ¡súper! ¡fabuloso!
¡MAGNÍFICO! ¡DE PRIMERA!
¡inspirado! **¡EXCEPCIONAL!**
¡el número uno!   ¡indescriptible!
¡singular! ¡bárbaro! ¡REGIO!
¡lo mejor de lo mejor! ¡espectacular!
¡ENCANTADOR!

¿Reconoces algunos de estos superlativos? Como puedes ver, cuando los jóvenes quieren decir que algo es súperbueno, disponen de muchas palabras y expresiones.

Si quieres poner énfasis en algún adjetivo, puedes agregarle el sufijo **-ísimo(a)**. Por ejemplo, para decir que un libro es muy bueno, puedes decir que es **buen*ísimo***. Para decir que una clase es muy buena pero muy difícil, dices que es **buen*ísima*** pero **dificil*ísima***. Trata de expresar lo siguiente usando los sufijos **-ísimo(s), -ísima(s)**.

1. una clase muy fácil
2. un libro aburrido
3. una carta muy interesante
4. una colección muy cara
5. un bosque peligroso
6. un amigo curioso

GRAMÁTICA 1

Para describir y narrar el pasado: el imperfecto y el pretérito

In Chapter 7 you practiced using verbs in the imperfect to describe conditions or states (**poder, tener, ser, estar, saber, querer**) in the past. In this chapter you have practiced using the imperfect for another purpose: to describe what you habitually, routinely, or frequently did or used to do in the past. Remember that to express an action in the imperfect, you need to replace the infinitive ending as shown in the chart.

Replace **-ar** with		Replace **-er** or **-ir** with	
-aba	**-ábamos**	**-ía**	**-íamos**
-abas	*-abais*	**-ías**	*-íais*
-aba	**-aban**	**-ía**	**-ían**

1. Use the imperfect tense to

describe routine or habitual actions in the past (what you *used to do*)

> Cuando **asistía** a la escuela primaria, siempre **me levantaba** a las seis y **tomaba** el autobús a las siete.

give the time or weather

> **Eran** las siete y media de la mañana y **hacía** mucho frío. El cielo **estaba** oscuro. **Iba** a nevar.

describe the background or scene of an event (what was going on at the time)

> Mientras todos **gritaban** y **cantaban** en el autobús escolar, **mis amigos y yo hacíamos** las tareas. La conductora **estaba** nerviosa ese día.

2. Use the preterit tense to *relate* or *narrate* what happened at a specific point in time, or on a specific occasion.

> Ese día, después que **hicimos** la tarea de ciencias sociales, **empezamos** a pelear por un dulce que tenía una chica. Mi amigo Pete **sacó** el dulce de la bolsa de la niña y me **gritó**: «Aquí va».

3. Some verbs, such as **querer, tener, poder, saber, conocer**, and **haber (hay)**, typically express states or conditions rather than actions. As you learned in Chapter 7, these verbs may be used in either the preterit or imperfect tense with some differences in meaning.

When used in the preterit, the focus is on a specific moment in time. The preterit tense often indicates the point at which a state or activity ended or began; for example, **conocí** (*I met*); **supe** (*I found out*).

> Cuando la conductora paró el autobús, **supe** que nos iba a dar un sermón. **Tuve** miedo de ella porque no tenía buena cara. Traté de darle una excusa, pero no **pude**.

When used in the imperfect, the focus is on the description of the state as a background or period of time, or on the recurrence of the action or event.

> Todos **sabíamos** que no se debía gritar en el autobús porque la conductora se **podía** distraer y **podía** haber un accidente.

Notice the contrast between description of a period of time and narration of events at different points in time in the following paragraphs.

Description: Era muy feliz en ese pueblo. **Conocía** bien a todos mis vecinos y **tenía** muchos amigos.

Narration of events: Pero entonces **tuvimos** que mudarnos a otra ciudad y todo **cambió** muchísimo. El primer día en esa ciudad extraña **conocí** mi nueva escuela y a mi nueva profesora. Ninguna de las dos me **gustó** y esa noche **lloré** muchísimo en mi dormitorio temporal del salón. Ese año no **fue** fácil, pero creo que entonces **aprendí** que la vida puede ser difícil hasta para una niña de nueve años.

4. Ser, estar, and **gustar** are three other verbs that refer to *states* or *conditions* rather than actions. Notice how their uses vary in the imperfect and in the preterit.

	Imperfect	**Preterit**
gustar	to express *what you used to like*	to express *reaction to something that occurred*
	Me gustaban las fiestas y los vestidos.	**Me gustó** la fiesta de Enrique.
ser	to describe *what something was generally like*	to express *reaction to something that occurred*
	Las fiestas en mi casa **eran** siempre muy buenas.	¡La fiesta de anoche **fue** fenomenal!
estar	to express where something or someone was *when something else happened*	to express where something or someone was *for a specific time period*
	Estaba en la fiesta cuando llamaste.	**Estuve** allí más de **cuatro horas**.
	to describe *how someone generally felt*	to express a *sudden feeling* or reaction to an event
	Siempre **estaba** contentísimo cuando venían a visitarnos los abuelos.	Pero, cuando mis abuelos se fueron después de mi cumpleaños, **estuve** muy mal por un mes.

5. Here are some expressions you can use to describe routine (imperfect) and non-routine (preterit) in the past.

Period of time (imperfect)	Point(s) in time (preterit)
antes, en ese tiempo	**ayer, anoche, ese día, ese mes, ese año**
(casi) siempre, generalmente	**pero una vez (una noche / un día / un año)**
todo el tiempo	
a menudo	**hace... años**
todos los días	**en 1996, ese año, ese día, esa vez**
por lo general	**al** + (infinitivo): **al verlo / empezar** (*upon seeing him/starting*)
a veces, de vez en cuando	**por unos días (dos horas / una semana / un rato / un tiempo)**

Ejercicio Completa los siguientes párrafos con la forma apropiada de los verbos indicados. Usa el pretérito o el imperfecto según el contexto.

Cuando yo _____ (**1.** ser) niño, todos los veranos mi familia y yo _____ (**2.** visitar) a mis abuelos. El viaje _____ (**3.** ser) muy largo porque mis abuelos _____ (**4.** vivir) en Montana y nuestra casa _____ (**5.** estar) en Indiana. Siempre _____ (**6.** ir) en coche y recuerdo que mi hermana y yo _____ (**7.** pelearse) y _____ (**8.** quejarse) porque las dos _____ (**9.** estar) tan aburridos. A veces, _____ (**10.** llevar) al perro, Kong. Kong _____ (**11.** oler) muy mal y siempre _____ (**12.** tener) hambre.

Pero un verano, en vez de visitar a los abuelos, mis padres nos _____ (**13.** decir) que _____ (**14.** ir) a llevarnos a otro sitio. ¡Qué felices _____ (**15.** estar) mi hermana y yo al escuchar esta buena noticia! _____ (**16.** Dejar) a Kong en casa de unos vecinos y _____ (**17.** irse) todos en avión a... ¡la playa! Allí _____ (**18.** estar) diez días en un hotel de lujo. Nos _____ (**19.** gustar) muchísimo. Mi hermana y yo _____ (**20.** saltar) en las olas, _____ (**21.** hacer) muchos paseos para coleccionar conchas, _____ (**22.** ir) a los parques de diversiones y _____ (**23.** conocer) a muchos chicos. ¡ _____ (**24.** Ser) unas vacaciones fantásticas! Mis padres _____ (**25.** divertirse) también, porque por fin no _____ (**26.** tener) que escuchar las peleas de sus hijos ni los llantos patéticos de Kong.

Práctica de la gramática

Estrategias

This section will help you practice using the imperfect and preterit tenses to describe and narrate the past. Skim the activities to identify which of the following strategies are used in each.

- Personalize new learning by using it to express your own thoughts.
- Associate actions with events and with images.
- Contrast routines and specific events.
- Collaborate with others to exchange information.
- Take notes to organize your thoughts.

A. Antes.   Seguramente, ya no haces las cosas como las hacías de niño(a). Di qué hacías antes en las siguientes circunstancias.

Por ejemplo:
De niño(a), cuando veía películas malas me dormía.

1. antes, cuando te quedabas solo(a) en casa
2. antes, cuando salías con amigos
3. antes, cuando vivías en otro lugar
4. antes, cuando hacía buen tiempo
5. antes, cuando veías películas tristes o románticas
6. antes, cuando no trabajabas o estudiabas

7. antes, cuando ibas a casa de tus abuelos o familiares

8. antes, cuando llegaban las vacaciones de invierno

B. ¡Qué bien lo pasábamos!   Di qué hacían tú y tus hermanos o amigos en las siguientes situaciones cuando eran niños.

⇢ *Por ejemplo:*

Si no había clases, todos nos íbamos al río y nadábamos toda la tarde.

1. si sus padres no estaban en casa

2. si alguna vez nevaba mucho

3. si alguno(a) de Uds. rompía algo de valor

4. si alguno(a) de Uds. estaba enfermo(a)

5. si tenían ganas de salir pero no tenían dinero

6. si tenían que cuidar a un/a hermano(a) o primo(a)

7. si uno(a) de Uds. perdía las llaves de la casa

8. si tu mamá los llevaba de compras al centro comercial

C. Todo cambió.   Elige uno de los siguientes temas y contrasta la rutina de la primera parte **(a)** con la ocasión específica de la segunda parte **(b)**.

⇢ *Por ejemplo:*

a. Antes de saber conducir un coche, tenía que pedirles ayuda a mis padres. Mi mamá me llevaba a... Todos los días iba en autobús a... Sin embargo, no podía...

b. Recuerdo muy bien el día que saqué mi licencia de conducir. Me sentí..., pero también tuve miedo porque... Ese día, llevé a mis amigos a...

1. a. antes de saber conducir un coche

b. el día que sacaste tu licencia de conducir

2. a. la rutina del colegio cuando eras chico(a)

b. al llegar a la universidad

3. a. tus cumpleaños cuando eras chico(a)

b. el día que cumpliste 18 años

4. a. las vacaciones / los viajes con tus padres

b. el primer viaje con tus amigos

5. a. antes, cuando no tenías que trabajar

b. al conseguir tu primer puesto

D. Una vez...   Descríbele a tu compañero(a) una ocasión en que una rutina de tu familia cambió. Tu compañero(a) va a tomar apuntes para después contarle a la clase lo que pasó.

⇢ *Por ejemplo:*

Por lo general, Adrián y su familia iban de vacaciones a Colorado todos los veranos. **Pero una vez**, en el año 1996, no fueron (no pudieron ir) porque su papá se enfermó. Entonces, Adrián tuvo que...

E. Mi ciudad.   Describe un lugar de tu niñez y, luego, una ocasión en que te divertiste mucho allá.

Por ejemplo:

Vivía en... que era una ciudad... Estaba cerca de... Recuerdo que había... Un año (verano), ...

VOZ VOZ VOZ VOZ VOZ VOZ

Recuerdos de la niñez

Instituto Femenino, Colegio para Señoritas y **Liceo de Niñas** son algunos de los nombres de los colegios secundarios a los que asistieron o asisten algunas niñas del mundo hispano. En estos colegios públicos o privados, se aceptan sólo chicas. Las maestras llegan a conocerlas muy bien y pueden guiarlas con mucho cuidado para que sean distinguidas en el futuro. Esto es posible también porque el mismo profesor permanece con la misma clase a través de los años, de primero a sexto grado, por ejemplo. Los niños también pueden ir a colegios exclusivos para niños, por supuesto. La autora de este artículo fue a un colegio de niñas solamente, como puedes ver en su descripción de la vida escolar.

Compañeras de un colegio para Señoritas.

¿En qué se parecían tus años de colegio a los de la escritora de este artículo? ¿En qué se diferenciaban?

En nuestro mundo de adolescentes, creíamos que la existencia se circunscribía a estudiar, hacer tareas, tener novio, ponerse a dieta, esperar con emoción la salida del colegio y reírse en los recreos. Estos eran los temas de discusión entre nosotras.

A las monjas°, algunas les profesábamos afecto, otras las consideraban estrictas y rigurosas. Con la perspectiva de los años, creo que sus enseñanzas eran sabias y que nos dotaron de armas valiosas: una formación moral, una actitud de aceptación y coraje ante la vida... Son tan ricos los recuerdos que afloran a la mente: las asambleas en la gran sala. ¡Qué emoción obtener una medalla°! Las había de conducta, aplicación° y francés. Los cordones° que variaban de color según el nivel que cursábamos. Cordón ancho° si era de conducta y aplicación; delgado° si sólo era de aplicación.*

Palabras útiles

las monjas *nuns*
la medalla *medal*
la aplicación buenas notas
los cordones *ribbons worn on jackets, coats, or hats*
ancho *wide*
delgado *narrow*

*Estrella Cartín de Guier, "Hace apenas cincuenta años", *La Nación* (18 enero 1996), http://www.nacion.co.cr/ln_ee/1996/enero/18/opinion2.htm

G R A M Á T I C A 2

Para contar una historia: repaso de los tiempos imperfecto y pretérito

Use the imperfect to . . .	*Use the preterit to . . .*
• refer to periods or stages *globally*	• refer to events of *specific* duration or at specific points in time
Antes vivía en la universidad,	pero el semestre pasado me mudé a un apartamento. Viví allí cuatro meses.
• describe *routines* or *habits*	• relate *non-routine events*
Siempre tenía una fiesta para mi cumpleaños,	pero cuando cumplí 16 años, fuimos a un restaurante carísimo.
• describe *intentions*	• relate *outcomes* or *results*
Íbamos a ir a la fiesta,	pero no pudimos porque llegaron los amigos del colegio.
Quería verlos,	por eso los invité a mi casa.
• *evaluate* events *in general*	• *react to specific* events
Generalmente, me gustaban mis clases,	pero la clase de química fue muy difícil ese trimestre. No me gustó nada.
• describe *general states* or *conditions*	• indicate the *beginning or end* of a state
Antes no conocía a mis vecinos.	Anoche los conocí en una reunión.
• describe *motivation* or *momentum*	• *capture the moment*
Me sentía triste y no quería estar allí,	pero al ver a mis padres, me sentí tan emocionada.
• describe an *action in progress*	• relate *actions that interrupted* those in progress
Hablaba por teléfono con mi novio	cuando me llamó mi mamá por la otra línea.
• describe the *setting* or *background*	• narrate *what occurred* (the actions)
Eran las diez de la noche. Nevaba y hacía mucho frío.	De repente, hubo un ruido afuera. Yo salté de miedo.

The preterit tense generally serves to list actions or narrate events, much like a series of snapshots. Its use with the imperfect tense, however, results in something more like a videotape that allows others to "live" the experience. Recounting an experience is like telling a story. Notice how the imperfect and preterit tenses are meshed to achieve this goal.

1. To set the scene in the past, to provide the background to a story, or to describe what was happening when certain actions took place, use the *imperfect* tense.

> **Eran** las cuatro de la tarde y mis amigos y yo **jugábamos** a la pelota con unos vecinos en la calle. Uno **tiraba** la pelota y los otros **corrían** y **gritaban**. **Era** a fines de noviembre. **Nevaba** y **hacía** bastante frío, pero mis amigos y yo sólo **llevábamos** la camiseta del colegio. **Nos divertíamos** mucho a pesar del frío que **teníamos**, porque **éramos** el mejor equipo y **sabíamos** que **íbamos** a ganar.

2. But a story is not a story without action. To narrate what happened or to relate the events that took place against the background, use the *preterit* tense.

> De repente, un camión **apareció** en la calle. Yo **salté** y **grité**, pero en ese momento mi amigo **se cayó** en el hielo. El camión **se detuvo** y el conductor y una chica rubia **se bajaron** para ayudar a mi amigo. Así **fue** cómo mi amigo **se hizo** daño y **tuvo** que pasar dos días en el hospital. Así también **fue** cómo yo **conocí** a mi futura esposa.

3. Recounting an episode in the past is not simply a matter of writing a paragraph in the imperfect tense followed by one in the preterit tense. Even as you narrate actions you need to "step back" from time to time to provide description.

> De repente, un camión apareció en la calle. El conductor **era mayor, de pelo trigueño y tenía la misma camiseta que nosotros**. Yo salté y grité, pero mi amigo **estaba tan entusiasmado que no me podía escuchar** y de repente se cayó en el hielo. El camión se detuvo. El conductor y una chica rubia se bajaron para atender a mi amigo. **La chica tenía más o menos 13 años. Era baja, algo gruesa, de ojos oscuros. Recuerdo que lloraba de miedo.** Así fue cómo mi amigo...

4. Here are some useful expressions for showing the contrast between the setting and the action that occurred, or between an ongoing activity and the events that interrupted it.

de repente (*suddenly*)   **en ese momento** (*at that moment*)
en seguida (*immediately*)   **al** + infinitivo (*on/upon doing something*)

> **Al saltar** para tomar la pelota, **de repente vi** que el camión apareció en la esquina.

5. To sequence a narration, use the following expressions: **entonces, luego, después, por fin, por último.**

Ejercicio. Completa el siguiente cuento de "El maravilloso traje del emperador" con las formas apropiadas de los verbos indicados. Usa el infinitivo, el imperfecto o el pretérito, según el contexto.

Hace muchos años _____ (**1.** haber) un emperador muy vanidoso y egoísta. A él le _____ (**2.** gustar) tanto la ropa que sólo _____ (**3.** pensar) en comprarse trajes y sombreros elegantes. Todos los días, _____ (**4.** vestirse) cuidadosamente con las sedas y los brocados más caros y _____ (**5.** mirarse) por horas en el espejo. _____ (**6.** Estar) muy contento el emperador.

Un día, _____ (**7.** llegar) al palacio dos sastres (*tailors*) y _____ (**8.** pedir) permiso para conocer al emperador. Cuando por fin _____ (**9.** conocer) al emperador y _____ (**10.** tener) la oportunidad de hablar con él, le _____ (**11.** decir) que _____ (**12.** ir) a hacerle un traje mágico:

—Nuestros trajes son mágicos porque sólo la gente más inteligente del país puede verlos —le _____ (**13.** explicar) el primer sastre.

En seguida les _____ (**14.** dar) a los falsos sastres sedas de la mejor calidad y los sastres _____ (**15.** ir) a una habitación donde fingían que trabajaban. Después de un mes el emperador _____ (**16.** entrar) a la habitación pero ¡no _____ (**17.** ver) nada! De repente, _____ (**18.** sentirse) muy nervioso porque _____ (**19.** recordar) que sólo la gente más inteligente del país _____ (**20.** poder) ver el traje mágico. En seguida les _____ (**21.** decir) a los sastres:

—¡Qué maravilla! ¡Este sí que es el traje más magnífico del mundo!

El día del gran desfile (*parade*) para su cumpleaños, el emperador _____ (**22.** vestirse) con el traje mágico y _____ (**23.** salir) del palacio a la calle. Mientras _____ (**24.** ir) por las calles, todos aplaudían con entusiasmo. Pero después de un rato, el emperador _____ (**25.** escuchar) una voz infantil.

—¡El emperador no lleva ropa! ¡Está desnudo (*naked*)!— _____ (**26.** gritar) una niñita.

De repente, _____ (**27.** haber) un gran silencio y en seguida todos los espectadores _____ (**28.** reírse) a la vez. En ese momento, el emperador _____ (**29.** saber) la verdad y _____ (**30.** sentirse) muy humillado. _____ (**31.** Querer) esconderse pero no _____ (**32.** poder) y entonces, _____ (**33.** volver) al palacio. _____ (**34.** Ser) un día muy triste para el emperador, pero _____ (**35.** aprender) una gran lección, que la vanidad no viste a los grandes hombres.

Práctica de la gramática

Estrategias

This section will help you practice using the preterit and imperfect tenses to narrate and describe the past. Skim the activities to identify which of the following strategies are used in each.

- Personalize learning to express your own thoughts.
- Use models and outlines to structure your expression.
- Combine new learning and previous learning.
- Expand description with narration and narration with description.
- Collaborate with others to share ideas and rehearse.

A. Nunca lo hice.   Di dos cosas que pensabas hacer la semana pasada que nunca hiciste. Luego, explica por qué no las hiciste.

⋯⋯⋯⋯⋯⟹ *Por ejemplo:*

Iba a estudiar para mi examen de cálculo, pero **vinieron** unos amigos y me **llevaron** a una discoteca.

B. Bocetos.   Con tu compañero(a), completen las escenas que siguen con al menos una acción o un evento (el tiempo pretérito), según el modelo.

⋯⋯⋯⋯⋯⟹ *Por ejemplo:*

Yo tenía diez años cuando murió mi abuelito y tuvimos que ir a Chicago.

1. Mi dormitorio estaba desordenado y, por eso, ...
2. Un día estábamos en la playa cuando...
3. Era medianoche y estábamos en un barrio distante cuando, de repente, ...
4. Estábamos en un hotel de otra ciudad. Hacía frío y teníamos sueño. Entonces, ...
5. Ese día había tres pruebas y, por eso, ...

C. ¿Qué pasaba?   Con tu compañero(a), escriban una frase de trasfondo (*background*) para estas acciones. ¿Qué pasaba cuando ocurrió lo siguiente?

⋯⋯⋯⋯⋯⟹ *Por ejemplo:*

me caí al agua → **Una vez, cuando navegaba** en bote de vela con mi papá me caí al agua.

1. hubo un ruido tremendo
2. me llamó
3. me perdí en el bosque
4. me caí en el hielo (al agua)

5. rompí
6. me hice daño por hacer algo peligroso
7. me vio mi novio(a)
8. mis padres llegaron

D. ¿Cómo terminó?   Con tu compañero(a), seleccionen una de las siguientes situaciones y digan cómo terminó.

⋯⋯⋯⋯⋯⟹ *Por ejemplo:*

Eran las once de la noche y yo estaba solo en el sótano del edificio; lavaba la ropa mientras escuchaba la radio. De repente, bajó mi amiga Kathy y decidimos ir a comer algo. Entonces, dejé la ropa en la lavadora y subimos la escalera juntos. Pero al llegar a la planta baja, vimos...

1. Estaba solo(a) en casa; hablaba por teléfono con... Eran las... de la tarde (noche)... De repente, ...
2. Hacía las tareas en mi habitación. Mi compañero(a) estaba en una fiesta y no iba a volver hasta la medianoche. Hacía frío y fui a cerrar la ventana, pero, en ese momento, ...
3. Era tarde y tenía sueño. Además, estaba harto(a) de la reunión porque la gente conversaba sobre cosas aburridas. De repente, ...
4. Mi amigo(a) y yo estábamos en un parque de atracciones. Hacía buen tiempo y nos divertíamos mucho, pero cuando...
5. Mi amigo(a) y yo estábamos en una calle oscura. Eran las 11 de la noche y teníamos miedo porque no conocíamos esa parte de la ciudad. Vimos las luces de una tienda abierta pero, al entrar, ...

E. Antes y después. Con tu compañero(a), elijan una de las siguientes frases y escriban **(1)** una o dos frases de motivación o trasfondo y **(2)** una o dos frases de resultados.

➡ *Por ejemplo:*
Se trepó al árbol del jardín y no quiso bajar.

(1) El niño estaba enojado con sus padres. Quería irse para no volver.
(2) Los padres quisieron hablarle pero, por fin, tuvieron que dejarlo allí.

1. Se trepó al árbol y no quiso bajar.
2. Todos se rieron como locos.
3. Tiró la muñeca.
4. Dejó sus libros en el suelo.
5. Hubo una gran explosión.
6. Vio un conejo precioso.
7. Se cayó al agua (al suelo).
8. Entraron sus padres.

Visión Visión Visión

La voz de Mafalda

Todo el mundo de habla hispana conoce a Mafalda, una niña de las tiras cómicas, del caricaturista argentino Quino (Joaquín Salvador Lavado). Mafalda es una chica muy adulta, muy inteligente y muy aguda, que hace comentarios tremendos sobre las cosas que pasan en su casa, la calle o el país. Tienes que conocerla.

Como es argentina, Mafalda dice **vos** y no **tú**. En Argentina y muchos otros países como Uruguay, Paraguay y Costa Rica, la gente prefiere el **vos**. El presente de los verbos con **vos** es muy fácil, porque viene directamente del infinitivo, sin cambios ni irregularidades. Observa las diferencias en estos ejemplos.

Mafalda dice: Mamá, ¿**vos** qué **pensás** de la liberación de la mujer? ¿**Querés** explicármelo? ¿Qué me **decís**? Otras niñas dicen: Mamá. ¿**tú** qué **piensas** de la liberación de la mujer? ¿**Quieres** explicármelo? ¿Qué me **dices**?

Palabras útiles
cambiar *to change*
se apura
  se da prisa

Según estas dos tiras, ¿qué cosas le preocupaban a Mafalda? Y a ti, ¿te preocupaban estos temas cuando eras chico(a)?

1. —Mamá, ¿vos qué futuro le ves a ese movimiento por la liberación de la muj... No, nada, olvidalo.

2. ¡Cambiar° el mundo! ¡Jáh! ¡Cosas de la juventud!

También yo cuando era adolescente tenía esas ideas, y ya ve...

¡Sonamos, muchachos! Resulta que si uno no se apura° a cambiar el mundo, después es el mundo el que lo cambia a uno!

En voz alta

A. Escucha la conversación entre los jóvenes e indica qué juegos y actividades se describen.

_____ jugar al papá y la mamá	_____ tirar piedras	_____ coleccionar cosas
_____ jugar al escondite	_____ jugar a las muñecas	_____ jugar al almacén
_____ jugar a la escuela	_____ jugar a la guerra (a los soldados)	_____ mirar dibujos animados
_____ treparse a los árboles	_____ jugar al científico loco	_____ jugar a la pelota

B. En una hoja de papel, haz columnas con los nombres de los juegos que se describen. Después, escucha la conversación otra vez y, bajo el nombre de cada juego, haz una lista de las actividades específicas que se mencionan.

Mi Refranero. Aquí tienes otro refrán relacionado con la niñez y los amigos. Léelo a ver si estás de acuerdo. Luego, escúchalo y repítelo, tratando de imitar los sonidos.

Ni abril sin flores, ni juventud sin amores.

V o c e s   d e l   m u n d o   h i s p a n o

Ilusiones y desilusiones
En esta unidad tuviste la oportunidad de pensar en tu niñez y contar recuerdos de tu casa, tus juegos y aventuras, tus familiares y amistades, tus sueños e ilusiones. La niñez es un período en que las imágenes y los sueños son tan vivos que parecen reales. ¿Qué sueños e ilusiones tenías tú de niño(a)?

Soñaba con tener...   **Fingía que era...**   **Me imaginaba que...**

Se dice que los niños pueden confiar y creer en todo, sólo *por querer* confiar y creer. Cuando tú eras niño(a)...

¿Creías en...?   **¿Confiabas en...?**
la suerte   las promesas de otros
las cosas mágicas   la palabra de los adultos

En esta sección, vas a pensar en lo inmensa que puede ser la ilusión infantil y lo destructiva que puede ser la desilusión cuando los sueños infantiles no se cumplen. En este cuento de la escritora mexicana Silvia Molina, también te vas a dar cuenta que no sólo los niños pueden vivir en un mundo ficticio. A veces, también los adultos se alimentan de ilusiones.

Estrategias

Apply the strategies you have learned and practiced to comprehend and enjoy a literary work.

- Prepare yourself for reading by thinking about the theme and recalling your own experiences.
- Focus on what you know first; then try to access what remains unclear.
- Use the Spanish you know to identify words that are derivatives: *soñador* (soñar, sueño), *camita, camota* (cama), *olvidando* (olvidar), *solita* (sola), *pensamiento* (pensar), *lloridos* (llorar).
- Use your knowledge of English to guess the meaning of words that look or sound similar in both languages: **fortuna, lotería.**
- Test your comprehension periodically and cite evidence to support your conclusions.
- Take risks in guessing and use comprehension tasks to guide understanding and organize information.
- Summarize information by putting it in your own words.
- Speculate from available evidence.
- Personalize the reading by relating it to your own experience.

A. Recuerdos. Mira el título del cuento y piensa en tus propias experiencias. ¿Tuviste que mudarte a otra casa o a otro vecindario alguna vez? ¿Qué recuerdos tienes de ese episodio?

1. ¿Cómo te sentías antes de mudarte? ¿Qué esperabas encontrar? ¿Qué imágenes tenías del nuevo lugar?

Por ejemplo: Antes de mudarme, tenía miedo porque no sabía cómo iba a ser el nuevo lugar y no conocía a nadie allí. Pero también estaba tan entusiasmado porque iba a tener nuevas oportunidades y porque... Me imaginaba que...

2. ¿Cómo te sentiste al llegar a la nueva casa? ¿Qué hiciste ese primer día?

Por ejemplo: Recuerdo que al llegar a la casa nueva, me sentí muy... Primero, subí la escalera a ver... Luego, fui a...

B. Datos importantes.   La primera parte del cuento presenta a los personajes (*characters*) y revela algo de cada uno. Lee sólo esta parte y haz lo siguiente.

1. Apunta los personajes que se mencionan y, al lado de cada uno, cita las palabras y frases que revelen algo acerca de su personalidad.

2. Busca y copia palabras relacionadas a las siguientes:

suerte   soñador   fortuna   promesa   esperar

3. ¿Qué tipo de recuerdo nos va a relatar la narradora?

La casa nueva
Silvia Molina, mexicana

I. Claro que no creo en la suerte, mamá. Ya está usted como mi papá. No me diga que fue un soñador; era un enfermo—con el perdón de usted.

   ¿Qué otra cosa? Para mí, la fortuna está ahí o de plano° no está. Nada de que nos vamos a sacar la lotería. ¿Cuál lotería? No, mamá. La vida no es ninguna ilusión, es la vida y se acabó°. Está bueno para los niños que creen en todo: «Te voy a comprar la camita», y de tanto esperar, pues se van olvidando. Aunque le diré, a veces, pasa el tiempo y uno se niega a° olvidar ciertas promesas; como aquella tarde en que mi papá me llevó a ver la casa nueva de la colonia Anzures°.

C. Al entrar.   Lee la segunda sección, donde la narradora nos va a contar un recuerdo que tiene de su niñez. ¿A quién le relata el recuerdo? ¿Te parece un recuerdo bonito? Contesta lo siguiente y cita las frases donde se encuentra la información.

1. ¿Con quién visitó la casa?
2. ¿A quién vieron al llegar a la casa?
3. ¿Cómo era el exterior de la casa?

4. ¿Qué parte de la casa vieron primero?
5. ¿Qué imágenes se forma la niña de su vida allí?

Palabras útiles:

de plano   claramente
y se acabó   *that's that*
se niega a   no quiere
Anzures   zona residencial de la Ciudad de México que tiene hermosas casas, avenidas anchas y calles con árboles
la reja   *gate*
la recámara   habitación
había inflado el pecho   *he felt proud*
se le cortaba la voz   casi no podía hablar
acomodadita   bien arreglada
en las tablas   *on the shelves*
colgados   *hung up*
los cajones   *dresser drawers*
tenderse   *to lie down*
la tina   bañera
suelto mi cuerpo para que el agua lo arrullara   *my body relaxed for the water to caress it*

II. Mi papá se detuvo antes de entrar y me preguntó:
   —¿Qué te parece? Un sueño, ¿verdad?
   Tenía la reja° blanca, recién pintada. A través de ella vi por primera vez la casa nueva... La cuidaba un hombre uniformado...
   Abrí bien los ojos, mamá. Él me llevaba de aquí para allá de la mano. Cuando subimos me dijo: «Ésta va a ser tu recámara°». Había inflado el pecho° y hasta parecía que se le cortaba la voz° por la emoción. Para mí solita, pensé. Ya no tendría que dormir con mis hermanos. Apenas abrí una puerta, él se apresuró: «Para que guardes la ropa». Y la verdad, la puse allí, muy acomodadita° en las tablas°, y mis tres vestidos colgados°; y mis tesoros en aquellos cajones°. Me dieron ganas de saltar en la cama del gusto, pero él me detuvo y abrió la otra puerta; «Mira», murmuró, «un baño». Y yo me tendí° con el pensamiento en aquella tina° inmensa, suelto mi cuerpo para que el agua lo arrullara°.

D. Un recorrido por la casa.   Lee la tercera parte del cuento para seguir el recorrido por la casa nueva. A través de la imaginación de la niña vas a conocer mejor a su familia.

1. Haz una lista de los ocho cuartos que vieron en esta parte del cuento.
2. Con tus propias palabras, describe algunas de las imágenes que la niña se formó al ver los siguientes cuartos:

la habitación de los   **la habitación de**   **el despacho de papá**
padres   **los niños**

➤ *Por ejemplo:*
En la habitación de los padres se imaginaba a los padres abrazados. También se imaginaba que...

3. En esta parte, supimos algo sobre la ocupación del papá. Según lo que leíste, ¿cuáles de las siguientes profesiones *no* le corresponden?

arquitecto   **actor**   **ilustrador**   **médico**   **vendedor**   **pintor**
abogado   **ingeniero** **científico**   **sicólogo**   **escritor**   **profesor**

4. Las siguientes frases son ciertas o falsas, en distintos grados. En cada caso, di si la frase es: **completamente cierta, cierta sólo en parte,** o **completamente falsa.** Luego, explica por qué usando citas del cuento.

- La casa donde vivía la niña en esa época era bastante pequeña y se tenía que compartir todo el espacio.
- La familia era muy pequeña y la narradora era la hija mayor.
- Los hijos varones (los niños) eran muy jóvenes.
- La niña respetaba el territorio de los adultos, pero sólo hasta cierto punto.
- La mamá defendía y ayudaba a su marido porque él trabajaba muy duro.

III. Luego me enseñó su recámara, su baño, su vestidor... Y yo, mamá, la sospeché° enlazada a° él en esa camota— no se parecía en nada a la suya°—en la que harían sus cosas, sin que sus hijos escucháramos. Después, salió usted, recién bañada, olorosa a° durazno, a manzana°, a limpio. Contenta, mamá, muy contenta de haberlo abrazado a solas, sin la perturbación ni los lloridos de mis hermanos.

Pasamos por el cuarto de las niñas y las camitas gemelas°; y luego, mamá, por el cuarto de los niños que «ya verás, acá van a poner los cochecitos y los soldados». Anduvimos por la sala porque tenía sala; y por el comedor y por la cocina y el cuarto de lavar y planchar. Me subió hasta la azotea° y me bajó de prisa porque «tienes que ver el cuarto para mi restirador°». Y lo encerré° para que hiciera sus dibujos, sin gritos ni peleas, sin «niños, cállense que su papá está trabajando, que se quema las pestañas° de dibujante para darnos de comer».

sospechar imaginar
enlazada a abrazada a
la suya la cama de ustedes
olorosa a con perfume de
durazno, manzana frutas
gemelas dos camas pequeñas
la azotea techo
restirador mesa de trabajo
encerrar cerrar con llave
quemarse las pestañas trabajar mucho y hasta muy tarde

E. Una vida de promesas.   Ahora lee la última sección del cuento a ver qué pasó. Contesta lo siguiente.

1. ¿Qué visiones tenía la niña de su vida en esta casa? ¿Qué pensaba hacer ella allí? En su imaginación, ¿cómo iba a cambiar la vida de sus familiares?
2. ¿En qué pensaba la niña cuando volvió a visitar su habitación?
3. ¿Por qué le habló el hombre uniformado a la niña?
4. Al final, ¿qué le reveló el papá a la niña?

IV. No quería irme de allí nunca, mamá. Aun encerrada viviría feliz. Esperaría que llegaran ustedes, miraría las paredes lisitas°, me sentaría en los pisos de mosaico, en las alfombras, en la sala acojinada°; me bañaría en cada uno de los baños; subiría y bajaría cientos, miles de veces la escalera de piedra y la de caracol°; hornearía° muchos panes para saborearlos° despacito, en el comedor. Allí esperaría la llegada de usted, mamá; la de Anita, de Rebe, de Gonza, del bebé. Y mientras, escribiría una composición para la escuela:

La casa nueva
En esta casa, mi familia va a ser feliz. Mi mamá no se volverá a quejar de la mugre° en que vivimos. Mi papá no irá a la cantina; llegará temprano a dibujar. Yo voy a tener mi cuarto, mío, para mí solita. Y mis hermanos...

No sé qué me dio por soltarme° de su mano, mamá. Corrí escaleras arriba, a mi recámara, a verla otra vez, a mirar bien los muebles y su gran ventanal; y toqué la cama para estar segura de que no era una de tantas promesas de mi papá, que allí estaba todo tan real como yo misma, cuando el hombre uniformado me ordenó:

—Bájate, vamos a cerrar.

Casi ruedo° las escaleras; el corazón se me salía por la boca.

—¿Cómo que° van a cerrar, papá? ¿No es ésa mi recámara?

Ni con el tiempo he podido olvidar que iba a ser nuestra *cuando* se hiciera la rifa°.

Silvia Molina, "La casa nueva". Angel Flores, ed. *Narrativa de Hispanoamérica 1816–1981. Historia y antología: VI La generación de 1939 en adelante.* Siglo XIX Editores, S.A. de C.V.

lisitas sencillas, sin adornos
acojinada cómoda
de caracol en forma de espiral
hornear...panes *to bake bread*
saborear *to savor*
mugre *the grime*
qué me dio soltarme por qué me separé
ruedo me caigo en
cómo que ¿por qué dice que...?
cuando se hiciera la rifa al ganarse la lotería

F. Perspectivas y puntos de vista. En este cuento, la narradora le cuenta a su mamá un episodio del pasado según su propio punto de vista. Pero, ¿hay otras perspectivas? Con un/a compañero(a) escriban un párrafo en el que cuentan la historia según el punto de vista del *papá*. Piensen en lo siguiente:
- ¿Por qué les hacía tantas promesas el papá a la familia?
- ¿Por qué llevó a su hija a la casa nueva?

G. Ni con el tiempo viene el olvido. Todos hemos sentido gran desilusión cuando los sueños no se realizan, cuando las promesas se rompen, o cuando las imágenes son muy diferentes de la realidad. Escribe un párrafo para describir alguna desilusión que recuerdes de tu niñez. Luego, compártelo con la clase.

⟶ *Por ejemplo:*

Tenía siete años. Era Nochebuena y esperaba la llegada de Santa Claus. Mis padres creían que yo dormía en mi habitación pero en realidad estaba... Oí las voces de mis padres que conversaban en el salón y bajé la escalera a ver qué pasaba. De repente...

≈ **La red electrónica.** Para disfrutar (*enjoy*) algunos cuentos, actividades y tiras cómicas del mundo hispano, visita uno de los siguientes sitios de la red electrónica. Dale a la clase un informe sobre tu visita.

1. Cuentos clásicos: http://www.sdic.com/baja/espanol/ninos/clasicos/ clasicos.htm
2. Cuentos del mundo hispano: http://www.arrakis.es/~margaix/ficheros/ xiquets.htm (Elige de la categoría **cuentos**; también hay tiras cómicas.)
3. Cuentos tradicionales en español: http://www.scid.com/baja/espanol/ninos/ mundo/cuento3.htm

P a r a   e s c r i b i r

Personajes célebres del pasado

This section will guide you to write more accurately about the past and to edit your narration for good development and for correct verb tenses and endings.

A. Identificar y hacer una lista. Can you identify the following people from your high school or childhood?

En el colegio, ¿quién era...?	Entre los profesores, ¿quién era...?
el loco o la loca	el nervioso o la nerviosa
el supermán o la mujer biónica	el cómico o la cómica
el don Juan o la coqueta	el ratón de biblioteca
el mandón (*bully*) o la mandona	el tirano o la tirana
el (la) que copiaba en las pruebas	el despistado o la despistada (*absent-minded person*)
el chismoso o la chismosa (*gossiper*)	el (la) cascarrabias (*short-tempered person*)
el regalón o la regalona (*teacher's pet*)	el (la) aguafiestas (*party pooper*)

Choose three of these characters from your grade school or high school years and list the following about each, in preparation for your description.

⟶ *Por ejemplo:*
Amy, la regalona

¿Cómo era?	¿Qué (no) hacía?	¿Qué le interesaba?
superbuena	Ordenaba la sala. Nunca se peleaba con...	sacar buenas notas

B. Describir.   Paint a picture of your grade school or high school years, using these three people as your primary characters. Make comparisons and provide detail about their typical behavior and routines, as well as the reactions of other classmates and teachers.

1. Set the scene for the past.

    Cuando estaba en el colegio... y tenía... años, había mucha gente... Recuerdo a la chica que copiaba y a...

2. Describe and contrast routine behaviors and events.

    Cuando teníamos prueba, la que copiaba siempre traía una chuleta (*cheat sheet*) y la miraba... Recuerdo que en esa clase teníamos un profesor muy... que...

3. Against this scene, relate one memorable incident involving one or more of these characters.

    Una vez, cuando estábamos en prueba de..., doña Cascarrabias miró a... y le dijo que tenía que...

C. Leer y autocriticarse.   After writing your draft, go back and read it from beginning to end. Are you pleased with the way you have developed your characters through description? If not, what is lacking? Are you pleased with the details you have provided in narrating the specific event? If not, what is lacking? Are there some things you are having difficulty expressing? Show that you have subjected your draft to this "reading" stage by writing one of the following at the end of your paper.

1. I have read what I have written and am pleased with the content.
2. I have read what I have written and am not pleased with the content. I find the following specific problems . . .
3. I have read what I have written and am basically pleased with the content, but I am having trouble expressing the following . . .

D. Editar.   Now examine your draft for accuracy in the use of verbs. For each line, circle all the verbs you find and tally the number of verbs beside the line in the margin (1 1 1 1). Then, check each verb to make sure that **(1)** the ending corresponds to the person (subject) it refers to and **(2)** you have decided correctly between imperfect and preterit tenses. Show that you have checked these aspects by crossing off with a slash each of the margin tallies. Here are some general guidelines.

1. Use imperfect forms if you are describing your characters' routine behaviors and actions in the past or if you are setting the scene for an incident.
2. Use preterit forms if you are relating a series of steps or a chain of actions that composed a particular incident.

Mi diccionario

Sustantivos

el actor actor
la actriz actress
el animalito de felpa stuffed animal
el árbol tree
el avión airplane
el/la bombero(a) firefighter
el/la cachorro(a) puppy
el/la cantante singer
el/la científico(a) scientist
las conchas de mar sea shells
el conejo rabbit
el conjunto de rock rock band
los dibujos animados cartoons
el escondite hideaway
la estampilla stamp
el/la gatito(a) kitten
la guardería daycare center
la guerra war
el insecto insect
el/la jugador/a player
el juguete toy
la lagartija lizard
la liga de béisbol / fútbol baseball/soccer league
el mar sea
la mascota pet
el mineral mineral
la moneda coin; currency
el monstruo monster
la montaña rusa roller coaster
la muñeca doll
el pájaro bird
la pelota ball
el/la perrito(a) puppy
el pez fish
la piedra rock
el/la piloto pilot
la rana frog
el ratoncito mouse
el recuerdo souvenir; memory
la (tarjeta) postal postcard
las tiras cómicas comics
la tortuga turtle
el vecindario neighborhood

Adjetivos

extranjero(a) foreign
famoso(a) famous
loco(a) crazy
peligroso(a) dangerous
travieso(a) mischievous

Verbos

armar to put together, build
caerse to fall down
castigar to punish
coleccionar to collect
columpiarse to play on a swing
construir to build
cuidar to take care of
dejar (en el suelo) to leave (on the floor)
explorar to explore
fingir to pretend
hacer ruido to make noise
hacerse daño to hurt oneself
jugar (ue) al/a la + deporte, **jugar con** to play + *sport*, to play with
jugar al papá y la mamá (al escondite) to play house (*hide and seek*)
llorar to cry
mirar los dibujos animados to watch cartoons
perderse (ie) to get lost
romper to break, to tear
saltar to jump, to leap
soñar (ue) (con) to dream (about)
tirar piedras to throw rocks
treparse a to climb
volver (ue) to return, to come back

Expresiones con *tener*

tener calor to be warm
tener frío to be cold
tener hambre to be hungry
tener miedo to be afraid
tener prisa to be in a hurry
tener razón to be right
tener sed to be thirsty
tener sueño to be sleepy

Expresiones de tiempo, frecuencia y secuencia

antes before
de repente suddenly
de vez en cuando from time to time
en ese momento at that moment
en ese tiempo during that time
en seguida immediately
esa vez that time
ese día / mes / año that day/month/year
generalmente generally
por lo general in general
por un rato for a few minutes/hours
por un tiempo for a while
por una semana / dos horas for a week/two hours
por unos días / meses / años for a few days/months/years
todo el tiempo all the time
una vez / noche / día / año one time/night/day/year

Otras palabras

algo somewhat, rather
al + infinitivo on/upon doing something
nadie no one

La Familia Pinzón, 1965. Fernando Botero, colombiano.

LA RECETA DE UN PINTOR POBRE

Las formas «volumétricas» son, sin duda, la más conocida contribución de Fernando Botero al arte contemporáneo. El maestro colombiano usa el volumen para celebrar la inocencia, el sensualismo y la alegría de sus propias experiencias. Hoy en día, las obras de Botero están entre las más apreciadas y caras del mundo. Sin embargo, respecto a su éxito como pintor, Botero ha dicho: «Mi profesión es la creación, no el éxito... Hay algo que uno tiene que buscar antes que el éxito: ¡la paz!» Hace 40 años, Botero era un pintor bastante pobre. Cuando vivía en Nueva York, por ejemplo, no tenía dinero y a menudo comía «sopa de los pintores», hecha con pollo, cebolla, sal y pimienta, y agua. ¿Qué receta tienes tú para una «sopa de los estudiantes»?

UNIDAD 5

Barriga llena, corazón contento

ALGUIEN HA DICHO QUE TODO EMPIEZA EN LA

COCINA. YA VES, PARA LA FAMILIA PINZÓN LA

COMIDA ES MUY IMPORTANTE, ¿VERDAD? EN LOS

CAPÍTULOS 9 Y 10, VAS A APRENDER MUCHO

SOBRE EL TEMA DE LA COMIDA Y SU IMPORTANCIA

EN EL MUNDO HISPANO. ¿ESTE TEMA ES

IMPORTANTE PARA TI TAMBIÉN?

¡Buen provecho!

La gran Tenochtitlán, 1945. Diego Rivera, mexicano.

En este cuadro vemos la antigua civilización azteca. ¿Sabes qué comía la gente en esta época de la historia mexicana? En el Capítulo 9, vas a aprender mucho sobre distintos alimentos y platos típicos del mundo hispano.

Diego Rivera capta la historia de México

El gran pintor y muralista Diego Rivera quería llevar su arte y su mensaje social al público, a la calle y a los edificios. Las paredes del Palacio Nacional de México, D. F. (Distrito Federal), están cubiertas de murales que nos cuentan la historia de México, empezando con las civilizaciones de la época precolombina. En este mural tenemos una vista panorámica de Tenochtitlán, la capital azteca, cuya población excedía los 300.000 habitantes. En los mercados se vendían no sólo comida, sino textiles, artesanías, materiales de construcción, tabaco, ropa, medicamentos, joyas de oro y de plata, flores, animales y muchas otras cosas.

Metas

En este capítulo vas a aprender a...

describir la comida y su preparación
dar las gracias y expresar pena

hacer un resumen del pasado

Vas a saber más de...

cómo varía la comida del mundo hispano

está... crudo, cocido, asado, frito, p. 265
gracias por haber... / siento (no) haber... +
participio pasado, p. 269
el tiempo presente perfecto, p. 275

V i s i o n e s   d e l   m u n d o   h i s p a n o

¡Vamos a cenar!

¿Cuántas veces al día comes? ¿Siempre desayunas por la mañana?
¿Almuerzas a mediodía o más tarde? ¿A qué hora cenas por la noche? Mira
el menú de la página 261. ¿Qué comidas se sirven en este restaurante, **el
desayuno, el almuerzo** o **la cena**? ¿A qué horas se sirven? ¿Prefieres tú
cenar en un restaurante o preparar la cena en casa?

¿Sabes cocinar? ¿Te gusta ir al supermercado a hacer las compras? En tu familia, ¿cuántas
veces al mes hacen grandes compras en el súper?

> **Estrategias**
>
> The activities in this section will help you become a more efficient
> reader and language learner by focusing on the following strategies.
>
> - Use cognates, category headings, and visual and context clues to
>   guess the meaning of unfamiliar words.
> - Skim to identify the known or familiar; scan for specific
>   information.
> - Collaborate with others to exchange information and rehearse.
> - Personalize new learning by using it to express your own messages.
> - Take notes to organize your thoughts and guide reporting.

A. La carta, por favor.   Tú y tu compañero(a) están en el famoso
restaurante Casa Botín, de Madrid. El mesero (*waiter*) acaba de pasarles la
carta (el menú). Miren la carta y busquen el nombre en español de todas las
secciones que puedan.

1. appetizers	**3.** eggs	**5.** meats	**7.** desserts
2. soups	**4.** vegetables	**6.** fish and seafood	

B. ¡Tenemos hambre!   Miren la carta y hagan una lista de los platos que
puedan reconocer. Luego, indiquen por lo menos cuatro cosas que Uds. van
a pedir.

C. ¿Qué es?   Cuando lees una carta y encuentras un plato que no conoces,
puedes pedirle una descripción al mesero o camarero. Con tu compañero(a),
adivinen a qué imagen se refiere cada una de las siguientes descripciones
que les ofrece el mesero del restaurante Botín. Respondan con las letras de
las imágenes.

Por favor, ¿qué es (son)...?

1. **las judías verdes con jamón:** Son un tipo de vegetal verde que se sirven
   con jamón.
2. **las gambas:** Son criaturas del mar. A veces se sirven frías en un cóctel.
3. **las almejas:** También son del mar, pero tienen una concha, una cubierta
   muy dura, como las ostras.

RESTAVRANTE
ANTIGVA CASA
SOBRINO DE
BOTÍN
(1725)
TELÉFONO 2664217
28005 MADRID
CVCHILLEROS, 17

Carta

Entremeses y jugos de fruta

Pomelo 1/2	275
Jugos de tomate o naranja	200
Melón con jamón	1.400
Aceitunas	150
Ensalada de lechuga y tomate	310

Sopas

Sopa de pescados y mariscos	950
Caldo de ave	310
Sopa de ajo	370

Huevos

Huevos revueltos con champiñón	410
Tortilla con patatas y jamón	410

Legumbres

Guisantes con jamón	530
Alcachofas salteadas con jamón	530
Judías verdes con tomate y jamón	530
Patatas fritas	190
Patatas asadas	190
Espárragos dos salsas	900

Pescados y mariscos

Salmón ahumado	1.395
Almejas BOTIN	1.600
Trucha a la navarra	900
Gambas a la plancha	1.800
Calamares fritos	950
Merluza con salsa mayonesa	1.825

Asado y parrillas

Cochinillo asado	1.550
Pollo asado 1/2	550
Chuletas de cordero	1.200
Chuletas de cerdo adobadas	800
Pechuga <<Villeroy>>	650
Filete de ternera con patatas	1.300
Ternera asada con guisantes	1.250
Lomo con patatas	1.775
Lomo con champiñón	1.775

Postres

Espuma de chocolate	350
Tarta de manzana	350
Tarta de limón	425
Flan con nata	380
Helado de vainilla o chocolate	300
Melocotón con nata	390
Fruta del tiempo	350
Fresas con crema	480
Sorbete de limón o frambuesa	350

Menú de la casa (otoño-invierno)
Precio: 2.380 Ptas

Sopa de ajo con huevo	
Cochinillo asado	
Flan	
Vino, cerveza o agua mineral	
Café	100
Pan	50
Mantequilla	60

Horas de atención: Almuerzo, de 1.00 a 4.00
Cena, de 8.00 a 12.00

Abierto todos los días del año

Hay hojas de reclamación

Servicio 16% incluido

4. **la trucha:** La trucha es un pescado de río o de lago. Aquí se sirve «a la navarra», o sea, con jamón adentro.

5. **el pollo asado:** Es pollo, un ave muy común.

6. **el caldo de ave:** Es consomé de pollo. Es muy bueno cuando uno está enfermo o no se siente bien.

7. **el cochinillo asado:** Es carne de cerdo o puerco.

8. **el lomo:** En este caso, es como un bistec. Es carne de res, de vaca.

9. **el melocotón:** Es una fruta común de color rosado o anaranjado. Tiene unos pelos muy finos afuera.

10. **la tarta de manzana:** Es un pastel de una fruta que es roja afuera y blanca adentro.

D. Quisiera probarlo. Ahora que entiendes más palabras del menú, dile a la clase dos cosas que quisieras probar (*try*) y por qué.

➡ *Por ejemplo:*
Quisiera probar las almejas Botín porque me encantan los mariscos.

E. Más información. Mira el menú y busca la siguiente información. Cita las palabras o expresiones que te dieron la información. Después, compara esta información con la que se encuentra por lo general en un restaurante estadounidense.

1. ¿A qué hora se sirve el almuerzo? ¿A qué hora se sirve el almuerzo en Estados Unidos?
2. ¿A qué hora se sirve la cena? ¿A qué hora se sirve la cena en Estados Unidos?
3. ¿Cuántos días de la semana está abierto el restaurante? ¿Cuántos días de la semana está abierto un restaurante típico de Estados Unidos?
4. El precio incluye el servicio o la propina para el mesero. ¿Cuánto recibe el mesero de propina? ¿Cuánto se deja de propina en Estados Unidos?

F. En el restaurante. En grupos de tres personas, completen y practiquen el siguiente diálogo entre el(la) mesero(a) y dos clientes. Usen el menú del restaurante Casa Botín para pedir la cena que prefieran. El(La) mesero(a) va a tomar apuntes y contarle a la clase lo que Uds. pidieron.

MESERO(A): Buenas noches, señores (señoritas). ¿Qué desean Uds.?
CLIENTE 2: Para mí, ...
MESERO(A): Muy bien. Y de beber, ¿qué les sirvo? Hay...
CLIENTE 1: ¿Me puede traer...?
CLIENTE 2: Yo quisiera tomar...
MESERO(A): Excelente. ¿Y algo de postre? Recomiendo...
CLIENTE 1: Para mí, ...
CLIENTE 2: Yo prefíero...
MESERO(A): Para servirles.

Visión Visión Visión

¿Qué tal la comida?
En las cartas de los restaurantes, generalmente dice que «hay un libro de reclamación» para uso de los clientes. **La reclamación** (o **el reclamo**, como se dice en otras partes del mundo hispano) sirve para darles a los clientes la oportunidad de quejarse de la comida o de hacerle recomendaciones al dueño del restaurante. Aquí tienes algunas expresiones que puedes usar para hacer comentarios sobre la comida.

Paella valenciana.

Tostones puertorriqueños. Churrasco argentino.

¡Qué malo(a)!

La carne está **demasiado cocida**; está **dura** y **seca**.

La trucha está **cruda**; no está **cocida**.

El café está **frío**.

La fruta está **verde**. Está **dura** y **agria**.

Las patatas están **quemadas**.

La salsa está demasiado **picante**. ¡Agua, por favor!

¡Qué bueno(a)!

La carne está **en su punto**. ¡Está **riquísima**!

¡La trucha está **muy buena**!

Está muy **rico** el café; bien **caliente**.

¡Todo está muy **sabroso**!

> Quisiera indicar que la carne estaba demasiado seca y dura. Un restaurante tan famoso no debe permitir algo así. Además, la sopa de ajo estaba fría, cosa imperdonable.
>
> Roberto Rioseco G.   21/5/1997

A. ¿Qué dijeron los clientes cuando les gustó (no les gustó) la preparación de los siguientes platos?

➤ *Por ejemplo:*

el cochinillo asado	No pude comerlo; estaba duro y seco.
la tarta de manzana	Me encantó; estaba muy rica.

1. las patatas fritas
2. el bistec
3. la sopa
4. el té helado
5. el pollo frito
6. el melón
7. las almejas
8. el pescado
9. los espárragos
10. el caldo de ave
11. el pan
12. la salsa verde

B. Dile a la clase en qué restaurante de tu ciudad se encuentra lo siguiente.

1. las hamburguesas más grasosas
2. la comida más picante
3. pescado crudo
4. comida vegetariana
5. carne quemada y seca
6. las sopas frías
7. el pan más duro
8. la comida más rica

En voz alta

Vas a escuchar una conversación que tiene lugar en un restaurante. Indica cuáles de las siguientes actividades típicas reconoces en la conversación.

_____ saludar al mesero   _____ buscar un sitio para sentarse
_____ pedir las bebidas   _____ pedir el postre
_____ quejarse de la comida   _____ pedir la comida
_____ escuchar las recomendaciones del mesero   _____ dejar la propina

Mi Refranero. En la conversación oíste los siguientes refranes. Escúchalos otra vez y repítelos tratando de imitar los sonidos.

Disfruta, come y bebe, que la vida es breve.

El hambre es la buena, no la comida.

VOCABULARIO

Imágenes y palabras

Me encantan los mariscos.   **Y también me gusta...**

la langosta

los camarones
(las gambas)

las almejas

la carne
de cerdo

la carne
de res

el jamón

Quisiera probar el pescado.   **o el ave...**

la trucha

el salmón

el atún

el pollo

el pavo

¡Qué ricas están las frutas!

la naranja

el plátano
(el banano)

la manzana

las uvas

el durazno
(el melocotón)

la piña

¡Qué frescas están las legumbres!

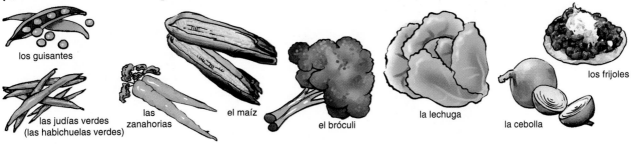

los guisantes

las judías verdes
(las habichuelas verdes)

las zanahorias

el maíz

el bróculi

la lechuga

la cebolla

los frijoles

A mí me encanta el puré de papas.

También me gustan las papas (patatas)...

Pero no me agradan las papas (patatas)...

fritas

cocidas

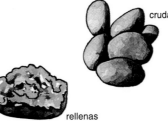

rellenas

crudas

quemadas

asadas

Para beber, quisiera...

un refresco

una agua mineral
con/sin gas

un jugo de tomate

una copa de vino blanco/tinto

una cerveza

¿Qué hay de postre hoy?

Me encanta...

el pastel
de chocolate

la tarta
de manzana

el helado de chocolate,
vainilla, fresa

el arroz
con leche

el queso

El mesero me trajo...

más pan

huevos revueltos

un vaso de leche

aceite y vinagre
para
la ensalada

más café

azúcar

mantequilla

sal y pimienta

una sopa caliente

Práctica del vocabulario

> **Estrategias**
>
> To remember new vocabulary and use it effectively, pay attention to the
> memory and communication strategies you use in this section.
> - Associate new words with other new words and with events to form
>   connections.
> - Expand use of vocabulary through combination and recombination
>   of words.
> - Use models, grids, and other visual organizers to map out your
>   message.
> - Collaborate with others to exchange information.
> - Personalize new learning to express your own messages.

A. Tantas posibilidades.   Usa el nuevo vocabulario para completar las
siguientes frases. Da todas las posibilidades que puedas imaginarte.

⟹ *Por ejemplo:*
Un pastel de chocolate, fresa, vainilla, zanahoria, maíz...

1. una ensalada de...	**4.** un jugo de...	**7.** una tarta de...
2. un sándwich de...	**5.** una papa con...	**8.** un helado de...
3. un vaso de...	**6.** una sopa de...	**9.** huevos con...

B. Para las fiestas.   ¿Qué alimentos y platos asocias con los siguientes días u ocasiones?

⟹ *Por ejemplo:*
Para el día de Navidad, en casa servimos pavo relleno, puré de papas, guisantes y un pastel de calabaza (*pumpkin*).

Una familia española.

1. las fiestas de cumpleaños
2. la cena del Día de Acción de Gracias
3. la fiesta de Jánuca / Navidad
4. el Año Nuevo
5. el desayuno
6. un día de verano
7. un día de invierno
8. cuando no tengo energía

C. Buenas combinaciones.   Nombra un alimento que se combine bien con cada uno de los siguientes.

1. el tomate
2. las papas fritas o asadas
3. la mantequilla
4. el jamón
5. el arroz
6. el queso
7. la tarta de manzana
8. el café

D. ¿Cómo se sirven?   Di cómo, en general, preparamos o servimos los siguientes platos. Luego di de qué manera te gustan a ti.

⟹ *Por ejemplo:*
las zanahorias

Las comemos frescas, crudas y frías, cocidas, asadas, en ensaladas o, a veces, en un pastel. Yo las prefiero crudas.

Se prepara(n) / Se sirve(n): **cocido(a), asado(a), frito(a), relleno(a), caliente, revueltos(as) con..., fresco(a), frío(a), en una tarta o un pastel, crudo(a), en una ensalada, en vaso, en botella, en un sándwich con...**

1. la carne de res
2. las papas
3. el arroz
4. un refresco
5. el atún
6. las manzanas
7. las cebollas
8. los huevos

E. Lo mejor y lo peor.   Prepara dos menús del día: uno que contenga todos los alimentos que te desagraden, otro que contenga todos los alimentos que te encanten. Incluye un entremés, un plato principal, legumbres, un postre, una bebida.

F. Una reseña crítica.   Piensa en un restaurante donde hayas comido recientemente y escribe una crítica. Describe y evalúa los platos que probaste y su preparación. Incluye los siguientes datos.

1. nombre y dirección del restaurante
2. tipo de comida que ofrece
3. precios
4. descripción del menú
5. atención de los meseros
6. descripción y evaluación de los platos probados
7. descripción del ambiente
8. comentarios y evaluación final

V o z V o z V o z V o z V o z V o z

Dime qué pides y te diré de dónde eres

¿Qué imágenes tienes tú de la cocina del mundo hispano? Pues, todas las regiones del mundo hispano tienen platos e ingredientes típicos según el clima, la geografía y la tradición cultural del lugar. En México, por ejemplo, algunos ingredientes básicos son **el maíz, los chiles, los jitomates (tomates)** y muchos tipos de **calabaza** (*squash*). En España, sin embargo, algunos de los alimentos más típicos son **el arroz, las aceitunas** (*olives*) **y el aceite de oliva, los mariscos, el jamón** y una variedad de **pan, quesos y carnes saladas y ahumadas** (*smoked*). Por eso, las comidas de estas dos partes del mundo hispano tienen muy poco en común. Por ejemplo, **la tortilla mexicana** (que seguramente ya conoces) se hace de maíz, pero **la tortilla española** está hecha de papas, cebolla y huevos.

Una tortilla española.

No sólo varía la comida en distintas regiones, sino que también varían las palabras que se usan para referirse a las horas de comida y ciertos alimentos. Por ejemplo:

En Madrid, le pides **un tinto** al **camarero** y te trae **una copa de vino tinto**.
En Bogotá, le pides **un tinto** al **mesero** y te trae **un café solo** (exprés).

En México, lees **el menú** y pides un **jugo de jitomate**.
En España, lees **la carta** y pides **un zumo de tomate**.

En Madrid, pides **gambas** y **patatas**.
En Hispanoamérica, pides **camarones** y **papas**.

Aquí tienes otros ejemplos de esta rica cazuela (cacerola) de palabras con su región aproximada.

Alimento	España	Caribe	México y Centroamérica	Región andina	Cono Sur
frijoles	alubias, judías	caraotas, habichuelas	frijoles	frijoles	porotos
refresco	gaseosa	←————— bebida (de fantasía), refresco ——————→			
plátano	plátano	guineo	banano	guineo, seda	plátano
maíz	maíz		elote	mazorca, choclo	choclo
toronja	pomelo		toronja		pomelo
cacahuete		←————————cacahuate————————→		maní	maní
pavo	pavo		guajolote	pavo	pavo
durazno	melocotón	←———————————— durazno —————————————→			
aguacate	←————————————— aguacate —————————————→				palta
sándwich	bocadillo	medianoche, emparedado	torta	←——— sándwich ———→	

A. Pide los siguientes platos y alimentos usando otro nombre.

1. sándwich de plátano y mantequilla de cacahuete
2. media toronja con azúcar o miel (*honey*)
3. pavo relleno, con judías verdes
4. sopa de alubias blancas
5. tarta de melocotón
6. papas asadas
7. cereal con guineo
8. aguacate con gambas y mayonesa
9. jugo de naranja
10. choclo asado

B. Estados Unidos tiene muchas especialidades también. Elige una y descríbesela a una persona de habla española. Incluye los ingredientes, la preparación y la forma de servirla.

pot roast
Manhattan clam chowder
corn bread
Boston baked beans
crawfish stew

jambalaya
gumbo
grits
matzo ball soup

GRAMÁTICA 1

Para dar las gracias y expresar pena: el uso de los participios pasados

In the preceding activities you have used words such as **asado, cocido, frito**, and **quemado** to describe the preparation of foods. These words—the past participle forms of the infinitives they come from—correspond to the *-ed/-en* forms in English, as in "I've boil*ed* an egg" or "I don't like boil*ed* eggs"; "I've writt*en* a letter" or "My writt*en* Spanish is better than my spok*en* Spanish."

To form the past participle of most verbs in Spanish, replace the **-ar** ending with **-ado** and the **-er/-ir** ending with **-ido**.

-ar → -ado	-er/-ir → -ido	
quemar → quem**ado**	**comer** → com**ido**	**servir** → serv**ido**
asar → as**ado**	**cocer** → coc**ido**	**pedir** → ped**ido**

Some common verbs have irregular past participles.

hacer	hecho	**decir**	dicho
abrir	abierto	**cubrir**	cubierto
escribir	escrito	**freír**	frito
volver	vuelto	**poner**	puesto
resolver	resuelto	**morir**	muerto
ver	visto	**romper**	roto

1. The past participle forms are often used as adjectives, as in *fried eggs* **(huevos fritos)**. When serving as adjectives, these forms always *agree* with the nouns they describe (masculine or feminine; singular or plural).

No me agradan **los huevos revueltos.**   Me encantan **las papas asadas.**
El mesero trajo **un vaso roto.**   **Las verduras salteadas** son
     exquisitas.

2. To describe the state or condition of something, use these participles as adjectives with the verb **estar.**

La carne ya **está asada**; el arroz no   *The meat is done already; the rice is*
   está cocido todavía.   *not cooked yet.*
El bistec **está** bien **cocido.**   *The steak is well done.*
La salsa **estaba hecha** con tomate y   *The sauce was made with tomatoes*
   cebolla.   *and onion.*
Todavía no **estaban abiertos** los   *The restaurants were not open yet.*
   restaurantes.
Por fin **está resuelto** el problema.   *Finally, the problem is solved.*

3. Past participle forms are also used in expressions with the infinitive **haber** to express thanks and regret. When used this way, expressions correspond to the English "Thank you for *having* (invited me/helped me)" or "I'm sorry for (not) *having* (written/responded)." When these forms are used with **haber**, they are *not* serving as adjectives, but as verbs and, therefore, there is no agreement in number or gender.

   Gracias por (no) haber...   to thank someone for having done (or not
   done) something
   Siento (no) haber...   to express regret over (not) having done something

Gracias por **haber preparado**   *Thanks for having prepared seafood.*
   mariscos.
Siento no **haber comido** el postre.   *I'm sorry for not having eaten the*
     dessert.
Gracias por **haberme invitado** a   *Thanks for having invited me to*
   cenar.   *dinner.*

4. Look at the last example and notice the position of the object pronoun. If you use direct or indirect object pronouns (or reflexive pronouns) with **haber** + *past participle*, the pronoun must be *attached* to the end of the infinitive **haber.**

   —Gracias por haber**me** hecho un pastel para mi cumpleaños.
   —De nada. Siento no haber**te** dado un regalo también.

5. To summarize, notice in the following example how the past participles are used both as adjectives and as parts of verbs with **haber.**

   Enrique le escribió una carta de despedida a su pareja. Ahora, siente
   haberle escrito una carta tan triste y deprimente, pero no hay remedio.
   La carta ya **está escrita** y las **palabras escritas** no se pueden borrar.

Ejercicio A. Da el resultado o la consecuencia de las siguientes acciones. Completa las frases con la forma apropiada del participio pasado.

1. El cocinero acaba de freír el pollo.   El pollo ya está...
2. El cocinero hizo la mayonesa.   La mayonesa ya está...
3. El dueño abrió el restaurante.   El restaurante ya está...
4. Acaban de escribir el menú del día.   El menú ya está...
5. Pusieron el menú en la vitrina.   El menú ya esta...
6. Resolvieron el problema de los precios.   El problema ya está...
7. Pusieron los manteles (*tablecloths*) en las mesas.   Los manteles ya están...
8. Los meseros rompieron las copas de cristal.   Las copas están...

Ejercicio B. Da las gracias o expresa pena, según el contexto.

Por ejemplo:

Tu mamá te envió 20 dólares. **Gracias por haberme enviado** 20 dólares, mamá.

1. Tu tío te escribió una postal de Bogotá.
2. Un amigo te dio su opinión.
3. Te enojaste con tus padres.
4. No viste a tu amiga en la reunión.
5. Tu mejor amigo te hizo un pastel de cumpleaños.
6. No ayudaste a tu novio(a) con su prueba de cálculo.
7. No les dijiste «gracias» a tus abuelos.
8. Tus vecinos te cubrieron las plantas cuando hizo frío.

Práctica de la gramática

Estrategias

The activities in this section will help you practice using past participle forms as they are used in everyday interactions to describe states, results, and completed actions. Pay attention to your use of the following learning and communication strategies.

- Develop flexibility in description by deriving adjectives from verbs.
- Recombine new learning with previous learning.
- Associate actions (verbs) with states (adjectives).
- Collaborate with others to exchange information.
- Take notes to organize your thoughts and guide your expression.
- Personalize new learning to express your own messages.

A. A lo hecho, pecho. El dueño de un restaurante se enojó cuando sus empleados cometieron ciertos errores. Completa sus reprimendas a los empleados, usando el participio pasado, según el modelo.

➤ *Por ejemplo:*

¿Quemaste el arroz otra vez? No podemos servirlo. →
El arroz **está quemado**. No podemos servir **arroz quemado**.

1. ¿Escribiste el menú en inglés? No podemos usarlo.
2. ¿Freíste la cebolla en aceite rancio? No podemos servirla.
3. ¿Cubriste el pollo con salsa muy salada? No podemos servirlo.
4. ¿Rompiste otro juego de vasos? No podemos usarlos.
5. ¿Abriste las ventanas en pleno invierno? No podemos tenerlas así.

B. Encuesta.   En un grupo de tres personas, expresen sus preferencias con respecto a los siguientes temas. Tomen apuntes y prepárense para informarle a la clase sobre las opiniones del grupo.

➤ *Por ejemplo:*

Con respecto al pescado, uno **lo** prefiere **frito** y uno **lo** prefiere **cocido**. Yo **lo** prefiero **asado** o **hecho** con cebolla y tomates.

Con respecto a la comida, ¿prefieren...	**Con respecto a las compras, ¿prefieren...**
1. el pescado frito, asado, cocido, hecho con...?	1. los regalos hechos a mano o a máquina?
2. los huevos fritos, revueltos, cocidos?	2. los jeans rotos (*torn*) o ajustados (*tight*)?
3. las papas cocidas, asadas, fritas?	3. la ropa hecha en Italia o en la China?
4. la carne de res cocida, frita, asada, hecha con...?	
5. las legumbres cocidas, revueltas, fritas con...?	

Con respecto a los estudios y las clases, ¿prefieren...

1. las pruebas escritas en clase o hechas en casa con el libro abierto?
2. pruebas sobre el texto o sobre apuntes tomados en clase?
3. la sala con la puerta abierta o cerrada?

C. Mi obra maestra (*masterpiece*).   Escribe un menú completo de tu comida preferida y luego descríbele a la clase cada plato.

➤ *Por ejemplo:*

Mi famoso pollo... está hecho con... (asado / relleno con...) y...
También preparo una ensalada china; está hecha con arroz y con...
Y mi obra maestra es..., que está hecho(a) con... y revuelto(a) con...

D. Lo que no sabían.   Responde a las preguntas de las siguientes personas, que están mal informadas. Primero, resume lo que creía o quería saber la persona; después, di lo que no sabía la persona con respecto a la situación. Sigue el modelo, usando el tiempo imperfecto.

Por ejemplo:

Tu profesor/a: «¿Cuándo vas a escribir tu composición?»

Mi profe quería saber cuándo iba a escribir mi composición. No sabía que la composición **ya estaba escrita**.

1. Tu amiga: «¿No vas a incluir una propina en la cuenta?»
2. El niñito: «Abuelita, Abraham Lincoln es tan viejo ¿Pronto va a morir?»
3. Tu papá: «¿Cuándo vas a poner la mesa?»
4. Tu compañero(a) de habitación: «¿Cuándo vas a hacer la comida?»
5. El mesero despistado: «¿Uds. no van a pedir bebidas?»

E. Mil gracias. Dale las gracias a las siguientes personas por haberte hecho distintos favores.

Por ejemplo:

Tu prima te prestó diez dólares. → Gracias por haber**me** prestado diez dólares.

1. Tu amigo(a) te enseñó a hacer arroz con pollo.
2. Tu profesora te dio una barra de chocolate mexicano.
3. Tus tíos te mandaron champaña para tu cumpleaños.
4. Tu profesor llevó a la clase a cenar al centro.
5. Tus padres te compraron café colombiano.
6. Tu mejor amigo(a) te hizo lasaña para la cena.

F. Hay que ser bien educado. ¿Qué les dirías a las siguientes personas en cada caso? Recuerda que si usas un pronombre, tienes que agregarlo a la forma de **haber**.

Por ejemplo:

Un amigo te preparó una tarta. → Gracias por haberme preparado la tarta.

No pudiste pagarle diez dólares a tu amigo. → Siento no haberte pagado, pero ahora no puedo.

1. Tus padres pagaron tu tarjeta de crédito.
2. Te olvidaste de devolverle a tu amigo un libro prestado.
3. Una amiga trajo cerveza mexicana para tu fiesta.
4. Un amigo te hizo tu plato preferido.
5. No les diste las gracias a tus abuelos por un regalo.
6. Pagaste 25 dólares por una langosta dura.
7. Perdiste el libro que te prestó tu profe.
8. Le dijiste una mentira (*lie*) a tu profe.

G. Sentimientos. Selecciona a **dos** personas de la lista y piensa bien en el mensaje que quisieras mandarles. Después, completa las siguientes frases para dar las gracias por su atención y para expresar tus excusas con respecto a acciones pasadas. Sigue el modelo.

⟶ *Por ejemplo:*

A mi profesor de arte: **Quisiera darle las gracias por** haber sido tan amable el día que... También **quisiera decirle que** siento no haberle...

1. tu profesor/a de español
2. tu profesor/a de otra clase
3. tus padres (u otros familiares)

4. tu compañero(a) de habitación
5. un/a amigo(a)
6. un/a jefe(a)

Visión Visión Visión

En la mesa comienza la salud

A fines de 1992, después de más de cuatro años de investigación, el Departamento de Agricultura de los Estados Unidos (USDA) publicó «la pirámide del buen comer». El propósito fue presentar en forma muy gráfica las recomendaciones para la alimentación diaria de los estadounidenses. Más recientemente, sin embargo, una versión latinoamericana de la pirámide fue publicada por la organización Oldways Preservation and Exchange Trust, para presentar la dieta de una región que, según los expertos en nutrición, da mejores resultados que la dieta estadounidense típica. La meta del grupo Oldways es incorporarle a la dieta estadounidense más proteínas de origen vegetal, como los frijoles, las lentejas, garbanzos y nueces (*nuts*), y también más frutas y verduras. Estudia las dos pirámides. ¿En qué se parecen? ¿En qué se diferencian?

A. En el gráfico estadounidense se puede ver que las carnes ocupan un segmento completo que omite otras fuentes de proteínas. ¿Qué desventajas tiene esto?

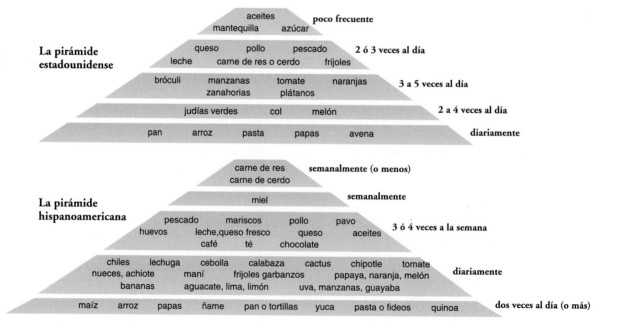

B. Estas pirámides están basadas en tres conceptos clave: la variedad, la moderación y la proporción. Haz una de las siguientes actividades.

1. Prepara un menú diario (un desayuno, un almuerzo y una cena) que incluya las modificaciones y proporciones que propone la pirámide hispanoamericana.
2. Dibuja tu pirámide personal, según las proporciones de alimentos que **realmente comes** diariamente. Después, critícala.

GRAMÁTICA 2

Para hacer un resumen del pasado: el tiempo presente perfecto

In previous activities you practiced expressing regret or thanks for something that has been done. You did this by using the following formula:

Siento	+ **haber** + participio pasado	Siento no **haber terminado** la ensalada.
Gracias por	+ **haber** + participio pasado	Gracias por **haberla terminado** tú.

In this section, you will learn how to use the past participle to describe what you have and have not done.

1. To summarize what you *have already done* or what you *have not done yet*, use the appropriate form of the verb **haber** with the past participle. Study the forms of the verb **haber** in the chart and notice how they are followed by a past participle to form the present perfect tense.

---

haber pedido (*to have ordered/asked for*)

he pedido langosta	**hemos** pedido caldo de ave
has pedido camarones	*habéis* pedido sopa de tomate
ha pedido almejas	**han** pedido guisantes con jamón

---

2. In the following examples, notice that reflexive, and direct and indirect object pronouns are placed *before* the conjugated form of **haber**. If the statement is negative, the word **no** precedes the pronoun.

Le hemos pedido la receta a Lila varias veces. Su papá es cocinero, pero Lila todavía **no nos ha dicho** el nombre del restaurante donde trabaja.

Ya **he preparado** este plato antes, pero siempre **se ha quemado**.

3. You will also use this tense to ask the question, "Have you ever . . . ?"

—¿**Has probado** la paella alguna vez?
—No. Todavía **no la he probado**, pero dicen que es fenomenal.

4. Here are some time expressions used with the present perfect tense.

ya (*already*)   **alguna vez** (*ever*)   **nunca**
todavía no (*still not, not yet*)   **muchas veces**

Todavía no he hecho flan.   ¿Han ido a la nueva taquería **alguna**
Pero **ya** he conseguido la receta.   **vez**?

5. You have used the preterit tense to refer to actions or events that occurred at a specific point in the past. You have also used the imperfect tense to describe actions and events that were repeated or occurred over an indefinite period of time in the past. You will use this new tense, the *present perfect tense*, to look back on the past, to summarize and *take stock of the past from the perspective of the present*. Notice how these tenses are used.

Siempre **me han gustado** las sopas marineras. **He tomado** sopa de almejas sólo dos o tres veces pero **he aprendido** a cocinar otras sopas hechas de pescado y mariscos. Sin embargo, todavía no **he probado** la sopa de almejas que se sirve en Boston. (*Taking stock of the past from a present-time perspective*)

Antes, cuando **vivíamos** en Maryland, **me gustaba** visitar a mi abuela porque ella **preparaba** una excelente sopa de mariscos. Pero ella siempre nos **decía** que **teníamos** que probar la sopa de almejas que **hacían** en Boston. Allí, **decía** ella, **se encontraba** la mejor sopa de almejas del mundo. (*Describing the past*)

Recientemente **tuve** la oportunidad de ir a Boston. De inmediato, **quise** encontrar un buen restaurante para poder probar la famosa sopa, pero como **llegué** muy tarde, sólo **encontré** abiertos unos restaurantes de comida rápida. (*Narrating specific past events or points in time*)

Ejercicio A. En tu familia (o en tu grupo de amigos), ¿cuántos han hecho las siguientes actividades?

➤ *Por ejemplo:*

Una persona ha...   Dos (Tres / Cuatro) personas han...
Todos(as) hemos...   Nadie ha...

1. sacar un título universitario   **5.** tocar algún instrumento
2. hacerse daño en un accidente   **6.** ver una ópera
3. dejar la llave adentro del coche   **7.** trabajar en un restaurante
4. volver a casa después de las dos   **8.** preocuparse por las finanzas
     de la mañana   **9.** quedarse en casa todos los días

Ejercicio B. Di qué cosas ya has probado o no has probado todavía.

➤ *Por ejemplo:*
la langosta   La he probado. ¡Es riquísima! (No la he probado todavía.)

1. la serpiente frita
2. los calamares (*squid*)
3. las ancas de rana (*frogs' legs*)
4. los caracoles (*snails*)
5. la tortilla española

6. la cerveza mexicana
7. el pescado crudo al estilo japonés
8. las ostras (*oysters*)
9. el caviar
10. la yuca

Práctica de la gramática

Estrategias

The activities in this section will help you practice communicating in the present perfect tense to summarize the past from a present-time perspective. Pay attention to your use of the following learning and communication strategies.

- Personalize new learning to express your own thoughts.
- Take notes to organize your thoughts for reporting.
- Expand on statements through details and explanation.
- Collaborate with others to exchange information, create, and rehearse.

A. Metas y sueños.   Escribe una lista de cinco cosas que todavía no hayas hecho pero que piensas hacer algún día.

➤ *Por ejemplo:*
Todavía no he escrito un poema.

B. ¿Lo has hecho tú?   Usa tu lista de la actividad A para preguntarles a tus compañeros(as) si ya han hecho lo que tú quieres hacer. Escribe el nombre de la persona que ya lo hizo y cuéntaselo a la clase.

➤ *Por ejemplo:*
Tu lista dice: Todavía no he escrito un poema.

TÚ: ¿Has escrito un poema alguna vez?
TU COMPAÑERO(A):   Sí, lo he hecho.

A la clase: Todavía no he escrito un poema, pero Purvi ya lo ha hecho.

C. Intrépidos.   En la siguiente lista, marca las cosas que ya hayas hecho. Después, entrevista a tu compañero(a) para ver cuáles de esas cosas ha hecho él o ella. Haz una comparación para la clase.

➡ *Por ejemplo:*

Yo **he comido** calamares dos veces, pero Eva no **los ha comido** nunca. (Los [Las] dos **hemos comido** calamares, pero todavía **no hemos...**)

1. comprar una langosta viva en el mercado
2. bucear en el mar
3. bajar un río en balsa (*white-water rafting*)
4. pilotear un avión
5. hacer paracaidismo (*parachuting*)
6. saltar la cuerda
7. romper un contrato
8. conducir un camión (*truck*)
9. irse de mochilero al extranjero
10. treparse a un árbol
11. decirle una mentira a un/a jefe(a)
12. esquiar en la nieve o patinar en el hielo

D. Logros. Di una cosa que hayan hecho las siguientes personas. Luego, da un detalle o ejemplo, usando el tiempo pretérito. Sigue el modelo.

➡ *Por ejemplo:*
Diego Rivera

Nos ha dejado muchos murales. **En 1933 pintó** un mural en el edificio de RCA en Nueva York.

1. un/a amigo(a) licenciado(a)
2. tu papá o mamá
3. una persona famosa
4. unos amigos tuyos
5. un/a pintor/a
6. un/a escritor/a
7. un actor o una actriz
8. un conjunto de rock

E. ¿Por qué no lo has hecho? Con tu compañero(a), escriban un diálogo entre una de las siguientes parejas. Usen estos tiempos verbales: el presente perfecto, el imperfecto, el pretérito. Luego, prepárense para representar la escena en clase. ¡Sean imaginativos(as)!

➡ *Por ejemplo:*
dos compañeros de habitación

Tú:	¿Por qué no **has ordenado** tu habitación? ¿No sabes que mis padres vienen a visitarme hoy?
Tu compañero(a):	Bueno, **iba a** limpiarla pero no **pude**. Esta mañana **tuve que** ir a la oficina administrativa a resolver un problema que **tenía**. Tú sabes que **he tenido** muchos problemas financieros y todavía no los **he resuelto**. Bueno, y...
Tú:	Basta, basta. Esta mañana te **vi** con tu novia.

1. dos compañeros(as) de habitación
2. un/a jefe(a) y un/a empleado(a)
3. un/a cocinero(a) y un/a mesero(a)
4. dos enamorados
5. un/a profe y un/a alumno(a)
6. un padre / una madre y un/a hijo(a)

En voz alta

A. Escucha la conversación y elige del menú todos los platos que pidió esta gente.

Aperitivos

_____ cóctel de camarones   _____ jamón con melón   _____ ensalada césar
_____ ensalada mixta (lechuga   _____ plato de fruta fresca   _____ sopa del día
     y tomate)

Platos principales

_____ pavo a la boloñesa   _____ trucha a la navarra   _____ arroz con pollo
_____ zarzuela de mariscos   _____ chuletas de cerdo   _____ salmón al horno
_____ langosta

Bebidas

_____ vino   _____ cerveza   _____ refrescos   _____ agua mineral

B. Escucha sólo la segunda parte de la grabación y, en la evaluación que sigue, marca cómo estuvo la comida que pidieron los clientes. Además, anota dos de los comentarios que hicieron los clientes sobre la comida y la atención que recibieron.

Dénos su opinión, por favor

1. El mesero fue	**a.** muy amable	**b.** amable	**c.** poco atento	**d.** descortés
2. Las carnes estuvieron	**a.** excelentes	**b.** buenas	**c.** no muy buenas	**d.** malas
3. Las aves estuvieron	**a.** excelentes	**b.** buenas	**c.** no muy buenas	**d.** malas
4. Los mariscos estuvieron	**a.** excelentes	**b.** buenos	**c.** no muy buenos	**d.** malos
5. Los aperitivos estuvieron	**a.** excelentes	**b.** buenos	**c.** no muy buenos	**d.** malos

Sus comentarios, por favor: _____

_____

Mi Refranero. Aquí tienes unos refranes populares relacionados con la comida. Léelos a ver si estás de acuerdo con ellos. Luego, escúchalos y repítelos tratando de imitar los sonidos.

La mejor salsa es el hambre.   **Cuando el vino entra, echa el secreto afuera.**

Voces del mundo hispano

Hoy y ayer, aquí y allá

Lo que come la gente varía según la región del mundo y las preferencias culturales. Por eso, muchos de los platos y alimentos que nos gustan tienen una historia muy rica. En tu región, ¿qué plato típico hay? En esta sección, vas a aprender algo de la historia de algunos alimentos indígenas de América, en general, y de Hispanoamérica, en particular. ¿Puedes imaginarte qué comía la gente de las Américas en la época precolombina (antes de la llegada de Cristóbal Colón)?

Estrategias

Apply the strategies you have learned and practiced to comprehend and use the information presented in the article.

- Think about the theme and what you already know about it.
- First focus on what you know; then try to access what remains unclear.
- Use cognates, derivatives, and context clues to make logical guesses.
- Skim for the gist and scan for specific information.
- Use visual clues to access meaning; use grids and questions to guide comprehension.
- Test your understanding by paraphrasing.
- Collaborate with others to use and exchange information.

A. Platos del mundo hispano.   Los siguientes platos y alimentos hispanos son muy populares. Con otra persona, divídanlos en las siguientes categorías. Hay algunos que pueden ponerse en las dos categorías.

Platos y alimentos de España   **Platos y alimentos de ciertos países de Hispanoamérica**

Platos: paella, arroz con pollo, tacos al carbón, gambas a la plancha, cochinillo asado, tortillas de maíz, tamales, tortillas de patatas, salsa de chiles picantes, sopa de ajo, cebiche, arroz con frijoles negros

Alimentos: el maíz, la carne de res, la carne de cerdo, el aguacate, el aceite de oliva, los cacahuetes, el cacao, las papas, las aceitunas, la yuca, el chocolate, el jamón, la piña, la calabaza

B. Mira el artículo. El siguiente artículo trata de los alimentos indígenas en la época precolombina. Míralo y busca los alimentos nombrados en la actividad A. ¿Cuántos puedes encontrar? ¿Los clasificaste bien?

C. Lee un poco. Lee el primer párrafo del artículo y completa las siguientes frases con el nombre de una nacionalidad.

1. La palabra *ketchup* viene de un nombre...
2. El *ketchup* está hecho de tomate, que es una fruta...
3. **Pomodoro** es su nombre...
4. **Jitomate** es su nombre...

El menú precolombino

Sin pensarlo, usamos *ketchup* a menudo. El nombre viene de la China, donde era una salsa para el pescado que se llamaba *ket siap*. Sin embargo, gracias al tomate, un nativo de América, la salsa tomó nueva vida. En realidad, tuvo que pasar algún tiempo para que el *xitómatl* (así lo llamaban en la lengua náhuatl de México) se convirtiera en ingrediente de cocina. Originario del norte del Perú, en México se cultivaban tomates rojos, amarillos, verdes y hasta blancos. Llegó a Europa en 1523 y fueron los italianos los primeros en usarlo y llamarlo *pomodoro*, "el fruto de oro". En México todavía se le llama *jitomate*.

Otros alimentos americanos llevados por conquistadores y exploradores a Europa fueron el maíz, los frijoles, las calabazas, los pimientos, los zapallos, y los aguacates, cacahuetes, guavas, papayas y piñas, amén del guajolote, que después se convirtió en el pavo de nuestras comidas festivas. El cacao, que hoy nos vuelve locos preparado como chocolate moderno, merece un capítulo aparte.

La dieta prehispánica carecía de° animales de granja como vacas, cerdos y corderos. Era rica en proteínas, sin embargo, con la carne de pequeños animales y pescados, patos y pavos, una gran variedad de insectos como cigarras, saltamontes y hormigas, además de larvas y gusanos comestibles. Por ejemplo, los gusanos blancos de la planta llamada maguey tienen un gusto muy sabroso. Se asaban hasta que adquirían un tono dorado y una consistencia crocante. Hoy en día, se hacen exquisitas tortas de gusanos blancos con huevos de pava.

Uno de los aspectos que más impresionó a los españoles fue la importancia de las flores en la vida de los indígenas. Todos los días, había grandes cantidades de flores en el mercado y se utilizaban hasta de alfombras para celebrar a los dioses. Pero algunas flores también se comían. Un bocado apetecido es la flor del izote, que se corta antes de que se abra por completo. Se cuece° al vapor en agua con sal y se prepara con

calabazas

zapallo

Palabras útiles

carecía de no tenía
Se cuece de cocer, cocido
la savia *sap*
las hormigas *ants*
un sinfín gran número
aderezar *to season or dress*
el sabor *taste*

gusanos

cigarra

miel

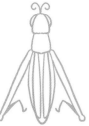

saltamontes

hormigas

Mercado al aire libre, Chichicastenango, Guatemala.

huevos revueltos o en tamales. La flor de mayo—rosada, amarilla y blanca—se come en ensaladas. También se pueden preparar dulces, cociéndolas por unos instantes en miel y agua.

Los principales dulces en los tiempos prehispánicos eran la miel y la savia° de maguey. Con miel se endulzaba el cacao (el chocolate moderno), que se servía después de la comida. Otro tipo de miel se recolectaba de las hormigas° de la miel, que llevan una cápsula con una gota de miel en la cola.

Pero nada es más importante en este menú que el maíz y las papas, principales alimentos de los pueblos prehispánicos. Preparado en forma de tortillas (*tlaxcalli*), tamales y un sinfín° de combinaciones, el maíz (los elotes) era también usado como moneda, tal era su importancia. Las papas, originarias del Perú, son un alimento extraordinario con más de mil variedades de distinto color, textura y uso. En el área andina, las papas son tan importantes que el verbo "papear" significa *comer* y "estar en la papa" es *estar bien informado*.

El menú precolombino era también muy sabroso. Para aderezar° cualquier comida y darle el típico sabor° picante a los platos precolombinos y poscolombinos, no creo que haya mejor condimento que la extensa variedad de pimientos picantes, o chiles, que se encuentran en América. Verdes, amarillos o rojos, todo el que los haya probado sabe cómo se aderezan un buen platillo americano.

Gabriela Frings, "El menú precolombino," *Revista del Domingo, El Mercurio,* (25 de noviembre de 1990), 16–17.

D. Para resumir.   Ahora lee los otros párrafos y completa el siguiente resumen.

1. Antes de la llegada de los españoles, en América ya había verduras como... y frutas como... y condimentos y especias como... También había dulces como... y la carne de animalitos como...
2. Sin embargo, en el Nuevo Mundo no había...
3. Se comían insectos como... y flores como...
4. Sin duda, los dos alimentos más importantes eran... porque...

E. En otras palabras. Completa las siguientes frases con tus propias palabras para describir la función, importancia o preparación de los siguientes alimentos.

1. Para hacer... mezclaban cacao y... Siempre lo servían...
2. Servían los gusanos de... con...
3. Usaban flores para... y también para la cocina. Las...
4. Además de alimento, el maíz se usaba para...
5. La papa es tan importante que...
6. Aderezaban todas las comidas con...

F. Los cinco sentidos. Una de las primeras plantas cultivadas en Mesoamérica fue **el chile**. Se dice que el chile tiene la virtud de agradar a cuatro de los sentidos: **la vista**, con sus brillantes tonos de verde, amarillo, naranja, rojo y negro; **el gusto**, puesto que puede ser picante, ligero o dulce; **el olfato**, con su fuerte aroma; y **el tacto**, puesto que manejarlo sin guantes produce una sensación de picazón (*itching, burning*) en la piel. Piensa en un alimento que te gusta y di cuáles de los siguientes sentidos evoca y por qué: **la vista, el gusto, el olfato, el tacto, el oído**.

Para escribir

Se lo agradezco mucho

This section will guide you to compose a letter of appreciation to someone who has done you a favor. You will go beyond mere expression of thanks to describe how much the favor meant to you.

A. Explorar. List three things people have done for you. Each of these should be favors that were truly important and memorable.

Por ejemplo:

1. Mi mamá me ayudó a conseguir una beca.
2. Mi compañera de habitación me consoló cuando rompí con mi novio.
3. Mi profesor de... me enseñó a tomar en serio mis estudios.

B. Identificar. Look at your list and think about what you might say to each person. Then, choose the one to whom you will direct your letter and decide whether you will use **tú** or **Ud.** forms in addressing this person. **Tú** forms will require a personal salutation and closing; **Ud.** forms will require a respectful salutation and closing.

	Tú	**Usted**
Para saludar:	Querido(a)...	Estimado(a)...
Para despedirte:	Un fuerte abrazo de...	Con el mayor afecto de...
Verbos:	formas de **tú**	formas de **Ud.**
Pronombres:	te	se, le, lo
Adjetivos:	tu	su

C. Hacer una lista. You want to express to this person how much you appreciated the favor by conveying something about its importance in your life. Before writing your letter, think about the following time frames and, for each, write down your thoughts. Notice the use of imperfect, preterit, present perfect, and present tenses in the model.

➡ *Por ejemplo:*
Mi compañera de habitación me consoló...

1. **Antes del favor:** Lloraba. Me sentía tan desolada y triste... Creía que...
2. **Lo que hizo la persona y cómo reaccionaste:** Tú me escuchaste, me diste consejos y me ayudaste a ver que... Esa noche que hablamos fue...
3. **Después del favor:** Todos me dijeron que..., pero seguí tus consejos y empecé a olvidarme de...
4. **Ahora:** He estado muy contenta. Aunque sé que... no me preocupo más de... y acabo de... Por eso, quiero darte las gracias por... Eres...

D. Expandir. Now write your letter, combining and expanding on the statements you made in Activity C. Use an appropriate salutation and closing.

> *Querida Nora:*
>
> *Muchísimas gracias por haberme escuchado la noche que rompí con Arturo. Siento no haberte dicho antes cuánto me ayudaste esa noche. Recuerdo que lloraba y estaba desolada y confusa. Creía que... Pero tú...*

E. Editar. When you have finished your letter, read it first for content: Have you expressed to your reader the full impact of the favor? Is this the type of letter you would like to receive? Then, review and revise your letter for accuracy of expression. Check each of the following grammar areas.

1. *Check for consistency.* Locate each line in which you refer to your reader. If you have used the correct forms outlined in Activity B, place a check mark (√) in the margin beside the line.
2. *Check for agreement of adjectives.* Circle the adjectives used in each line. Mark an X in the margin to show that you have checked for agreement (masculine/feminine; singular/plural) of each adjective.
3. *Check verb forms.* Do your verbs agree with their subjects? Have you used the correct form of all verbs? If so, **¡felicidades!**

Mi diccionario

Sustantivos

el aceite oil
el agua (mineral) (f.) (mineral) water
el alimento food, staple
la almeja clam
el almuerzo lunch
el arroz rice
el atún tuna fish
el ave (f.) poultry
el azúcar sugar
el banano/plátano banana
la bebida drink
el bróculi broccoli
el café coffee
el camarón/la gamba shrimp
la carne meat
la cebolla onion
la cena dinner
el cerdo pork
la cerveza beer
la comida food, meal
la copa wine glass
el desayuno breakfast
el durazno/melocotón peach
la ensalada salad
la fresa strawberry
los frijoles beans
la fruta fruit
los guisantes peas
las habichuelas/judías verdes string beans
el helado ice cream
el huevo egg
el jamón ham
el jugo juice
la langosta lobster
la leche milk
la lechuga lettuce
las legumbres legumes (beans, lentils); vegetables
el maíz corn

la mantequilla butter
la manzana apple
los mariscos shellfish, seafood
el menú menu
el/la mesero(a) / el/la camarero(a) waiter, waitress
la naranja orange
el pan bread
la papa (patata) potato
el pastel cake, pie, pastry
el pavo turkey
el pescado fish
la pimienta (black) pepper
la piña pineapple
el pollo chicken
el postre dessert
la propina tip
el puré de papas mashed potatoes
el queso cheese
el refresco soft drink
la res beef
la sal salt
el salmón salmon
el sándwich sandwich
la sopa soup
la tarta tart, pie
el tomate tomato
la tortilla tortilla (Mex.); omelette (Spain)
la trucha trout
las uvas grapes
la vainilla vanilla
las verduras greens, vegetables
la zanahoria carrot

Adjetivos

agrio(a) bitter
asado(a) roasted
blanco(a) white
caliente hot

cocido(a) boiled, steamed
crudo(a) raw
duro(a) hard
fresco(a) fresh
frito(a) fried
picante hot (spicy)
quemado(a) burnt
relleno(a) stuffed
revuelto(a) tossed, scrambled
rico(a) delicious
sabroso(a) delicious
salteado(a) sauteed
seco(a) dry
tinto red (wine)
verde unripe

Verbos

agradarle to like, enjoy
almorzar (ue) to eat lunch
beber to drink
cenar to eat supper
cocer (ue) to cook, boil
cubrir to cover
desagradarle to dislike
desayunar to eat breakfast
freír (i) to fry
probar (ue) to try

Otras expresiones

alguna vez ever
con/sin gas carbonated/ natural
en su punto cooked to perfection
gracias por haber... thank you for having . . .
¿qué hay de... hoy? what do you have for . . . today?
quisiera I'd like
siento (no) haber... I'm sorry for (not) having . . .
todavía no still not, not yet
ya already

La buena mesa

Mujeres en Tehuantepec, 1939. Rufino Tamayo, mexicano.

¿Qué imágenes te evoca este cuadro? ¿El sabor de las frutas y verduras frescas? ¿El ruido y el movimiento de un mercado al aire libre? No hay nada como una buena comida, hecha de ingredientes frescos. ¿Qué prefieres tú, preparar una comida en casa o pedir algo nuevo en un restaurante? En el Capítulo 10, vas a aprender a hablar de estas dos cosas.

Rufino Tamayo: hombre moderno muy antiguo

«Este hombre moderno es también muy antiguo», ha dicho el escritor Octavio Paz del pintor oaxaqueño (del estado mexicano de Oaxaca), Rufino Tamayo. Huérfano desde temprana edad, Tamayo creció entre las guanábanas, piñas, sandías y plátanos de la frutería de sus tíos. En sus pinturas, trató de captar lo que veía y sentía a su alrededor. Sus obras mezclan imágenes étnicas y temas tradicionales con formas de expresión modernas y abstractas como las del cubismo. En un reciente discurso en Oaxaca, el Presidente de México, Ernesto Zedillo, invocó a Rufino Tamayo como fuente de inspiración y orgullo:

> Que nos aliente el recuerdo de un gran oaxaqueño, Rufino Tamayo, que insistió, según sus palabras, «en ser mexicano, nutrirme en la tradición de mi tierra y al mismo tiempo recibir del mundo y dar al mundo cuanto pueda».

En este capítulo vas a aprender a...

describir cómo se prepara la comida
describir cómo se pone la mesa
referirte a gente y cosas ya mencionadas

expresar duda y deseo acerca de lo que haya
  pasado

Vas a saber más de...

algunos platos y bebidas del mundo hispano
las horas de comida: el desayuno, el almuerzo, la
  cena
cómo se celebra la comida en el mundo hispano

medidas y porciones, p. 293
utensilios y envases, p. 294
pronombres de complemento indirecto y
  directo **me lo(la), te lo(la), se lo(la)**, p. 298
el presente perfecto del subjuntivo, p. 303

Visiones del mundo hispano

Grandes culturas, grandes cocinas

Se dice que donde se han desarrollado grandes culturas, también ha habido
grandes cocinas (*cuisines*). ¿Qué elementos caracterizan la cocina de los
Estados Unidos? ¿Existe un «plato nacional» en este país? En esta sección,
vas a aprender algo sobre la cocina de la región andina, específicamente la
del Perú. En términos gastronómicos, se dice que la cocina peruana se
caracteriza por la variedad, la diversidad y la mezcla. ¿Hay una mezcla de
orígenes en los Estados Unidos también? ¿Se sirve algún plato de origen
extranjero en tu casa? ¿Qué es?

Estrategias

This section will help you become a more efficient reader and language
learner by focusing on learning strategies. Skim the activities to identify
which of the following strategies are used in each.

- Skim for the gist and scan for specific information.
- Use cognates, context clues, and your knowledge of Spanish to guess
  unfamiliar words.
- Transfer new learning to different contexts.
- Personalize new learning to express your own thoughts.
- Use models to map out and stretch your expression.

Desayuno americano

Jugo (papaya, naranja)

Huevos fritos o revueltos
con jamón o tocino

Pan o panqueques

Café con leche

A. Buenos días. En Miraflores, un barrio de Lima, Perú, se encuentran muchos restaurantes muy buenos. A la izquierda tienes el menú de desayuno de uno de estos restaurantes. Míralo y di cuál de los tres desayunos corresponde a tu desayuno típico y cuál de los tres vas a pedir tú si vas a Lima.

Una plaza de Miraflores.

Desayuno continental

Jugo (papaya, naranja)

Café, té o chocolate

Pan

Mantequilla o mermelada

B. Por favor, ¿me puede decir qué es esto? Imagínate que estás en este restaurante limeño. Quieres probar el desayuno peruano pero, como no sabes qué es el **chicharrón**, le pides una explicación al mesero. Completa la siguiente conversación según el contexto, con las preguntas que le haces. En la última línea, dile al mesero si vas a pedir el plato o no y por qué.

TÚ: ¿...?
EL MESERO: Es carne de cerdo o de vaca frita.
TÚ: ¿...?
EL MESERO: Cortamos la carne en trozos, la ponemos en agua y la dejamos hervir hasta que el agua se evapore y la carne empiece a freírse en su propia grasa.
TÚ: ¿...?
EL MESERO: Por lo general, lo servimos con camote amarillo. El camote, primero lo hervimos en agua, luego lo freímos en aceite.
TÚ: ¿...?
EL MESERO: El camote, o ñame, como se dice en otras partes, es un tubérculo. Se parece a la papa, pero tiene color anaranjado o amarillo.
TÚ: ...

Desayuno peruano

Jugo de naranja

Tamal

Chicharrón con camote frito

Té o café

C. A ver el menú. En el restaurante limeño, tienes que elegir de lo siguiente para pedir el almuerzo y la cena. Di qué vas a pedir, seleccionando un plato de cada categoría.

Entradas	**Sopas**	**Platos de fondo**	**Bebidas frías**
Cebiche de corvina	Pisca con arepa	Corvina al ajo	Gaseosa Cerveza
Palta rellena	Crema de zapallo	Pollo a la cerveza	Jugos Limonada
Papa a la huancaína	Sopa de verduras	Papa rellena con arroz	Agua mineral Chicha
Ensalada mixta	Chupe de pescado	Bistec con papas fritas	**Bebidas calientes**

Postres

Mazamorra morada

Arroz con leche
Crema volteada
Ensaladas de frutas

Café   Chocolate
Café con leche   Manzanilla
Té negro
Mate de coca

D. Aventura gastronómica.   Cuando tengas la oportunidad de viajar al mundo hispano, recuerda: si no te aventuras un poco, no vas a poder vivir la cultura. Mira sólo los ingredientes de las siguientes recetas para platos peruanos que se ofrecen en el menú. Según los ingredientes, ¿cuál de los platos peruanos vas a probar tú?

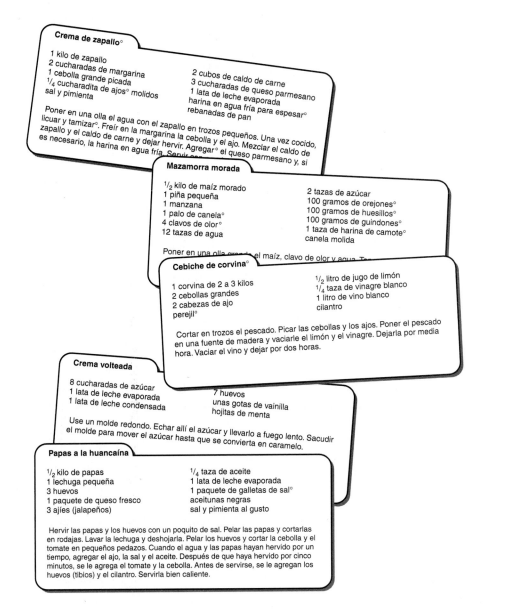

Crema de zapallo°

1 kilo de zapallo
2 cucharadas de margarina
1 cebolla grande picada
¼ cucharadita de ajos° molidos
sal y pimienta

2 cubos de caldo de carne
3 cucharadas de queso parmesano
1 lata de leche evaporada
harina en agua fría para espesar°
rebanadas de pan

Poner en una olla el agua con el zapallo en trozos pequeños. Una vez cocido, licuar y tamizar°. Freír en la margarina la cebolla y el ajo. Mezclar el caldo de zapallo y el caldo de carne y dejar hervir. Agregar° el queso parmesano y, si es necesario, la harina en agua fría. Servir con...

Mazamorra morada

½ kilo de maíz morado
1 piña pequeña
1 manzana
1 palo de canela°
4 clavos de olor°
12 tazas de agua

2 tazas de azúcar
100 gramos de orejones°
100 gramos de huesillos°
100 gramos de guindones°
1 taza de harina de camote°
canela molida

Poner en una olla grande el maíz, clavo de olor y agua. Ta...

Cebiche de corvina°

1 corvina de 2 a 3 kilos
2 cebollas grandes
2 cabezas de ajo
perejil°

½ litro de jugo de limón
¼ taza de vinagre blanco
1 litro de vino blanco
cilantro

Cortar en trozos el pescado. Picar las cebollas y los ajos. Poner el pescado en una fuente de madera y vaciarle el limón y el vinagre. Dejarla por media hora. Vaciar el vino y dejar por dos horas.

Crema volteada

8 cucharadas de azúcar
1 lata de leche evaporada
1 lata de leche condensada

7 huevos
unas gotas de vainilla
hojitas de menta

Use un molde redondo. Echar allí el azúcar y llevarlo a fuego lento. Sacudir el molde para mover el azúcar hasta que se convierta en caramelo.

Papas a la huancaína

½ kilo de papas
1 lechuga pequeña
3 huevos
1 paquete de queso fresco
3 ajíes (jalapeños)

¼ taza de aceite
1 lata de leche evaporada
1 paquete de galletas de sal°
aceitunas negras
sal y pimienta al gusto

Hervir las papas y los huevos con un poquito de sal. Pelar las papas y cortarlas en rodajas. Lavar la lechuga y deshojarla. Pelar los huevos y cortar la cebolla y el tomate en pequeños pedazos. Cuando el agua y las papas hayan hervido por un tiempo, agregar el ajo, la sal y el aceite. Después de que haya hervido por cinco minutos, se le agrega el tomate y la cebolla. Antes de servirse, se le agregan los huevos (tibios) y el cilantro. Servirla bien caliente.

Palabras útiles

el zapallo *pumpkin, squash*
el ajo *garlic*
la harina... para espesar *flour to thicken*
tamizar *put through a sieve*
agregar *add*
la canela *cinnamon*
los clavos de olor *clove*
los orejones *dried apricots*
los huesillos *dried peaches*
los guindones *dried cherries*
el camote (el ñame) *sweet potato*
la corvina *sea bass*
el perejil *parsley*
las galletas de sal *saltines*

E. Medidas y porciones.   ¿Qué alimentos se miden con las medidas (*measures*) de la próxima página o se encuentran en las formas indicadas? Usa los alimentos de las recetas y agrega por lo menos un alimento más si puedes.

⟹ *Por ejemplo:*

una rodaja de huevo, tomate, naranja,...

1. un paquete de...	**4.** una cucharada de...	**7.** unas hojas de...
2. una taza de...	**5.** una cucharadita de...	**8.** un trozo o pedazo de...
3. una lata de...	**6.** unas gotas de...	**9.** unas rebanadas de...

F. Para preparar los platos. Di para qué receta de la página 289 vas a usar cada uno de los siguientes utensilios.

una fuente de madera

un sacacorchos

una sartén

una olla

una cuchara de madera

una licuadora

un abrelatas

una taza

una cucharita
una cuchara
un tenedor

un cuchillo

G. Platos desconocidos. Seguramente hay ciertos alimentos que no te gustan. Di lo que esperas que no haya en los siguientes platos de este restaurante.

⟹ *Por ejemplo:*

En el cebiche, **espero que no haya** aceitunas negras. No me gustan.
También **espero que no haya** demasiado vinagre.

1. En la limonada, espero que no haya...

2. En la ensalada, espero que no haya...

3. En la sopa de verduras, espero que no haya...

4. En la ensalada de frutas, espero que no haya...

5. En las papas fritas, espero que no haya...

H. No creo que hayan probado... ¿Hay algún plato que preparen en tu casa y que probablemente desconozcan tus amigos? Piensa en un plato o alimento y descríbele a la clase su preparación. Puede ser tu especialidad o alguna creación culinaria de un familiar.

⟹ *Por ejemplo:*

No creo que Uds. hayan probado mi famoso sándwich de queso y chiles picantes. Para prepararlo, toman dos **rebanadas** de pan duro. En el pan ponen una **cucharada** de mayonesa, una **cucharadita** de vinagre, un **trozo** de queso suizo y dos chiles verdes pelados y cortados (yo prefiero los chiles que vienen en **lata**). Luego, ...

Visión Visión Visión

El altiplano peruano.

La chicha es una bebida hecha de maíz.

Quien come bien, bien bebe

En el menú del restaurante limeño, aparecen bebidas frías como **la chicha**. También hay infusiones calientes (o tés) como **el mate de coca** y **la manzanilla** (*chamomile tea*). Recuerda que el café no se cultiva al sur de Colombia. **La chicha morada** y **el mate de coca** son muy populares en la región andina y la gente dice que son muy buenas para la salud y la digestión. En los Andes, **el mate**, o infusión de hojas de coca, es útil para calmar los síntomas de una enfermedad de la altura que se llama **soroche** o **puna**. Y no te preocupes, porque el mate de coca no es ni droga ni cocaína. Las hojas de coca contienen menos del uno por ciento (1%) de cocaína pura y tienen un efecto parecido al de la cafeína, excepto que una taza de café probablemente contiene más cafeína. La manzanilla es buena para los dolores de estómago, el insomnio y las inflamaciones.

A. ¿Qué bebida fría o caliente prefieres tú en las siguientes situaciones?

1. Tienes una influenza tremenda.
2. Hace calor y tienes mucha sed.
3. Tienes sueño pero necesitas estudiar.
4. Hace muchísimo frío.
5. Estás nervioso(a) y estresado(a).
6. Te sientes deprimido(a).

B. Explora un poco con tus compañeros(as) y ve qué mates o tés tienen en la tienda naturista (o en una tienda hispana) de tu pueblo o ciudad.

En voz alta

A. Escucha la conversación y marca todos los temas que se mencionan.

_____ un restaurante   _____ la comida de una región   _____ las medidas

_____ varios ingredientes   _____ carnes y aves   _____ los gustos

_____ algo que desagrada   _____ unas verduras   _____ los postres

B. Apunta todos los alimentos mencionados que reconozcas.

Mi Refranero. En la conversación oíste el siguiente refrán. Ahora, escúchalo otra vez y repítelo, tratando de imitar los sonidos.

Comida que mucho hierve, sabor pierde.

VOCABULARIO

Imágenes y palabras

¡Qué aroma! A la hora del desayuno, la cocina huele* a...

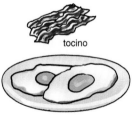

tocino

Espero que haya huevos también.

avena con canela

Quisiera una porción con azúcar.

panqueques americanos

Los prefiero con miel o sirope.

pan tostado

Quisiera tres rebanadas con mantequilla o margarina.

panecillos

Quisiera uno con mermelada, por favor.

***Huele** is a form of the verb **oler**.

Aquí, el almuerzo se sirve de la una a las cuatro. Los ingredientes del plato principal son...

un paquete
de fideos

tres cucharadas
de queso parmesano

medio kilogramo
de guisantes congelados

harina para
espesar

dos latas de salsa
de tomate

un frasco
de chiles verdes

un kilogramo (2 libras)
de carne de de vaca,
cortada en trozos

dos cucharaditas
de ajo picado

dos tazas de cebolla
cortada en aros

media cucharadita
de mostaza

unas gotas
de vinagre

Para prepararlo hay que...

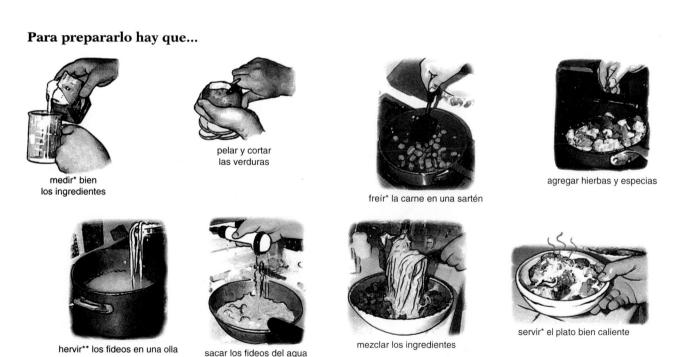

medir* bien
los ingredientes

pelar y cortar
las verduras

freír* la carne en una sartén

agregar hierbas y especias

hervir** los fideos en una olla

sacar los fideos del agua

mezclar los ingredientes

servir* el plato bien caliente

---

*__Medir__ and __servir__, like __freír__, are __(i)__ stem-changing verbs.
**__hervir (ie, i)__

La mesa ya está puesta. Si falta algo, sólo hay que pedírselo al mesero.

un vaso
para el agua

una copa
para el vino

una taza

una
servilleta

un plato

una cuchara

una cucharita

un tenedor

un cuchillo

Aquí, la cena se sirve de las ocho de la tarde a las once de la noche.

Pero son las cinco y tengo hambre. Espero que haya...

unas golosinas

un trozo
de torta

una barra
de chocolate

unas
galletas

unos antojitos

un yogur
de dieta

unas papitas
fritas

unas palomitas
de maíz

Aquí en casa no hay que...

hacer
reservación

hacer
cola

pagar la
cuenta

dejar la
propina

Práctica del vocabulario

Estrategias

To remember new vocabulary and use it effectively, pay attention to the memory and communication strategies you use in this section. Skim the activities and try to identify which strategies are used in each.

- Recycle previous learning in new contexts; recombine the known with the new.
- Associate images and experiences with new words, and associate new words with other new words.
- Personalize new learning to express your own thoughts.
- Use models and other visual organizers to map out and expand your expression.
- Sort or categorize new words to establish connections.
- Use new words in real-life contexts.

A. Para mí, por favor.   Describe con detalles cómo te gusta comer las siguientes cosas.

➠ *Por ejemplo:*

Para mí, los fideos no son fideos sin queso parmesano (sin salsa de tomate / sin crema y mariscos).

1. los fideos	**4.** los panecillos	**6.** la ensalada mixta	**9.** los panqueques
2. el pan	**5.** la papa al	**7.** la ensalada de fruta	**10.** las papitas fritas
3. la avena	horno (*baked*)	**8.** un huevo frito	

B. ¿Qué le agregas?   Di qué le agregas a cada uno de los siguientes platos y alimentos. Menciona la cantidad específica.

➠ *Por ejemplo:*

Al café siempre le pongo **unas gotas de** leche y **una cucharadita de** azúcar.

1. a los fideos o espaguetis	**6.** a media toronja (*grapefruit*)
2. a las palomitas de maíz	**7.** a los panqueques
3. a una hamburguesa	**8.** a la avena o al cereal
4. a una ensalada de lechuga y tomate	**9.** al pan tostado
5. a un sándwich de jamón y queso	**10.** al té

C. ¡Qué aroma!   Di qué aroma te evocan los siguientes lugares y ocasiones.

➠ *Por ejemplo:*

Estás en un mercado al aire libre. → Huele a flores, frutas y legumbres.

1. Es el Día de Acción de Gracias.	**5.** Estás en un restaurante de comida al paso (rápida).
2. Es domingo por la mañana en casa.	**6.** Es el día de tu cumpleaños.
3. Tu mamá prepara tu plato preferido.	**7.** Estás en un restaurante italiano.
4. Estás en una panadería.	**8.** Estás en una frutería.

D. ¿Cómo se preparan?   Con un/a compañero(a), describan cómo se prepara uno de los siguientes platos. Digan qué ingredientes y qué utensilios se usan y qué se hace por lo general.

➡ *Por ejemplo:*

Para preparar el puré de papas, primero pelas y cortas las papas en trozos. Luego, las pones en una olla con agua y las dejas hervir por 15 minutos. Después, pones las papas en una licuadora y las mezclas con leche y margarina.

1. los panqueques	**4.** una ensalada de papas
2. los tacos	**5.** una sopa de verduras
3. una ensalada de verduras	**6.** una ensalada de fruta

E. Del súper a la casa.   Di cómo se venden (en caja / bolsa / paquete / lata / frasco / botella) y, luego, cómo y con qué se sirven los siguientes alimentos.

➡ *Por ejemplo:*

los champiñones (*mushrooms*)

En el supermercado los venden en latas o en cajas de plástico.
En casa, los servimos en trozos, **con** el bistec.

1. las papas	**4.** el cereal	**7.** las cebollas
2. la mermelada	**5.** el pan	**8.** la sopa
3. la mostaza	**6.** el jugo de manzana	**9.** el vinagre

F. ¿Qué falta?   En el restaurante hay que pedirle al mesero lo que falte. ¿Qué le vas a decir al mesero en las siguientes situaciones?

➡ *Por ejemplo:*

De postre, pediste una tarta de manzana, pero no tienes utensilios.

Señor, ¿me trae un tenedor, por favor?

1. Pediste la comida, pero no tienes con qué protegerte la ropa.
2. Pediste sopa de verduras, pero no tienes con qué tomarla.
3. Pediste vino, pero sólo hay vasos en la mesa.
4. Uds. pidieron carne, pero no hay con qué cortarla ni comerla.
5. De postre, pidieron pastel, pero no hay con qué comerlo.
6. Pediste una hamburguesa, pero no tienes ningún condimento.
7. Pediste una ensalada, pero está seca.
8. Pediste un café, pero no te gusta el café solo.

G. ¡Qué desastre!   Relata un episodio en el que trataste de preparar algo pero no te salió bien.

➡ *Por ejemplo:*

Una vez cuando tenía 10 años, quise preparar puré de papas. Pelé y corté las papas y las puse a hervir. Luego, las metí en la licuadora y agregué media taza de leche. Pero, después, en vez de echarle sal, me equivoqué y le agregué una chucaradita de azúcar. ¡Qué desastre!

Visión Visión Visión

¡A comer, se ha dicho!

En las culturas hispanas, la comida es una ocasión en que se reúne la familia o se hace amigos. Por eso, hay que comer lentamente y disfrutar de la conversación y la buena compañía. La gente no se retira de la mesa tan pronto se termina de comer, sino que continúa conversando. Esta costumbre se llama **la sobremesa** y puede durar de media hora a tres horas, según el día de la semana, la ocasión y el lugar.

Las horas de comida varían de una cultura hispana a otra. También varía el nombre de la comida. Por ejemplo, en España y en partes de México, no se dice «el almuerzo» sino «la comida». El almuerzo o la comida del mediodía es la comida principal, y por lo general se sirve entre la 1.00 y las 4.00. Entre estas horas, en muchas ciudades las tiendas y los negocios se cierran para que los empleados puedan ir a casa a comer con sus familiares. Luego, las tiendas vuelven a abrirse a las 4.30 o las 5.00 y se quedan abiertas hasta las 8.30 o las 9.00 de la noche.

En general, la cena se sirve tarde, entre las 8.30 y las 11.30 de la noche, según el lugar y la estación del año. El vino se considera parte de la comida; así que si no bebes vino, pide agua, agua mineral o un refresco antes de que te ofrezcan vino.

Cada cultura tiene sus propias costumbres. Por ejemplo, en muchos lugares se toma un té a media tarde. Esto es la **merienda**. En España las horas antes de la cena (como desde las 7.00 hasta las 9.00) son las horas del **tapeo** cuando la gente se congrega en los bares y cafés a tomar una copa de vino o una **caña** (un vaso pequeño de cerveza) y a probar las deliciosas tapas (antojitos o canapés) que se ofrecen, tales como aceitunas, gambas al ajillo, calamares fritos, ensaladas, frutos secos—en fin, una selección infinita.

Una familia peruana, de sobremesa.

Tapas españolas.

Prepara cinco preguntas para descubrir las costumbres familiares de tus compañeros(as) de clase. Luego, **(1)** entrevista a cuatro compañeros(as) y **(2)** usa los resultados de tu encuesta para explicarle a un/a hispano(a) las costumbres relacionadas con la comida en los EE.UU.

Por ejemplo:

¿Cuántas veces a la semana se sientan a la mesa a comer todos juntos?

GRAMÁTICA 1

Para referirte a gente y cosas ya mencionadas: pronombres de complemento directo e indirecto

In preceding chapters, you have practiced using two types of object pronouns. You have used indirect object pronouns (**me, te, le, nos,** *os,* **les**) to refer to people or things to whom or for whom something is done.

> Como era el cumpleaños de mi tía, **le** hicimos un pastel muy grande.
>
> Y **les** compramos otras golosinas **a ella** y **a su hijita**.

You have also used direct object pronouns (**me, te, lo, la, nos,** *os,* **los, las**) to avoid repetition of the direct object.

> Me encanta **el yogur** y además es muy nutritivo. **Lo** tomo con frecuencia.

Often, you will want to use both pronouns (indirect and direct object) together. Study the following examples.

> —¿Quién **te** hizo la tarta, Inés?   *Who made the pie **for you**, Inés?*
> —**Me la** hizo mi madrina.   *My godmother made **it for me**.*

1. Notice that both object pronouns (indirect and direct) go *before* the conjugated verb form.

> —¿Por qué no **me** trajiste el arroz?   —Porque no **te lo** podía hacer sin
>   ayuda.

2. Always place the indirect **(I)** object pronoun before the direct **(D)** object pronoun. Think "ID" as a way of remembering the order of object pronouns.

> —La tarjeta de cumpleaños **me la** dieron mis amigos.
>   **I D**
> —Y la torta, ¿quién **te la** trajo?
>   **I D**
> —Ah, ésa **me la** hizo mi mamá.
>   **I D**

3. If the indirect object pronoun is **le** or **les**, replace it with **se** when both indirect and direct object pronouns are used together.

> —¿Quién **le** preparó la cena **a Jorge**?   *Who prepared dinner **for Jorge**?*
> —**Se la** hizo su hermana Mónica.   *His sister Monica made **it for him**.*

In the statement **"se la hizo,"** notice that **se** replaces the indirect object pronoun **le** (**a Jorge**) and the pronoun **la** replaces the direct object **la cena**. **Se** also replaces the plural indirect object pronoun **les** when both indirect and direct object pronouns are used together.

> —¿Quién **les** preparó el postre?   *Who prepared the dessert **for them**?*
> —**Se lo** preparó una amiga.   *A friend prepared **it for them**.*

To clarify to whom you are referring, use a phrase with **a** + *person*.

Una amiga **se lo** preparó **a los amigos de Jorge**.

4. As you have already learned, object pronouns may be placed before the conjugated verb form or attached to the infinitive. In either case, the indirect object pronoun always comes *before* the direct object pronoun **(ID)**. When attaching *two* pronouns to the infinitive, an accent mark is added to the infinitive ending to keep the stress intact.

—¡Qué plato más maravilloso!

—Sí, quise prepar**ár**selo **a mi novia** el otro día, pero no pude encontrar la receta. (Or: Sí, **se lo** quise preparar...)

—Pues, yo la tengo en casa y puedo d**ár**tela, si quieres. (Or: Pues, yo la tengo en casa y **te la** puedo dar...)

5. In the previous examples, notice that you had *two* options for placement of pronouns because the infinitives are accompanied by conjugated verb forms **(quise preparar, puedo dar)**. When the infinitive is used *alone*, however, without a conjugated verb form, pronouns *must* be attached.

Me encanta la paella valenciana. Gracias por habér**mela** preparado.

Ejercicio A. Usa pronombres de complemento directo e indirecto para completar las siguientes expresiones.

Por ejemplo:

A mi compañera le gusta la ensalada que le preparé.
Me dijo: «Gracias por **habérmela preparado**».

1. A mis amigos les encantan las galletas que les hiciste. Me dijeron: «Gracias por...»
2. Me olvidé de hacerte las compras ayer. Siento no...
3. Mi hermano y yo usamos el microondas que nos prestaste todos los días. Gracias por...
4. Leí y releí el poema que Uds. me escribieron. Gracias por...
5. Ayer me resolviste un gran problema. Gracias por...
6. Quise devolverle el libro a Ud. pero no tuve tiempo. Siento no...

Ejercicio B. Usa pronombres de complemento directo e indirecto para indicar quién hizo lo siguiente y para quién lo hizo: **el mesero, la clienta o la cocinera**.

Por ejemplo:

traer la comida   El mesero **se la trajo** a la clienta.
pedir la cuenta   La clienta **se la pidió** al mesero.

1. dejar la propina
2. preparar los fideos
3. hacer los panqueques a la francesa
4. pedir un cuchillo para la carne
5. servir el desayuno
6. traer una cerveza
7. pagar la cuenta
8. calentar la comida

Práctica de la gramática

A. Buena gente.   Pregúntale a tu compañero(a) quién le ha hecho las siguientes cosas.

⟾ *Por ejemplo:*
prepararle la cena anoche

TÚ:	¿Quién te preparó la cena anoche?
TU COMPAÑERO(A):	Mi novia(o) me la preparó. (Yo mismo(a) me la preparé.)

1. pagarle la cuenta cuando fue a cenar
2. prestarle unos dólares el mes pasado
3. hacerle una fiesta para su cumpleaños
4. comprarle los alimentos del mes
5. darle el dinero para los libros
6. conseguirle un buen trabajo
7. pagarle la matrícula
8. mandarle unas golosinas

B. No me resultó.   Imagínate que ibas a hacerles favores a varias personas, pero al fin no los hiciste. Dale a tu compañero(a) tres ejemplos de cosas que no has hecho todavía y explícale por qué. Tu compañero(a) va a tomar apuntes para informarle a la clase de lo que dices.

⟾ *Por ejemplo:*
Iba a lavarle el coche a mi novia, pero llovió y todavía **no se lo he lavado**.

Ideas: hacerle las compras a... / escribirle una carta a... / mandarle... a... / comprarle... a... / pedirle una tarea (un libro / un programa) a... / contarle algo a... / darle... a... / lavarle... a... / ordenarle... a... / limpiarle... a... / enseñarle... a... / devolverle... a... / resolverle... a... / buscarle... a... / conseguirle... a...

C. Mala atención.   Imagínate que le has pedido varias cosas al mesero, pero él no te las ha traído. ¿Cómo puedes quejarte al(a la) gerente del restaurante? Tú eres el(la) cliente y tu compañero(a) es el(la) gerente.

➡ *Por ejemplo:*
No tenías cuchara de sopa.

Tú	**Tú compañero(a)**
Señor/ita, le pedí una cuchara de sopa al mesero.	Y **se la trajo**, ¿no?
No me la ha traído todavía.	Disculpe. **Se la va a traer (Va a traérsela)** en seguida.

1. No había sal ni pimienta.
2. Querías una servilleta limpia.
3. No tenías plato de pan.
4. No había una copa para el vino.
5. Querías una cucharita.

6. Querías una copa de vino.
7. No tenías tenedor de postre.
8. Querías mostaza.
9. No tenías azúcar.
10. Querías un vaso de agua fría.

Segovia, España.

D. ¡A preguntárselo, pues! Hazle las siguientes preguntas a tu compañero(a). Luego, según su respuesta, trata de conseguir más detalles. Estudia el modelo y presta mucha atención a la pregunta.

Tú	**Tu compañero(a)**
¿Le has regalado el anillo de compromiso a tu novia?	Sí, se lo he regalado.
¿Cuándo se lo regalaste?	Se lo regalé el mes pasado.
¿Le has regalado el anillo de compromiso a tu novia?	No se lo he regalado todavía.
¿Cuándo vas a regalárselo?	Se lo voy a regalar pronto. (No sé cuándo se lo voy a regalar.)

1. ¿Tus padres te han enviado el dinero que necesitas?
2. ¿Les has enviado solicitudes de empleo a varias empresas?
3. ¿Le has ordenado la habitación a tu compañero(a)?

4. ¿Tus amigos te han prestado los apuntes de una clase?
5. ¿Te ha pedido tu teléfono una persona interesante?
6. ¿Te han servido tu plato preferido en algún restaurante?

E. La buena mezcla de ideas. Con tu compañero(a), traten de ofrecer por lo menos dos maneras de crear un contexto lógico para las siguientes palabras. Sigan el modelo. Para los números del 1 al 4, usen los verbos indicados; para los números del 5 al 8, usen sus propios verbos.

➡ *Por ejemplo:*
las instrucciones (pedir, ofrecer): Los turistas **se las** piden **a los policías**. Los policías **se las** ofrecen **a los turistas**. Yo siempre **se las** pido a gente en la estación de gasolina.

1. los problemas (resolver, causar)
2. los apuntes (prestar, conseguir)
3. la cena fría (servir, preparar)
4. la propina (dejar, pedir)

5. las cartas y tarjetas
6. los chocolates y las flores
7. el regalo de mis sueños
8. unos vasos de plástico y unas servilletas de papel

V O Z V O Z V O Z V O Z V O Z V O Z

Odas elementales

Uno de los poetas más famosos del mundo hispano es el chileno Pablo Neruda. Su poesía está dedicada a todo el universo y a las cosas básicas de la tierra, como las piedras, las plantas y las nubes. El siguiente poema es para la alcachofa (*artichoke*). ¿A ti te gustan las alcachofas?

A. Lee la primera parte del poema y presta atención a las imágenes. Cita las palabras que usa Neruda para describir lo siguiente.

1. la alcachofa como guerrero (*warrior*)

2. la alcachofa por adentro

3. el físico de la zanahoria

4. la col como una gran dama

5. el aroma del orégano

6. la personalidad de los vegetales

Oda a la alcachofa

Palabras útiles

el corazón *heart*
el guerrero *warrior*
las escamas *scales*
los bigotes *mustache*
la col *cabbage*
probarse faldas *arrange her petticoats*
orgullosa *proud*

La alcachofa
de tierno corazón°
se vistió de guerrero°,

...

se mantuvo
impermeable
bajo

sus escamas°,
a su lado
los vegetales locos

...

en el subsuelo
durmió la zanahoria
de bigotes° rojos,

...

la col°
se dedicó
a probarse faldas°

el orégano
a perfumar el mundo,
y la dulce alcachofa
vestida de guerrero, orgullosa°...

B. Ahora lee las últimas estrofas de este poema para ver cómo termina la vida de la alcachofa.

el cesto *basket*
teme *tiene miedo*
el repollo *cabbage*

pero
entonces
viene
María
con su cesto°,
escoge
una alcachofa,
no le teme°,
la examina, la observa
contra la luz como si fuera un huevo,
la compra,
la confunde en su bolsa
con un par de zapatos,
con un repollo° y una
botella
de vinagre

hasta
que entrando a la cocina
la sumerge en la olla.

Así termina
en paz
esta carrera
del vegetal armado
que se llama alcachofa,
luego
escama por escama,
desvestimos
la delicia
y comemos
la pacífica pasta
de su corazón verde.*

---

*Pablo Neruda, "Oda a la alcachofa," *Odas elementales, Selected Poems of Pablo Neruda* (New York: Grove Press, 1961), p 192.

c. Escribe tu propia oda a un alimento preferido, según el modelo. Luego léeselo a la clase sin dar el título, a ver si tus compañeros(as) adivinan a qué te refieres.

nombre del alimento	Cebolla
dos palabras sobre la preparación	cruda o frita,
tres palabras sobre tamaño, forma o aroma	pequeños aros aromáticos.
tu opinión sobre este alimento	Hueles mal; me haces llorar.
	Pero sabes a gloria
un plato o comida en que se usa	en mis hamburguesas.

GRAMÁTICA 2

Para expresar duda o deseo sobre lo que haya pasado: el presente perfecto del subjuntivo

In this chapter you used the expression **Espero que no haya...** to say what you hope there will not be, and **No creo que hayan probado...** to say what you don't think others have tried. Notice that, like **hay, haya** does not change when it is used to mean *there is/there are*, regardless of whether you are referring to one (singular) or several things (plural).

En el restaurante de la playa: **Espero que haya** mariscos frescos.
En el mercado al aire libre: **Espero que no haya** cola.
No creo que haya trucha hoy.

1. You have used **hay** and **había** to express *there is/are* and *there was/were*. These words come from the infinitive **haber**. **Haya** is the *present subjunctive* form of **haber**. The present subjunctive is always used after the expressions **esperar que...** (*to hope that . . .*) and **no creer que...** (*to not think/not believe that . . .*).

Espero que haya una mesa en la terraza.

No creo que haya ensaladas; ya es muy tarde.

*I hope **there is** a table on the terrace.*

*I don't think **there are** any salads left. It's already very late.*

2. The present subjunctive of **haber** may also be used with a past participle. In the following examples, notice the difference between **ha** + *past participle* to express what has actually happened and **haya** + *past participle* to express what you *hope* has happened or what you *don't think* has happened.

Mis tíos dicen que mis padres ya me **han mandado** el cheque para las compras del mes. **Espero que** me **hayan mandado** un poco más que el mes pasado.

Uds. **han probado** los calamares, pero **no creo que hayan probado** el cebiche.

3. The following are the forms of **haber** in the present subjunctive, which you use with the past participles you already know.

	Todos esperan que...		**Pero no creen que...**
(yo)	**haya** hecho el postre	(nosotros[as])	**hayamos** hecho el postre
(tú)	**hayas** hecho el postre	(*vosotros[as]*)	*hayáis* hecho el postre
(él/ella/Ud.)	**haya** hecho el postre	(ellos/ellas/Uds.)	**hayan** hecho el postre

Mis amigos van a comer en casa también. Espero que mamá **haya hecho** suficiente asado para todos. ¡Ay!, las papas están un poco duras. No creo que las **hayamos hervido** lo suficiente.

Ejercicio. Completa las siguientes frases. Usa pronombres de complemento directo y/o indirecto según sea necesario.

➠ *Por ejemplo:*

Hoy es mi cumpleaños. No sé si mis amigos me han hecho la torta tradicional.

Espero que **me la hayan hecho**.

1. El mesero mira la cuenta a ver si hemos calculado bien su propina. No cree que...
2. La carne está un poco dura. ¿La han cocido lo suficiente? No creo que...
3. No sé si ya han abierto el restaurante nuevo. Espero que...
4. No sé si mis padres me han pagado la cuenta. No creo que...
5. ¡Qué ruido! ¿El mesero ha roto los vasos? Espero que no...
6. La cocina huele a humo (*smoke*). ¿Nos han quemado la comida? Espero que no...
7. No sabemos si nos han hecho la reservación. No creemos que...

Práctica de la gramática

Estrategias

The activities in this section will help you practice using the present subjunctive of **haber** and past participles as they are used in everyday interactions to express hope or doubt. You will use the following learning and communication strategies. To begin, skim the activities and try to identify which ones encourage each strategy.

- Transfer new learning to different contexts.
- Integrate new learning with previous learning.
- Collaborate with others to exchange ideas.

A. Gratitud contante y sonante.   En los países hispanos, a menudo la cuenta del restaurante incluye los impuestos y la propina. Si debes dejar propina es común dejar un diez por ciento si la atención fue buena. Mira las siguientes cuentas de varios restaurantes. En cada caso, di cuánto espera el mesero que Uds. hayan dejado de propina. En cada caso, la comida costó aproximadamente diez dólares estadounidenses.

➡ *Por ejemplo:*
en el restaurante español: 1.300 pesetas.

El mesero espera que le hayamos dejado por lo menos 130 pesetas.

En el restaurante...

1. peruano: 30 nuevos soles
2. ecuatoriano: 40 sucres
3. boliviano: 50 bolivianos
4. argentino: 55 pesos
5. hondureño: 130 lempiras
6. nicaragüense: 90 córdobas
7. panameño: 10 balboas
8. chileno: 4.200 pesos
9. mexicano: 80 nuevos pesos
10. costarricense: 2.200 colones

B. Lo doy por sentado. ¿Qué esperas que haya en los siguientes lugares?

➡ *Por ejemplo:*
en un quiosco de revistas → Espero que haya revistas de moda.

1. en la playa
2. en un hotel de lujo
3. en la cafetería de la residencia
4. en un almacén grande
5. en la cocina de un apartamento
6. en una buena pescadería
7. en un restaurante elegante
8. en mis clases del próximo semestre (trimestre)
9. en una residencia estudiantil nueva
10. en una fiesta de fin de semana

C. ¡Qué va! Haz una lista de tres cosas increíbles que hayas hecho. Por lo menos una de estas cosas debe ser una mentira (*lie*). Ahora, vas a decírselas a tu compañero(a) y él o ella va a decidir si te las cree o no.

➡ *Por ejemplo:*

Tú:	He saltado de un avión en paracaídas.
Tu compañero(a):	No creo que hayas saltado de un avión.

D. Crisis. Imagínate que has tenido un problema y que varias personas se han ofrecido a ayudarte en casa. Di qué esperas que ellos hayan hecho.

➡ *Por ejemplo:*
¿Limpiaron la sala?   Espero que **me la hayan limpiado**.

1. ¿Hicieron las compras?
2. ¿Sacaron la basura?
3. ¿Llevaron la ropa a lavar?
4. ¿Sacaron a pasear al perro?
5. ¿Prepararon la cena?
6. ¿Contestaron tus mensajes?
7. ¿Recogieron tus cartas?
8. ¿Le dieron comida al gato?

E. Espero que haya. Con un/a compañero(a), primero decidan quién dijo las siguientes frases, **el mesero o el cliente**. Luego, elijan una de las frases y desarrollen un breve diálogo entre el(la) mesero(a) y los clientes.

1. Espero que no haya mucho ruido esta noche.
2. Espero que haya una variedad de platos aquí.
3. Espero que haya una sección para no fumadores.
4. Espero que haya buenas propinas esta noche.
5. Espero que no haya gente descortés esta noche.
6. Espero que no haya tanta grasa esta noche.
7. Espero que haya una mesa cerca de la ventana.
8. Espero que haya antojitos a esta hora.

En voz alta

A. Escucha la conversación entre la madre y su hija y anota todos los ingredientes que se mencionan de los siguientes grupos.

| carnes y aves | pescados y mariscos | hierbas y especias |
| cereales y carbohidratos | verduras | grasas y aceites |

B. Escucha la conversación otra vez y marca cuáles de las siguientes operaciones hay que hacer para preparar el plato.

_____ freír   _____ hervir   _____ poner en el refrigerador

_____ picar   _____ medir   _____ cortar en trozos o pedazos

_____ poner en el horno   _____ pelar   _____ mezclar ingredientes secos

_____ saltear   _____ agregar líquidos   _____ echarle hierbas

Mi Refranero. Aquí tienes dos dichos populares relacionados con la comida. Léelos y di si estás de acuerdo con ellos. Luego, escúchalos y repítelos, tratando de imitar los sonidos perfectamente.

Buen alimento, mejor pensamiento.   **Lo que no mata, engorda.**

Voces del mundo hispano

Hay que hacer las compras

¿Adónde vas para comprar los alimentos e ingredientes que necesitas para preparar la comida? En Estados Unidos, típicamente la gente hace las compras en grandes supermercados que tienen muchos departamentos o secciones. ¿Qué secciones puedes nombrar tú? Para ti, ¿visitar el supermercado es una lata (*hassle*) o una aventura? ¿Por qué? En esta sección vas a aprender algo de cómo se hacen las compras en el mundo hispano.

Estrategias

Apply the strategies you have practiced to investigate Hispanic cultures through the activities in this section.

• Collaborate with others to focus on your own customs and experiences.

- Focus first on what you know; then try to access the unfamiliar.
- Skim for the gist and scan for specific information.
- Use cognates, derivatives, and context clues to make logical guesses.
- Use questions to summarize your understanding as you read.
- Personalize new learning by relating it to your own life.

A. Para identificar patrones.   En un grupo de tres o cuatro personas, analicen los patrones (*patterns*) familiares con respecto a la compra de alimentos. Respondan a las siguientes preguntas y luego hagan un resumen para informarle a la clase de los resultados. Sigan el modelo.

Por ejemplo:
Un 50 (20/30) por ciento de las familias de nuestro grupo va...

En tu familia, ¿cuántas veces al mes...

1. hacen grandes compras en el supermercado?
2. hacen compras pequeñas en el supermercado?
3. van a un mercado al aire libre?
4. hacen otras compras (ropa y otros artículos)?
5. comen en un restaurante de comida al paso (comida rápida)?

En tu familia,...

6. ¿hay un día específico para hacer las compras?
7. ¿compran todos los alimentos en el súper, por lo general?

B. ¡Tantas tiendas!   ¿Existen estos tipos de tiendas donde tú vives? Averigua cuántos de tu grupo van a menudo a una de las siguientes tiendas. ¿Qué compran allí? ¿Por qué las prefieren al súper?

1. una panadería o pastelería
2. una carnicería
3. una pescadería o marisquería
4. una frutería
5. una verdulería
6. una heladería
7. una florería
8. una lechería
9. una farmacia
10. una tienda naturista o un herbolario

C. El tiempo es oro.   Como muchas veces no hay tiempo para preparar una comida tradicional, en Estados Unidos se ha hecho muy popular la comida rápida. Con un grupo de compañeros(as), hagan una lista de platos y alimentos que Uds. compran de las siguientes formas.

1. precocinados
2. enlatados
3. congelados
4. procesados
5. en cajas o paquetes
6. frescos

D. Estampas peruanas.   En los países hispanos, la gente también va a los grandes supermercados. Pero por todas partes, desde la ciudad más cosmopolita hasta el pueblo más humilde, también hay grandes mercados en cada barrio donde los vendedores les ofrecen sus productos frescos a los clientes. La gente visita el mercado, especialmente los domingos, para comprar estos alimentos frescos a muy buen precio. En estos mercados hay puestos (*stands*) de todo: carnes y aves, pescados y mariscos, legumbres y frutas, quesos y fiambres (*deli meats and sausages*), hierbas y medicamentos naturales, té y café. En algunas partes, también hay ropa, zapatos, herramientas, juguetes, aparatos para el hogar, discos, libros, etc.

Los puestos más tradicionales están en el mismo mercado pero, a veces, hay muchos otros en las calles cercanas. En las siguientes estampas (escenas) de Pacasmayo, una ciudad costera del norte de Perú, vas a ver que el mercado hispano es mucho más que un lugar impersonal donde hacer las compras. Lee el primer párrafo y haz las siguientes cosas.

1. Di con qué frecuencia hace las compras la gente.
2. Anota en dos columnas los siguientes tipos de información.

Voces	**Imágenes**
gritos	toda clase de personas

E. Repaso ligero. Ahora mira rápidamente los otros párrafos y di qué tipos de puestos se describen en estas estampas. Puedes usar la lista de la actividad B, página 307. Según esta información, ¿qué aromas hay en el mercado central?

El mercado huele a...

El mercado pacasmayino

Por el mercado desfilan cada siete días toda clase de personas, toda clase de animales y de cosas. Es un centro clave de operaciones comerciales, donde se observan las más diversas costumbres, métodos de ventas, ceremonias, gritos, pregones°, silbidos°, maldiciones, súplicas, remedios, chismes°, etc., etc.

Cada mañana, al entrar por la puerta del mercado, el primer pregón que se oye es el del *matarife*° diciendo: "A 20 soles° el medio kilo..." Otro dice: "A 10 soles..." En medio de estas insistentes ofertas, para ganar la clientela del vecino, uno de ellos grita "¡Esa carne es de perro!" El

Palabras útiles

los pregones *street vendors' cries*
los silbidos *whistles*
los chismes *gossip*
el matarife *carnicero*
los soles *Peruvian currency*

ofendido contesta: ¡La tuya ha muerto con aftosa°...! Así, entre dimes y diretes°, los carniceros se mantienen en alerta para hacer su venta. Cuando viene la clientela, que generalmente son damas, el matarife emplea el lenguaje más galante y persuasivo para vender su carne.

En el mercado existen vendedoras que tienen sus puestos de cemento. Según la temporada, hay abundancia de naranjas, mangos, piñas, ciruelas, melones, etc. Oír las diferentes transacciones comerciales que se realizan entre el público y las vendedoras es muy divertido. Así se reciben lecciones prácticas de las ciencias económicas. Las hábiles placeras°, para ganar a su clientela, emplean la persuasión y el característico arte del regateo°.

—¿Cuánto cuesta el ciento de naranjas?

—Venga caserita°, se las doy a 30 soles.

Aquí comienza el palabreo de ambos lados. Después de agotarse todos los métodos persuasivos, la vendedora dice:

—¿Cuánto me ofrece?

—Le doy 25 soles. ¿Qué dice?

La vendedora, al ver que la cliente está por irse, le dice:

—¡Llévelo caserita!, con Ud. no pierdo nada.

Las herbolarias también han tenido sus mesas en el mercado pacasmayino, en donde venden hierbas milagrosas que curan toda clase de enfermedad. En estas singulares "farmacias", las conductoras de estas ventas no sólo venden sino que aun extienden recetas. Ir a estos puestos de venta es como ir al confesionario, se oye de todo. Una señora muy preocupada se acerca y habla con la "farmacéutica" y, en voz baja, le cuenta sus dolores. De inmediato "la doctora" comienza a mirar toda la existencia de su medicina. Tomando un poquito de aquí y otro de allá, comienza a hacer paquetes con un cálculo tan meticuloso que no necesita balanza para medir. ¡Qué sabiduría! ¡Qué recetas tan prácticas! Los médicos están lejos del corazón del pueblo porque guardan los secretos de su ciencia. Por esta razón, las herbolarias cumplen una eficiente función social en beneficio del pueblo. Son comprendidas por todos y, sobre todo, sus medicinas están al alcance° de los bolsillos del pueblo.

En el Mercado Central están las cocineras que saben más que los mejores economistas profesionales. Todo se vende, nada se pierde, porque todo cuesta dinero. Ellas nunca llevan libros de cuentas. Se las arreglan con granos de maíz o haciendo nudos° en el pañuelo, que luego guardan en el seno°.

La venta del pescado es una escena muy pintoresca. En una larga fila de mesas se exhiben los róbalos, tollos, rayas, sucos, cangrejos, conchitas negras y blancas, frescas y saladas. Acercarse a las vendedoras de pescado es acercarse a un pasado muy remoto. Es ver en ellas el lamento por la muerte del Inca. Ese profundo sentimiento se manifiesta en cubrirse con el riguroso vestido negro, símbolo de dolor y tristeza. Ellas son un rezago° de nuestros antepasados.

—Venga, caserita, lléveme mis robalitos, están fresquecitos.

—¡Conchitas... frescas! ¡Conchitas... blancas! ¡Conchitas negras!

Octavio Polo Briseño ("don Polito"), "El mercado pacasmayino," *Estampas: costumbres pacasmayinas.* http://rtpnet.org:80/~felipe/estampas/costumbr.htm#Mercado

la aftosa enfermedad de las vacas
dimes y diretes peleas o disputas
las placeras vendedoras
el regateo negociación
la caserita *customer*
al alcance accesibles
los nudos *knots*
el seno *bodice of a dress*
el rezago *remnant*

F. Paso a paso.   Ahora, lee "El mercado pacasmayino" párrafo por párrafo y contesta lo siguiente para ver si comprendiste bien.

Segundo párrafo:

1. ¿Qué se vende en estos puestos?
2. ¿Se llevan bien los carniceros? ¿Por qué sí o no?
3. ¿Cómo se hablan el uno al otro?
4. ¿Cómo les hablan a sus clientes?

Tercer párrafo:

¿Aquí se vende a precio fijo (*fixed*)? Explica.

Cuarto párrafo:

1. ¿Qué vende la herbolaria?
2. ¿Por qué la visita la gente?
3. ¿Es médica o farmacéutica la herbolaria?
4. ¿Cómo beneficia al pueblo la herbolaria?

Quinto párrafo:

1. ¿Por qué son «buenas economistas» las cocineras de los restaurantes del mercado?
2. ¿Qué sistema usan las cocineras para recordar los pedidos y poder calcular las cuentas de sus clientes?

Sexto párrafo:

1. ¿Cómo son las vendedoras de pescado?
2. Para el autor, ¿qué sentimientos y recuerdos evocan estas vendedoras? ¿Por qué?

G. El regateo.   En este mercado la gente no paga un precio fijo sino que practica **el regateo**. ¿Sabes tú regatear? Piensa en una cosa que quieres vender y, con un/a compañero(a), completen el siguiente diálogo para ilustrar cómo se regatea.

CLIENTE: ¿Cuánto _____ ?
VENDEDOR/A: Se lo (la) doy a _____
CLIENTE: Le ofrezco _____
VENDEDOR/A: No se (lo) puedo vender a _____ Se lo (la) doy a _____
CLIENTE: _____
VENDEDOR/A: _____

H. Estampas estadounidenses.   Escribe una estampa estadounidense (o una estampa universitaria) para captar las imágenes, los ruidos, las voces y los aromas de uno de los siguientes lugares.

un supermercado
un centro comercial (*mall*)
un almacén tipo *Kmart*
un restaurante de comida al paso

un estadio
un club o una disco
un picnic estudiantil
el centro estudiantil

≈ **La red electrónica y gastronómica.** Aquí tienes las direcciones de algunos sitios interesantes donde puedes encontrar una gran variedad de recetas del mundo hispano. Elige una receta y preséntasela a la clase por medio de una demostración.

http://www.geocities.com/Athens/4444/comida.html
http://www.mundolatino.org/comida.htm
http://www.gu.edu.au/gutl/stf/spanish/gastro.htm
http://www.lander.es/adler/cocina.html
http://www.haclon.co.cr/cocina/cocina.html

P a r a   e s c r i b i r

Una semana en la vida de tu pobre estómago

You can write informative summaries and reports by asking the right questions, analyzing your information, and making comparisons and contrasts. Here, begin your description by making lists on the theme of eating habits.

A. Enumerar.   List ten questions you could ask about your classmates' eating habits this past week. You will use the present perfect tense.

➡ *Por ejemplo:*

1. ¿Cuántas veces has tomado el desayuno esta semana?
2. Como promedio (*On the average*), ¿cuánto tiempo has pasado en la mesa para almorzar o cenar esta semana?

Una fiambrería,
Madrid, España.

B. Anticipar y agrupar respuestas.   To use these questions as a survey, you will need to provide a *range of answers*. For each of your ten questions, write at least three plausible choices that will capture the most responses. Use expressions such as the following:

más (menos) de...	**...veces al día (al mes**	**(casi) siempre**
rara vez	**/ a la semana)**	**de... a... minutos**
	(casi) nunca	**(porciones)**

➡ *Por ejemplo:* Como promedio, ¿cuánto tiempo has pasado **en la mesa** para almorzar o cenar esta semana?

a. menos de 15 minutos   **c.** de una a dos horas
b. de 15 a 60 minutos   **d.** más de dos horas

C. Relatar y resumir.   Use your questions to survey at least ten students. Tally their responses. Then, prepare a report to summarize your findings. Use expressions of quantity such as the following:

Un 30 (40/60) por ciento de	los encuestados	dijo que...
Un cuarto (¼) de	los alumnos entrevistados	respondió que...
Un tercio (⅓) de	cada diez alumnos	opinó que...
La mitad (½) de		piensa que...
Uno (Dos / Tres) de		cree que...
La mayoría de		
Una minoría de		
Ninguno de		

➧ *Por ejemplo:*
Sólo un tercio de los encuestados dijo que ha consumido verduras todos los días. La mayoría sólo ha consumido tres o cuatro porciones de verduras en toda la semana.

D. Analizar y concluir.   Write a one-paragraph conclusion analyzing your survey results from different perspectives. Look at your data and see if you can make any generalizations on the basis of age, sex, nationality, living arrangements, type of residence, or other factors. Think about what your data tell you beyond the numbers. What speculations or conclusions can you form about your culture? You may also wish to speculate about whether these responses might be different in the Hispanic world and why.

E. Editar.   Read what you have written, focusing on the following:

1. *Avoidance of repetition.* Do you find repetition of words like **gente, encuestados, dijo que...**? If so, try to restructure your sentences to achieve more variety. Check to make sure you do not repeat direct objects when direct object pronouns can be used more economically.

2. *Connection and cohesion.* Are your statements well connected to form cohesive paragraphs, or do they simply sound like a list? Do you need expressions such as the following as your "glue"?

con respecto a	**además (de)**	**sin embargo**	**en cambio** (on the
como (since,	**igual a** (just	**tampoco**	other hand)
because)	as)		**por el contrario**

3. *Agreement.* Don't be fooled by collective nouns (nouns that are singular but refer to more than one person). If the subject of a sentence has a singular form **(la mitad, la mayoría, un 20 por ciento de..., la gente, toda la gente)**, it will require a singular verb. Check also for agreement of nouns and adjectives (masculine/feminine; singular/plural).

4. *Capturing reader interest.* Finally, is your essay *interesting*? Have you gone beyond simple reporting of numbers to examine any additional questions that your data raise, or to present various explanations? If so, **¡felicidades!**

Mi diccionario

Sustantivos

el ajo garlic
los antojitos snacks
el aroma aroma
la avena oatmeal
la barra de chocolate
    chocolate bar
la canela cinnamon
la carne de vaca beef
los chiles verdes green chilis
la cocina cooking, cuisine
la cuchara spoon
la cucharada tablespoonful
la cucharadita teaspoonful
la cucharita teaspoon
el cuchillo knife
las especias spices
los fideos noodles, spaghetti
el frasco jar, container
las galletas cookies; crackers
las golosinas sweets
la gota drop
la harina flour
las hierbas herbs
los ingredientes ingredients
el kilo(gramo) kilo(gram)
la lata (tin) can
la libra pound
la margarina margarine
la mermelada jam, preserves
la miel honey
la mostaza mustard
la olla pot (for cooking)
el orégano oregano
las palomitas de maíz
    popcorn
los panecillos rolls
los panqueques pancakes
las papitas fritas potato chips
el paquete package
el plato dish
el plato principal main dish,
    entree
la porción serving
la rebanada slice (of bread)
la salsa de tomate tomato
    sauce, ketchup
la sartén frying pan

la servilleta napkin
el sirope syrup
la taza cup
el tenedor fork
el tocino bacon
la torta cake
el trozo piece
el vinagre vinegar
el yogur (de dieta) (diet)
    yoghurt

Adjetivos

congelado(a) frozen
cortado(a) (en aros) cut,
    sliced (in rings)
medio(a) half
picado(a) chopped
tostado(a) toasted

Verbos

agregar to add
cortar to cut
creer to think, to believe
dejar to leave (something
    behind)
esperar to hope
espesar to thicken
faltarle to need; to be missing,
    to be lacking
hervir (ie, i) to boil
medir (i) to measure
mezclar to mix
oler (ue)* a to smell like
pelar to peel
preparar to make, to prepare
sacar to remove, to take out
servir (i) to serve

Otras palabras y expresiones

hacer cola to wait in line
hacer (una) reservación to
    make a reservation
hay que + infinitivo one must
    do something
quizás maybe, perhaps

_____

*huelo, hueles, huele, olemos, oléis,
huelen

313

La maja vestida, 1798. José Francisco de Goya y Lucientes, español.

LA VISIÓN DE GOYA

Francisco de Goya pintó a la gente con todas sus imperfecciones y, según se dice, sin compasión. Siempre expresó francamente sus opiniones y críticas de la España de su tiempo. Fue crítico de la nobleza ociosa, la ignorancia, la explotación, la guerra y la superstición. Por contraste, también fue gran defensor de la educación, la justicia, la verdad, la razón y la libertad. En el cuadro que se ve aquí, esta **maja** o gitana (*gypsy*), como se llamaba antes, representa a las mujeres de una clase social baja madrileña que se caracterizaba por cierta promiscuidad.

UNIDAD 6

La gracia latina

No es un secreto que nos vestimos según cómo nos sentimos. ¿Cómo te vistes tú cuando te sientes feliz? ¿Te gusta la moda de otras épocas o de otros países? En los Capítulos 11 y 12, vas a aprender a describir la ropa que usas.

¿Qué me pongo?

El alhajero, 1942. María Izquierdo, mexicana.

«¿Qué me pongo?» Ésta es la famosa pregunta de todos los días. Bueno, pues, abre el guardarropa de tu libro y veamos qué puedes escoger. ¿Te preocupa la moda? ¿Te gusta comprarte ropa? ¡Vamos a ver!

La dulce intimidad de María Izquierdo
La melancolía, la ternura, el cariño por las tradiciones—éstos son algunos de los aspectos que caracterizan las obras de la pintora mexicana, María Izquierdo. Rechazó (She rejected) la rutina, el tradicionalismo y las anécdotas políticas del arte de su época para abrazar temas más íntimos: casas, jardines, juguetes, caballos y el circo. ¡A los dos años de edad, la niña María se perdió con un grupo de cirqueros ambulantes!

Según María Izquierdo, en el mundo de la pintura, un cuadro es una ventana abierta a la imaginación. ¿Qué te imaginas tú cuando ves las preciosas joyas de este cuadro? ¿Cuáles son tus joyas o posesiones más preciadas?

Metas

En este capítulo vas a aprender a...

describir la ropa que te pones

indicar artículos específicos

decir lo que quieres que hagan otros

Vas a saber más de...

cómo hablan de la ropa los hispanos
cómo comprar ropa

ponerse / probarse / llevar + prenda de
ropa, pp. 321–322
repaso de los usos de **ser** y **estar**, p. 334
los adjetivos demostrativos: **este(a), ese(a),
aquel (aquella)**, p. 325
el tiempo presente de subjuntivo, p. 327

Visiones del mundo hispano

El último grito de la moda

Cuando compras ropa o accesorios, ¿prestas mucha atención a la marca
(*label*) o simplemente buscas el mejor precio? Diles a tus compañeros adónde
vas para comprar lo siguiente. En cada caso indica si prefieres una marca
específica.

una camisa	una bolsa o billetera	unos shorts	un reloj
una camiseta	un abrigo para el frío	un suéter de lana	aretes
zapatos de tenis o de correr	unos anteojos de sol	una mochila	unos jeans

Estrategias

The activities in this section will help you become a more efficient
reader and language learner by focusing on the following strategies.
Can you identify in which activities each of these strategies is used?

- Skim for the gist; scan for specific information.
- Use cognates, context, and visual clues to guess unfamiliar words.
- Sort new words into groups to make connections.
- Associate new words with other new words.
- Use lists, grids, and models to map out your thoughts and guide expression.
- Personalize new learning to express your thoughts and create with the language.

A. Del catálogo.   ¿Has pedido alguna vez una prenda (*item*) de ropa o un accesorio de un catálogo? Mira las descripciones del catálogo e imagínate qué prendas llevarías para las siguientes ocasiones.

1. para una entrevista de trabajo
2. para ir a una discoteca
3. para una clase de golf
4. para ir a clase
5. cuando hace fresco
6. cuando hace frío
7. cuando llueve
8. para verte elegante

PARA ÉL

Clásico. Traje de lana con doble botonadura. Hugo Boss $730

Natural. Pantalón color azul marino. $385

Casual. Camisas clásicas de algodón de distintos colores. Massimo Dutti $65

Nudo corredizo. Corbata° de seda amarilla estampada°. Marks & Spencer $25

Atrevido. Camisa de algodón negra con cremallera. Hugo Boss $200

A cuadros. Jersey tipo polo. Green Coast $49

Sobrio. Cinturón° de cuero negro con hebilla de metal. Adolfo Domínguez $59

De abrigo. Bufanda° para los que nunca se quedan a cuadros. Massimo Dutti $39

Deportiva. Chaqueta roja de 100% algodón. Ralph Lauren $97

Fundamental. Pantalón clásico de algodón chino. Tommy Hilfiger $52

Con ritmo. Para el golf, un chaleco° blanco, sin mangas y cuello de V. Ralph Lauren $105

La gota fría. Impermeable, gabardina clásica. Promod $99

Clásico

La gota fría

PARA ELLA

Formal. Traje de color gris con cinco botones. Robert Max $498

Ácida. Camisa de color verde ácido. Amaya Arzuaga $142

Ponerse morado. Pantalón satinado de color morado. Fiorucci $90

Mil rayas. Camiseta a rayas con manga corta y cuello de V. Benneton $29

A cubierto. Gorro° de angora. Amaya Arzuaga $49

Formal

Mil rayas

Largometraje. Falda° de terciopelo° hasta el tobillo°. Promod $39

Deportiva. Chaqueta modelo aviador. Cortita, de polipiel y con cremallera. Naf-Naf $95

Artes plásticas. Ni de oro, ni diamantes. Estos anillos son de puro plástico, de moda. $7

A la cabeza. Los estilistas han resucitado los pasadores°. De metálico y negro. Promod $9

Ultramar. Pañuelo de seda anaranjado para el cuello o el asa de un bolso. Scooter $49

Sofisticado. Zapatos de tacón alto, con piel imitación cocodrilo y tacón de carey. Jaime Mascaró $110

Sofisticado

Palabras útiles

la corbata *necktie*
estampado con dibujos, formas geométricas o flores
a cuadros con dibujos rectangulares

el cinturón *belt*
la bufanda artículo de lana que se lleva en el cuello
el chaleco *vest*
el gorro *cap, hat*

la falda tipo de ropa para damas
el terciopelo *velvet*
hasta el tobillo muy largo
el pasador artículo para sujetar el pelo largo

B. De colores.   Con tu compañero(a), lean las descripciones e identifiquen las prendas del catálogo que son de los siguientes colores.

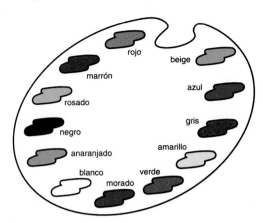

C. A dictar la moda.   Según el contexto, completa las siguientes frases con ejemplos de colores y prendas de ropa. Indica qué colores son buenos para qué tipos de ropa.

➡ *Por ejemplo:*
Los colores oscuros como el negro son buenos para ropa de noche.

Colores	**Prendas de ropa**
1. Los colores neutros como...	son buenos para...
2. Los colores cálidos como...	son buenos para...
3. Los colores fríos como...	son buenos para...
4. Los colores oscuros como...	son buenos para...
5. Los colores claros como...	son buenos para...
6. Los colores vivos como...	son buenos para...

D. Telas y materiales.   El catálogo menciona muchos tipos de telas y materiales. Identifica las prendas hechas de lo siguiente.

1. de algodón   **4.** de seda   **7.** de cuero
2. de plástico   **5.** de metal   **8.** de lana
3. de terciopelo   **6.** de carey (*tortoise shell*)   **9.** de gabardina

E. ¿Qué prefieres tú?   ¿De qué estilo, diseño, tela o material te gustan las siguientes prendas? Esta actividad continúa en la página 320.

➡ *Por ejemplo:*
un vestido de noche, ¿satinado o de terciopelo? → Lo prefiero satinado.

una chaqueta de algodón, ¿de un color vivo o neutro? → La prefiero de un color vivo.

1. un impermeable, ¿de plástico o de gabardina?
2. una camisa o blusa, ¿de seda lavable o de algodón?
3. una corbata, ¿a rayas, estampada con flores o de un solo color?
4. una falda elegante, ¿de seda o de terciopelo?
5. una chaqueta de cuero, ¿con cremallera o con botones?

6. zapatos de dama, ¿con o sin tacones altos?
7. una corbata, ¿de seda o de poliéster?
8. los pantalones, ¿caqui o jeans?
9. un anillo, ¿de plata o de oro?
10. los jeans, ¿ajustados o amplios?
11. un traje, ¿de un solo color o a cuadros?
12. las faldas, ¿largas o cortitas?

F. Dibujantes.   Con un/a compañero(a), elijan una de las descripciones del catálogo de la página 318 y, según la descripción, preparen un dibujo de la prenda de ropa, prestando atención a los detalles. Luego, muéstrenle el dibujo a la clase a ver si todos pueden identificar la prenda de ropa.

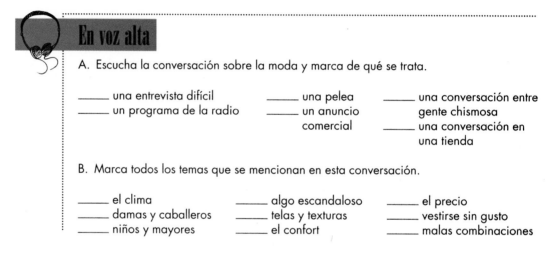

En voz alta

A. Escucha la conversación sobre la moda y marca de qué se trata.

_____ una entrevista difícil   _____ una pelea   _____ una conversación entre
_____ un programa de la radio   _____ un anuncio   gente chismosa
                                             comercial   _____ una conversación en
                                                                        una tienda

B. Marca todos los temas que se mencionan en esta conversación.

_____ el clima   _____ algo escandaloso   _____ el precio
_____ damas y caballeros   _____ telas y texturas   _____ vestirse sin gusto
_____ niños y mayores   _____ el confort   _____ malas combinaciones

Mi Refranero. En la conversación de **En voz alta** oíste los siguientes refranes. ¿Estás de acuerdo con lo que dicen? Explica. Escúchalos otra vez y repítelos, tratando de imitar los sonidos.

Lo que a unos afea, a otros hermosea.
La novedad de hoy es lo antiguo de mañana.

Visión Visión Visión

Trajes tradicionales

Además del variado vocabulario, cada región del mundo hispano también tiene trajes y adornos típicos. ¿Cómo es el traje típico o el "uniforme" de los jóvenes estadounidenses? Da una descripción completa para tus amigos(as) hispanos(as) que quieren saber cómo se visten los (las) universitarios(as) como tú.

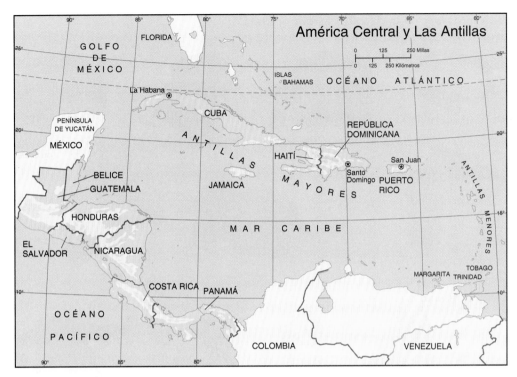

América Central y Las Antillas

Una niña cuna de la isla de San Blas, Panamá.

Una niña maya con traje tradicional.

VOCABULARIO

Imágenes y palabras

¿Qué conjunto voy a llevar hoy? ¡No hay nada en mi guardarropa! ¡No tengo nada que ponerme!

Un señor vestido con guayabera, la camisa tradicional del Caribe.

**En el almacén y en la tienda, hay ropa de marcas conocidas.
En la sección caballeros, voy a escoger...**

una camisa
a rayas

un cinturón
de cuero

una chaqueta
de cuero

un impermeable

un traje
con chaleco

pantalones de
lana o de algodón

un saco
a cuadros

una corbata
de seda

En la sección damas, voy a buscar...

una blusa
de encaje

pantalones
de pana

una falda de
algodón estampado

un anillo

un vestido
de terciopelo

un collar
de perlas

una pulsera
de diamantes

un abrigo
de lana

**Quiero probarme* un traje de baño de
colores vivos.**

Me queda bien el color...

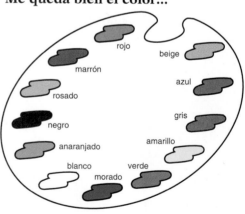

rojo

beige

marrón

azul

rosado

gris

negro

amarillo

anaranjado

blanco

verde

morado

---
*probarse (ue)

Para mi cumpleaños, quiero que me compres...

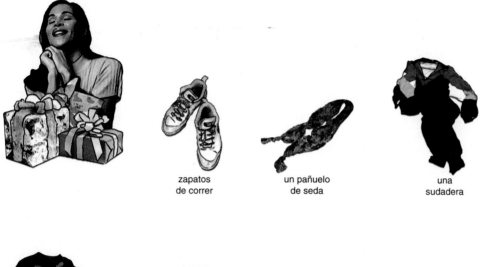

zapatos
de correr

un pañuelo
de seda

una
sudadera

un
suéter

una
bufanda

Pero no quiero que nadie me dé...

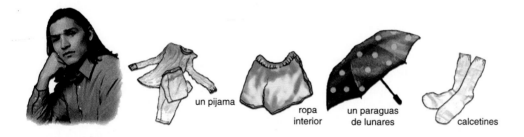

un pijama

ropa
interior

un paraguas
de lunares

calcetines

Práctica del vocabulario

Estrategias

To remember new vocabulary and use it effectively, pay attention to the
memory and communication strategies you will use in this section.
Skim the activities to identify which activities encourage each strategy.
This practice will also help you anticipate the kinds of things you will
be doing in class.

- Classify and sort vocabulary according to different groups.
- Associate new learning with previous learning.
- Personalize new learning to express your own thoughts and convey your own images.
- Expand statements through detail.
- Use models to map out your thoughts and guide use of new learning.
- Collaborate with others to exchange information, develop ideas, and rehearse expression.

A. Por departamentos. Clasifica todas las prendas de ropa de acuerdo con los siguientes grupos.

1. ropa de material sintético
2. ropa de primavera u otoño
3. ropa de seda o algodón
4. ropa de noche
5. ropa elegante
6. ropa para la lluvia
7. ropa de lana
8. ropa de verano
9. ropa de cuero
10. ropa de invierno

B. ¿Cómo te sientes? Di qué colores asocias con los siguientes estados de ánimo.

▶ *Por ejemplo:*
Cuando me siento triste me pongo ropa negra.

1. aburrido(a), deprimido(a) o cansado(a)
2. contento(a), alegre
3. extrovertido(a), aventurero(a)
4. enamorado(a)

C. ¿Qué me pongo? Di qué ropa te pones para ir a los siguientes lugares.

▶ *Por ejemplo:*
Para ir a..., me pongo...

1. para ir al cine
2. para ir a la iglesia (al templo)
3. para ir a un baile elegante
4. para ir a un partido de fútbol americano
5. para pasar la noche en casa de un/a amigo(a)
6. para ir a la playa cuando hace mucho calor
7. para asistir a clase cuando hace frío
8. para relajarme en casa los domingos

D. Adivina qué es. Describe cuatro prendas de ropa o complementos y adornos sin nombrarlos. Di de qué es el artículo y explica para qué sirve. Tus compañeros van a adivinar de qué prenda de ropa se trata.

▶ *Por ejemplo:*
Las damas llevan este artículo al cuello. Sirve para adornar un traje, un suéter o un bolso. Típicamente, es de seda estampada. A veces, los caballeros también lo llevan.

E. Y tú, ¿quién eres y qué llevas?   Mira alrededor tuyo y elige a un/a compañero(a). Luego, describe la ropa que lleva sin decir el nombre de la persona. Tus compañeros(as) adivinan quién es.

➠ *Por ejemplo:*

Esta persona lleva un pantalón de pana de color negro...

F. Pasado de moda.   Con tu compañero(a), piensen en una época de la historia o en una década reciente y describan la ropa que llevaba la gente en aquel entonces. Tus compañeros(as) van a adivinar de qué época se trata.

➠ *Por ejemplo:*

En aquel entonces, los caballeros llevaban camisas de encaje y...

G. Una llamada telefónica.   Tú quieres reunirte con algunos compañeros de clase y cenar todos juntos esta noche. Llamas a una persona de la clase para invitarlo(la), pero resulta que él o ella no sabe quién eres. Descríbete; incluye aspectos físicos y de tu personalidad y describe también la ropa que llevabas hoy en clase para que él o ella recuerde quién eres. Sigue el modelo.

➠ *Por ejemplo:*

TÚ: Aló, ¿con Rachel Sachs?
ELLA: Sí, con ella. ¿Con quién hablo?
TÚ: Con Andy, de la clase de español. Soy un chico bajito y alegre, que estudia geología y siempre lleva una gorra negra. Hoy llevaba shorts verdes oscuros, una camiseta beige y sandalias.

V O Z V O Z V O Z V O Z V O Z V O Z

En la tienda

«¿Me queda mejor esta camisa o esa camisa?» «¿Cuál te gusta más, este suéter a rayas, ese suéter a cuadros o aquel suéter azul?» Éstas son las preguntas típicas que les hacemos a los amigos cuando vamos de compras.

En la tienda es muy importante saber indicar artículos específicos. Para distinguir entre **esta** prenda (*this*), **esa** prenda (*that*), y **aquel** artículo (*that over there*), usa los siguientes adjetivos.

Aquí cerca (*this, these*)		**Un poquito más lejos** (*that, those*)	
masculino	**femenino**	**masculino**	**femenino**
este estos	esta estas	ese esos	esa esas

Allá lejos (*that, those over there*)	
masculino	**femenino**
aquel aquellos	aquella aquellas

México, D.F.

A. Tu compañero(a) será dependiente en la tienda de ropa de la foto y tú un/a cliente. Indícale qué quieres. Usa formas de los adjetivos **este, ese, aquel**, según la distancia y agrega algún detalle para ayudar a expresar lo que quieres. Sigue este modelo.

DEPENDIENTE: Buenos días, señor (señorita). ¿En qué puedo servirle?
CLIENTE: Buenos días, señor (señorita). Por favor, quiero que me muestre **esa** blusa.
DEPENDIENTE: ¿**Esa** blusa de algodón?
CLIENTE: Sí, **esa** roja. Y también quisiera ver **aquel** vestido de lana. ¿Cuánto vale?
DEPENDIENTE: **Aquellos** vestidos valen ochenta dólares y **esas** blusas valen treinta y cinco.

B. Describe a tres compañeros(as) de clase con respecto a la ropa que llevan: una persona que esté cerca de ti, otra persona que esté un poquito más lejos y otra persona que esté bastante lejos de ti. Tus compañeros(as) adivinan quiénes son.

⟶ *Por ejemplo:*
Este chico lleva una camiseta verde, esa chica lleva minifalda negra y aquella chica lleva una camiseta estampada.

GRAMÁTICA 1

Lo que queremos que hagan otros: el tiempo presente de subjuntivo

In the **Imágenes y palabras** section of this chapter, you saw the phrase **Quiero que me compres...** to express what someone wants *another person* to buy for him or her. In this expression, the verb **comprar** takes a new form, the present subjunctive form. What is different about it?

In Chapter 10, you used the present subjunctive form of **haber** to state your hopes **(Espero que haya...)** and your doubts **(No creo que haya...)** about the actions of others. In this chapter, you will learn another use of the present subjunctive and practice the subjunctive forms of other verbs.

A. ¿Cuándo se usa el subjuntivo?   You have learned how to say what *you* want to do by using **Quiero** + *infinitive*.

Quiero comprarme un traje azul.   *I want to buy myself a blue suit.*

However, to say what you want *someone else* or *others* to do, use this formula with the present subjunctive: **Quiero que...** + *subjunctive form*.

Quiero que me compres un traje   *I want **you** to buy me a navy blue*
azul marino.   *suit.*

Also use the subjunctive to say that you or another person recommends, suggests, orders, or advises someone else to do something. Here are some expressions that trigger use of the subjunctive.

Te **recomiendo que...**	*I recommend that you . . .*
Es mejor que tú...	*It's better that you . . .*
Le vamos a **pedir que...**	*We are going to ask him (her) to . . .*
Me **aconsejan que...**	*They advise me to . . .*
Necesito que él...	*I need him to . . .*

B. ¿Cómo se forma el presente de subjuntivo?   To form the present subjunctive, take the **yo** form of the present indicative tense, remove the **-o** ending and replace it with the *opposite vowel*. For **-ar** verbs, the opposite vowel is **-e**; for **-er** and **-ir** verbs, the opposite vowel is **-a**.

gastar	→	gast**o**	→	gast-	→	gast**e**
leer	→	le**o**	→	le-	→	le**a**
vivir	→	viv**o**	→	viv-	→	viv**a**

With this form as the base, notice how the other persons of the verb are formed using the **-s, -mos, -n** endings you are familiar with. As you can see in the following chart, the **yo** and **él / ella / Ud.** forms are the same.

-ar verbs change to **-e** endings:

llevar   →   llev**o**   →   que llev**e**, que llev**es**, que llev**e**, que llev**emos**, *que llevéis*, que llev**en**

-er and **-ir** verbs change to **-a** endings:

vender   →   vend**o**   →   que vend**a**, que vend**as**, que vend**a**, que vend**amos**, *que vendáis*, que vend**an**

vestirse   →   me vist**o**   →   que me vist**a**, que te vist**as**, que se vist**a**, que nos vist**amos**, *que os vistáis*, que se vist**an**

> Los diseñadores quieren que nosotros, los clientes, **nos vistamos** a la moda. En cambio, nosotros preferimos que ellos **vendan** ropa más práctica y no tan cara.

1. Notice how similar the present subjunctive and the present indicative are. For this reason, it is very important to pronounce the end vowels very clearly so your listener will hear the difference between **vend*en*** and **vend*an***. However, in pronouncing clearly, try not to put stress on these vowels, for this can create misunderstanding. For example, at the end of a meal with your boss, which of the following would you want your boss to say?

Ya pa**gué** la cuenta.   *I paid the bill already.*
(Quiero que Ud.) **pa**gue la cuenta.   *(I want you to) pay the bill.*

2. Always form the subjunctive from the **yo** form of the present indicative so that any changes that exist in this form are carried over to the subjunctive, as in the following examples. Notice that, just as in the present indicative, there are *no two-vowel stem changes* **(ue, ie)** present in the **nosotros** and **vosotros** forms of the present subjunctive.

probarse   →   me prueb**o**   →   que me prueb**e**, te prueb**es**, se prueb**e**, nos prob**emos**, *os probéis*, se prueb**en**

ponerse   →   me pong**o**   →   que me pong**a**, te pong**as**, se pong**a**, nos pong**amos**, *os pongáis*, se pong**an**

conocer   →   conozc**o**   →   que conozc**a**, conozc**as**, conozc**a**, conozc**amos**, *conozcáis*, conozc**an**

hacer   →   hag**o**   →   que hag**a**, hag**as**, hag**a**, hag**amos**, *hagáis*, hag**an**

pedir   →   pid**o**   →   que pid**a**, pid**as**, pid**a**, pid**amos**, *pidáis*, pid**an**

seguir   →   sig**o**   →   que sig**a**, sig**as**, sig**a**, sig**amos**, *sigáis*, sig**an**

construir   →   construy**o**   →   que construy**a**, construy**as**, construy**a**, construy**amos**, *construyáis*, construy**an**

escoger   →   escoj**o**   →   que escoj**a**, escoj**as**, escoj**a**, escoj**amos**, *escojáis*, escoj**an**

3. Many high-frequency verbs have *irregular* forms in the subjunctive, which must be memorized. Look for patterns to help you remember them.

haber hecho	→	**haya hecho, hayas hecho, haya hecho, hayamos hecho, *hayáis* hecho, hayan hecho**
ir	→	**vaya, vayas, vaya, vayamos, *vayáis*, vayan**
ser	→	**sea, seas, sea, seamos, *seáis*, sean**
estar	→	**esté, estés, esté, estemos, *estéis*, estén**
dar	→	**dé, des, dé, demos, *deis*, den**
saber	→	**sepa, sepas, sepa, sepamos, *sepáis*, sepan**

4. Remember: When someone expresses desires or needs about his or her *own* actions, the infinitive is used. In contrast, the subjunctive is used when someone expresses desires, needs, or recommendations regarding the actions of *another person*.

> **Voy a cambiar** todo mi guardarropa porque ***mis amigos quieren que*** yo **esté** más a la moda.

> **Quiero comprarme** otro traje, pero ***mi padre no quiere que*** yo **compre** nada nuevo.

Ejercicio A. Imagínate que tienes que cuidar a unos niños porque los padres han salido por la noche. Contesta como adulto cada frase de los niños. Usa el mismo verbo en el presente de subjuntivo.

⟹ *Por ejemplo:*

Yo sé escribir mi nombre. ¡Qué bien! Es necesario que **sepas** escribir tu nombre.

Dice el niño	**Y tú le dices**
1. Salgo muy bien en mis pruebas.	¡Qué bien! Es muy importante que...
2. Mis amigos y yo siempre nos peleamos.	¡Qué pena! No me gusta que Uds....
3. No quiero acostarme tan temprano.	Ya lo sé, pero tus padres quieren que...
4. Voy a ponerme los jeans para ir a la iglesia.	No, porque tus padres no quieren que...
5. Me gusta reírme de mis amigos.	Pero no es bueno que...
6. Quiero ver televisión. No quiero acostarme.	Pero tus padres no quieren que... Es mejor que...
7. ¿Le doy mi sándwich al perro?	No. Es mejor que no...
8. Voy a construir una torre con estos libros.	No es mala idea que..., pero ¡ten mucho cuidado!
9. Quiero ponerme tus gafas.	Mis gafas no son para jugar. Te aconsejo que no...
10. De desayuno voy a pedir un helado de chocolate.	Recomiendo que no... Es mejor que...

Ejercicio B. Usa el verbo indicado para completar las frases de la página 330. Según el contexto, usa el infinitivo, el presente de indicativo o el presente de subjuntivo.

1. (ver) Yo quiero _____ esa película y espero que tú la _____ también.
2. (escoger) Mi amigo necesita _____ otra clase y me dijo que es mejor que yo _____ otra también.
3. (saber) Mi profesor dice que es importante que (nosotros) _____ todas las fórmulas, pero yo quiero _____ si él las _____ también.
4. (conocer) Mi amigo quiere que yo _____ a su novia, pero la verdad es que ya la _____ .
5. (pedir) ¿Por qué no les _____ dinero a tus padres? A los padres les gusta que sus hijos les _____ dinero.
6. (crecer) Es importante que los niños _____ con una buena idea de qué es la responsabilidad. No van a _____ nunca si no toman decisiones.
7. (leer) Quiero _____ tu composición. ¿Por qué no quieres que yo la _____ ? Si la _____ , te puedo ayudar a mejorarla.
8. (decir) Te aconsejo que me _____ la verdad. Siempre es mejor _____ la verdad, porque si mientes, nadie va a saber cuándo creerte.

Práctica de la gramática

Estrategias

The activities in this section will help you practice the present subjunctive as it is used in real life to give recommendations and advice and to express your desires about the actions of others. You will use the following strategies. Skim the activities in this section and try to identify which strategies are used in each activity.

- Combine and integrate new learning with previous learning.
- Use lists to map out your thoughts.
- Use models to guide and expand your expression.
- Personalize new learning to express your own messages.
- Collaborate with others to develop ideas, organize thoughts, and rehearse expression.

A. A corregir los errores.   Da recomendaciones sobre cómo vestirse mejor.

Por ejemplo:

Para venderles una casa a los clientes, el señor se puso una camisa de lunares. **En vez de ponerse** una camisa de lunares, **es mejor que se ponga** una camisa más seria, de un solo color...

1. Para una entrevista de trabajo, la chica lleva una mini-falda anaranjada, una camisa verde ácido y unos zapatos de tacones muy altos.
2. Para una entrevista de trabajo, el chico lleva un saco de lana a cuadros, una camisa a rayas y un pantalón de poliéster.
3. Para salir por primera vez con la chica más guapa del mundo, el chico se viste de jeans, una camisa roja y una corbata estampada con dibujos de Disney.

4. Para conocer a sus futuros suegros (*in-laws*), la novia se pone un pantalón de sudadera y una blusa cara.

5. Para ir a un baile elegante, el chico lleva un saco de terciopelo azul marino, una camisa de seda azul claro, una corbata de moñito (*bow tie*) azul marino y anteojos de sol.

6. Para ir de picnic, la chica se viste de pantalón satinado, cinturón ancho de plástico y pañuelo de seda.

B. Para que estén elegantes.   ¿Qué recomendaciones les puedes dar a las siguientes personas para que se vean más elegantes y a la moda? Usa el subjuntivo para completar las frases.

➤ *Por ejemplo:*

A mi mamá le aconsejo que no vaya de compras con sudadera y zapatos de correr.

1. Me gusta que mi mamá (mi papá)..., pero le aconsejo que (no)...
2. A mi mejor amigo(a) le recomiendo que... y que no...
3. Quiero que los chicos (las chicas) de mi edad (no)...
4. Sugiero que los mayores en general...
5. Para proyectar una buena imagen, es importante que los que buscan empleo... y que no...

C. El buen consejo no tiene precio.   ¿Qué consejos les puedes dar a unos turistas extranjeros que vienen a comprar ropa a tu ciudad? Usa el verbo indicado y expresiones como **les aconsejo que..., les recomiendo que..., es mejor (importante / necesario) que..., les sugiero que...** Incluye pronombres de complemento directo e indirecto cuando sean necesarios.

➤ *Por ejemplo:*

Turista: ¿Adónde debo **ir** para comprarme buena ropa?
Tú: Le recomiendo que **vaya** a los almacenes... para conseguir buenos precios.

1. ¿Dónde puedo **conseguirme** el mejor descuento?
2. ¿Qué tengo que **saber** antes de hacer una compra?
3. ¿A qué hora debo **salir** para un día de compras?
4. ¿Qué ropa debo **probarme** aquí?
5. ¿Qué cosas puedo **pedirle** o no al dependiente (*clerk*)?
6. ¿Dónde puedo **ver** marcas conocidas?
7. ¿Dónde puedo **escoger** más colores?
8. ¿Cómo debo **vestirme** para ir de compras?
9. ¿Cuánto debo **pagar** por unos jeans?
10. ¿Cuánto debo **darles** por estos zapatos de correr?

D. Una indirecta.   A veces, la gente no nos dice directamente lo que piensa; lo sugiere indirectamente. Di qué quiere tu compañero(a) de habitación que hagas tú, según sus indirectas. Sigue el modelo de la página 332.

➤ *Por ejemplo:*
Me gusta tanto tu suéter nuevo. → Quiere que yo se lo preste.

1. Es difícil navegar por la habitación.
2. ¿Te vas a poner esa camisa sucia?
3. Ah, mira. Calcetines rojos.
4. No tengo dinero para comprarme este saco.

5. Vas a tener frío si sales así.
6. La película empieza pronto. ¿No te vas a vestir?
7. No tengo tiempo de lavar la ropa.
8. No sé planchar camisas.

E. Así se hace aquí.   Con un/a compañero(a), escojan una de las siguientes ocasiones y den recomendaciones para explicarle a un grupo de alumnos hispanos qué deben hacer con respecto a la ropa, la comida y las actividades.

➤ Por ejemplo: las bodas

Para una boda, **es costumbre que** el novio le **dé** un anillo con un solitario a la novia. **No es necesario que** la novia **se vista** de blanco, pero **es muy común que lleve** vestido largo. Tampoco **es necesario que haya** una recepción, pero sí **es importante que estén** presentes los testigos del novio y de la novia.

1. para el Día de Acción de Gracias
2. para el Día de los Enamorados (el 14 de febrero)
3. para el 31 de octubre

4. para los cumpleaños
5. para las vacaciones de verano
6. para el 4 de julio

Los jeans 501 fueron sólo el principio.

LEVI'S

F. Desafío.   ¿Qué consejos le quisieras dar al sexo opuesto? Las chicas les dan consejos a los chicos y ellos, a las chicas. A ver qué grupo (el de chicos o el de chicas) puede desarrollar la lista más larga. Cada frase de recomendación debe emplear un verbo diferente en el subjuntivo.

➤ *Por ejemplo:*
Nosotros, los chicos, **preferimos que** las chicas **nos llamen** por teléfono más a menudo.

Nosotras, las chicas, **sugerimos que** los chicos **no nos hagan** tantas preguntas.

G. Nuestro consultorio.   Ya que son muy inteligentes, tú y tu compañero(a) siempre reciben cartas de gente que les pide consejos. Escojan una de las siguientes cartas y denle a cada persona por lo menos tres sugerencias para ayudarle a remediar su problema. Piénsenlo bien.

➡ *Por ejemplo:*

Todos los meses, mi pareja gasta su sueldo entero en ropa; no ahorra nada.
Yo creo que debe pensar menos en su imagen y más en el futuro.

Tienes razón; **es mejor que** tu pareja ahorre parte de su sueldo. **Es importante que** piense más en el futuro. Por eso, **le aconsejamos que...**

1. Creo que mi amiga se preocupa demasiado por las marcas de prestigio. La ropa que llevo yo no es de marca pero es de buena calidad. Sin embargo, siempre me la critica. ¿Qué debo hacer?

2. *Mi pareja siempre me compra ropa y accesorios que no necesito (y además, no me gustan). Parece que quiere comprarme con regalos. ¿Qué piensan Uds.?*

3. *Quiero estar a la moda pero no tengo mucho dinero. No puedo comprarme jeans de marca porque cuestan muy caros. Me da pena no poder vestirme como mis amigos. ¿Qué puedo hacer?*

4. *Mi amiga siempre me pide que le preste ropa. Un día es un suéter; otro día, una chaqueta; otro, unos aretes. Bueno, lo que pasa es que nunca me los devuelve. Quiero mucho a mi amiga pero no me gusta esta situación. ¿Qué recomiendan que haga?*

V O Z V O Z V O Z V O Z V O Z V O Z

El *look* masculino: trajes y tipologías

La ropa es un emisor de mensajes porque de manera directa o indirecta nuestra ropa nos presenta ante el mundo como el tipo de persona que somos. En el caso del atuendo° masculino, los significados siempre giran en torno a tres ideas: poder°, libertad y atracción del sexo opuesto. La moda masculina se vuelve un asunto de tipología. A cada figura idealizada del héroe masculino la corresponde un modelo de vestir que funciona como símbolo y como *status quo* de la identidad. Los analistas de la moda han dado en llamar «antropología sastreril» a los significados que la cultura le adjudica a las prendas y detalles comunes del guardarropa masculino.

- **Los sacos de tweed.** Son sinónimo de tradicionalismo e implican estabilidad y permanencia; por eso, este saco no pasa de moda. El individuo que lo lleva emana seguridad.
- **El *Made in Italy*.** Inclinarse por el diseño italiano implica buscar la síntesis de la comodidad, una depurada sensibilidad estética y cierto esnobismo. Revela una postura hedonista combinada con sentido individualista.
- **Hombros amplios.** El uso exagerado de hombreras° responde al deseo de poder.
- **El saco cruzado.** Fue popular en la moda estadounidense de los años 50, con sus prominentes solapas° de punta de lanza, así como su silueta angulosa. Este saco se asocia con un carácter agresivo y desenvuelto, más visceral que cerebral.
- **Los jeans.** Son un elemento difícil de clasificar ahora por el carácter universal que han adquirido. Prácticamente combinan con todo y dan cierta sensación de frescura.

Palabras útiles
el atuendo ropa
el poder *power*
las hombreras *shoulder pads*
las solapas *lapels*

Martha Jauffred, "Moda y lugares para la moda", *La plaza* (4/8/95).
http://condor.dgsca.unam.mx:2500/*el economista*/1995/ago95/04ago95/plmoda53.html

A. Para ti, ¿qué ropa es sinónimo de mal gusto?

B. ¿Qué mensaje quieres que transmita la ropa que llevas hoy?

C. Con un/a compañero(a), piensen en las siguientes características personales. Describan qué tipo de ropa evoca cada una. Primero, hablen de las damas, luego de los caballeros.

1. agresivo(a)	**4.** aventurero(a)	**7.** hogareño(a)
2. egoísta	**5.** romántico(a)	**8.** serio(a)
3. creativo(a)	**6.** conformista	**9.** sincero(a)

GRAMÁTICA 2

Para hacer descripciones: repaso de los verbos *ser* y *estar*

In this chapter, you have seen **estar** used in the expression **quiero estar a la moda**, and you have used **ser** to describe articles of clothing in terms of such aspects as color, fabric, or material. Throughout the chapters of this book, you have also seen other uses of **ser** and **estar**. This section will help you review some of the ways you have used these two verbs. You have seen that, although both of these verbs translate as *to be*, their use is not interchangeable.

¿Cómo **está** tu papá?	*How is your father?*	(health or condition)
¿Cómo **es** tu papá?	*What is your father like?*	(personal characteristics or attributes)

Here is a summary of some of the uses of **ser** and **estar** that you have learned thus far.

1. The verb **ser** basically relates to the inherent qualities, nature, or makeup of people, places, and things. You have used **ser** for the following purposes of classification.

a. to state identity, nationality, or profession; to name people, places, and things

—¿Quién **es** Arturo?   —**Es** mi novio. **Es** mexicano.
—¿Qué **es**?   —Ahora **es** alumno universitario pero quiere **ser** arquitecto.

b. to describe physical and personality characteristics

—¿Cómo **es** Arturo?   —**Es** alto, de piel trigueña y ojos oscuros. **Es** muy amable, pero a veces **es** algo introvertido. Yo quiero que **sea** más extrovertido.

c. to indicate origin with **de**

—¿**De** dónde **eres**   —No, Arturo **es de** México, pero yo **soy de** los
tú? ¿**Eres** de   Estados Unidos.
México?

d. to indicate ownership with **de**

—¿**De** quién **son** estos zapatos?   —**Son de** Arturo.

e. to describe what something is made of with **de**

—Me encanta tu bolsa. ¿**De** qué **es**?   —No, creo que **es de** plástico.
¿**Es de** cuero?

f. to give the time

—**Es** tarde; ¿no? ¿Qué hora **es**?   —**Son** las cuatro ya. Vamos.

2. The verb **estar** basically relates moods, conditions, states, and impressions. It is also used to describe the location of people and places. You have used **estar** for the following purposes.

a. to describe feelings, moods, or health

  —¿Cómo **está** tu papá? Dicen que **ha estado** enfermo.
  —**Está** bien ahora, gracias. Pero **está** tan aburrido del hospital.

b. to describe states or conditions of people, places, and things

  Está muy limpia su habitación, pero la comida que le sirven en el hospital siempre **está** sin sal.

c. to say where a place is located

—Quisiera visitarlo. ¿Dónde **está** el hospital?   —**Está** en la Quinta Avenida.

3. Whereas **ser** is used to describe characteristics, **estar** is used to express your perception and impressions.

—**Eres** muy guapa, Rosa María.   *You're very pretty, Rosa María.*
—¡Qué guapa **estás** hoy!   *How pretty you look today!*
—Aquí los sacos de *tweed* **son**   *The tweed coats here are very good.*
muy buenos.
—¡**Está** muy barato este   *This pair of pants is (seems to me) very*
pantalón!   *cheap!*

Ejercicio. En la siguiente conversación, dos amigos se encuentran después de dos años sin verse. Completa lo que dicen con la forma y el tiempo apropiados de **ser** o **estar**, según el contexto.

MARTÍN: ¡Roberto, hombre! Hola, ¿qué tal?, ¿cómo _____ **(1)**?
ROBERTO: Martín, ¿qué tal? Hace mucho tiempo que no nos veíamos.
MARTÍN: Sí, hace como dos años, desde que tú y yo _____ **(2)** en
           Filadelfia. Pero no sabía que tú _____ **(3)** aquí en la
           universidad.

ROBERTO: Sí, _____ **(4)** en segundo año. ¿Y tú?

MARTÍN: Pues, yo no _____ **(5)** alumno aquí. Sólo _____ **(6)** de
visita. Mi novia trabaja aquí; _____ **(7)** coordinadora en la
Facultad de Ciencias Naturales.

ROBERTO: ¿Tu novia? Martín, ¿tú _____ **(8)** enamorado? Lo que
recuerdo es que siempre _____ **(9)** muy tímido con las
chicas.

MARTÍN: Sí, ya lo sé, pero he conocido a la chica de mis sueños. Ella
_____ **(10)** mi vida.

ROBERTO: Pues, dime, ¿cómo _____ **(11)** tu novia? Tiene que
_____ **(12)** una chica extraordinaria.

MARTÍN: Pues, mira, _____ **(13)** de oro esta chica. _____ **(14)**
muy paciente, nunca _____ **(15)** enojada y, además,
_____ **(16)** muy guapa. _____ **(17)** peruana. La conocí
el año pasado cuando ella _____ **(18)** en una reunión.

(En ese momento, llega la novia, Carmen Luz.)

MARTÍN: ¡Ah, aquí _____ **(19)**, mi amor! Pero, ¡qué elegante
_____ **(20)**! ¿Adónde vas?

CARMEN: Tengo una entrevista a las tres. ¿Qué hora _____ **(21)**?

MARTÍN: _____ **(22)** las dos y media. Pero, mira, antes que te vayas,
Carmen, te quiero presentar a Roberto, un viejo amigo mío.

CARMEN: Encantada, Roberto. Martín me ha hablado de ti.

ROBERTO: Mucho gusto, Carmen. Pues, miren, tengo que irme. Pero qué
gusto de verte, Martín, y de conocerte a ti, Carmen Luz.

Práctica de la gramática

Estrategias

The activities in this section will help you practice using the verbs **ser**
and **estar** as they are used in real life. Skim the activities and try to
identify which of the following strategies are used in each.

- Use lists, columns, and other visual organizers to map out your
  thoughts and guide your expression.
- Combine and recombine previous learning in different ways.
- Personalize new learning to express your own messages.

A. ¿Qué llevas?   Di lo que llevas en las siguientes circunstancias. Escoge un
conjunto de tu propio guardarropa y descríbeselo a la clase.

1. Estás muy a la moda.
2. Estás de vacaciones.
3. Estás muy elegante.
4. Estás invitado(a) a una boda.
5. Estás de visita en casa de unos familiares.
6. Estás bien vestido(a) para una fiesta.

B. Compras recientes.   Describe la última prenda de ropa que compraste
(además de los jeans), con respecto a los siguientes aspectos. Presta atención
al uso de los verbos **ser** y **estar** y trata de dar una descripción detallada.

➡ *Por ejemplo:*

¿Qué fue? La última prenda de ropa que compré **fue** una chaqueta.

1. ¿Qué fue?

6. ¿Está de moda o no?

2. ¿De qué es?

7. ¿Dónde está la tienda donde la compraste?

3. ¿Cómo es?

8. ¿Fue cara esta prenda?

4. ¿De qué marca es?

9. ¿Estás contento(a) con esta compra?

5. ¿De dónde es?

C. A ordenar el guardarropa.   Para cada una de las siguientes características o situaciones, describe un artículo de tu guardarropa. Luego, di lo que puedes hacer con este artículo de ropa.

➡ *Por ejemplo:*

Tengo un vestido con hombreras permanentes que **está pasado de moda**.

Se lo puedo donar a una organización caritativa.

1. está pasado(a) de moda

3. está en la casa de otra persona ahora

2. está sucio(a) ahora

4. es de otra persona

D. La ropa y su mensaje.   ¿Crees que la ropa que nos ponemos transmita mensajes con respecto a la personalidad o al estado de ánimo de una persona? Di qué mensaje pueden proyectar los siguientes colores y conjuntos. En cada caso haz una interpretación de la personalidad y del estado de ánimo de la persona.

➡ *Por ejemplo:*

La persona lleva pantalón y camiseta negros.

Su ropa me dice que **es** una persona pesimista o que **está** deprimida hoy.

La persona lleva...

1. anaranjado vivo

5. vestido de noche de terciopelo verde oscuro

2. colores pastel

6. un traje azul marino y corbata roja

3. un traje beige y tacones altos

7. impermeable, sombrero y anteojos de sol

4. amarillo y verde ácido

8. sudadera, gorro y zapatos de correr

En voz alta

A. Escucha esta conversación sobre la ropa y di cuáles de los siguientes aspectos se consideran importantes. Luego, escoge lo más importante, según la conversación.

_____ la tela y su textura	_____ las ideas de otros	_____ el color
_____ el sexo de la persona	_____ la opinión de los vendedores	_____ el clima
_____ la calidad de la tela	_____ la edad de la persona	_____ el precio
_____ la estampa de la tela	_____ la personalidad de la persona	_____ el confort

B. Haz columnas con los aspectos que escogiste en la actividad A. Luego, escucha la conversación otra vez y anota en cada columna los detalles que se dan sobre cada aspecto.

C. ¿Qué opinas tú sobre lo que escuchaste? Di si estás de acuerdo o no. Explica por qué.

Mi Refranero. Aquí tienes otro refrán relacionado con el tema de la ropa. ¿Estás de acuerdo con lo que dice? Escucha la cinta y repite el refrán, tratando de imitar los sonidos lo mejor que puedas.

La moda, la que acomoda.

Voces del mundo hispano

De dichos y refranes, miles de planes

Hay muchos dichos y refranes en inglés que también usan la ropa como símbolo para comunicar un mensaje. Aquí tienes algunos ejemplos. ¿Puedes dar otros?

If the shoe fits, wear it.   *Let a smile be your umbrella.*
She wears many hats.   *It knocked my socks off!*

En esta sección, vas a ver que en español también hay muchos dichos y refranes que usan la ropa como símbolo. Mira los refranes. ¿Hay algunos que correspondan a lo que se dice en inglés?

1. **La ropa sucia se lava en casa.**
2. ¡Silencio! **Hay ropa tendida.**
3. Este auto **me viene como anillo al dedo**.
4. En esta casa, **el que lleva los pantalones** soy yo.
5. Hacía calor y ella andaba **en traje de Eva**.
6. Fueron a Las Vegas y **se jugaron hasta la camisa**.
7. Mi primo es muy **aficionado a las faldas**.
8. Los políticos **se cambian de camisa** a cada rato.
9. Ese collar **es más caro que la camisa de Margarita**.

Ahora, conecta cada refrán con una de las siguientes explicaciones.

➡ *Por ejemplo:*
El niño salió corriendo **en traje de Adán**. → Estaba totalmente desnudo; no llevaba ropa.

a. Cambian de opinión por conveniencia.
b. Es precisamente lo que necesito.
c. Las cosas de la familia no se discuten en público.
d. Ese chico es un Don Juan.
e. Soy el jefe.
f. Estaba desnuda.
g. Lo gastaron todo en el casino.
h. Hay gente que nos escucha.
i. Vale una fortuna.

Estrategias

Apply the strategies you have practiced to comprehend and enjoy a literary work.

- Skim for the gist; scan for specific information.
- Focus first on what you know; then try to access the unfamiliar.
- Use cognates, derivatives, and context clues to make logical guesses.
- Use grids and visual organizers to take notes and summarize your understanding as you read.
- Look for evidence to support your conclusions.
- Check your understanding of new words by paraphrasing.
- Use the theme as a springboard for your own creative thought.

A. Datos importantes.   La lectura de esta página narra la historia de una prenda muy especial. Lee los **dos** primeros párrafos y contesta las siguientes preguntas.

1. ¿Qué significa «es más caro que la camisa de Margarita Pareja»?
2. ¿Dónde ocurrió esta historia y hace cuánto tiempo?
3. ¿Qué personajes se mencionan?
4. ¿Qué tipo de narración es? ¿un ensayo, una leyenda, un artículo, un cuento o una biografía?

B. Organiza la información.   Ahora lee toda la narración y, a medida que leas, toma apuntes sobre los personajes en un diagrama como el siguiente.

Personaje	¿Quién es?	¿Cómo es?
1. Margarita Pareja	hija de Raimundo	hermosa de ojos negros

La camisa de Margarita

Ricardo Palma (peruano, 1833–1919)

Cuando las viejas de Lima quieren quejarse del precio de una prenda dicen: «¡Qué! Si esto es más caro que la camisa de Margarita Pareja». Y ésta es la historia de la camisa de Margarita.

Corría el año de 1765 y Margarita Pareja era una hermosa limeñita, la hija más mimada del colector de impuestos° del Callao, don Raimundo Pareja. Tenía un par de ojos negros como dos torpedos cargados con dinamita que hacían explosión en el corazón de todos los galanes° de Lima.

Por aquel tiempo, llegó de España un arrogante joven, llamado don Luis Alcázar, que tenía en el Perú un tío solterón muy rico y todavía más orgulloso de su apellido y su familia. Sin haber heredado la fortuna del tío

Palabras útiles
los impuestos *taxes*
los galanes *jóvenes*

Palabras útiles

le flechó el corazón se enamoró de ella
el partido elección de novio
la monja *nun*
la dote *dowry*
el ajuar manteles y otra ropa para la casa y la novia
el alfiler *pin*
el compromiso acuerdo
al pie de la letra literalmente

todavía, don Luis era más pobre que una rata. Pero un día conoció a la bella Margarita y se sintió más rico que un Virrey, porque la muchacha le llenó el ojo y le flechó el corazón°. La verdad es que los dos jóvenes se enamoraron locamente y don Luis fue a hablar con don Raimundo para pedirle la mano de Margarita.

—Quiero que Margarita sea mi esposa-dijo el joven.

Pero a don Raimundo no le gustó mucho la idea, porque pensó que don Luis era muy pobre para su hija, y dijo que no. Además, les contó a sus amigos que don Luis no era un buen partido° para su hija. Uno de estos caballeros fue con la historia a don Honorato, el tío de don Luis, quien se puso furioso por la ofensa.

Lima, centro histórico.

Don Raimundo también le dijo a Margarita, «No quiero que veas a don Luis» y a Margarita le dio un ataque de nervios. Todos los días desde entonces lloraba todo el tiempo y se arrancaba el pelo, gritaba y perdía sus colores y no quería salir a ninguna parte. ¡Quería hacerse monja°!

Entonces, don Raimundo se empezó a preocupar muy en serio y también los médicos dijeron que la única medicina para los nervios de Margarita no se vendía en la farmacia. ¡Había que casarla con don Luis o Margarita moriría! Por eso corrió don Raimundo a la casa de don Honorato y le dijo: «Quiero que los muchachos se casen lo antes posible, porque no hay otro remedio para mi niña». El diálogo fue violento porque don Honorato recordaba que don Raimundo se había expresado muy mal de su sobrino Luis. Por fin, el tío consintió en que Luis y Margarita se casaran, pero con una condición, dijo don Luis: «No quiero que Ud. le dé ni un centavo a su hija para la boda».

—Quiero que la niña venga a casa de su marido sólo con la ropa puesta —dijo don Honorato.

—¿Puedo darle su dote° y regalarle algo de ropa nueva y el ajuar°? —preguntó el padre.

—No, nada; ni un solo alfiler°, ni ajuar, ni muebles, ni dinero, ni nada —contestó el tío, pero finalmente aceptó que don Raimundo le diera a Margarita sólo la camisa de noche para cambiarse.

Don Raimundo Pareja cumplió con el compromiso° al pie de la letra°. El único regalo que recibió Margarita cuando se casó fue su camisa de novia. Sólo que la camisa estaba adornada con encajes que costaron una fortuna y que el cordoncillo del cuello era una larga cadena de oro y brillantes que bien valía un Perú.* Y así fue como la camisa de Margarita se hizo famosa en Lima, por lo única y por lo cara.

Adaptado de Ricardo Palma, *Tradiciones peruanas completas.*

---

*La inmensa cantidad de oro y plata que los españoles llevaron del Perú a España en la época colonial le dieron al país tal fama que desde entonces cualquier cosa de gran valor se compara con el Perú y se dice que "vale un Perú".

C. A ver si comprendiste bien.   Di si estas frases son ciertas o falsas según la leyenda de Margarita Pareja. Si alguna no es verdad, corrígela. Si es verdad, cita la frase de la lectura que la apoya.

1. El padre de Margarita era rico.
2. Margarita era la única hija de don Raimundo.
3. El sobrino de don Honorato recibió toda la fortuna de su tío.
4. Los dos jóvenes querían casarse.
5. Don Luis se enamoró de doña Margarita, pero ella no quiso casarse.
6. Al principio, el papá de doña Margarita y el tío de don Luis prohibieron el matrimonio de los jóvenes.
7. Doña Margarita se puso tan triste que se fue a un convento.
8. El papá decidió que lo mejor era hablar con Luis, de hombre a hombre.
9. El tío se puso furioso y les dijo que no iba a pagar nada porque las bodas eran muy caras.
10. El papá y el tío llegaron a un acuerdo: Margarita podía casarse con Luis pero sin recibir el dinero que su familia le tenía para la boda.
11. Don Honorato aceptó que el papá le regalara la camisa de novia pero nada más.
12. La camisa de novia de Margarita estaba hecha de oro.

D. Según los personajes.   Completa las siguientes frases para indicar los deseos de los personajes del cuento.

1. Margarita (no) quiere que...
2. Don Luis (no) quiere que...
3. Don Raimundo (no) quiere que...
4. Don Honorato (no) quiere que...

E. En otras palabras.   Busca y escribe todas las palabras y expresiones del cuento que ilustren o describan lo siguiente.

1. un precio demasiado alto
2. la belleza de Margarita
3. la pobreza de Luis
4. una prenda de ropa muy cara
5. una enfermedad del alma (*soul*) que no se cura
6. la riqueza de los viejos
7. el amor a primera vista
8. la furia, el enojo
9. la tristeza y la desesperación
10. la dote

F. Un poquito exagerados.   Con un/a compañero(a), pónganse un poco exagerados y completen las siguientes descripciones de gente.

⟶ *Por ejemplo:* Es tan rica que... **Es tan rica que duerme con una camisa adornada con diamantes.**

1. Es tan rico(a) que...
2. Es tan generoso(a) que...
3. Es más bello(a) que...
4. Es tan pobre que...
5. Es tan cabeza dura (*stubborn*) que...
6. Es tan triste que...

G. Mi propia leyenda.   Escribe una leyenda para explicar uno de los dichos de la página 338.

Para escribir

Querido lector

This section will guide you to write more accurately by attending to certain language features during the organizing and editing phases.

A. Imaginarse. You are editor of a magazine column that gives advice to young teens who write to you about their problems. Choose one of the following letters that have just arrived.

> Acabo de conseguir mi primer empleo y mi madre insiste en que me ponga una falda o pantalones en vez de jeans. Sin embargo, he preguntado en la oficina y me dijeron que no hay normas estrictas con respecto a la ropa.
>
> Carolina

> Tengo 12 años y quiero arreglarme como mis amigas y ponerme minifalda y pantalones elásticos y usar cosméticos pero mi papá no quiere que me ponga ropa llamativa. Ya soy grande.
>
> María Paz

> Mis padres no me comprenden. Les he dicho que es necesario llevar ropa de la marca que está de moda. Pero ellos se resisten a comprarme ropa tan cara sólo por la marca.
>
> Beatriz

B. Analizar. Break the problem down into its components to determine what subtopics you will have to deal with in giving your advice. Then, draft a response for each subtopic, including reasons, consequences, exceptions, and examples for each. In each case, circle the pronouns you used.

➠ *Por ejemplo:*
Carta 1:

Con respecto a **los jeans** es mejor que no te **los** pongas si...
Si pensamos en **los consejos** de tu mamá, es mejor que **los** sigas porque...
Con relación a **las normas** de..., te aconsejo que **las** observes porque...
Hablando del **primer empleo**, es necesario que **lo** tomes en serio porque...

C. Editar. Verify the accuracy of your statements in each topic area, paying particular attention to the object pronouns you have circled. Check for placement, proper order (reflexive, indirect, direct), and form of the pronouns. If you are unsure of the form, draw a line to connect the pronoun to the person or thing to which it refers.

D. Integrar. Combine your statements to form a letter with cohesive and well-developed paragraphs that would appeal to persons of this age group. Avoid repetition, and aim for variety in your use of nouns, verbs, and adjectives.

Mi diccionario

Prendas de ropa y accesorios
- **el abrigo** overcoat
- **el anillo** ring
- **la blusa** blouse
- **la bufanda** winter scarf
- **los calcetines** socks
- **la camisa** shirt
- **el chaleco** vest
- **la chaqueta** jacket
- **el cinturón** belt
- **el collar** necklace
- **el conjunto** outfit
- **la corbata** tie
- **el diamante** diamond
- **la falda** skirt
- **las gafas (los anteojos)** glasses
- **el impermeable** raincoat
- **el pantalón/los pantalones** pants
- **el pañuelo** neck scarf; handkerchief
- **el paraguas** umbrella
- **las perlas** pearls
- **el pijama** pajamas
- **la pulsera** bracelet
- **la ropa interior** underwear
- **el saco** jacket
- **la sudadera** sweat suit
- **el suéter** sweater
- **el traje** man's suit; dress
- **el traje de baño** swimsuit
- **el vestido** dress
- **los zapatos** shoes
- **los zapatos de correr / de tennis** running shoes, sneakers

Materiales y telas
- **el encaje** lace
- **la pana** corduroy
- **el terciopelo** velvet

Otros sustantivos
- **los caballeros** men
- **las damas** ladies
- **el guardarropa** closet
- **la marca** brand name

Colores y otras características de las telas
- **a cuadros** checkered
- **a rayas** striped
- **amarillo(a)** yellow
- **anaranjado(a)** orange
- **azul** blue
- **beige** beige
- **blanco(a)** white
- **claro(a)** light (color)
- **de lunares** polka dotted
- **de un solo color** one-colored, solid
- **estampado(a)** patterned
- **gris** gray
- **marrón** brown
- **morado(a)** purple
- **negro(a)** black
- **oscuro(a)** dark
- **rojo(a)** red
- **rosado(a)** pink
- **verde** green
- **vivo(a)** bright (color)

Verbos y expresiones
- **escoger** to choose
- **estar a la moda** to be dressed in fashion
- **estar de moda** to be in fashion
- **estar pasado(a) de moda** to be out of fashion
- **llevar** to wear
- **me queda bien** it fits well/ looks good on me
- **¡No tengo nada que ponerme!** I've nothing to wear!
- **ponerse** to put on (clothing)
- **probarse (ue)** to try on

La moda no incomoda

Botas verdes, 1992. Claudio Bravo, chileno.

Según tú, ¿cómo es el dueño de estas prendas? ¿Qué es? ¿Qué le gusta hacer? ¿Dónde vive, en una ciudad, en el campo, en un bosque, en una finca, cerca de un río o del mar? Como ya sabes, la ropa que llevamos transmite muchos mensajes. En este capítulo, vas a examinar tu propio guardarropa. ¿Qué tienes ahí?

Claudio Bravo y el fotorrealismo

Piloto, pintor, bailarín profesional y eterno viajero, el artista Claudio Bravo tiene muchos intereses y talentos. Su pintura es del estilo hiperrealista o fotorrealista; es decir, es como una fotografía de la realidad. A Bravo le fascinan las formas y texturas de objetos comunes y corrientes que sugieren la presencia humana o invitan a la reflexión. El cuadro que se ve aquí es un «autorretrato in absentia» en el que las distintas prendas de ropa evocan la presencia de su dueño, el artista mismo. ¿En qué piensas cuando miras este cuadro? ¿Qué prendas de ropa ayudan a evocar la persona que eres tú?

Metas

En este capítulo vas a aprender a...

quejarte de la ropa

indicar el objetivo o propósito de tus acciones

describir lo que buscas cuando vas de compras

indicar que no encuentras lo que buscas

estar + adjetivo, p. 349

para que + presente del subjuntivo, p. 353

busco + sustantivo + presente del subjuntivo, p. 359

no hay nada / nadie que + presente del subjuntivo, p. 359

Vas a saber más de...

la moda en el mundo hispano

Visiones del mundo hispano

¿Tirar o reparar?

En tu guardarropa, ¿hay alguna ropa vieja o pasada de moda que ya no lleves? ¿Tienes alguna prenda que esté en mal estado o que ya no te quede bien? Usa los verbos que siguen para decirle a la clase qué haces con tu ropa vieja o rota.

➡ *Por ejemplo:*

Si algo ya no me queda bien, se lo doy a mi hermano(a) menor.

Si mis jeans están rotos, los convierto en shorts.

1. dárselos a...
2. convertirlos en...
3. tirarlos
4. donárselos a una organización caritativa
5. venderlos
6. repararlos

Estrategias

The activities in this section will help you become a more efficient reader and language learner by focusing on the following strategies. Skim the activities in this section. Can you identify in which activities each of these strategies is used?

- Skim for the gist; scan for specific information.
- Use context, cognates, and derivatives to guess unfamiliar words.
- Check your comprehension by providing evidence to reject or support statements.
- Personalize new learning by using it to express your own thoughts.

A. Soluciones domésticas. En los anuncios se puede ver lo que hace mucha gente con su ropa vieja. Mira los anuncios y da el nombre del negocio donde puedes hacer lo siguiente. En cada caso, cita las palabras donde aparece la información.

1. convertir una prenda de ropa en otra prenda
2. rebajar o cortar una prenda
3. renovar un artículo
4. reparar o arreglar un artículo
5. cambiarle el color a una cosa
6. ver artículos de cuero

Palabras útiles

los sostenes *bras*
las fajas *girdles*
los calzoncillos ropa interior masculina
la gamuza *suede*
el calzado zapatos
la suela parte inferior del zapato
los teñidos cambios de color
el pegamento un líquido adhesivo
el ante cuero fino

¿Ropa interior gastada?

¡No la tire!
Se la dejamos como nueva.

Confeccionamos sostenes
y fajas a medida.
Elasticamos calzoncillos.
Cortamos trajes de baño.

Transformaciones en 48 hrs.
Providencia 2528 L-64 (2º nivel)
Galería Fco. de Aguirre

¡Le reparamos sus trajes!

✂ **Cortamos mangas.**
✂ **Cortamos pantalones para shorts o bermudas**
✂ **Convertimos su abrigo de gamuza en falda.**
✂ **Cambiamos cremalleras rotas de jeans.**

Taller Lila
Manquehue 1642

Reparadora de calzado
Julito le arregla todo tipo de calzado.

✓ **media suela, suela entera**
✓ **arreglos en cuero y materiales sintéticos**
✓ **los mejores pegamentos**
✓ **galochas y botas de lluvia**

Pasaje Constitución 99

Reparadora de carteras
La Central

☞ **teñidos**
☞ **quitamanchas, transformaciones**
☞ **cinturones, hebillas**
☞ **y botones de cuero, gamuza, ante**

Rosas 232, loc. 12

B. Tantos problemas. Como puedes ver, la gente hispana se preocupa de reparar las cosas viejas o pasadas de moda en vez de tirarlas. Ésta es una tradición europea muy antigua. Dale recomendaciones a las siguientes personas que piensan tirar unos artículos de ropa. En vez de tirarlos, ¿qué pueden hacer? ¿Adónde los pueden llevar?

Por ejemplo:
Si tus zapatos están rotos, en vez de tirarlos, **sugiero que vayas** a la reparadora Julito. Allí **te los** pueden arreglar.

1. «Acabo de comprarme este vestido de encaje y ahora está manchado con chocolate. Traté de sacarle la mancha pero no pude. ¿Qué voy a hacer?»
2. «Me gustan estos jeans pero ya no puedo llevarlos. Engordé un poco y se me rompió la cremallera. Ahora la cremallera no funciona. ¿Qué puedo hacer?»
3. «Tengo una cartera blanca común y corriente que nunca uso. He pensado teñirla, pero sé que los teñidos hechos en casa nunca salen bien.»
4. «Mi hermana me dio estos pantalones porque ya no los usa. Me quedan bien pero son muy largos.»
5. «Voy a tirar esta sudadera porque está muy vieja. Mira, está roto el elástico.»
6. «Me encantan mis botas de cuero, pero el tacón de esta bota está gastado.»
7. «Mis jeans preferidos son tan viejos y cómodos, pero ahora me quedan muy cortos. ¿Qué tal si los convierto en shorts?»
8. «Mi chaqueta de gamuza está muy pasada de moda y le faltan dos o tres botones pero, como los artículos de gamuza cuestan tan caros, no quiero botarla. No sé qué hacer con ella.»

Visión Visión Visión

El mundo de la moda

En el mundo de la moda algunos de los nombres más famosos son de diseñadores hispanos. ¿Reconoces estos nombres: el dominicano Óscar de la Renta, el español Cristóbal Balenciaga, la venezolana Carolina Hererra?

El diseñador español, Manuel Piña, cree que hay una gran diferencia entre «la moda» y «el diseño». Según él, al comprar una prenda de ropa, ¿en qué debemos pensar, en la moda o en el diseño? ¿Por qué? ¿En cuál de los dos piensas tú cuando compras ropa?

El traje de boda de Caroline Kennedy, diseñado por Carolina Herrera.

aparentar parecer
mentir   no decir la
   verdad

Llegué a la conclusión de que la moda se llevaba y el diseño se sentía: La moda es aquello que se pasa de moda y el diseño es esa pieza que perdura... En el aspecto cultural, el diseño refleja una época, lo mismo que la pintura o la música. Lo grotesco del diseño sólo nace cuando una persona quiere aparentar° algo que realmente no siente. La ropa es la tarjeta de presentación de una persona y no conviene mentir° en la tarjeta de presentación.*

Dice Piña que «la ropa es la tarjeta de presentación (tarjeta de visita) y no se debe mentir en la tarjeta de presentación». ¿Estás de acuerdo? ¿Qué conjunto de ropa refleja mejor tu personalidad o quién eres?

En voz alta

A. Escucha la descripción que hace una joven e indica de qué habla.

_____ una tienda de ropa   _____ un viaje
_____ la gente de su oficina   _____ una fiesta

B. ¿Cómo reacciona? Elige más de una posibilidad.

_____ ¡Qué horror!   _____ ¡Qué elegante!   _____ ¡Qué amable!
_____ ¡Qué risa!   _____ ¡Qué desastre!   _____ ¡Qué mal gusto!

Mi Refranero. En la conversación, oíste el siguiente refrán popular. ¿Estás de acuerdo con lo que dice? Escúchalo otra vez y repítelo, tratando de imitar los sonidos.

Aunque la mona se vista de seda, mona es y mona se queda.

VOCABULARIO

Imágenes y palabras

Los espejos no mienten. Si quiero verme bien, debo...

mirarme
al espejo

afeitarme
la barba

peinarme
bien

pintarme los
labios

---

*José Manuel Fajardo, "Manuel Piña", *Cambio 16*, N°764 (7 de dicbre. de 1986), 142.

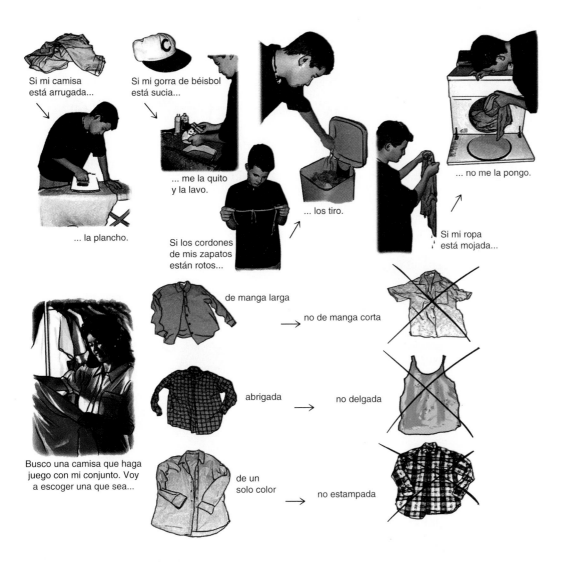

Si mi camisa está arrugada...

... la plancho.

Si mi gorra de béisbol está sucia...

... me la quito y la lavo.

Si los cordones de mis zapatos están rotos...

... los tiro.

Si mi ropa está mojada...

... no me la pongo.

de manga larga

no de manga corta

abrigada

no delgada

Busco una camisa que haga juego con mi conjunto. Voy a escoger una que sea...

de un solo color

no estampada

Voy a tratar de devolver estos pantalones. No me quedan bien. Prefiero otros que sean...

más sueltos

no tan ajustados

más largos

no tan cortos

de una talla más grande, no tan pequeños

cremallera

en vez de botones

bolsillos adelante

y atrás

cinturón con hebilla

en vez de elástico

Voy al taller de reparaciones para que me arreglen algo.

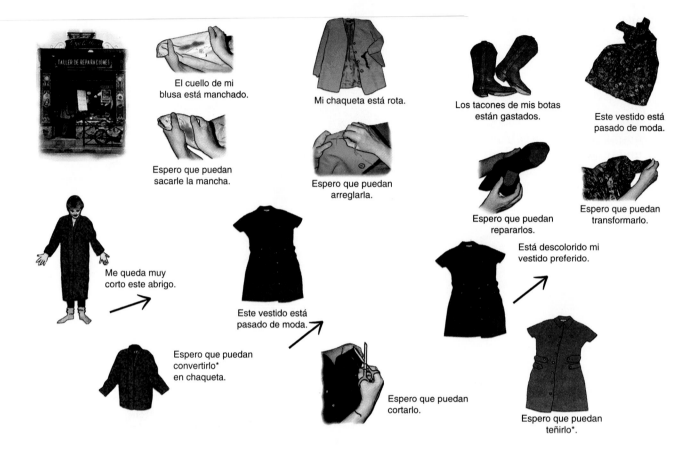

El cuello de mi
blusa está manchado.

Espero que puedan
sacarle la mancha.

Mi chaqueta está rota.

Espero que puedan
arreglarla.

Los tacones de mis botas
están gastados.

Espero que puedan
repararlos.

Este vestido está
pasado de moda.

Espero que puedan
transformarlo.

Me queda muy
corto este abrigo.

Espero que puedan
convertirlo*
en chaqueta.

Este vestido está
pasado de moda.

Espero que puedan
cortarlo.

Está descolorido mi
vestido preferido.

Espero que puedan
teñirlo*.

Práctica del vocabulario

> **Estrategias**
>
> To remember new vocabulary and use it effectively, pay attention to the
> memory and communication strategies you will use in this section.
> Skim the activities to identify which activities encourage each strategy.
> This practice will also help you anticipate the kinds of things you will
> be doing in class.
> - Classify and sort vocabulary according to different groups.
> - Integrate new learning with previous learning.
> - Personalize new learning to express your own thoughts and convey
>   your own images.
> - Expand statements with details.
> - Use models to map out your thoughts and guide use of new learning.
> - Collaborate with others to exchange information, create, and
>   rehearse expression.

———————
*Convertir (ie, i); **teñir** (i)

A. ¿Quién lo tiene?   Pregúntales a tus compañeros si tienen las siguientes prendas de ropa y anota su nombre en cada caso. Si para una prenda no encuentras a nadie, debes decir **No hay nadie que tenga...**

➠ *Por ejemplo:*
Yasmin y Kerry tienen guantes de cuero. No hay nadie que tenga calcetines de lunares.

1. una camisa a rayas de manga corta
2. un cinturón con hebilla de plástico
3. un pijama a cuadros
4. un abrigo con cuello de cuero
5. una gorra vieja y sucia
6. pantalones muy ajustados de un solo color
7. una sudadera gastada y descolorida

8. botas o zapatos con tacones altos
9. una prenda de ropa con cremallera rota
10. jeans con botones en vez de cremallera
11. unos pantalones con bolsillos adelante y atrás
12. un suéter a cuadros demasiado abrigado

B. Gustos de la juventud.   Pregúntales a cinco de tus compañeros(as) qué prefieren en cuanto a la ropa y los complementos. Toma apuntes para informarle a la clase de los resultados.

➠ *Por ejemplo:*
Con respecto a los jeans, cuatro **los prefieren** (todos **los preferimos**) con cremallera en vez de botones.

1. ¿los jeans con cremallera o botones?
2. ¿las hebillas grandes o pequeñas?
3. ¿la ropa nacional o la importada?
4. ¿las corbatas estampadas o de un solo color?
5. ¿las faldas cortas o largas?
6. ¿los pantalones sueltos o ajustados?

7. ¿los impermeables o los paraguas?
8. ¿las botas de suela plana o con tacones?
9. ¿las gorras de béisbol con la visera adelante o atrás?
10. ¿las camisetas de algodón o de algodón con poliéster?

C. Muy parecidos.   ¿En qué se parecen y en qué se diferencian las siguientes prendas?

➠ *Por ejemplo:*
Los (Las) dos tienen botones (cremalleras) y son de algodón.

1. un pulóver y un suéter de estilo chaqueta
2. un chaleco y un saco
3. una blusa y una camisa
4. una camisa y una camiseta

5. una chaqueta deportiva y un abrigo
6. pantalones de dama y de caballero
7. zapatos elegantes para damas y para caballeros
8. un traje y un pijama

D. Mírense al espejo.   ¿Qué consejos le puedes ofrecer a la siguiente gente?

➠ *Por ejemplo:*
Una señorita lleva una camiseta sucia con cuatro cadenas de oro.

Le sugiero que **se quite** las cadenas de oro y que **lave** la camiseta.

1. Un chico lleva una camisa arrugada y manchada de chocolate.
2. Un ejecutivo lleva un traje de lana y una gorra de béisbol.
3. Una chica tiene una bolsa de plástico vieja y gastada.

4. La cremallera de mis jeans está rota.
5. A una niña le quedan muy largos los pantalones.
6. Un joven llega a la entrevista con una gorra de béisbol, el pelo despeinado y barba de dos días.
7. La camisa de un señor no hace juego con su corbata.
8. Los pantalones preferidos de mi papá están descoloridos.

E. Devoluciones. Quieres devolver una prenda de ropa que compraste. Explícale los problemas al (a la) dependiente (tu compañero[a]). Da por lo menos dos quejas. El (La) dependiente no quiere devolverte el dinero e insiste en que aceptes otra prenda similar. Sigue el modelo.

Por ejemplo:

Cliente	Dependiente
Buenos días. Quisiera devolver este vestido, por favor.	¿Por qué no le gustó?
Porque me queda demasiado suelto.	Ah, no es nada. Podemos buscar otra talla.
Bueno, prefiero que me devuelva el dinero, por favor.	Pero señorita, no le puedo devolver el dinero porque....

VOZ VOZ VOZ VOZ VOZ VOZ

¿Para quién se diseña la moda?

Palabras útiles

el usuario persona que usa algo
atrevido *daring*
idónea *ideal*
respire *breathes*
a pesar de que *in spite of the fact that*
transpirando *perspiring*
la tez *piel*

MARCAS IMPORTADAS

Los diseños no contemplan las necesidades de todos sus potenciales usuarios°. Por ejemplo, el norteamericano Calvin Klein condiciona su trabajo al estilo de vida de su país, a los juicios estéticos o de valor de esa cultura y las medidas promedio de la población norteamericana. Cuando trasladamos un modelo de Calvin Klein (o de cualquier otro diseñador extranjero) a la Ciudad de México, nunca funciona del todo. O la tela es demasiado gruesa para el clima o el estilo es demasiado atrevido° para llevarlo en la calle o, simplemente, las mangas son demasiado largas.

Según el diseñador peruano, Lucho Florez: "Los diseñadores europeos hacen trajes para personas que caminan mucho en la calle, lo que se acostumbra en Europa. Yo, por el contrario, tengo que buscar la mezcla de materiales idónea° para lograr que un traje respire° y se conserve a pesar de que° su usuario pase al menos una hora sentado en su automóvil, transpirando°, atrapado en el tráfico". La ropa de Lucho está hecha de acuerdo a un cuidadoso estudio de la complejión y estatura del latino, con colores seleccionados para complementar los tonos de la tez° trigueña y líneas que favorezcan la silueta.

A. Lee el comentario de la página 352 sobre la importación y exportación de la ropa de buena marca. ¿Cuáles de los siguientes factores se deben tomar en cuenta cuando se diseña esta ropa?

el clima   la estatura de la gente
el estilo de vida de la gente   el color de la piel
los medios de transporte de la región   los valores de la sociedad

B. ¿Qué telas y diseños no están de acuerdo con las características de la siguiente gente? En cada caso, dales tus recomendaciones a los diseñadores. Agrega tus propias palabras en las siguientes columnas.

➤ *Por ejemplo:*
Para la gente que vive en regiones cálidas, es mejor que los diseñadores **no le hagan** ropa de cuero y es aconsejable que **no ofrezcan...**

Para la gente que...

1. vive en una región tropical donde llueve mucho
2. tiene que pasar mucho tiempo en el auto
3. es de estatura baja y pequeña
4. es de estatura alta y algo gruesa
5. vive donde hace frío y nieva mucho
6. tiene que caminar (*walk*) mucho

G R A M Á T I C A 1

Para expresar el objetivo o propósito de tus acciones: el tiempo presente del subjuntivo

You have learned to use the subjunctive to express disbelief (**No creo que...**), hope (**Espero que...**), and to give recommendations and express desires regarding the actions of others (**Te aconsejo / recomiendo que...**). You will also use the subjunctive to express the purpose or goal of a future action preceded by **para que** (*so that, in order that*).

> Voy a prestarte mi vestido largo de terciopelo **para que puedas** ir al baile del sábado. Pero tienes que devolvérmelo el domingo, **para que** mi hermana me lo **corte** y me **haga** un minivestido.

In Chapter 11, you learned to form the present subjunctive by taking the **yo** form of the present indicative and replacing the **-o** ending with **-e** (**-ar** verbs) or **-a** (**-er** and **-ir** verbs). Here are some other things you will need to keep in mind as you use the subjunctive.

1. Some verbs have spelling changes to represent the written language as it is pronounced. Notice how infinitives ending in the following syllables have spelling changes.

Infinitive ending	Spelling change
-gar	-gue (**jugar:** jue**gue**, jue**gues**, jue**gue**, ju**guemos**, *ju**guéis***, jue**guen**) Also: **arrugar, llegar, pagar, agregar, navegar, castigar, regar**
-car	-que (**sacar:** sa**que**, sa**ques**, sa**que**, sa**quemos**, *sa**quéis***, sa**quen**) Also: **buscar, tocar, practicar, pescar, secar, explicar**
-zar	-ce (**almorzar:** almuer**ce**, almuer**ces**, almuer**ce**, almor**cemos**, *almor**céis***, almuer**cen**) Also: **comenzar, empezar, organizar**
-ger or -gir	-ja (**escoger:** esco**ja**, esco**jas**, esco**ja**, esco**jamos**, *esco**jáis***, esco**jan**) Also: **proteger, corregir, elegir, fingir**
-guir	-ga (**seguir:** si**ga**, si**gas**, si**ga**, si**gamos**, *si**gáis***, si**gan**) Also: **conseguir**
-uir	-ya (**incluir:** inclu**ya**, inclu**yas**, inclu**ya**, inclu**yamos**, *inclu**yáis***, inclu**yan**) Also: **construir, destruir, disminuir, influir**

Vamos a ir a la tienda grande para que **escojas** un buen traje y **consigas** un buen precio.

2. Some verbs have *two stem changes* in the present subjunctive. In Chapter 11, you saw that stem-changing verbs keep their stem changes in the present subjunctive. However, all **-ir** verbs with e→ie or o→ue stem changes have an additional change in the **nosotros** and **vosotros** forms.

convertir		dormir	
convierta	convirtamos	duerma	durmamos
conviertas	*convirtáis*	duermas	*durmáis*
convierta	conviertan	duerma	duerman

Also: **divertirse, hervir, preferir, mentir, requerir, sentir, sugerir, morir**

Nuestros padres quieren que **nos divirtamos** pero nos aconsejan que lleguemos a casa antes de la una de la mañana para que no **nos durmamos** en clase al día siguiente.

Ejercicio A. Usa los siguientes verbos para indicar lo que Uds., los alumnos, quieren que hagan los profesores y lo que los profesores quieren que hagan los alumnos.

Queremos que ellos...

1. divertirse y reírse en clase
2. sentirse bien
3. organizar bien el tiempo
4. almorzar en clase
5. explicar bien la lección
6. escoger sólo clases fáciles

Ellos (no) quieren que nosotros...

7. corregirnos cuando cometamos un error
8. equivocarnos en las pruebas
9. morirnos de sueño
10. llegar puntualmente a clase
11. mentir cuando faltamos a clase
12. sugerir estrategias para aprender

Ejercicio B. Completa las siguientes frases con la forma apropiada del verbo en el tiempo presente del subjuntivo.

1. Te aconsejo que no _____ (dormirte) en el sofá para que tu traje no _____ (arrugarse).
2. Para que el consumidor no _____ (equivocarse) cuando va de compras, es importante que le _____ (explicar) bien al dependiente lo que quiere.
3. Si no me veo bien, prefiero que mis amigos no me _____ (mentir). Es importante que ellos _____ (influir) en mí para que yo _____ (corregir) cualquier error que haya hecho.
4. Para que no _____ (convertirnos) en esclavos (*slaves*) de la moda, es necesario que _____ (escoger) ropa práctica y que _____ (sentirnos) cómodos.
5. Señorita, le aconsejo que _____ (dirigirse) a un taller de reparaciones para que ahí le _____ (sacar) esa mancha de la chaqueta. Es mejor que los expertos le _____ (analizar) la situación.
6. Acabo de llevar mi abrigo a un taller de reparaciones para que ellos lo _____ (convertir) en chaqueta. Espero que la modista no _____ (destruir) la tela porque es finísima.
7. Para que tú _____ (conseguir) el puesto de tus sueños, es necesario que _____ (escoger) el conjunto apropiado para la entrevista y que _____ (peinarse) y _____ (afeitarse) bien.
8. Te recomiendo que _____ (secar) esa camiseta mojada antes de ponértela. Ya que estás enfermo, es necesario que _____ (protegerse).

Práctica de la gramática

Estrategias

The activities in this section will help you practice the present subjunctive as it is used in real life to express the objective or purpose of an action. Skim the activities in this section and try to identify which strategies are used in each activity.

- Combine and integrate new learning with previous learning.
- Use lists to map out your thoughts.
- Use models to guide and expand your expression.
- Personalize new learning to express your own thoughts.
- Collaborate with others to develop ideas, organize thoughts, and rehearse expression.

A. No es justo.   Parece que todo el mundo sabe exactamente lo que deben y no deben hacer los estudiantes. Da las opiniones de los siguientes grupos de gente.

Por ejemplo:
Los médicos: dormir, almorzar sólo hamburguesas, comer frutas frescas

Los médicos quieren que los estudiantes **durmamos** más, que **no almorcemos sólo** hamburguesas y que **comamos** frutas frescas.

1. **Los profesores:** equivocarnos en las pruebas, corregir los errores, pensar, dormir, divertirse en clase
2. **Los entrenadores deportivos:** practicar, hacer ejercicio, elegir alimentos sanos
3. **Los médicos:** disminuir las grasas, enfermarnos, empezar un programa de ejercicio
4. **Los diseñadores:** escoger sólo sus marcas, vestirnos bien, sentirnos elegantes
5. **Los padres:** mentir, organizar bien el tiempo, pagar la matrícula, sacar un título universitario
6. **La policía:** disminuir la velocidad, protegernos, destruir la propiedad de otros
7. **Los amigos:** prestarles ropa, resolver sus problemas, salir con ellos a menudo, divertirnos con ellos
8. **Los meseros:** recordar el buen servicio e incluirles una propina al pagar la cuenta, quejarnos, pedirles cosas especiales

B. Así es la vida.   Los amigos y compañeros de habitación siempre quieren que hagamos algo. ¿Qué quiere tu compañero(a) que hagas o que no hagas tú (o tus amigos y tú)?

➠ *Por ejemplo:*

¿Puedes sacar tus zapatos de la sala, por favor?

Mi compañero de habitación quiere que **saque** mis zapatos de la sala.

1. ¿Por qué llegas siempre tarde? ¿No puedes organizar mejor tu horario?
2. ¿Me puedes conseguir un puesto donde trabajas tú?
3. ¿Tú y tu perro siempre tienen que dormir en el sofá?
4. Es bueno que tú y tus amigos se diviertan pero ¿por qué tienen que convertir la sala en discoteca?
5. No es posible jugar béisbol en la sala. ¿Puedes escoger otro lugar?
6. Quiero que tú y tus amigos se sientan cómodos aquí, pero no deben destruir la casa.
7. ¿Siempre tienes que secar tus calcetines mojados en el horno?
8. No debes regar más esa planta. Ya está mojada.

C. Consumidores y diseñadores. Usa los siguientes verbos para decir lo que los diseñadores de moda quieren que hagamos nosotros, los consumidores, y lo que nosotros queremos que hagan los diseñadores.

➠ *Por ejemplo:*

Los diseñadores quieren que nosotros **busquemos** prendas de calidad.
En cambio, nosotros queremos que los diseñadores **no** nos **digan** qué llevar.

Consejos de los diseñadores para nosotros	Consejos de los consumidores para los diseñadores
1. sentirse cómodos	producir ropa más práctica
2. fingir otra personalidad	ofrecernos más variedad
3. divertirse con la moda	no escoger colores tan llamativos
4. seguir la moda	analizar mejor los deseos y las necesidades de la gente
5. escoger ropa de buena calidad	fabricar ropa de buena calidad y barata
6. verse bien	no jugar con el público
7. pagar precios altos	no equivocarse con los consumidores

D. ¿Para qué? Con tu compañero(a), decidan para qué hace (o no hace) la gente las siguientes cosas. Den al menos dos objetivos en cada caso.

➠ *Por ejemplo:*

La gente arregla la ropa vieja para que pueda usarla para Halloween o para que sirva un poco más.

1. escoger ropa de marcas conocidas
2. devolver ropa que ha comprado
3. teñirse el pelo
4. donar ropa vieja a organizaciones caritativas
5. dirigirse a talleres de reparaciones
6. pedir garantía al comprar algo

E. Dame tus consejos. Con un/a compañero(a), elijan una de las metas de la siguiente página. Desarrollen tres preguntas, usando el presente del subjuntivo. Luego, desarrollen respuestas apropiadas y presenten la conversación a la clase.

⟱ *Por ejemplo:*
para crear una buena imagen en una entrevista de trabajo

Tu compañera	Tú
Quiero verme bien. ¿Qué sugieres que haga para arreglarme? ¿Qué recomiendas que me ponga?	Te recomiendo que te peines bien pero que no te pintes demasiado. Para que te vaya bien, te aconsejo que...
Para que no me equivoque en la entrevista, ¿qué sugieres que haga para prepararme?	Primero, es necesario que... También... Es bueno que... y que estudies...

1. para crear una buena imagen en una entrevista de trabajo
2. para no equivocarte al comprar ropa

3. para reciclar la ropa que ya no llevas
4. para verte diferente de los demás

VOZ VOZ VOZ VOZ VOZ VOZ

El dolor del aislamiento

Todos queremos ser aceptados por los demás, ¿no? Pero, ¿no crees que a veces ponemos demasiado énfasis en los aspectos físicos y superficiales como la ropa, el pelo, el color de la piel, la estatura y el peso en vez de tratar de conocer a una persona tal y como es? En el siguiente poema, el argentino Luis Cané (1897–1957) describe la experiencia de una linda niña que se siente solitaria y aislada.

A. Analiza el poema con un/a compañero(a). Según Uds., ¿por qué lloraba la niña? ¿Por qué vestía así la niña? ¿Por qué no jugaban con ella los niños del barrio? ¿Hay más de una explicación?

B. ¿Has tenido tú alguna vez una experiencia parecida?

Palabras útiles

almidonada *starched*
compuesta *neat*
el erguido moño *stiff bow*
las cuentas *beads*
le daban vueltas *encircled*
la vereda *path, sidewalk*
las lágrimas *tears*

Romance de la niña negra

Toda vestida de blanco,
almidonada° y compuesta°,
en la puerta de su casa
estaba la niña negra.
Un erguido moño° blanco
decoraba su cabeza,
collares de cuentas° rojas
al cuello le daban vueltas°.

Las otras niñas del barrio
jugaban en la vereda°;
las otras niñas del barrio
nunca jugaban con ella.
Toda vestida de blanco,
almidonada y compuesta,
en un silencio sin lágrimas°
lloraba la niña negra.*

---

*Luis Cané, "Romance de la niña negra", *Sensemayá: La poesía negra en el mundo hispanohablante* (Madrid: Editorial Orígenes, S.A.).

GRAMÁTICA 2

Para describir lo que buscas y no encuentras: el presente del subjuntivo y las expresiones negativas

You have practiced describing articles of clothing and accessories in terms of fit, features, colors, and fabric.

Tengo una chaqueta de motociclista que me queda muy bien.

Quisiera probarme ese conjunto de seda morada que está en la vitrina.

In such cases, you have described *specific* and *known* articles that someone owns, that you have seen, or that you are aware of. However, sometimes you will want to describe or give *specifications* for an *unknown* or *nonspecific* person, place, or thing—someone or something that you need, want, or are looking for ("I'm looking for shoes that don't have such high heels. I need a design that fits better and is more comfortable"). To describe a person, place, or thing in terms of *specifications*, you will use the subjunctive.

Busco zapatos que **hagan** juego con mi abrigo azul.

Description of a known, specific item	*Description of an unknown, desired item*
Me compré una chaqueta azul marino que **tiene** unos bolsillos enormes y que **es** muy abrigada.	Busco una chaqueta de cuero que **tenga** muchas cremalleras y que **sea** muy abrigada.

1. Use the subjunctive to describe desired (possibly even nonexistent) people, places, or things.

to describe a person or persons whose *identity is unknown* and who may or may not exist

Busco profesores que **den** exámenes fáciles, que **sean** simpáticos y que **enseñen** bien.

to describe an object you are looking for but haven't found yet and which may or may not exist

Quiero que inventen un programa de computadora que **lea** mis composiciones y **corrija** mis errores.

to describe a place whose identity is unknown and which may or may not exist

Quiero alojarme en un hotel donde **haya** buena atención, que **tenga** piscina, que **ofrezca** desayuno y que no **esté** lejos de la plaza.

2. You will also use the present subjunctive to describe people, places, and things that *do not exist*.

To describe a person who does not exist or does not meet your specifications, use **No... nadie que...**

En este taller **no hay nadie que sepa** teñir artículos de cuero.	*In this repair shop **there's no one who knows** how to dye leather articles.*
No conozco a nadie que escoja una prenda de ropa sólo por su marca.	*I don't know anyone who chooses an article of clothing only because of its label.*

To describe an object or place that does not exist or cannot be found, use **No... nada que...**

Aquí **no hay nada que me guste**. Además, **no puedo encontrar nada que me quede** bien.	*There's nothing I like here. Besides, I can't find anything that fits well.*

Ejercicio. Completa cada frase con la forma apropiada del verbo indicado. Usa el subjuntivo o el indicativo según el contexto.

1. Ya que paso mucho tiempo en el auto, necesito faldas de una tela que no _____ (arrugarse), pero el lino y la seda son telas que _____ (arrugarse) fácilmente. Aquí no hay ninguna tienda que _____ (tener) faldas de lino o seda inarrugables.

2. Quiero alquilar un traje de etiqueta que _____ (estar) en buenas condiciones. Hay muchas tiendas que _____ (ofrecer) trajes de alquiler, pero todavía no he encontrado nada que me _____ (servir).

3. Es importante que _____ (abrigarte) para que no _____ (ponerte) enfermo. Yo sé que no _____ (sentirte) cómodo con tanta ropa, pero es mejor que no _____ (jugar) con tu salud.

4. Espero que Elisa _____ (haber) conseguido otro vestido para que _____ (verse) bien en el baile. Conozco a mucha gente que _____ (juzgar [*to judge*]) a otros sólo por la ropa que llevan. No quiero que nadie _____ (reírse) de mi amiga Alicia. En las tiendas he visto vestidos mucho más bonitos que _____ (costar) mucho menos. Por eso, le voy a aconsejar que _____ (devolver) ese vestido, que _____ (escoger) otro que le _____ (quedar) mejor y que, esta vez, no _____ (pagar) tanto.

Práctica de la gramática

Estrategias

The activities in this section will help you practice the present subjunctive as it is used in real life to describe people, places, and things you are looking for. Skim the activities in this section to identify which of the following strategies are used in each.

- Combine and integrate new learning with previous learning.
- Use lists to map out your thoughts.
- Use models to guide and expand your expression.
- Personalize new learning to express your own thoughts.
- Collaborate with others to develop ideas, organize thoughts, and rehearse expression.

A. Compatibles. Haz una lista de por lo menos ocho de tus intereses, aficiones y metas. Luego describe el tipo de persona que sea compatible contigo. Sigue el modelo.

Por ejemplo:
Juego ajedrez. → Busco una persona que juegue ajedrez también.

B. Se busca. Busca por lo menos una persona de la clase que haga cada una de las siguientes cosas. Luego, infórmale a la clase de los resultados.

Por ejemplo:
repararte el coche → Busco una persona que me repare el coche.

Brian me va a reparar el coche. (No hay nadie que me repare el coche).

1. repetir un poema de memoria
2. nunca llegar tarde a clase
3. haber viajado al extranjero
4. trabajar de mesero(a)
5. jugar ajedrez
6. divertirse en la ópera
7. siempre vestirse elegante
8. hacer trucos de magia
9. dormir más de ocho horas al día
10. saber hablar tres idiomas
11. arreglar computadoras
12. sugerir un buen restaurante chino

C. Ya lo tengo, pero... Con respecto a los siguientes artículos, describe lo que tienes y lo que buscas o deseas tener.

Por ejemplo:
una camisa → Ya tengo muchas camisas pero busco una que esté más de moda.

1. una mochila
2. una chaqueta
3. un saco o un abrigo
4. un llavero
5. un paraguas
6. jeans
7. unas gafas de sol
8. una gorra
9. un reloj

D. Nunca estamos contentos. No importa qué tengamos, siempre deseamos algo más, ¿verdad? Completa las siguientes frases. Trata de usar una variedad de verbos. La actividad continúa en la página 362.

1. Los profesores quieren estudiantes que...
2. Los padres quieren hijos que...
3. Los adolescentes quieren padres que...
4. Los estadounidenses queremos un presidente que...
5. Los vendedores quieren clientes que...

6. Los chicos quieren amigos que...
7. Las chicas quieren amigas que...
8. Los diseñadores quieren modelos que...
9. Los meseros quieren clientes que...
10. Los viajeros quieren hoteles que...

E. Quisiera... Describe tu ideal con respecto a cada uno de los siguientes lugares, personas o cosas.

➠ *Por ejemplo:*
Quisiera un puesto **que me ofrezca** un buen sueldo... y **donde no haya nadie que me diga** qué tengo que hacer.

1. una pareja
2. una clase
3. amigos(as)
4. un lugar para estudiar
5. un/a jefe(a)

6. un/a profesor/a
7. un restaurante
8. una residencia
9. una tienda
10. un puesto

F. Nada ni nadie, te digo. Ponte un poco exagerado(a) para describir a alguna gente y cosas estupendas o muy malas. Sigue el modelo.

➠ *Por ejemplo:*
cocinar mejor (peor) → **No hay nadie que cocine** mejor (peor) que mi padrastro.

ser más difícil → **No hay nada que sea** más difícil que la termodinámica.

No hay nadie que...

1. cocinar mejor (peor)
2. vestirse mejor (peor)
3. jugar (ajedrez, fútbol, tenis, etc.) mejor (peor)
4. dormir más (menos)
5. mentir más
6. llorar más

No hay nada que...

7. gustarme más (menos)
8. preocuparme más
9. atraer más atención
10. ser más peligroso(a) o darme más miedo
11. servir mejores (peores) hamburguesas
12. costar más

G. Videocasamentero. Si buscas el amor de tus sueños, hay muchas agencias que se especializan en las actividades de casamentero (*matchmaking*) por video. Imagínate que has visitado una de estas agencias.

Primero, di cómo vas a presentarte en tu video: **¿Qué ropa llevas? ¿Cómo son tus características físicas? ¿Cómo eres? ¿Qué intereses tienes?**

Segundo, describe a la persona que buscas: **¿Cómo es? ¿Qué buscas con respecto a sus características físicas y su personalidad? ¿Qué gustos, intereses y metas debe tener esta persona?**

Por ejemplo:
Busco una señorita de unos 20 años de edad que quiera casarse. Quiero conocer una chica que sepa escucharme y que me preste mucha atención para que... Es preferible que tenga... No es necesario que sea muy..., pero no quiero a nadie que use tantos cosméticos que la gente se ría de ella. Además, es importante que... para que...

En voz alta

A. Escucha la conversación e indica cuál es el tema.

_____ gente que no sabe vestirse   _____ hombres sin gusto
_____ vestidos infantiles   _____ la moda femenina
_____ la elegancia de algunas parejas   _____ marcas prestigiosas

B. Escucha otra vez la conversación. Elige a una de las personas descritas y anota qué llevaba. Da todos los detalles que puedas.

Mi Refranero. El siguiente refrán le ofrece buenos consejos a la gente entremetida, ¿no? Escúchalo y repítelo, tratando de imitar los sonidos.

Zapatero, ¡a tus zapatos!   *Mind your own business!*

Voces del mundo hispano

El hábito no hace al monje
¿Crees tú que la ropa hace a una persona? ¿Cómo influye la manera de vestirse en la imagen que uno tiene de sí mismo? ¿en la actidud que otros demuestran hacia él? En ciertos casos, se reconoce a una persona según el «uniforme» que lleva. ¿Para qué sirven los uniformes? Describe el «uniforme» típico de una de las siguientes personas. Luego, explica qué imagen evoca. ¿Usas tú un «uniforme»?

militares   médicos
enfermeros   empleadas domésticas
abogados   alumnos universitarios
pilotos   vendedores de autos
cocineros   profesores
policías   mecánicos
bomberos   beisbolistas
choferes

¿Crees que la manera de vestirse indica la clase social a la que uno pertenece? La lectura de esta sección va a tratar este tema.

> **Estrategias**
>
> Apply the strategies you have practiced to read and comprehend a literary work and to relate it to your own life experiences.
>
> - Use cognates, derivatives, and context as clues to the meaning of unfamiliar words or expressions. For example: **peinado** (think: **peinarse**), **abotonándose (botón)**.
> - Transfer known words to new contexts. For example, you learned **aro (cortar en aros)** in the context of food. What type of jewelry might it refer to?
> - Check your comprehension through periodic summary and paraphrasing. Cite evidence to support your conclusions.
> - Analyze and expand the issues presented by relating them to your own experiences.
> - Take notes while reading to record significant information.
> - Collaborate with others to share experiences, create, and rehearse.

A. Clases de clase.   Para ti, ¿qué significa «tener clase»? ¿Hay más de una definición? Con un/a compañero(a), piensen en las siguientes preguntas. Luego, lean bien la primera parte de la obra dramática que está en la siguiente página. ¿Qué es «la clase», según la señora? ¿Cómo contestaría la señora a estas preguntas? Citen líneas para apoyar sus conclusiones.

1. ¿Creen que hay movilidad entre las clases socioeconómicas?
2. Para Uds., ¿«tener clase» es tener dinero o es algo más?
3. Para Uds., ¿se puede fingir «la clase»?
4. ¿Es la ropa un indicador de «clase»?

B. La ropa y la perspectiva.   Lee la segunda parte del drama y contesta lo siguiente. Cita las líneas que te den la información.

1. ¿De quiénes se ríe la señora? ¿Por qué? ¿Qué nos revela la actitud de la señora?
2. ¿Con qué compara el traje de baño alquilado la señora?
3. Según la señora, ¿cómo influye la ropa en la perspectiva? ¿Está de acuerdo la empleada?
4. Explica el uso de «mi lugar». ¿Estás de acuerdo?
5. ¿Qué indican los comentarios de la señora sobre la movilidad entre las clases en la sociedad chilena de los años 60?
6. Por fin, ¿qué le propone la señora a la empleada? ¿Para qué?

El delantal° blanco
(versión condensada)

Sergio Vodanovic, chileno (1964)

Personajes: La Señora, La Empleada, El Caballero Distinguido

I. Sentada en la playa de un balneario elegante está una **Señora** rica, 30 años, vestida de traje de baño y un blusón largo. Al lado de ella está su **Empleada** doméstica, 20 años, vestida de delantal, su uniforme blanco. La empleada lee una revista de telenovelas mientras la señora trata de conversar sobre el tema de «clase».

SEÑORA:	... Hay algo que es más importante que la plata°: la clase. Eso no se compra. Se tiene o no se tiene. Yo sí la tengo... soy alguien. Alguien.
EMPLEADA:	Sí, señora.
SEÑORA:	A ver... Pásame esa revista... (*Mira una fotografía y lanza una carcajada°*)... ¡Qué ridículo! Mira a este roto° vestido de smoking°. Cualquiera se da cuenta° que está tan incómodo en él como un hipopótamo con faja°... Mira a la hija... ¿Me has visto a mí alguna vez usando unos aros así? ¿Has visto a alguna de mis amigas con una cosa tan espantosa°? ¿Y el peinado? Es detestable. ¿No te das cuenta que una mujer así no puede ser aristócrata?

II. [La empleada se desabrocha el primer botón de su delantal y hace un gesto en el que muestra estar acalorada.]

SEÑORA:	¿No tienes traje de baño?
EMPLEADA:	No.
SEÑORA:	¿No te has puesto nunca traje de baño?
EMPLEADA:	A veces, los domingos, hacíamos excursiones a la playa en el camión del tío de una amiga. Arrendábamos° trajes de baño y pasábamos todo el día en la playa.
SEÑORA:	(*Divertida*) ¿Arrendaban trajes de baño? Una vez nos detuvimos en Cartagena y miramos la playa. ¡Era tan graciosa°! ¡Y esos trajes de baño arrendados! Unos eran tan grandes que hacían bolsas por todos los lados y otros quedaban tan chicos que las mujeres andaban con el traste° afuera. ¿De cuáles arrendabas tú? ¿De los grandes o de los chicos?

Palabras útiles

el delantal *apron*
la plata *dinero*
la carcajada *risa muy fuerte*
el roto *commoner*
el smoking *tuxedo*
se da cuenta *realizes*
la faja *girdle*
espantosa *frightful*
Arrendábamos *Alquilábamos*
graciosa *divertida, cómica*
el traste *backside*

Una empleada doméstica con su delantal blanco.

Palabras útiles

la arena *sand*
la carpa *cabana*
te atreves *you dare*
tuteando **hablando de
tú**
Se acabó **Se terminó**

[La empleada mira al suelo.]

SEÑORA: Debe ser curioso... Mirar el mundo desde un traje de baño
arrendado o envuelta en un vestido barato... o con uniforme
de empleada como el que usas tú. ... Dime... ¿Cómo se ve el
mundo cuando se está vestida con un delantal blanco?

EMPLEADA: (*Tímidamente*) Igual... La arena° tiene el mismo color... las
nubes son iguales... Supongo.

SEÑORA: Pero no... Es diferente. Mira. Yo con este traje de baño, con
este blusón, tendida sobre la arena, sé que estoy en «mi
lugar», que esto me pertenece... En cambio tú, vestida como
empleada sabes que la playa no es tu lugar, que eres
diferente...

EMPLEADA: No sé.

SEÑORA: Mira. Se me ha ocurrido algo. Préstame tu delantal.

EMPLEADA: Pero... ¿Para qué?

SEÑORA: Quiero ver cómo se ve el mundo, qué apariencia tiene la
playa cuando se la ve encerrada en un delantal de empleada.

EMPLEADA: ¿Ahora? Pero es que... No tengo un vestido debajo.

SEÑORA: (*Le tira el blusón*) Toma... Ponte esto. Ya. Métete en la carpa°
y cámbiate.

III. [Después de un instante, sale la empleada vestida con el blusón. Se ha
prendido el pelo hacia atrás y su aspecto ya es diferente a la de la tímida
muchacha que conocemos. Con delicadeza se tiende sobre la arena. Sale
la señora abotonándose su delantal blanco. Se va a sentar delante de la
empleada, pero vuelve un poco más atrás.]

SEÑORA: No. Adelante no. Una empleada en la playa se sienta siempre
un poco más atrás que su patrona.

[La empleada, con naturalidad, toma de la bolsa de playa de la señora un
frasco de aceite bronceador y empieza a extenderlo lentamente por sus
piernas. Luego, saca los anteojos del sol de la bolsa y se los pone. La
señora la ve.]

SEÑORA: (*Molesta*) ¿Quién te ha autorizado para que uses mis
anteojos?

EMPLEADA: ¿Cómo se ve la playa vestida con un delantal blanco?

SEÑORA: Es gracioso. ¿Y tú? ¿Cómo ves la playa ahora?

EMPLEADA: Es gracioso.

SEÑORA: ¿Dónde está la gracia?

EMPLEADA: En que no hay diferencia... Ud. con el delantal blanco es la
empleada; yo con este blusón y los anteojos oscuros soy la
señora.

SEÑORA: ¿Cómo? ... ¿Cómo te atreves° a decir eso? Estamos jugando.
(*Indignada.*) ¡Ud. se está insolentando!

EMPLEADA: ¡No me grites! ¡La insolente eres tú!

SEÑORA: ¿Qué significa eso? ¿Ud. me está tuteando°? ¡Basta ya! ¡Se
acabó° este juego!

[Se acerca violentamente a la empleada.]

EMPLEADA: ¡Retírese°!
SEÑORA: ¿Te has vuelto loca?
EMPLEADA: Me he vuelto señora.
SEÑORA: ¡Sácate esos anteojos! ¡Sácate el blusón! ¡Son míos! O me devuelves mis cosas o te las saco.
EMPLEADA: No me levante la voz.

IV. [La señora se lanza sobre la empleada y trata de sacarle el blusón a viva fuerza°. En ese momento viene un grupo de gente que ha oído la riña°: dos jóvenes y un caballero de edad madura y de apariencia muy distinguida. Creyendo que la señora sufre un ataque de histeria, los jóvenes le preguntan a la empleada si pueden ayudarla. Ella les pide que se la lleven a una clínica. Los jóvenes toman a la Señora y se la llevan, mientras la señora se resiste y sigue gritando.]

SEÑORA: (*Mientras los jóvenes se la llevan*) ¡Imbéciles! ¡Yo soy la patrona°! Me llamo Patricia Hurtado, mi marido es Álvaro Jiménez, el político... ¡Suéltenme°! ¡Yo no estoy loca! ¡Es ella!

[Quedan solos la empleada y el caballero distinguido]

CABALLERO: ¿Está Ud. bien, señora? ¿Hace mucho tiempo que está con Ud.?
EMPLEADA: ¿Quién?
CABALLERO: (*Haciendo un gesto hacia la dirección en que se llevaron a la señora*) Su empleada.
EMPLEADA: Poco más de un año.
CABALLERO: ¡Y así le paga a Ud.! ¡Queriéndose hacer pasar por una señora! ¡Como si no se reconociera° a primera vista quién es quién. Ahora, con permiso, señora. Voy a hacer mi footing° diario. (*Ceremoniosamente.*) A sus órdenes, señora. Y no sea muy dura con su empleada, después que se haya tranquilizado... Después de todo... Tal vez tengamos algo de culpa° nosotros mismos.

Viña del Mar, Chile.

Palabras útiles

Retírese Váyase
a viva fuerza
  violentemente
la riña pelea
la patrona jefa
Suéltenme *Release me*
Como si no se
  reconociera *As if one*
  wouldn't recognize
el footing *jogging*
la culpa *blame*

C. Ave de mucha pluma, poca carne.   Con un/a compañero(a), tomen apuntes mientras leen bien la tercera parte del drama. Después, respondan según las siguientes indicaciones.

1. Hagan dos columnas y citen las frases del drama que indiquen cambios (o la falta de cambio) en las siguientes categorías.

	La empleada	La señora
Ropa y apariencia:		
Acciones:		
Manera de hablar:		
Imagen de sí misma:		

2. La señora insiste en que éste sólo es un juego. ¿Está de acuerdo la empleada? ¿En qué sentido también eran «un juego» los papeles (*roles*) que jugaban antes del cambio de ropa?

3. Piensen en esta escena y expliquen el refrán «Ave de mucha pluma, poca carne».

D. Tal como ves el mundo, el mundo te ve a ti.   Ahora lee la última parte de la obra. ¿Qué representa el Caballero Distinguido? ¿Qué ironía se encuentra en sus palabras?

E. Para ponerlo en escena.   Con un/a compañero(a), piensen en el tema de «clase» en Estados Unidos y desarrollen una breve obra dramática que refleje la situación estadounidense. Representen su obra en clase.

≈ **La red electrónica.**   Si a ti te interesa estar de moda, puedes informarte en uno de los siguientes sitios de la red electrónica o usar palabras como **moda, traje, "diseñadores de moda"** para hacer tu propia búsqueda. Infórmale a la clase oralmente de lo que hayas aprendido en tu investigación.

http://www.sayrols.com.mx/clara/moda2.html
http://www1.eol.es:80/eol/moda/magazine/m0-18.html
http://sudinero.el-mundo.es/noticias/act-24-2-htm

P a r a   e s c r i b i r

La poesía de mi guardarropa

You can create engaging poetry by selecting themes that are familiar to you. One very effective technique used by poets to awaken emotions is that of personification—attributing animate or human qualities to inanimate

objects. In this section, you will write your own poem on the theme of
clothing and accessories, using the technique of personification.

A. Estudiar el modelo.   Begin by reading the following poem by the Spanish
poet Gloria Fuertes, paying close attention to its structure. You will be using
this poem as your model. Notice how the poet gives human traits (emotions,
desires) to common objects around her. To her, these objects, like old
friends, like to feel important, to be valued, appreciated, and loved.

Las cosas
Gloria Fuertes, española

Las cosas, nuestras cosas,

les gusta que las quieran;

a mi mesa le gusta que yo apoye los codos°,

a la silla le gusta que me siente en la silla

a la puerta le gusta que la abra y la cierre

como al vino le gusta que lo compre y lo
  beba,

mi lápiz se deshace° si lo cojo° y escribo,

mi armario se estremece° si lo abro y me
  asomo°,

las sábanas°, son sábanas cuando me echo
  sobre ellas

y la cama se queja cuando me levanto.

Palabras útiles

apoye los codos   *rest my
  elbows*
se deshace   se emociona
lo cojo   *I pick it up*
se estremece   *trembles*
me asomo   *I peek inside*
las sábanas   *sheets*

Gloria Fuertes, "Las cosas", *Poeta de guardia* (Barcelona: Editorial Lumen, S. A. 1990), 109.

B. Asociar palabras.   List some articles of clothing, jewelry, or accessories
that are like "old friends" to you. Beside each item, list one or more of the
following things you associate with it: **(1)** some of its features, **(2)** some of its
uses, **(3)** some places you wear it (or don't wear it), **(4)** some things you do
with it, **(5)** things you do while wearing it.

mis jeans: cremallera, botón, bolsillos, cinturón
mis camisetas: mangas, cuello, me siento cómodo(a) con ellas
mi gorra de béisbol: la llevo a todas partes, me la quito en clase, me
                             protege del sol, no la lavo
mi cinturón de cuero: hebilla, gastado, pantalones

C. Imaginarte.   Now sketch out some ideas for your poem. You may want to
focus on one item of clothing or on several, but your aim will be to endow
these objects with human traits and emotions. Try to personify these objects
in several ways to produce a variety of images. Here are just a few ways to
produce images.

1. You may imagine features of clothing as body parts, and thus associate
   actions with them.

sleeves as arms: Las mangas de mi abrigo **me abrazan**.
zipper as teeth or mouth: La cremallera de mis jeans **se ríe**
                                  cuando la abro después de comer.
buttons as eyes: Los botones de mi camisa **me miran** en
                                  el espejo.
a pocket as a mouth or stomach: A los bolsillos de mi abrigo **les gusta
                                  que les dé de comer**.

2. You may imagine articles of clothing interacting with other articles of clothing as people would.

camisa y saco:	Mi camisa a rayas **no quiere que la junte con** mi saco a cuadros.
traje y calcetines:	Mis calcetines rojos **no se llevan bien con (se pelean con)** mi traje gris.

3. You may imagine articles of clothing interacting with you as your friends or companions.

gorra de béisbol:	A mi gorra de béisbol **le encanta que la lleve** a todas partes.
	Se pone furiosa si me la quito en clase.
los jeans rotos:	A mis jeans rotos **les gusta que me los pruebe**.
	Se sienten nerviosos cuando los pongo en la secadora.
	Se enojan si se los presto a otra persona.

D. Armar el poema.   Now draft your poem (at least ten lines) using the structure of Gloria Fuertes's poem. Errors in some basic areas may result in confusion for your reader, so focus on each of the following points separately, one at a time.

1. Check use of **gustar**. Remember that **gustar** requires an indirect object pronoun to clarify to whom something is pleasing: *A mis calcetines les* **gusta que**... *A mi chaqueta le* **gusta que**... Underline in your poem all the uses of **gustar**. For each use, check to make sure that you have used the correct indirect object pronoun and that you have used the word **a** when clarifying to whom or what something is pleasing.

2. Check your use of the subjunctive. Underline all uses of the subjunctive in your poem. Can you justify use of the subjunctive in each case? If not, circle the verb and write **S?** in the margin as a note to your instructor.

3. Check your pronouns. Pronouns (reflexive, indirect, direct, etc.) are very important in Spanish and their misuse can cause a great deal of confusion. In Gloria Fuertes's poem, you notice the use of different types of pronouns.

the indirect object pronouns **le, les**:	a la puerta **le** gusta que...
the direct object pronouns **lo, la, los, las**:	... **la** abra y **la** cierre como al vino le gusta que **lo** compre y **lo** beba.
the reflexive pronouns **se, me**:	... y la cama **se queja** cuando **me levanto**
pronouns that follow a preposition* (**en, de, para, con, sin**, etc.):	las sábanas, son sábanas cuando me echo **sobre ellas**

For each line of your poem, first check to see whether you may have *omitted* a necessary pronoun. Then circle the pronouns you used. Are they in the correct order (reflexive, indirect, direct)? Are they correctly placed, either before a conjugated verb form or attached to the infinitive? For each case in which you have doubts about your use of a pronoun, write in the margin **P?**, as a note to your instructor.

---

*Notice that pronouns used as the object of a preposition are the same as subject pronouns. For example: **Me siento en la silla** → **Me siento en ella**.

Mi diccionario

Sustantivos

la barba beard
los bolsillos pockets
las botas boots
los botones buttons
el conjunto outfit, combination
los cordones (shoe) laces
la cremallera zipper
el cuello collar
el elástico elastic
el espejo mirror
la gorra (de béisbol) (baseball) cap
la hebilla buckle
la manga larga / corta long/ short sleeve
los tacones heels (of shoes)
la talla size (clothing)
el taller shop, workshop

Adjetivos

abrigado(a) heavy, warm (clothing)
ajustado(a) tight
arrugado(a) wrinkled
corto(a) short
delgado(a) thin, light (clothing)
descolorido(a) faded
gastado(a) worn-out
inarrugable wrinkle-free
largo(a) long
manchado(a) stained
mojado(a) damp
roto(a) torn, broken
sucio(a) dirty
suelto(a) loose

Verbos

afeitarse to shave
arreglar to fix, to mend
arrugar(se) to wrinkle
convertir (ie, i) to transform, to convert
cortar to cut, to make shorter
devolver (ue) to return (something)
elegir (i) to choose, to elect
hacer juego to go with . . .
mentir (ie, i) to lie
peinarse to comb one's hair
pintarse los labios to put on lipstick
planchar to iron
quedarle bien / mal to fit/not fit well
quitarse to take off (clothes)
reparar to fix, to repair
sacarle la mancha to remove a stain
teñir (i) to dye
tirar (a la basura) to throw away
transformar to convert, to transform
tratar de to try to
verse bien to look nice

Otras expresiones

adelante in the front
atrás in the back
de marca designer (clothes)
en vez de instead of
para que so that

El niño enfermo, 1902. Pedro Lira, chileno.

PEDRO LIRA, MAESTRO DE LA IMAGEN Y LA PALABRA

En las pinturas de Pedro Lira predominan escenas de la vida diaria que exigen una constante observación de la realidad. El arte, según Lira, no sólo tiene por objeto representar lo bello sino, sobre todo, la verdad. En todos sus cuadros, hay una mezcla de lo bueno y lo malo, lo feo y lo hermoso, lo pequeño y lo sublime, lo alegre y lo doloroso. Además de ser pintor, Lira era poeta. De hecho, sólo el amor a la pintura era superior a su veneración por la poesía. Según él, muchos de sus buenos cuadros se los debía a los versos que le habían evocado imágenes poderosas. Lira sabía de memoria todas las poesías del poeta español Gustavo Adolfo Bécquer. Aquí tienes unos versos de Bécquer.*

> Para hacerte gozar con mi alegría
> para que sufras tú con mi dolor,
> para que sientas palpitar mi vida,
> hice mis versos yo.

---

*Gustavo Adolfo Bécquer, "A Elisa", XCIII, *Rimas y leyendas* (Madrid: Espasa Calpe, 1974), 61.

UNIDAD 7

Vida sana

¿POR QUÉ SE VEN TAN PREOCUPADAS LAS SEÑORAS

DE ESTE CUADRO? HOY EN DÍA LA SALUD ES UN

TEMA MUY COMÚN EN NUESTRAS CONVERSACIONES

Y ES UN ASPECTO MUY IMPORTANTE DE NUESTRAS

VIDAS DIARIAS. EN LOS CAPÍTULOS 13 Y 14, VAS A

APRENDER A DESCRIBIR TU SALUD Y TU ESTADO

FÍSICO, A QUEJARTE DE DOLORES Y MALESTARES

COMUNES Y A DECIRLES A TUS AMIGOS QUÉ DEBEN

HACER PARA CUIDAR SU SALUD Y PARA LLEVAR

UNA VIDA SANA.

El físico es muy importante

La tía Juliana, 1941. Gustavo Lazarini, uruguayo.

¿Cómo es la anciana de este retrato? ¿Cuántos años tiene, en tu opinión? ¿Goza de buena salud? En este capítulo, vas a aprender a hablar de tu salud y a decirle al médico qué te duele. También vas a darles consejos a tus amigos sobre el ejercicio, la dieta sana y el bienestar físico.

Los «tipos» de Gustavo Lazarini

Antes de hacerse pintor, Gustavo Lazarini trabajaba como detective en la policía de Montevideo, lo que, sin duda, le hizo gran observador de la vida. Sus obras, en su mayoría retratos, representan «tipos» de la sociedad y reflejan de una manera directa la realidad de su época—desde los vendedores de la calle hasta las grandes damas de la aristocracia. La técnica de su pintura es la del **realismo académico**, *es decir, sus personajes, sin trasfondo y sin contexto, son más bien anónimos, como las figuras de un libro de texto. ¿Puedes describir la señora de este retrato? ¿Qué sentimientos te evoca?*

Metas

En este capítulo vas a aprender a...

decir qué te duele y quejarte del dolor

hablar de tu salud y de tu bienestar

darle consejos a un/a amigo(a)

→ **me duele(n)** + partes del cuerpo, p. 380
→ los verbos **importarle, molestarle, dolerle**, pp. 380–381
→ órdenes informales, el subjuntivo para expresar órdenes informales negativas, p. 384, p. 390

Vas a saber más de...

cómo se comunica la gente hispana

qué opinan algunos hispanos de ciertos avances científicos

cómo es la vida de algunos hispanos ancianos

Visiones del mundo hispano

El «reloj interno» del cuerpo

Según los científicos, cada función del cuerpo humano posee su propio ritmo diario, coordinado por un verdadero «reloj interno». Por eso, los médicos nos recomiendan que sigamos un horario fijo para comer, dormir y hacer ejercicio. ¿Tienes tú un horario fijo para hacer estas cosas? A menudo hay interrupciones, sin embargo, y entonces el «reloj» se confunde. ¿Cuáles de los siguientes trastornos confunden tu reloj interno? ¿Cómo te sientes después? Da un ejemplo.

⟶ Por ejemplo:

Si hago un viaje prolongado en avión, me siento cansado y estresado. Una vez tuve que viajar en avión desde la Florida hasta California y me fue difícil adaptarme al nuevo horario. Cuando eran las once de la noche para mí, sólo eran las ocho en California.

1. hacer un viaje prolongado en avión (en coche)
2. estudiar para un examen y no dormir
3. dormir una siesta durante el día
4. pasar una noche de insomnio
5. cenar muy tarde por la noche
6. no tomar desayuno (no almorzar)

Estrategias

This chapter will help you become a more efficient reader and language learner by using a variety of strategies. Skim the activities in this section to identify which of the following strategies are used in each.

• Before reading, think about the theme.
• Skim for the gist and scan for specific information.

- Guess from context and cognate clues.
- Look for evidence to support your conclusions.
- Sort words into groups to show relationships.
- Collaborate with others to practice new learning in context.
- Use models to structure your own expression and practice new learning.

A. Cambio de hora. Imagínate que vas a viajar a los siguientes lugares y que el vuelo llega a las nueve de la mañana. ¿Qué hora es según tu reloj interno?

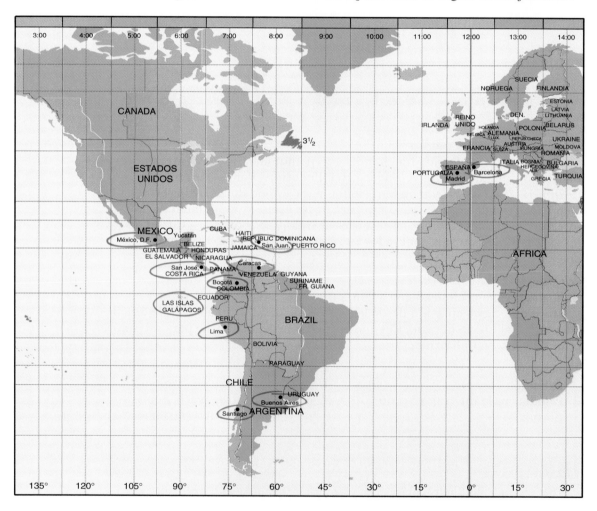

B. Para aliviar el *jet-lag*. Si has hecho un viaje largo en avión, ya sabes las consecuencias de haber estado sentado(a) por muchas horas. El siguiente artículo te ofrece algunos consejos para combatir los efectos negativos de estos largos viajes. Lee el primer párrafo y haz una lista de los síntomas del *jet lag* que se mencionan.

Ejercicios en el aire

Para los pasajeros de avión, todos los viajes largos conllevan algún tipo de inconveniente. El principal enemigo es el *jet-lag*, esa desorientación y malestar que sufre un individuo al traspasar dos zonas de tiempo diferentes. Todo viaje prolongado que implique cambio de horario confunde nuestro reloj interno. Y esa confusión se traduce en incomodidad y disminución de las funciones físicas e intelectuales. No todo el mundo reacciona igual. Pero, en mayor o menor grado, el *jet-lag* se manifiesta como cansancio, insomnio o exceso de sueño, irritabilidad, dolor de cabeza, falta de concentración y trastornos digestivos. Estos simples ejercicios son muy efectivos para estimular la circulación, aliviar el estrés a bordo y evitar el *jet-lag* una vez en tierra. Haz de estos ejercicios una rutina en todos los vuelos largos.

1. Mueve las manos y gira las muñecas. Presiona cada dedo mientras cuentas hasta cien. Haz pequeños círculos con las muñecas.

2. Estira el cuello y los hombros. Mantén la cabeza contra el respaldo° del asiento y muévela a derecha e izquierda. Haz pequeños círculos con los hombros. Luego, sube y baja los hombros diez veces. Después, pon la mano en el hombro y gira la cabeza hacia los lados.

3. Activa la circulación de la sangre. Extiende las piernas y mueve los pies por 15 o 20 minutos durante intervalos de una hora. Con el pie derecho, forma las letras del alfabeto; luego, repítelo con el pie izquierdo. Después, presiona los dedos de los pies contra el suelo.

4. Relájate. Masajea con las dos manos la cabeza y la cara (especialmente debajo de los ojos). Masajea también los pómulos° y mueve la mandíbula. Frótate la nariz y presiona las orejas.

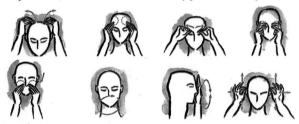

Además, te ofrecemos los siguientes consejos:

- Evita el alcohol y el café. Bebe agua. Durante el vuelo se pierde líquido y la deshidratación produce cansancio. No tomes mucho alcohol, ya que el alcohol y la cafeína deshidratan.
- Al llegar, no duermas siesta. Dormir durante el día es lo peor para eliminar el *jet-lag*.
- No te vistas con ropa ajustada. Ponte ropa suelta y cómoda para el viaje.
- Mastica chicle. Masticar chicle ayuda a igualar la presión en los oídos en momentos en que el avión se aproxima a la pista de aterrizaje. Otro método: cierra la boca, tápate° la nariz con la mano y presiona el aire de los pulmones°.

Palabras útiles

el respaldo parte de
  atrás de un asiento
los pómulos *cheekbones*
tápate *cover*
los pulmones *lungs*

C. Buenos consejos.   Lee el artículo entero y di si los viajeros deben o no deben hacer las siguientes cosas, según los consejos de la escritora. En cada caso, cita las líneas donde se encuentra la información.

1. mover distintas partes del cuerpo
2. prestar atención a los dedos de los pies y las manos
3. dormir durante todo el vuelo
4. dormir siesta al llegar al destino
5. tocarse los ojos
6. beber líquidos de cualquier tipo
7. tratar de relajarse
8. vestirse elegante para proyectar una buena imagen
9. contar y decir las letras del alfabeto
10. poner las manos en la nariz o en las orejas

D. Las partes del cuerpo humano.   En este artículo, se mencionan muchas partes del cuerpo humano. Con un/a compañero(a), hagan una lista de por lo menos 15.

E. Las órdenes.   En este artículo, la autora se dirige al lector de manera directa usando **tú** y le da consejos usando formas del imperativo (*commands*), como las siguientes, que vas a aprender en este capítulo.

Mueve las manos y **masajea** la cara.   *Move your hands and massage your face.*

Con un/a compañero(a), escriban dos listas con las órdenes que aparecen en el artículo: **(1)** Cosas que debes hacer **(Sí)** y **(2)** Cosas que no debes hacer **(No)**. Luego, miren las formas verbales de cada columna y anoten tres cosas sobre la formación de los imperativos. ¿Pueden identificar las formas irregulares?

Por ejemplo:

Sí	**No**
masajear → Masajea la cabeza.	**tomar** → No tomes alcohol.

1. mantener
2. hacer círculos
3. subir y bajar
4. ponerse
5. cerrar
6. vestirse
7. contar
8. evitar
9. dormir
10. repetir

V O Z V O Z V O Z V O Z V O Z V O Z

Para no meter la pata

It cost me an arm and a leg! Así se dice en inglés cuando un artículo cuesta muy caro. En cada idioma hay muchas expresiones o **modismos** que no se traducen **al pie de la letra** (literalmente). De hecho, si tratamos de traducir frases como ésta del inglés al español, podemos **meter la pata** muy fácilmente; es decir, podemos cometer un error.

A. Usa el contexto para adivinar qué quieren decir estas expresiones. ¿Hay una expresión equivalente en inglés?

La cirugía estética **cuesta (vale) un ojo de la cara**.

Mañana me caso y me voy. ¡No, no! Es una broma. Sólo quería **tomarte el pelo**.

Si quieres que el proyecto tenga éxito, tienes que **levantarte con el pie derecho**.

Tenemos que terminar este proyecto hoy, así que ¡**manos a la obra**, amigos!

¿Viste el postre que hizo mamá? **Se me hace agua la boca**.

¡**Ojo!** No digas nada, que **las paredes oyen**.

Se vistió muy bien, **de pies a cabeza**.

Está de muy mal humor. **Se levantó con el pie izquierdo** hoy.

A mi amigo le encanta conversar; **habla hasta por los codos**.

Es muy tonto ese chico; **habla a boca llena** de política pero no sabe nada.

¡Qué lista tan desordenada escribió! No tiene **ni pies ni cabeza**.

Me quemé las pestañas anoche; tuve tanta tarea.

B. Selecciona una de las expresiones de esta sección para completar las siguientes frases adecuadamente.

1. ¿Es verdad que sacaste una A en cálculo? ¿Hablas en serio o me...?
2. Tenemos mucho que hacer, así que...
3. Esta medicina es carísima y tengo que comprarla todos los meses....
4. Le dije a ese señor que no les tenía ningún respeto a los médicos. Pero resultó que él es médico también....
5. No quise interrumpir a mi jefe, pero la verdad es que nunca calla y...
6. Debes ir al médico para que te hagan un examen completo...
7. No me explico por qué mi hermano está de mal humor hoy. Parece estar enojado con todo el mundo....
8. El profesor me puso una C. Creo que es injusto porque yo...
9. A esa chica no le molesta expresar su punto de vista francamente. De todo,...

C. Escribe un párrafo breve (tres o cuatro líneas) usando por lo menos uno de los modismos de la actividad A en un contexto apropiado.

En voz alta

A. Escucha la grabación y di qué tipo de programa es.

_____ de instrucciones para niños　　　_____ de ejercicios para relajarse
_____ para enseñar los pasos de un baile　　_____ para aprender a correr

B. Lo que la chica hace parece...

_____ difícil　　_____ fácil　　_____ necesario　　_____ imaginativo

Mi Refranero. Aquí tienes dos refranes muy populares. ¿Puedes adivinar qué significan? Escúchalos y repítelos, tratando de imitar los sonidos.

En boca cerrada no entran moscas.　　**A lo hecho, pecho.**

VOCABULARIO

Imágenes y palabras

¿Te importa* tener buena salud y llevar una vida sana?

Haz unos ejercicios si te duele* (te duelen)...

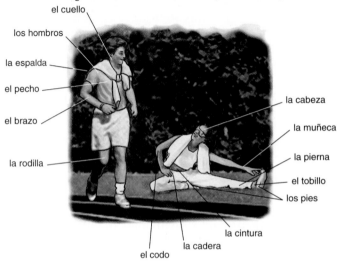

el cuello
los hombros
la espalda
el pecho
el brazo
la rodilla

la cabeza
la muñeca
la pierna
el tobillo
los pies

la cintura
la cadera
el codo

Para combatir el estrés, relaja los músculos de la cara, sobre todo los de...

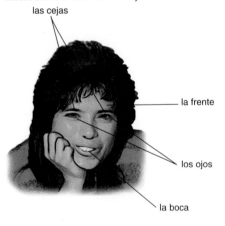

las cejas
la frente
los ojos
la boca

Para mejorar la circulación de la sangre, mueve y estira...

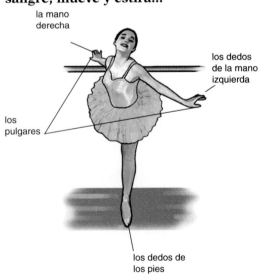

la mano derecha
los dedos de la mano izquierda
los pulgares
los dedos de los pies

---

*The verbs **doler, importar**, and **molestar** are like **gustar** and are used with indirect object pronouns: **me duele(n), te duele(n), le duele(n); me importa(n), te importa(n), le importa(n); me molesta(n), te molesta(n), le molesta(n).**

Si te molesta* el frío...

tápate las orejas
y la nariz

ponte ropa
abrigada

frótate
las manos

Para evitar enfermedades, cuida tu cuerpo y tu salud para que tengas...

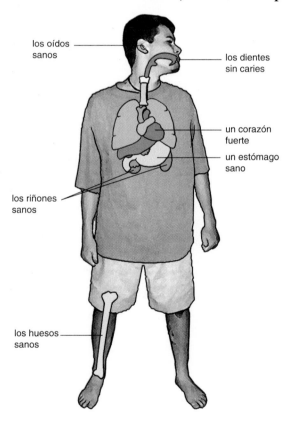

los oídos
sanos

los dientes
sin caries

un corazón
fuerte

un estómago
sano

los riñones
sanos

los huesos
sanos

el pelo
brillante

la piel
sana

Si quieres tener...

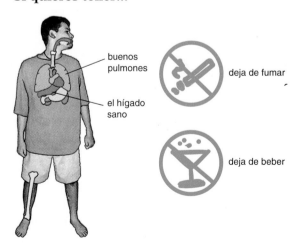

buenos
pulmones

el hígado
sano

deja de fumar

deja de beber

Práctica del vocabulario

A. Póntelo.   Dile a tu compañero(a) dónde debe ponerse la siguiente ropa, complementos o artículos.

➡ *Por ejemplo:*
el reloj → Ponte el reloj en la muñeca.

1. los aretes	**5.** los calcetines	**9.** los guantes
2. las gafas o los anteojos	**6.** la bufanda o el pañuelo	**10.** la pulsera
3. la gorra de béisbol	**7.** el cinturón	**11.** los pantalones
4. los frenillos (*braces*)	**8.** las mangas largas	**12.** el collar

B. Asociaciones.   Di todas las partes del cuerpo que asocias con las siguientes acciones o actividades.

1. fumar	**5.** navegar en bote de remos	**9.** cantar
2. comer y digerir	**6.** correr y saltar	**10.** tocar la trompeta
3. usar el teléfono	**7.** dormir	**11.** sentir
4. llorar	**8.** nadar	**12.** bailar

C. ¿Quién soy yo?   Adivina qué parte(s) del cuerpo se describe(n) en cada frase.

➡ *Por ejemplo:*
Somos largas y te llevamos por el mundo. → Son las piernas.

1. Somos dos ventanas al mundo que se cierran por la noche.
2. Me usas para reírte, hablar y probar deliciosos platos.
3. Somos dos y servimos para abrazar a un amigo.
4. Si bebes demasiado, me pongo muy enfermo.
5. Cuando estás enamorado(a), te acelero el pulso.
6. No me gusta que comas demasiado.
7. Si patinas y te caes, puedes hacernos daño.
8. Cuando hace mucho frío me pongo roja.
9. Nos frotas para calentarnos.
10. Somos para oír la voz de una persona amada.

D. ¿Dónde les duele?   La siguiente gente espera en el consultorio del médico porque tiene distintos dolores. Imagínate por qué está allí cada persona. ¿Qué le duele?

1. una persona sedentaria pero muy trabajadora
2. dos niños adictos a los dulces
3. un secretario ejecutivo
4. una señora de 70 años y su marido
5. un adolescente adicto a la red electrónica
6. un jugador de vóleibol
7. una fumadora
8. una jugadora de tenis
9. un piloto
10. dos futbolistas

E. Remedios.   Con un/a compañero(a), elijan tres de los siguientes problemas y denle consejos a la gente sobre los remedios (además de la aspirina) que puede tomar. Incluyan una cosa que **no** deben hacer.

Por ejemplo:

Pasa muchas horas frente a la computadora y le duelen los ojos.

Para que no le duelan más, **le aconsejamos (sugerimos / recomendamos) que** se tape los ojos con una toalla fría y que descanse. Si quiere evitar infecciones **es mejor que no** se frote los ojos.

1. Le sale sangre de la nariz.
2. Le duele la cabeza.
3. Le molesta el ruido.
4. Quiere bajar de peso.
5. Quiere evitar las caries.
6. Le duele la espalda.
7. Le molesta el aire frío de la habitación.
8. Le importa tener el hígado y los pulmones fuertes.
9. Usa zapatos con tacones altos y le duelen los pies y los tobillos.
10. Su compañero lee por la noche y le molesta la luz.

F. La comunicación no verbal.   Se ha dicho que por lo menos el 65 por ciento de nuestra comunicación es sin palabras porque podemos comunicarnos eficazmente usando gestos (*gestures*). Con un/a compañero(a), expliquen cómo se comunican las siguientes ideas de una manera no verbal. Usen verbos como **estirar, abrir, frotarse, ponerse, mover, taparse, mostrar, arrugarse**.

Por ejemplo:

para indicar que tenemos frío → Cruzamos los brazos y nos frotamos las manos.

1. para indicarle a una persona que guarde un secreto
2. para indicar que necesitamos más espacio
3. para hablar cara a cara con un niño pequeño
4. para indicar dirección hacia la izquierda o la derecha
5. para evitar las escenas horribles de una película de terror
6. al probar algo de mal gusto
7. para indicar una gran sorpresa
8. al oír malas noticias
9. para ilustrar lo grande que es algo
10. al meter la pata

G. ¿Hacia dónde va la evolución?   Dicen los científicos que el ser humano siempre se adapta a su medio ambiente. Si así fuera, imagínate entonces cómo va a verse el ser humano dentro de cinco mil años. Con un/a compañero(a), describan el cuerpo humano del futuro. Mencionen por lo menos seis partes del cuerpo que van a cambiar y por qué.

⟫ *Por ejemplo:*
Después de cinco mil años sentado en la computadora, el ser humano tiene 20 dedos pero ya no tiene pies.

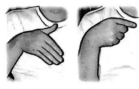

¡Ven!   Come here!

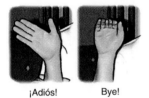

¡Adiós!   Bye!

V o z V o z V o z V o z V o z V o z

Para comunicarse sin palabras
Para comunicarse sin palabras o para darle énfasis a lo que decimos, a menudo usamos gestos. Algunas veces, sin embargo, los gestos son diferentes de un país al otro y de una cultura a la otra. Observa cómo son diferentes los gestos de los hispanos si los comparas con los gestos familiares de los anglosajones.

Aquí tienes unos gestos que probablemente usas mucho. Explica en español qué significan.

⟫ *Por ejemplo:*
Mover la cabeza de arriba abajo significa sí.

Llámame.   Call me.

Es muy tacaño.   He's stingy.

1. mover la cabeza de un lado a otro
2. mover el dedo índice de arriba abajo; de un lado a otro
3. darle la espalda a una persona
4. apuntar con el pulgar hacia arriba; hacia abajo
5. frotarse las manos y hacer una sonrisa malévola
6. levantar las cejas
7. levantar los hombros
8. arrugar la frente entre las cejas
9. cruzar los dedos; los brazos
10. ponerse de rodillas

G R A M Á T I C A 1

Para darle consejos a un/a amigo(a): las órdenes informales

In the article on page 377, you saw many informal command forms, such as **mantén, gira, ponte, evita**. These forms are used to tell someone you would address with **tú** what to do and what not to do. In Chapters 11 and 12, you practiced saying what *you want, recommend, or advise* people to do. The command forms of verbs, however, actually allow you to *tell or command someone* to do something.

Duerme más.	*Sleep more.*
Come más pescado.	*Eat more fish.*
Estira las piernas.	*Stretch your legs.*
Deja de fumar.	*Stop smoking.*

1. Notice that these **tú** commands use a form of the present tense with which you are already familiar, the **él / ella / Ud.** form of the present tense.

pensar → **Piensa** en tu salud.	pedir → **Pide** una cita con el médico.
cuidar → **Cuida** tu corazón.	contar, saltar → **Cuenta** hasta diez y **salta** con el otro pie.

2. The commands **¡mira!** and **¡oye!** are often used as attention-getting phrases, similar to *Hey!, Look!,* or *Listen!* in English. **¡Anda!** is used as an expression of surprise meaning *You're kidding!* or to say *Move, get going!*

—**¡Anda!** Tenemos prisa. El concierto empieza a las siete.
—**Mira**, no puedo ir. El novio de Ana me viene a visitar.
—**¡Anda!** ¿El novio de Ana? ¿Por qué te visita a ti?
—**Oye**, no quiero que le digas nada a Ana. Vamos a planear su fiesta de cumpleaños.

3. Some verbs have irregular command forms. Study the following chart.

ir(se)	**ve(te)**	hacer	**haz**
decir	**di**	ser	**sé**
venir	**ven**	salir	**sal**
poner(se)	**pon(te)**	tener (mantener)	**ten (mantén)**

Si quieres participar en el campeonato, **vete** corriendo al estadio para que te inscribas o, si quieres, **ven** conmigo a hablar con el entrenador. **Mantén** un buen ritmo de entrenamiento y puedes ganar el campeonato fácilmente este año. ¡Ya! **Ponte** el abrigo y **ve** de inmediato, te digo.

4. To tell someone *not* to do something, you will use the **tú** form of the present subjunctive, which you practiced in Chapters 11 and 12.

Quiero saber la verdad; **no me tomes** el pelo.
No hagas ejercicio si tienes una infección viral.
No salgas a correr con este frío; te puede dar bronquitis.

Ejercicio A. Di qué consejos sobre la salud le darías a un/a amigo(a). ¿Debe hacer o no hacer las siguientes cosas?

⟶ *Por ejemplo:*
tomar un jugo para el desayuno, un refresco

Toma un jugo para el desayuno.
No tomes un refresco para el desayuno.

1. seguir una dieta de carne, de legumbres
2. dar paseos por la noche en la playa, en una ciudad peligrosa
3. hacer ejercicio después de comer, antes de comer
4. probar comida fresca, comida rancia
5. demostrar tus virtudes, tus defectos
6. evitar las bebidas alcohólicas, el agua
7. tomar sólo café por la mañana, fruta
8. decir la verdad, mentir
9. ser responsable, perezoso(a)
10. poner los pies en el suelo, en la silla

Ejercicio B. Dales órdenes a las siguientes personas usando los verbos indicados. Diles qué cosas deben o no deben hacer.

Por ejemplo:
Le duele la espalda. (dejar de trabajar, hacer ejercicios para el cuello, buscar otra silla)

Deja de..., haz..., busca...

1. Se siente estresada. (estirar el cuello, dejar de trabajar, mover las piernas, dar un paseo, pensar en el trabajo)
2. Llora. (secar las lágrimas, ser triste, ser feliz, salir con amigos, olvidar el problema, acostarse)
3. Está deprimida. (comer helados, dormir todo el día, hacer ejercicio, resolver el problema, evitar a los amigos)
4. Ha engordado (*gained weight*) y quiere bajar de peso. (empezar a fumar, irse al médico, poner atención a la comida, mantener una dieta sana, empezar a correr)
5. Tiene insomnio. (salir de la casa, leer un libro, tomar bebidas alcohólicas, ver televisión, poner las luces)
6. Ha cometido un error grave. (mentir, decir la verdad, pedir perdón, tener miedo, guardar el secreto)

Práctica de la gramática

Estrategias

The activities in this chapter will help you practice using informal commands through the following learning and communication strategies. Skim the activities to identify which strategies are used.

- Integrate new learning with previous learning.
- Personalize new learning to express your own thoughts.
- Use models and lists to plan conversation.
- Collaborate with others to rehearse and exchange ideas.
- Invest in your learning through problem solving.

A. ¿Qué dice la gente? Di qué órdenes de los padres o sugerencias de otra gente se pueden escuchar a menudo en los siguientes lugares. Da por lo menos dos en cada caso.

Por ejemplo:

en la casa → ¡Saca los codos de la mesa! ¡No pongas los pies en el sofá!

1. en la playa o la piscina
2. en la oficina del médico
3. en tu dormitorio
4. en la sala de urgencias del hospital
5. en la clase de español
6. en la biblioteca
7. en casa de un/a amigo(a)
8. en el gimnasio

B. Pequeñas cosas que molestan mucho. Piensa en las cosas que te molestan todos los días. ¿Qué le dirías a la persona que hace esas cosas que te molestan? Prepara cinco letreros para informarle de tu desagrado.

Por ejemplo:

Tu compañero(a) de habitación siempre toca tus discos compactos.

Tu letrero: No toques mis discos compactos, por favor.

C. Deseos raros. ¿Qué le vas a decir a una persona que tenga las siguientes características? En cada caso, dale por lo menos dos sugerencias.

Por ejemplo:

No le importa pasarlo mal.

Si no te importa pasarlo mal, vete a casa, estudia todo el día, no salgas por la noche y no llames nunca a tus amigos.

1. No le importan las notas.
2. No le importa gastar todo lo que gana.
3. Quiere salir mal vestido(a).
4. No quiere conseguir trabajo.
5. No le molestan las opiniones de otros.
6. No le importa la salud.
7. Le molesta la gente.
8. Quiere que sus profesores se enojen.

D. Consejos para la salud. Descríbeles a tres compañeros(as) un problema general de salud o de bienestar físico que tienes. Cada compañero(a) te va a dar una recomendación. Toma apuntes para informarle a la clase de los consejos que hayas recibido. Luego, di si te gustan o no.

Por ejemplo:

TÚ: Mi problema es que engordo en invierno porque no puedo correr. ¿Qué me recomiendas?
COMPAÑERO(A) 1: Haz ejercicio en las máquinas si hace mucho frío.
COMPAÑERO(A) 2: Cuida tu dieta en invierno. No comas tanta grasa.
COMPAÑERO(A) 3: Sube y baja la escalera diez veces al día.

A la clase: Mis compañeros me aconsejan que haga ejercicio, que cuide mi dieta, que no coma tanta grasa y que suba y baje la escalera diez veces al día. No me gustan sus consejos.

E. Buenos consejeros.   Tú y tu compañero(a) son consejeros(as) en un campamento de verano para chicos de 11 a 13 años. Elijan dos de los siguientes problemas y propónganle a cada persona una buena solución.

1. Un chico se muere de aburrido.
2. Una chica quiere mejorar sus notas en el colegio.
3. Una chica se enojó con su amiga.
4. Un chico está harto de los juegos en equipo.
5. Una chica está preocupada por el futuro.

6. A un chico no le gusta su compañero de habitación.
7. La amiga de una chica no puede dejar de fumar.
8. Una chica le ha roto el corazón a un chico.
9. A una chica no le gusta la comida.
10. Un chico quiere bajar de peso.

F. No metas la pata.   Con un/a compañero(a), decidan qué consejos le pueden dar a un estudiante extranjero que acaba de llegar a tu universidad. Díganle, por ejemplo, qué cosas no hacer en ciertas ocasiones, qué ropa no usar, los lugares donde no debe ir, las cosas que no debe comer y lo que no debe hacer en las clases.

➧ *Por ejemplo:*

No vayas al restaurante Mario's porque la comida es pésima. No tomes el desayuno en el centro estudiantil porque los huevos siempre están fríos. No compres nada en... porque los precios son un escándalo y no vayas nunca a...

Visión Visión Visión

La tercera edad

La tercera edad, o la ancianidad, es un tema muy importante hoy en día ya que la gente vive más tiempo hoy que en el pasado. Para ti, ¿qué significa «viejo»? ¿Hasta qué edad vive la mayoría de la gente estadounidense? Pues, en un rincón del mundo los habitantes han descubierto el secreto de la longevidad y lo han guardado muy bien. Lee el artículo y di cuántos años tiene esta gente y qué explicaciones se ofrecen. Según tú, ¿cuál es la explicación verdadera?

Vilcabamba, en Ecuador, se llama el "valle de la longevidad" porque aquí vive la mayor cantidad de "viejos" del mundo en proporción total del pueblo. Hasta ahora, nadie tiene una explicación científica de este fenómeno. Puede ser el aire limpio de esta región semi-selvática o el agua pura y supervitaminada que beben los habitantes. Puede ser el clima, o la alimentación, o la falta de contacto con el resto del mundo, o el ejercicio físico. En fin, puede haber muchas explicaciones.

Abertano Roa, de 120 años, es uno de los tantos ancianos que viven en este pueblo y todavía hace las labores del campo como cualquier joven. Sarita, su esposa (con 116 primaveras que parecen no más de 80), sostiene que la vida tranquila de la zona es la clave de la larga vida. Alfonso Ojeda Bastida, de 94 años, es presidente de un "club de amigos" muy singular. Todas las semanas se juntan para conversar y tomarse sus traguitos de chicha de maíz. Pero lo curioso es que la edad promedio de sus 20 socios es de 109 años. El decano de este círculo es Juan Peñaloza, que el mes pasado cumplió 125 años.

—Yo tengo mucho camino por delante todavía. Tengo que ver crecer a mis tataranietos — dice este "super abuelo" mientras se toma un vaso de chicha de maíz. ¿Es ésta la clave de su longevidad? ¡Tal vez!

De: "¡Estos sí que son viejos!" *Hombre internacional.* Vol. 19, N°2, pág. 78.

A. Según una de las ancianas de este pueblo, la longevidad se atribuye a la tranquilidad y al modo de vivir de la gente. ¿Estás de acuerdo? Aunque se piensa que los avances tecnológicos del mundo hacen más fácil y cómoda la vida, a veces el resultado es todo lo contrario. ¿Qué enfermedades y trastornos producen la tecnología y la civilización moderna?

B. Piensa en las condiciones de vida de los ancianos en los Estados Unidos. ¿Crees tú que llevan una vida sana?

1. ¿Qué problemas y trastornos físicos sufren los ancianos?

2. ¿Por lo general, recibe buena atención médica esta gente?

3. ¿Cómo trata la sociedad a los ancianos?

4. Según tú, ¿disfruta de la vida esta gente?

C. Escríbele una notita a un familiar mayor (mamá, papá, tío[a]) en la que le das tus mejores consejos para vivir muchísimos años.

Por ejemplo:
Querido papá:
Para que lleves una vida sana y vivas muchos años, sigue mis consejos.
Por favor, deja de... para que... Cuida... para que... Pon atención a...

GRAMÁTICA 2

Para darle consejos a un/a amigo(a): las órdenes informales y los pronombres

You have practiced telling someone to do something using informal imperative (command) forms of verbs. You have formed the affirmative commands from the **él / ella / Ud.** form of the present tense; you have also formed the negative commands from the **tú** form of the present subjunctive. Very often, however, you will need to use reflexive, direct object, or indirect object pronouns with these command forms, as in *put it on, take it off, (don't) tell me, (don't) sit down.* Look at the following examples. What patterns can you see in the placement of pronouns?

Aquí tienes el abrigo. **Póntelo** si tienes frío.   **No te lo pongas** si no tienes frío.
¡Bienvenido! **Siéntate** en esta silla.   **No te sientes** en el piso.
No **me tomes** el pelo. **Dime** la verdad.   **No me digas** mentiras.

Remember that informal commands are used only with people whom you would address as **tú**.

1. Reflexive, direct object, and indirect object pronouns are *always* attached to the end of affirmative command forms. Study the following exchanges.

—**Acuéstate** temprano para que no tengas sueño mañana.
—Bueno, **despiértame** temprano entonces para que no pierda mi clase.

—**Pásame** las aspirinas, por favor.
—¿Las aspirinas?
—Sí, **pásamelas**, por favor.

Notice that sometimes you must add a written accent to the vowel of the verb in order to maintain the original stress. To remember when the accent mark should be added, use the **1 + 2, 2 + 1** rule. *Add* an accent mark to keep the original stress of the verb if

1 + 2   the command form is *one* syllable and you add *two* pronouns
     Dáselo.   *Give it to him/her.*

2 + 1   the command form is *two* or more syllables and you add *one* or more pronouns
     Quítate el abrigo y **siéntate**.   *Take off your coat and sit down.*

2. Always place pronouns *before* negative commands.

—No **le creas** nada a Carlos. Te va a romper el corazón.
—No **me digas** que no le crea porque estoy enamorada de él. **Mira** la carta que acabo de escribirle.
—¡Una carta de amor! No **se la envíes**, por favor. Te digo que Carlos es un rompecorazones.
—**Mira**, yo sé lo que hago. Gracias por tus consejos, pero no **me los des** cuando de amor se trata.

3. You have used three types of object pronouns. Here is a review.

Reflexive pronouns. You have used reflexive pronouns for verbs such as **divertirse, acostarse, levantarse, dormirse, ponerse, probarse, relajarse, sentarse** and others to refer to things one does to or for oneself. To review use of these pronouns, consult Chapter 4.

> **Relájate, duérmete. Olvídate** de tus problemas. **Acuéstate** y **no te preocupes** más.

Indirect object pronouns. You have used indirect object pronouns to describe favors and things people do to or for others. To review use of these pronouns, consult Chapter 5.

> **Escríbeles** una carta a tus abuelos. **Dales** las gracias por el regalo. **Diles** lo mucho que te gusta.

Direct object pronouns. You have used direct object pronouns to avoid repetition of something or someone already mentioned. To review use of direct object pronouns, consult Chapter 7.

> ¿Me trajiste la medicina? **Ponla** en la mesa, por favor.
> ¿Has visto el termómetro? **Búscalo** en la cómoda.

More than one object pronoun. You have used an indirect object pronoun or a reflexive pronoun with a direct object pronoun in this order: **R I D**. To review use of these pronouns together, consult Chapter 10.

—Aquí tienes mi suéter. **Póntelo** para que no tengas frío.	*Here's my sweater. Put it on so you're not cold.*
—Gracias, pero **no me lo prestes**. Siempre me olvido de devolverte tus cosas.	*Thank you, but don't lend it to me. I always forget to return your things to you.*
—**Dáselo** a tu amiga, entonces. Ella también tiene frío.	*Give it to your friend then. She's cold also.*

Ejercicio A. Tu amigo se olvidó de hacer algunas cosas. Dile que las haga.

Por ejemplo:
Me olvidé de llamar a mi amiga. → **Llámala** ahora, pues.

No les di la dirección del restaurante a mis padres. → **Dásela** ahora, pues.

1. Me olvidé de arreglarles el auto a mis padres.
2. Me olvidé de lavarte la ropa.
3. No les he contado mi secreto a Uds.
4. No me puse los guantes.
5. Todavía no me he probado mis zapatos nuevos.
6. Me olvidé de cortarte el pelo ayer.
7. Me olvidé de decirle «gracias» a mi tío.
8. Me olvidé de darle mi composición al profesor.
9. No les escribí la notita a mis abuelos.
10. Me olvidé de mostrarte mis fotografías.

Ejercicio B. Dale consejos a una amiga sobre lo que debe y no debe hacer.

➠ *Por ejemplo:*

darle una mano a un criminal, a un desamparado

No se la des a un criminal. **Dásela** a un desamparado.

1. ponerse una blusa de manga corta en invierno, en verano
2. pedirles dinero a los amigos, a tus padres
3. conseguirse un puesto en la ciudad, en el campo
4. prestarle la bicicleta a tus hermanos, a...
5. mostrarles tus notas a tu amigo, a tus padres
6. hacerles favores a los políticos, a los amigos

Práctica de la gramática

Estrategias

The activities in this section will help you practice using informal commands with pronouns through a variety of learning and communication strategies. Skim the activities to identify which strategies are used in each.

- Collaborate with others to rehearse and exchange information.
- Personalize learning to express your own thoughts.
- Use models to guide and expand your statements.
- Invest in your learning through problem solving.

A. ¡No aprendes nunca!   Reprende a tu compañero(a) de habitación por lo que ha hecho.

➠ *Por ejemplo:*

TU COMPAÑERA: Ayer tuve tanto frío.
TÚ: La próxima vez, ponte un abrigo.

1. Ayer llegué tarde al trabajo.
2. No compré ni el pan ni la leche.
3. Me olvidé de pagar mis cuentas.
4. No fui a la reunión del club.
5. No llamé a mi profesora.
6. No tomé desayuno.
7. Salí mal en la prueba.
8. Perdí las llaves.

B. ¿Qué te cuesta a ti?   Estás muy perezoso(a) hoy así que por cada cosa que te pide tu compañero(a) de habitación, tú contestas que es mejor que lo haga él o ella.

➠ *Por ejemplo:*

Pon el canal del tiempo; no pongas la telenovela. → **Ponlo** tú.

1. Apaga la luz para dormir; no estudies más.
2. Guarda la comida en el refrigerador; no la dejes afuera.

3. Haz las camas para que se vea mejor el cuarto.

4. Saca a pasear al perro porque es tarde.

5. Cierra la ventana, que hace frío.

6. Compra la leche cuando vuelvas.

C. Hablemos con franqueza.   Imagínate que ahora puedes decir lo que piensas. Pídeles a tus amigos(as) o familiares que no hagan ciertas cosas que te molestan.

➡ *Por ejemplo:*

Enrique, por favor, **sé amable**. **No me despiertes** con la tele todos los días.

1. tu compañero(a) de cuarto

2. tu novio(a)

3. tu papá o mamá

4. un/a compañero(a) de clase

5. tu hermano(a) o primo(a)

6. un/a amigo(a)

D. Mensajero.   Tu compañero(a) te va a decir qué quiere que haga otro(a) compañero(a). Tú le das el mensaje a la otra persona.

➡ *Por ejemplo:*

ÉL(ELLA):   Quiero que Olivia me preste un lápiz.

TÚ: Olivia, préstale un lápiz a Luisa, por favor.

E. Ya, pues.   Dile a la clase tres cosas que pensabas hacer esta semana, pero que todavía no has hecho. Tus compañeros te sugieren que las hagas.

➡ *Por ejemplo:*

Iba a leer dos capítulos, pero no los he leído todavía. → ¡Léelos esta noche!

F. En el mundo hispano.   De lo que ya sepas del mundo hispano, dale a un/a compañero(a) por lo menos **seis** sugerencias específicas sobre lo que debe y no debe hacer en el mundo hispano. Tu compañero(a) va a tomar apuntes para informarle a la clase de tus consejos.

➡ *Por ejemplo:*

Si piensas conseguir un puesto, envíale a la empresa un currículum y también incluye una foto. Vístete bien y no preguntes por el sueldo en la primera reunión. Recuerda que...

Compañero(a), a la clase: Recomienda que le envíe a la empresa un currículum, que incluya una foto, que me vista bien y que no pregunte por el sueldo. También...

G. Querido(a) lector/a.   Imagínate que eres el (la) responsable de una columna que publica cartas de gente joven en busca de consejos. Hoy recibiste varias cartas; escoge una y contéstala con los mejores consejos posibles. Usa órdenes informales.

1. *María Teresa, 16. Cuando salgo por la noche con un chico, me molesta que mis padres siempre insistan en que el chico se siente a conversar con ellos unos minutos. En esos momentos, le hacen muchas preguntas, es casi como una entrevista. Lo peor es que al final siempre le dicen al chico que yo tengo que estar en casa a las 11.00 de la noche. Ninguna de mis amigas tiene que estar en casa a una hora fija. ¿Qué puedo hacer para que mis padres dejen de tratarme como niña?*

2. *José Antonio, 21. Necesito tu ayuda. Hace tres años que fumo y quiero dejar de fumar pero no puedo. He tratado todos los remedios que se venden en la farmacia, pero ninguno me sirve. Dame tu consejo y ¡pronto! Y, por favor, no me digas que coma en vez de fumar. Eso ya lo he hecho y engordé bastante.*

3. *Silvia, 17. Soy una chica inteligente, bien educada y dicen que bastante atractiva. La verdad es que no tengo problemas para relacionarme con la gente y cuento con buenos amigos y amigas, pero nunca he tenido pareja. Tengo un amigo que me cuenta sus problemas con la novia, pero no me presta atención a mí. No sabe que me gusta y que quiero salir con él. Sufro mucho escuchándolo hablar de su novia. ¿Cómo le puedo decir que conmigo va a ser más feliz que con ella?*

4. *Juan Carlos, 19. Creo que a mi novia le gusta otro chico. No he visto nada sospechoso, pero el corazón me dice todas las noches que ella está interesada en otra persona. Ya le dije que no debe hablarle a nadie si quiere ser mi novia, pero hay tantas horas del día en que no está conmigo. Por favor, dime cómo puedo decírselo más claramente. No quiero que otro hombre se enamore de ella.*

5. *Cristián, 23. Acabo de terminar mis estudios de ingeniería y ando buscando trabajo, pero no encuentro nada. Mi novia ha perdido el interés y, a veces, me parece que me toma el pelo cuando me pregunta tantas veces si ya encontré algo. Pienso que es mejor dejar de verla todas las semanas y esperar hasta que pueda avisarle que ya conseguí trabajo. Ya dejé de ver a mis amigos porque no tiene caso salir si estoy tan preocupado. Me siento solo. Dame un consejo. ¿Qué me pasa?*

VOZ VOZ VOZ VOZ VOZ VOZ

Cada oveja con su pareja: la polémica de la clonación

No hace mucho unos científicos escoceses anunciaron la clonación de una oveja, Dolly, y de repente en todo el mundo surgió la polémica. Si es posible clonar a una oveja o a un mono, también es posible clonar al ser humano, pensó la gente. Sin embargo, el hecho de que se pueda clonar a un ser humano no significa que se deba hacerlo, ¿verdad? Algunos internautas hispanos respondieron a esta pregunta en la red electrónica. Sus comentarios reflejan la preocupación, el entusiasmo y el humor con que tratan el tema de la clonación. ¿Con cuál de estas opiniones estás más de acuerdo tú? ¿Por qué?

- Estoy a favor. Imagínese que tengo una enfermedad terminal. Entonces me clono. Guardo la información en mi cerebro. Cuando este clon llegue a una edad consciente, le implanto esta información. Resultado: vuelta a la vida.
- Siempre le han podido más los ojos que el estómago. Que el ser humano es capaz de lo aparentemente imposible es obvio. En cambio, demuestra una incapacidad total para resolver las cosas más elementales de la humanidad: el hambre, la pobreza, las enfermedades curables...
- ¡¡Qué horror!! Todas las mujeres y hombres iguales a los top-model. ¡¡¡NO!!! Quiero seguir siendo bajito, gordito, ... me quiero demasiado.
- El problema no es copiar; es la calidad inicial de lo que se copia. ¿Diez Beethoven? ¿Por qué no? Ahora bien, ¿diez Idi Amin? El avance no debe ser un desastre para la humanidad.
- Ya casi hemos destruido el medio ambiente y la cadena alimenticia. La ciencia descubrió cómo mejorar la producción de cereales creando granos que necesitan pesticidas y fertilizantes. Ahora dependemos de grandes comercios y hemos perdido la diversidad genética de los cereales que nos permitió sobrevivir durante tantos siglos anteriormente. ¿Que va a pasar ahora?
- Se me ocurre que la clonación puede perfectamente aplicarse a la producción de órganos humanos como el corazón, el hígado, los riñones, para su trasplante o autotrasplante.
- Lo que el hombre puede hacer, lo va a hacer independientemente de las opiniones de nosotros.
- ¿Podrían, por una célula° mía, obtenida sin mi consentimiento en un chequeo° rutinario, hacer una copia de mi persona? ¿Hasta dónde va a llegar la humanidad?
- Claro que se deben hacer experimentos con genética. Si tienes un clon, será igual genéticamente, pero por lo demás todo será diferente, será otro ser, no una fotocopia. Cada persona es única e irrepetible. Como dijo José Ortega y Gasset, "Yo soy yo y mi circunstancia".
- Una nueva era empieza. Nada podrá detener la avidez de conocimiento del hombre. Una nueva era con un nuevo orden, o desorden. Eso es evolución.
- Es formidable. Me ha salvado la vida. Mi novia va a abandonarme y ya no me preocupa.
- Pues, como estamos todos psicológicamente clonados, ¿qué importa que nos clonen un poco más?
- No debe ponerse límites al conocimiento. Cualquier luz que lleve a comprender mejor, ha de ser bienvenida.

Palabras útiles

la célula *cell*
el chequeo *examen físico*

En voz alta

A. Escucha la grabación y anota lo siguiente.

1. todas las partes del cuerpo que se mencionan   **2.** lo que debe hacer con cada una

B. ¿Qué clase de ejercicios se enseñan en este programa? Son ejercicios...

_____ aeróbicos   _____ para bajar de peso
_____ antiestrés   _____ para la oficina

Mi Refranero. El siguiente refrán expresa la filosofía de Emiliano Zapata, un líder en la Revolución Mexicana (1910–1920). Léelo a ver si estás de acuerdo con lo que dice. ¿Cuál de las dos posibilidades es mejor para ti? Luego, escúchalo y repítelo, tratando de imitar los sonidos.

Mejor morir de pie que vivir de rodillas.

Source: internet@el-mundo.es

Voces del mundo hispano

Médico, cúrate a ti mismo

Ésta es una expresión que seguramente has oído. Pero actualmente se oye también «Paciente, cúrate a ti mismo». Hoy en día los médicos nos hablan mucho de la medicina preventiva, de la autoevaluación y de la responsabilidad que tenemos todos de mantener un cuerpo sano. En el cuento que vas a leer en esta sección, el personaje principal aprende muy bien el significado de esta responsabilidad. Según tú, ¿cuál de estos papeles del médico es el más importante?

darnos consejos	enseñarnos a cuidar el	operarnos
darnos instrucciones	cuerpo	ayudarnos en la
recetarnos medicamentos	protegernos	autoevaluación

Estrategias

Use the strategies you have practiced in this and other chapters to comprehend and appreciate a literary work. Here are a few additional hints for better learning.

- Scan for specific information; reread to confirm conclusions.
- Use context clues and your knowledge of Spanish to guess the meaning of words that look similar to other words you know or to English words: (**cuerpecillo → cuerpo**; **camilla → cama; sanguinolento → sangre; agrandé → grande; profundicé →** think: *profound*)
- Use columns and other visual organizers to sort information.

A. Primer paso. Lee el título y la primera parte del cuento para encontrar la siguiente información.

1. ¿Qué parte del cuerpo le duele al paciente?
2. ¿Quién hizo lo siguiente, el médico, el paciente o la enfermera?

    a. Se recostó en la cama.   **c.** Mostró un cuaderno.
    b. Seleccionó un instrumento.   **d.** Señaló un diagrama de la incisión.

3. ¿Qué tipo de incisión iba a ser necesaria?
4. ¿Qué anunció el médico? ¿Te parece algo rara esta decisión?

B. Segundo paso. Ahora lee la segunda parte, prestando mucha atención a los verbos para entender bien qué hizo cada personaje. Haz tres columnas: **el paciente, el médico, la enfermera**. Pon los siguientes verbos en la columna apropiada para indicar quién lo hizo. Luego, lee las dos primeras partes otra vez a ver si las entiendes bien.

1. tomar el bisturí
2. encontrar el sitio de la operación
3. estirar la piel
4. hacer la primera incisión
5. tocar la herida para quitar el dolor
6. dar instrucciones
7. escuchar instrucciones
8. mirarse en el espejo
9. hacer más grande la incisión
10. mantener abierta la incisión
11. supervisar el proceso
12. quedarse sentado

Una operación

Andrés Acosta (México, 1996)

I. Me comunicaron que necesitaba una operación y declaré que cuanto antes, mejor°. El médico me hizo recostar sobre una camilla. De entre su instrumental seleccionó un bisturí° con dos filos. La enfermera puso en mis manos un cuaderno, en donde se ilustraban distintos tipos de intervenciones quirúrgicas° y señaló una. Era un tajo° horizontal, de siete centímetros de longitud, a la altura del cuello, del lado izquierdo.
    —No habrá° anestesia—sentenció el médico.

Palabras útiles
cuanto antes, mejor muy pronto
el bisturí *scalpel*
quirúrgicas *surgical*
el tajo incisión
no habrá no va a haber
la diestra mano derecha
la gasa *gauze*
la herida *wound*
pulgada *inch*

II. Tomé el bisturí que me ofreció. Con la mano izquierda localicé el área en donde debía estirar mi piel. Con la diestra° hice una primera incisión, dolorosa; tuve abundante sangrado. La enfermera se apresuró a envolver sus dedos en una gasa° y los puso sobre la herida°: la sangre, lo mismo que el sufrimiento, cedieron.
    El médico, desde su asiento giratorio, mostró su desacuerdo:
    —Utiliza el otro lado para prolongar el corte una pulgada°—indicó.
Me dieron un espejo e introduje de nuevo el bisturí en mi cuello. Profundicé el tajo y lo agrandé.
    —Muy bien—dijo él—Mantenlo abierto con tus dedos.

Palabaras útiles
la aguja *needle*
la llama fuego
hundí inserté
el gusano *worm*

III. Tomó una aguja° de aproximadamente quince centímetros de largo y la expuso a la llama° de un soplete. Me la entregó todavía caliente, en silencio. La enfermera me mostró la ilustración de la página opuesta. La observé en detalle. Sostuve la aguja con la mano izquierda; la hundí° gradualmente en la herida hasta sentir que pinchaba un cuerpo denso. Extraje la aguja y ahí estaba; era un objeto ovalado, sanguinolento, como un gusano°. La enfermera me lo retiró para mostrárselo al médico.
    —Correcto—aseveró él.
Lo recibió con pinzas y lo dejó caer dentro de un frasco que contenía un líquido incoloro. La enfermera cosió mi herida, la cerró por completo con movimientos hábiles. Al levantarme sentí vértigo. El médico se quitó el gorro azul y se llevó las manos a la cara. Cerró los ojos un momento.
    —Hemos concluido.

Palabras útiles

la cicatriz   *scar*
orgulloso   *proud*

IV. Me dio una palmada en la espalda y estrechó mi mano. En el lado izquierdo de su cuello, noté una cicatriz°, blanca y antigua, poco visible.

—Gracias por la operación, doctor—contesté.

Mi voz sonó distinta. Más grave, quizá. Tomé el frasco: el cuerpecillo lucía arrugado, insignificante. Sonreí.

—Puedes llevártelo—dijo él.

—No tiene caso—repuse orgulloso° de mi nueva voz y dejé caer el recipiente en la basura.

C. Tercer paso.   Lee la tercera parte del cuento y responde **sí** o **no** a las siguientes frases. Corrige todas las frases falsas. En cada caso, cita la línea donde se encuentra la información.

1. El médico le insertó un instrumento sin esterilizarlo primero.
2. El médico le quitó un objeto al cuello del paciente.
3. La enfermera le mostró el objeto al médico.
4. El paciente tuvo que seguir las instrucciones de un libro.
5. El paciente se cerró la herida.
6. Guardaron el objeto en un contenedor.
7. Al haber hecho la operación, el médico se sintió cansado.
8. Después de la operación, el paciente se sintió perfectamente bien.

D. Cuarto paso.   Ahora, lee el resto del cuento.

1. ¿Qué cambio notó el paciente al terminar la operación?
2. ¿Qué observación hizo el paciente con respecto al médico?
3. ¿Qué le ofreció el médico al paciente antes de despedirse de él? ¿Lo aceptó? ¿Por qué?

E. Analiza un poco.   Con un/a compañero(a), piensen en los siguientes temas y ofrézcanle sus opiniones a la clase.

1. ¿Qué aspectos de la ironía se encuentran en este cuento?
2. ¿Qué significado tiene la cicatriz del médico? ¿Y la voz «más grave» del paciente?
3. ¿Qué símbolos hay en esta obra?
4. Según ustedes, ¿cuál es el mensaje del autor?
5. Este cuento presenta perfiles de personas que están sicológicamente enfermas. En su opinión, ¿cuál de los personajes muestra el perfil más enfermo?

P a r a   e s c r i b i r

La publicidad

This section will guide you to combine your experience, your imagination, and the language of persuasion to appeal to readers through advertising.

A. Pensar y organizar.   Think of a health-care product for which you will be writing your ad. It may be a product already on the market or one of your own creation. Make two columns. In the left-hand column, list five characteristics (**características**) of the product. In the right-hand column, list five benefits (**beneficios**) of the product. This is the information you will include in your ad.

B. Imaginarte.   Good advertising is not simply a series of commands. Rather, the words evoke an image, create a mood, appeal to the senses—in short, invite and persuade. Think of the images you would like your ad to produce in the consumer's mind. List at least five positive words that occur to you when you think about this image (not the product itself). Then list five commands related to this image.

Imagen   **Otras palabras**   **Órdenes**

C. Captar la atención.   To get your information into the minds of readers, you will need to use a technique that grabs their attention. Look at these ads. Which of these techniques are used effectively?

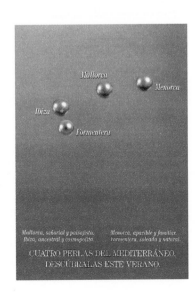

Plays on words: alliteration (the repetition of consonant sounds) or even the creation of new words

> FAXilísimo... Con FAXilidades de pago. Xerox.
> Equipo superSONYco. Sony.

> La suela no es cara, es cuero.

Use of a familiar saying or proverb or an adaptation that fits your product

> Dime en qué andas y te diré quién eres. Toyota.

Use of words that evoke sensations or pleasant feelings or that create a mood that tempts the reader

> Pon en tu copa el sabor de Jamaica, los aromas del café.

Repetition of ideas to etch them in memory

> Unidos en nuestra historia, nuestra América, nuestra herencia, y nuestro futuro. Coca Cola.

> Para cada casa. Para cada cosa. Para cada caso. Nixdorf Computer

Abundance of adjectives with positive cultural connotations.

> Frío, seco, inconfundible. *Domecq*

D. Atar cabos.   Now design your ad to weave together the following elements.

1. one or more of the advertising techniques to grab the reader's attention (Activity C)
2. careful word selection to carry your desired image into the minds of readers (Activity B)
3. at least four command forms to address the reader directly. Choose commands that reflect the *image* you wish to convey. Avoid tired old commands such as "Call 1–800–..." (Activity B).
4. information about the product itself (Activity A)

E. Editar.   When you have completed your ad, check to make sure you have included all the necessary elements (Activity D). In the bottom right corner of your ad, identify the technique(s) you used. Then:

1. Locate all the adjectives you used. Make sure each agrees (masculine/feminine; singular/plural) with the noun it refers to and place an **a** √ in the bottom left corner to show that you have checked for this.
2. Check all the command forms you used. Did you include reflexive pronouns when necessary? Are direct object and indirect object pronouns properly placed? After checking these, add **p** √ in the bottom left corner.
3. Check all other verb forms. If you are certain you formed all the verbs correctly, keeping the correct subject throughout, and using the subjunctive when required, place **v** √ in the bottom left corner.
4. Think about your work. Are you proud of your final product? Have you invested time and imagination in preparing it? If so, **¡felicitaciones!**

Mi diccionario

Sustantivos

la boca mouth
el brazo arm
la cabeza head
la cadera hip
la cara face
la caries cavity
la ceja eyebrow
la cintura waist
la circulación circulation
el codo elbow
el corazón heart
el cuello neck
el cuerpo body
el dedo finger, toe
el diente tooth; **la muela**
  molar
la enfermedad disease, illness
la espalda back
el estómago stomach
el estrés stress
la frente forehead
el hígado liver
el hombro shoulder
el hueso bone
la mano hand
la muñeca wrist
el músculo muscle
la nariz nose
el oído inner ear; hearing
el ojo eye
la oreja outer ear
el pecho chest
el pie foot
la pierna leg
el pulgar thumb

el pulmón lung
el riñón kidney
la rodilla knee
la salud health
la sangre blood
el tobillo ankle
la vida life

Adjetivos

brillante shiny
derecho(a) right
fuerte strong
izquierdo(a) left
sano(a) healthy

Verbos

combatir to fight, to combat
cuidar to take care of
dejar de + infinitivo to stop +
  -ing
dolerle (ue) to hurt
estirar to stretch
evitar to avoid
frotar(se) to rub
fumar to smoke
hacer ejercicio to exercise
hacer ejercicios to do exercises
importarle to care
llevar una vida sana to lead
  a healthy life
masajear to massage
mejorar to improve
molestarle to bother
mover (ue) to move

Otras expresiones

sobre todo above all

El mejor remedio

Curando hueso, San Antonio Polopó, 1994. Matías González Chavajay, guatemalteco.

¿Qué le duele a la paciente de esta escena? ¿Has tenido tú un problema parecido alguna vez? En este capítulo, vas a aprender a describir los síntomas y posibles remedios de algunas enfermedades.

Matías González Chavajay y las tradiciones mayas

*En el pueblo guatemalteco de San Pedro de la Laguna, Matías González Chavajay insiste en que pinta no para ganar dinero sino para promover la vida y el arte mayas. Así deja un registro visual de las costumbres mayas, antes de que desaparezcan. En esta escena, vemos una de las tradiciones indígenas . La curandera de huesos, una profesión que todavía se practica hoy en día, reduce una fractura. Manipula y masajea el área y, en seguida, pone hojas de tabaco calientes sobre la piel y una venda (**bandage**) muy apretada. Según los pacientes, el curandero lleva un huesito escondido en la mano que sirve para encontrar el punto preciso de la fractura. Dicen que este huesito genera una fuerza como de corriente eléctrica que sube de intensidad cuando llega a la fractura, donde se pega «como un imán» (**magnet**).*

Metas

En este capítulo vas a aprender a...

describir síntomas y enfermedades

hablar de alergias

darles consejos a otros

expresar tus sentimientos y opiniones

tengo..., p. 408

soy alérgico(a) a..., p. 409

las órdenes formales, p. 414

siento que / me alegro que / dudo que +
presente del subjuntivo, p. 419

Vas a saber más de...

qué remedios se usan en el mundo hispano

qué es la medicina tradicional

cómo se resuelven algunos problemas de la vida moderna

Visiones del mundo hispano

Remedios caseros

Cuando no te sientes bien, ¿vas al médico de inmediato? Para los pequeños trastornos y malestares de la vida, mucha gente prefiere los remedios caseros aprendidos de sus padres, abuelos o bisabuelos. En esta sección, vas a pensar en algunos de estos consejos prácticos. ¿Usan tú u otra persona algún remedio natural de plantas o frutas o algún remedio casero? En un grupo de cuatro compañeros(as), describan los remedios caseros que Uds. conozcan para los siguientes malestares.

Por ejemplo:

Para el resfrío común, mi abuela recomienda el caldo de ave.

1. un dolor de cabeza
2. un ojo morado
3. las quemaduras de sol
4. el dolor de garganta
5. un ataque de nervios
6. el dolor de espalda
7. el dolor de estómago
8. las picaduras de insectos
9. el hipo (*hiccups*)
10. la influenza o el resfrío común

Estrategias

The activities in this section will help you become a more efficient reader and language learner through a variety of learning strategies. Skim the activities in this section to identify which strategies are used.

- Skim for the gist.
- Scan for specific information.
- Use cognates, context clues, and your knowledge of Spanish to make logical guesses.
- Summarize ideas in your own words.
- Personalize learning to express your own messages.
- Collaborate with others to exchange ideas.

A. Noticias sanas. En muchos periódicos se ofrece una sección dedicada a la vida sana. Aquí tienes una de estas columnas escrita por la tía Ernestina. Mírala y marca en la lista qué tipos de consejos contiene.

_____ consejos para prevenir enfermedades graves

_____ consejos para prevenir trastornos y molestias

_____ consejos para disminuir dolores o molestias

_____ consejos de belleza

_____ consejos para una dieta más sana

_____ consejos para sentirse más cómodo(a)

Palabras útiles

tibios ni fríos, ni calientes

haga gárgaras *gargle*

la salmuera agua con sal

el bensebé planta medicinal

la nuca parte de atrás del cuello

el emplasto compresa

el barro *mud*

el riesgo *risk*

Consejos prácticos de la tía Ernestina

♦ Coma un plátano para el desayuno. Esta fruta, rica en potasio, contribuye a bajar los niveles de colesterol.

♦ Si tiene un resfrío, no haga ejercicio. Acuéstese y tome caldo de ave y muchos líquidos tibios°.

♦ Para los dolores de espalda, póngase hielo. Ponga la bolsa sobre el área inflamada por 20 minutos y luego retírela por 20 minutos. Repita este proceso durante 2 o 3 horas.

♦ Si le duele la garganta, tome té con limón o té con miel o haga gárgaras° de salmuera°.

♦ Para el insomnio, moje una servilleta en vinagre con agua de bensebé° y aplíquesela sobre la nuca°.

♦ La leche es ideal para la piel. Lávese la cara con leche al levantarse y antes de acostarse. Su piel quedará más suave y tersa.

♦ Si le picó un insecto, haga un emplasto° de barro° y póngalo sobre la picadura.

♦ Para la sinusitis, corte un pedazo de pimiento picante y póngaselo debajo de la nariz por unos minutos.

♦ Contra la bronquitis, coma mucha fruta. El consumo de frutas y verduras frescas ricas en vitaminas C y E protege los pulmones y tiene efectos terapéuticos.

♦ Si ha comido demasiado, coma piña o papaya porque ayudan a la digestión de una comida pesada.

♦ No use jugo de toronja para tomar píldoras. La toronja contiene sustancias que pueden reducir o aumentar los efectos de ciertos medicamentos con resultados posiblemente peligrosos.

♦ El jugo de uva puede disminuir el riesgo° de enfermedades coronarias, ya que contiene sustancias que previenen la formación de coágulos en las arterias coronarias. Además, es una bebida ideal para deportistas y estudiantes.

♦ Para las quemaduras, compre aloe vera y manténgalo en el refrigerador. Si se quema o lastima, aplíquese un poco de jalea directamente sobre la parte afectada y el dolor se pasará rápidamente.

♦ Pasar mucho tiempo frente a la pantalla de la computadora puede producir no sólo dolores de espalda sino también dermatitis. Para los adictos a la red electrónica, entonces, ¡cuídense la piel!

♦ La gente que se ríe mucho, vive más. Por eso, si hace mucho que anda serio, ríase ya y se sentirá mejor.

B. En otras palabras. Ahora, lee los consejos y, con tus propias palabras, di para qué sirven estos alimentos y bebidas. Usa los siguientes verbos: **evitar, aliviar, remediar, mejorar, disminuir.**

⟫ *Por ejemplo:*
El jugo de toronja sirve para **disminuir** los efectos de ciertos medicamentos.

1. el plátano
2. el jugo de uva
3. el caldo de ave
4. el hielo

5. el té
6. la leche
7. el pimiento (chile) picante
8. la fruta rica en vitamina C

C. Para resumir. Completa las siguientes frases para resumir algunos de los consejos de la tía Ernestina.

1. El ejercicio es bueno para la salud excepto si...
2. El pimiento picante es riquísimo y también...
3. El jugo de toronja es muy saludable. Sin embargo,...
4. Si estás resfriado(a), no tomes medicamentos, sino...
5. Si te quemas en la cocina, puedes usar hielo o...

6. La leche es una buena fuente de calcio. Además,...
7. Los cítricos previenen el resfrío común y también...
8. Si quieres cuidar tu corazón, debes...
9. La piña, fuente de vitamina C, también es buena...
10. Para mantenerse sano, el mejor remedio es...

D. Entre amigos. Usa las órdenes informales para sugerirle a tu amigo un remedio casero para cada uno de los siguientes problemas. Dile qué debe o no debe hacer, según la tía Ernestina.

⟫ *Por ejemplo:*
No puede dormirse.   Ponte una compresa de bensebé en la nuca.

1. Tiene un resfrío.
2. Le picó un insecto.
3. Se quemó en la cocina.
4. No puede hablar porque tiene laringitis.

5. Tiene la piel en malas condiciones.
6. Comió mucho y quiere torta de chocolate.
7. Le duele la espalda.
8. Está triste y deprimido.

E. Nuestros propios remedios. En los consejos de la tía Ernestina, se ven muchas órdenes formales (Ud.). Con tu compañero(a), hagan una lista de ellas y traten de ver cómo se forman. Luego, escriban su propio remedio casero o consejo práctico para dos de las siguientes condiciones mencionadas por la tía Ernestina. Usen algunas de las órdenes formales que encontraron en el artículo (**coma, haga, acuéstese**, etc.).

1. para un nivel de colesterol muy alto
2. para el insomnio
3. para las erupciones de la piel

4. para sentirse mejor después de una comida pesada
5. para el dolor de espalda
6. para tomar píldoras

Visión Visión Visión

La medicina complementaria
Para combatir el dolor y las molestias crónicas, además de ver al médico y tomar medicamentos, la gente usa otros tratamientos.

¿Para qué sirven las hierbas y plantas que se venden en este mercado de San Miguel, México?

A. ¿Conoces algunos de estos tratamientos? ¿Para qué sirve cada uno? ¿Conoces a alguna persona que los haya probado? ¿Cómo le resultó? ¿Qué opinión tienes tú de la medicina complementaria?

la quiropráctica
la biorreacción
la acupuntura
el masaje
la hipnosis
la fitoterapia (el uso de hierbas y plantas)

B. «Gástalo en la cocina y no en la medicina», dice un refrán. En las culturas tradicionales, la gente va al médico, claro, pero también usa otras cosas como hierbas y plantas con valores curativos. Generalmente, estas plantas se preparan de dos maneras: se les extrae el jugo o aceite para aplicarlo directamente al cuerpo o se preparan como una infusión o té para beber. Aquí tienes algunas hierbas y plantas comunes. ¿Cuál te parece más útil?

el ajo	Un viejo remedio contra la artritis, también previene los ataques cardíacos y el cáncer del estómago.
el aguacate	Sirve para fortalecer los huesos. Una infusión de hojas de aguacate es buena para la tos y el resfrío y también para los dolores de cabeza.
la albahaca (*basil*)	Es para calmar el estómago.
el clavo de olor (*clove*)	Se usa para los dolores de muelas.
el diente de león (*dandelion*)	Sirve para bajar de peso, ya que elimina los líquidos. También beneficia los riñones y el hígado.
el mirasol o girasol (*sunflower*)	Es para la tos y el resfrío. También limpia y suaviza la piel.
la manzanilla (*chamomile*)	Se usa para los dolores de estómago, el insomnio, la ansiedad y las quemaduras de sol.

el romero (*rosemary*)   Es para el estrés y los dolores de cabeza.
la salvia (*sage*)   Combate la calvicie (la pérdida del pelo).
     También calma los nervios y alivia el
     dolor de las picaduras de insectos.
el tomillo (*thyme*)   Cura la falta de apetito y el cansancio.
la violeta   Es para la fiebre.
la menta (*mint*)   Se usa para los dolores de estómago y de
     cabeza.
la sávila (*aloe vera*)   Es para quemaduras y erupciones de la
     piel.

Barcelona, España. En muchas partes del mundo hispano, los farmacéuticos pueden recetar medicamentos, como los antibióticos.

En voz alta

Escucha este programa de radio y marca en la lista los temas que se mencionan.

_____ el estrés   _____ los carbohidratos   _____ la grasa
_____ los niños   _____ el crecimiento   _____ la proteína
_____ los alimentos   _____ el colesterol
_____ los adultos   _____ la dieta sana

Mi Refranero. Aquí tienes un refrán relacionado con el tema de este capítulo. Léelo a ver si estás de acuerdo con lo que dice. Después, escúchalo otra vez y repítelo, tratando de imitar los sonidos.

Lo que remedio no tiene, olvidarlo es lo que se debe.

VOCABULARIO

Imágenes y palabras

Ay, ¡qué lástima! Siento que usted tenga...

la nariz tapada

fiebre   unas ronchas

naúseas

tos

escalofríos

estornudos

las glándulas inflamadas

hipo

dolor de muelas

No sé si tiene gripe* o sólo un resfrío. A ver, los síntomas...

¿Le pican los ojos?

¿Le duele el pecho?

¿Le arde la garganta?

¿Le corre la nariz?

*Gripe is feminine.

También es posible que sea una alergia. ¿Es Ud. alérgico(a)...?

a los perfumes
o cosméticos

a ciertos
medicamentos
o drogas

al polvo

a las picaduras
de abeja
o de hormiga

al humo

al polen

Es una pena que Ud. sufra tanto. Para que se mejore pronto, le voy a poner una inyección.

También le voy a recetar...

este jarabe para la tos

estas píldoras

un jabón
especial

Si Ud. es deportista, tiene que protegerse. Tenga cuidado de no...

quebrarse**
un hueso

doblarse
un tobillo

cortarse

lastimarse

caerse

**quebrarse (ie)

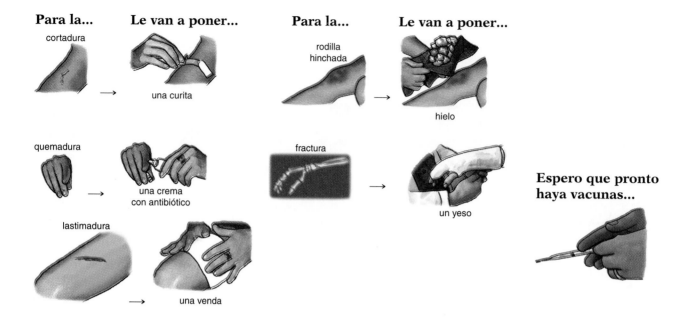

Para la... **Le van a poner...** **Para la...** **Le van a poner...**

cortadura

una curita

rodilla
hinchada

hielo

quemadura

una crema
con antibiótico

fractura

un yeso

**Espero que pronto
haya vacunas...**

lastimadura

una venda

... contra ciertas enfermedades graves como...

el cáncer el SIDA los ataques cardíacos

Práctica del vocabulario

Estrategias

The activities in this section will help you practice new vocabulary in
real-life contexts to make inquiries, describe problems, and offer advice.
You will use a variety of memory and learning strategies. Skim the
activities to identify which of the following strategies are used in each.

- Associate new words with known words and with other new words.
- Use models as visual organizers to structure your statements.
- Transfer learning to different contexts to form new connections.
- Relate causes to consequences, problems to solutions.
- Personalize new learning to express your own messages.
- Collaborate with others to exchange information, rehearse, and
  create with the language.

A. Síntomas. Describe los síntomas que generalmente se asocian con los
siguientes problemas o enfermedades.

1. la gripe
2. la laringitis
3. la alergia al polen o al humo
4. la alergia a cosméticos o alimentos
5. la pulmonía (*pneumonia*)
6. el resfrío común
7. las picaduras de insectos
8. las caries
9. la fiebre
10. un hueso quebrado

B. Malestares y remedios.   Di con qué asocias cada uno de los siguientes consejos o remedios.

⟫ *Por ejemplo:*

ponerse una crema con antibiótico: **una quemadura**

1. dejar de respirar por un minuto
2. ponerse compresas frías en la frente
3. acostarse y dormir
4. darse un baño muy caliente
5. poner un emplasto de bicarbonato con agua
6. tomar caldo de ave
7. ponerse hielo de inmediato
8. bañarse con agua fría
9. tomar dos aspirinas
10. tomar antihistamínicos

C. Primeros auxilios.   Dile a la clase qué debe hacer o no hacer el paciente en caso de tener las siguientes quejas.

⟫ *Por ejemplo:*

Si **tiene una quemadura**, es aconsejable que se ponga hielo o una crema con antibiótico. Es mejor que no se ponga una curita.

1. Lo ha picado una abeja.
2. Le arde la garganta.
3. Le pican los ojos.
4. Tiene tos.
5. Le duelen las muelas.
6. Tiene una cortadura.
7. Tiene ronchas en los brazos.
8. Se dobló el tobillo.
9. Es alérgico al polvo.
10. Tiene hipo.

D. La receta del médico.   Explica por qué el médico le receta los siguientes remedios a la paciente.

⟫ *Por ejemplo:*

Póngase esta crema con antibióticos. → Es posible que la paciente tenga unas picaduras o una quemadura.

1. Le tengo que poner un yeso.
2. Tómese este jarabe cuatro veces al día.
3. Descanse y trate de no mover la rodilla.
4. Le voy a recetar un antihistamínico.
5. Hay que quitarse la venda después de dos días.
6. Le voy a poner una inyección de penicilina.
7. Evite trabajar en el jardín.
8. Prepare agua con sal y haga gárgaras.
9. Trate de bajar su nivel de colesterol.
10. Use este jabón de avena.

E. Fue culpa tuya.   Di qué hizo o qué no hizo un/a amigo(a) para enfermarse de lo siguiente. Sigue el modelo.

⟫ *Por ejemplo:*

Le pican los ojos. → Es posible que haya estado en una discoteca llena de humo.

1. Tiene laringitis y le arde la garganta.
2. Le duele el pecho.
3. Le corre la nariz y tiene estornudos.
4. Tiene una quemadura de sol grave.
5. Tiene náuseas y vómitos.
6. Le duelen las muelas.
7. Se quebró la pierna.
8. Tiene ronchas en las piernas.

F. Encuesta de salud.   Con un/a compañero (a), desarrollen seis preguntas interesantes usando los siguientes tiempos verbales para encuestar a sus compañeros(as) de clase sobre la salud, los malestares y los remedios. Luego, háganles estas preguntas a cinco personas. Tomen apuntes para informarle a la clase de lo que hayan descubierto.

Por ejemplo:

el presente perfecto	¿Has usado un remedio de hierbas alguna vez? ¿Para qué?
el pretérito	¿Qué hiciste la última vez que tuviste hipo?
el presente del subjuntivo	¿Qué haces para que no te arda más la garganta?

1. el presente perfecto
2. el presente
3. el pretérito
4. el imperfecto
5. el presente del subjuntivo
6. el presente del subjuntivo

G. Síndromes de la vida moderna.   La vida moderna produce malestares nuevos. Lee las siguientes descripciones de enfermedades ficticias. Luego, con un/a compañero(a), inventen su propio síndrome moderno y descríbanlo con respecto a los síntomas y las causas. Denle un nombre (por ejemplo, «síndrome del sábado», «matematiquitis», «dolor de bolsillo». Puede ser alguna molestia que hayan experimentado Uds. o tus compañeros(as).

Por ejemplo:

Sordera rocanrolera. **Síntomas:** Los enfermos son jóvenes y parece que no oyen cuando la gente les habla. **Causa:** Se debe al volumen tan alto de los conciertos de música rock.

Síndrome del domingo. **Síntomas:** Los enfermos son profesionales o alumnos universitarios que sufren de angustia, irritabilidad y miedo. **Causa:** Saben que les espera una larga semana de trabajo.

Visión Visión Visión

No, gracias, tengo que manejar

La vida moderna trae no sólo malestares nuevos, sino problemas mucho más graves. Lee el siguiente poema a ver de qué tema se trata. ¿Qué reacción te produce? ¿Conoces algún incidente similar que haya ocurrido donde vives tú? El primer y el último verso repiten lo mismo: «ojos de idiota perdido». ¿En qué sentido se emplean las palabras en estos dos casos?

El loco del volante
Miguel Castell Esteban

Con ojos de idiota perdido
por el vacío°, el sonido y las caderas,
salió de la discoteca
imbécil de whisky, de cola y de ginebra°.

De un portazo se sentó al bólido°
y con ojos ausentes de beodo°
se agarrotó en el diminuto volante°
    ...
ciento veinte ciento ochenta
y luego doscientos cuarenta.
Aullaban los ocho cilindros
reventando° pistones, sus juntas,
  válvulas
mientras los pobres lentos coches
horrorizados quedaban atrás clavados
    ...

recto enfiló° el volante
a su encuentro maldito
a ciento veinte por hora.
Y en el quebrado farol°
quedó allí, empotrado°,
entre hierros, humo y chatarra°;
abierta la boca, con hilo sangrante,
fijo y quieto al mirar,
preso° en la nada, en el olvido,
imbécil de whisky, de cola y de ginebra,
y con ojos de idiota perdido.

Miguel Castell Esteban, "El loco del
volante", *Poemas de la autopista*,
(Barcelona: Joan Busquets,), 29.

Palabras útiles

el vacío *emptiness*
la ginebra *gin*
el bólido *auto deportivo*
el beodo *uno que ha*
  bebido demasiado
el volante *steering wheel*
reventando *bursting*
enfiló *puso*
el farol *street light*
empotrado *wrapped*
la chatarra *scrap metal*
preso *imprisoned*

Ahora, lee el siguiente párrafo para saber del reglamento de una ciudad
hispana que trata de reducir el número de conductores ebrios. Según esta
ley, ¿cuántos vasos de alcohol se te permitirían a ti? ¿Cómo castigan a los
que no obedezcan la ley? En tu opinión, ¿qué más puede hacerse para
reducir el número de accidentes causados por el alcohol? Con un/a
compañero(a), hagan una lista de cinco recomendaciones.

En las grandes ciudades de
Latinomérica se están
implementando campañas para
evitar la mezcla mortal de
alcohol y gasolina. En Santiago
de Chile, por ejemplo, se ha
instalado en los pubs y bares el
Alcotest, un aparato que sirve
para medir la presencia de
alcohol en el aliento del cliente,
fijando el límite máximo
permitido en 0,49 gramos. Allí,
un conductor que es
sorprendido manejando ebrio
puede pasar en la cárcel entre 61
y 541 días, según la gravedad de
la infracción. Según recientes
estadísticas, todavía no se ha
producido una baja significativa
en el consumo de alcohol en esta
ciudad; sin embargo, se ha
hecho más común el que una
persona del grupo tome un jugo,
con el comentario resignado de
"tengo que manejar".

CONCENTRACION DE ALCOHOL
Peso versus gramos de alcohol en la sangre.

KILOS	VASOS 1	VASOS 2	VASOS 3	VASOS 4	VASOS 5
45	0,4	0,8	0,11	0,15	0,23
56	0,3	0,6	0,9	0,12	0,15
68	0,3	0,5	0,8	0,10	0,13
79	0,2	0,4	0,6	0,9	0,11
91	0,2	0,4	0,6	0,8	0,9
102	0,2	0,3	0,5	0,7	0,8
113	0,2	0,3	0,5	0,6	0,8
125	0,1	0,3	0,4	0,5	0,7
136	0,1	0,3	0,4	0,5	0,6

ELIMINACION DE ALCOHOL
Horas necesarias para que la concentración
de alcohol baje a un nivel inferior a 0.2.

VASOS KILOS	1 HORAS	2 HORAS	3 HORAS	4 HORAS	5 HORAS
45	3	6	7	9	10
56	2	5	6	8	9
68	1	4	6	7	8
79	0	3	5	6	7
91	0	3	4	6	6
102	0	2	4	5	6
113	0	2	3	5	6
125	0	1	3	4	5
136	0	1	3	4	5

Nota: Las cantidades que aparecen en los cuadros son aproxi-
madas y pueden variar por diferentes causas como: estado de
salud, sexo y consumo de alimentos.
Un vaso de bebida alcohólica es equivalente a: 45 cc de licor
fuerte (whisky, vodka, etc.), 360 cc de cerveza y 150 cc de vino.

G R A M Á T I C A 1

Para darles consejos a otros: las órdenes formales

In Chapter 13, you practiced giving advice to a friend using command forms of verbs.

> **Ven** a mi casa y **trae** ese jarabe para la tos que me ofreciste.
>
> Pero **no traigas** tus cigarrillos, por favor. Soy alérgico al humo.

Although usage varies from country to country and from region to region, in general, **tú** commands are used when you are talking directly to a family member or good friend, or to someone who is about your age or younger. However, as you know, in Spanish there are two ways of addressing people. Generally, courtesy requires that you use **Ud.** forms to show respect for those who are in positions of authority (professors, bosses, elders), or whom you do not know well (salespersons, waiters, etc.).

1. To give advice or make a request of someone whom you would normally address with **Ud.**, form a command with the **Ud.** form of the present subjunctive.

En la farmacia:	Por favor, **déme** una crema para las quemaduras.
En el centro médico:	Por favor, **escríbame** una excusa para mi profesora.
En el dentista:	Por favor, **póngame** una inyección de novocaína.

2. In the previous examples, notice that pronouns are attached to these forms. However, as is the case with the **tú** commands, if you tell someone *not* to do something, place the pronouns *before* the command forms.

> **No se preocupe** demasiado si tiene un resfrío.
>
> **No le diga** a mi papá que necesita una operación. **No se lo diga** a menos que esté seguro.

3. If you are giving a command to a group of people, use the **Uds.** form of the present subjunctive and follow the same rules for placement of pronouns. Commands with pronouns attached may require a written accent.

> Antes de ir al trópico, **visiten** al médico a ver qué inyecciones necesitan. **Díganle** al médico exactamente adónde piensan ir y **vacúnense** si se lo recomiendan. **No se olviden** de esto.

The following chart reviews **tú, Ud.**, and **Uds.** commands of **decir**.

	Sí	No
tú	Dímelo.	No me lo digas.
Ud.	Dígamelo.	No me lo diga.
Uds.	Díganmelo.	No me lo digan.

Ejercicio A. Usa órdenes formales para decirles a tus compañeros(as) lo que deben y no deben hacer en las siguientes situaciones.

1. para la laringitis: gritar en los partidos, bailar en la lluvia, fumar, hacer gárgaras, preocuparse
2. para perder unos kilos: seguir un horario fijo, pensar en las calorías, proponerse metas, almorzar comida grasosa
3. para ahorrar dinero: pagar las cuentas, conseguir buenos datos, obedecer a los impulsos, devolver compras inútiles, recordar los gastos
4. para la depresión: divertirse, jugar y reírse con amigos, leer libros tristes, buscar nuevos pasatiempos, vestirse elegantes
5. para enamorarse: llamar la atención, convertirse en otra persona, conocerse bien, buscar pareja en la red electrónica
6. para superarse en el trabajo: llegar tarde, mentirle al jefe, fingirse enfermos, resolver conflictos, despertarse temprano
7. para tomar el sol: protegerse la piel, aplicarse una loción, dormirse en la playa, ponerse gafas de sol, cuidarse bien
8. para probar nuevos alimentos: arrugar la cara, quejarse, hacerle daño al mesero, ser aventureros, mentir si no les gusta

Ejercicio B. Dale consejos específicos a una persona a quien le preocupan las siguientes partes del cuerpo. Usa órdenes formales con pronombres reflexivos y de complemento directo o indirecto, según el contexto.

Por ejemplo:
los dientes: lavárselos, protegérselos → Láveselos a menudo; protéjaselos con fluoruro.

1. **el pelo:** lavárselo frecuentemente, teñírselo a menudo
2. **la cara:** ponerse muchos cosméticos, arrugarla con enojo
3. **los pulmones:** destruirlos con cigarrillos, hacerlos más fuertes con ejercicio
4. **el corazón:** protegerlo con una dieta sana, lastimarlo con estrés
5. **el hígado:** destruirlo con demasiadas bebidas alcohólicas, hacerle daño con muchos medicamentos
6. **los huesos:** quebrárselos por descuido, mantenerlos sanos con calcio

Práctica de la gramática

Estrategias.

The activities in this section will help you practice use of formal commands as they are used in real life to give suggestions, advice, and instructions. Skim the activities to identify which of the following strategies are used in each.

- Tailor your language to the courtesy requirements of the context.
- Transfer new learning to a variety of different contexts.

• Integrate new learning into previous learning.

• Personalize the language to express your own messages.

• Use models to structure your expression.

• Collaborate with others to exchange ideas, rehearse, and create with the language.

A. Cortesía.   Di si debes usar **Ud., Uds.** o **tú** en las siguientes situaciones y en cada caso, da un ejemplo de una orden típica según el contexto.

➤ *Por ejemplo:*

una conversación con una amiga	**tú** →	Llámame esta noche.
una conversación con un profesor	**Ud.** →	Por favor, perdóneme por no haber venido a clase.

1. una entrevista de trabajo
2. una reunión con amigos del colegio
3. una conversación con el dueño de una tienda
4. le pides la comida al mesero en un restaurante

5. una charla con tus abuelos
6. una visita a la dentista
7. una charla con el hermano menor de tu amiga
8. una disputa con una dependiente

B. Estimado profesor.   Con un/a compañero(a), hagan una lista de seis órdenes que quieran darle a su profesor/a. No repitan los verbos y no se olviden de decir «por favor».

➤ *Por ejemplo:*
Por favor, háblenos en inglés de vez en cuando y también...

C. ¡Atención!   Con un/a compañero(a), imagínense que tienen la oportunidad de pedirle algo a toda la gente de la lista. Elijan a cuatro grupos de personas y denle a cada grupo su mensaje.

➤ *Por ejemplo:*
a los alumnos universitarios: Por favor, tomen en serio su formación.

1. a los políticos del mundo
2. a los enamorados del mundo
3. a los ricos del mundo
4. a los padres del mundo

5. a los del sexo opuesto
6. a los periodistas y reporteros
7. a los ancianos
8. a los adolescentes

D. ¡No, no y no!   Escoge uno de los siguientes contextos e imagínate que tienes que darle cinco buenos consejos al tipo de cliente indicado. Luego, con un/a compañero(a), desarrollen una conversación en la que, a cada orden que le des, tu compañero(a) responde negativamente, como en el modelo.

⟹ *Por ejemplo:*

médico(a) y paciente que quiere perder unos kilos

Tú	Tu compañera
Señorita, si Ud. quiere perder unos kilos, haga ejercicio.	No quiero hacer ejercicio; soy perezosa.
Consuma más fruta.	No me gusta la fruta. Prefiero el chocolate.
Evite los pasteles.	No puedo evitarlos. Soy adicta a los pasteles.
Deje de comer hamburguesas grasosas.	¡Imposible! ¡No puedo vivir sin ellas!
Levántese más temprano.	¡Ay!, no puedo. Siempre tengo tanto sueño.

1. banquero(a) y cliente con muchas deudas (*debts*)
2. médico(a) y paciente que fuma mucho
3. consultor/a de moda y cliente mal vestido(a)
4. agente de viajes y viajero(a)
5. supervisor/a y empleado(a) irresponsable
6. nutricionista y paciente estresado(a)

E. Una simulación.   Con un/a compañero(a), elijan una de las siguientes escenas y desarrollen un diálogo en que los personajes se comunican con órdenes formales. Represéntenlo para la clase.

⟹ *Por ejemplo:*

MÉDICO: **Siéntese**.
TÚ: **Dígame**, por favor, qué tengo. **Recuerde** que estoy muy preocupado.
MÉDICO: **No se preocupe**. Y **tenga** paciencia, por favor.
TÚ: **Muéstreme** los resultados de mis análisis médicos.

médico(a) y paciente hipocondríaco(a)
dentista y paciente que se muere de nervios

siquiatra y paciente neurótico(a)
dos políticos

F. Una receta de fantasía.   En la red electrónica, el grupo Abraza Palabras de Caracas, Venezuela, comparte su poesía. El siguiente poema de los jóvenes poetas es una receta para la preparación de un cuento. Con un/a compañero(a), elijan un tema y escriban su propia receta de fantasía, siguiendo el modelo del poema. Usen las órdenes formales.

> Mezcle un poco de
> Poesía, de
> Ternura y de Emoción,
> luego, añádale Talento.
> Envuélvalo en Fantasía,
> lleve al horno por unos instantes de Locura
> y tendrá
> un Cuento.*

---

*http://www.etheron.net/usuarios/virtual/cuentos.htm#NUESTROSCUENTOS

VOZ VOZ VOZ VOZ VOZ VOZ

El mundo mágico de lo absurdo

El maravilloso cuerpo humano ha sido tema de muchas obras literarias. En los siguientes fragmentos humorísticos del escritor argentino Julio Cortázar, acciones insignificantes se convierten en extraordinarias.

A. Lee los fragmentos y cita las líneas que expresen las siguientes órdenes.

1. Instrucciones para llorar

Reconozca los síntomas del llanto.
Prepárese para llorar.
Piense en algo feo o triste.

Use las manos de cierta manera.
Deje de llorar después de un rato corto.

2. Instrucciones para cantar

Prepárese bien.
Evalúe el producto a ver si evoca
   buenas sensaciones.

No haga ruidos feos.
No lo tome demasiado en serio.

B. Con otra persona, elijan una de las siguientes acciones (o piensen en otra) y preparen instrucciones detalladas de cómo se hace.

subir una escalera   sentarse   tener hipo   toser
bostezar (*to yawn*)   estornudar   reír (o sonreír)   correr

Palabras útiles

el rostro cara
el pato *duck*
ambas las dos
el rincón *corner*
las barcas *ships*

Instrucciones para llorar

El llanto medio u ordinario consiste en una contracción general del rostro° y un sonido espasmódico acompañado de lágrimas y mocos. Para llorar, dirija la imaginación hacia usted mismo y, si esto le resulta imposible, piense en un pato° cubierto de hormigas. Llegado el llanto, se tapará con decoro el rostro usando ambas° manos con la palma hacia dentro. Los niños lloran con la manga del saco contra la cara y de preferencia en un rincón° del cuarto. Duración media del llanto, tres minutos.

Instrucciones para cantar

Empiece por romper los espejos de la casa, deje caer los brazos, mire vagamente la pared, *olvídese*. Cante una sola nota, escuche por dentro. Si oye un río por donde bajan barcas° pintadas de amarillo o negro, si oye un sabor de pan, un tacto de dedos, una sombra de caballo, creo que estará bien encaminado. Por favor, no cante por la nariz y deje en paz a Schumann*.

*Schumann: compositor alemán del siglo XIX

Julio Cortázar, *Historias de cronopios y de famas* (Barcelona: Edhasa, 1988), 11–12.

GRAMÁTICA 2

Para expresar tus sentimientos y opiniones: repaso y otros usos del tiempo presente del subjuntivo

You have used the present subjunctive to

say what you want or hope will happen

> **Quiero que** me **acepten** en la Facultad de Medicina. **Espero que** me **den** una beca también.

make recommendations or suggestions to others

> **Insisto en que te pongas** una compresa fría en la pierna. Y **es importante que** no la **muevas**.

give specifications for a nonspecific person, place, or thing

> Busco **un jabón que no contenga** perfume.

state the purpose for which something is done **(para que)**

> Le voy a recetar unas tabletas **para que respire** mejor.

state disbelief or doubt about an action

> **No creo que haya sido** muy grave su enfermedad.

tell a friend what *not* to do, using a command

> **No vayas** al campo si eres alérgica a las picaduras de abejas.

give advice to someone you address as **Ud.** or to more than one person **(Uds.)**, using a command

> Señor, **tenga** cuidado; **no se enferme**. Niños, **tengan** cuidado; **no se corten** los dedos.

In this section, you will learn some other very common uses of the subjunctive. Look at the following statements. In each group, can you identify what the words in bold have in common?

> —**Siento** tanto **que** estés enfermo; **ojalá* que** no sea nada grave. **Me alegro de que** ya no tengas fiebre y **espero que** te mejores pronto.
> —Todavía **no hay nadie que** sepa todas las causas del cáncer y **dudo que**, por ahora, haya soluciones. Sin embargo, con tantos adelantos **es posible que** descubran algo dentro de poco.

1. Use the present subjunctive after expressions of regret.

> **Siento que te hayas doblado** el tobillo.

***Ojalá** means *I hope*; its form never changes.

Es una lástima que no **puedas** comer nada porque acabo de preparar arroz con pollo.

¡Qué pena que tu hijo **tenga** la gripe!

2. Use the present subjunctive after expressions of emotion, such as hope or happiness.

Me alegro de que te hayas mejorado tan pronto.

Qué bueno que ya **estés** bien. **Ojalá que puedas** volver a clase mañana.

3. Use the present subjunctive after expressions of doubt, uncertainty, or absolute denial.

Dudo que tenga la influenza; **es posible que sea** un resfrío nada más.

No hay nada que pueda combatir esta epidemia. **Es posible que sea** un nuevo tipo de microbio.

No hay nadie que pueda perder tantos kilos tan rápido. **Es increíble que** lo **haya hecho** sólo con una dieta especial.

¿Hay un medicamento que pueda curar estas ronchas? **No creo que** este jabón me **sirva**.

4. Always use the present subjunctive after the expressions **a menos que** (*unless*) and **con tal de que** (*provided that*).

No voy a ponerle la inyección **a menos que sea** absolutamente necesario.

Puede dejar de tomar esas píldoras **con tal de que se sienta** mejor ahora.

Ejercicio A. Sé optimista y dale ánimo a tus amigos(as). Completa las siguientes frases para reaccionar a los comentarios de tus amigos. Usa el presente del subjuntivo. No te olvides de usar los pronombres cuando sea necesario.

▐▶ *Por ejemplo:*

Dicen que mañana van a **devolver** las pruebas. → Espero que **las devuelvan**.

1. Parece que voy a **conseguir** el puesto de enfermero.   ¡Qué bueno! Espero que...

2. El entrenador se enoja porque no **dormimos** bastante.   Es una pena que nunca...

3. Vamos a vacunarnos para **protegernos** contra los virus.   Me alegro de que...

4. Si juegas fútbol americano, vas a **quebrarte** un hueso.   No creo que los futbolistas siempre...

5. No **sé** cómo quitarme esta tos.   ¡Qué mala suerte! Aquí no hay nadie que...

6. Debo terminar de **pagarle** al dentista este mes.   Ojalá que...

7. Mi padre no quiere **cuidarse** ni dejar de fumar.   Espero que...

8. Ya me empezó a **doler** el tobillo.   Ojalá que mañana no...

9. Es difícil **almorzar** algo sano aquí.   Es de esperar que hoy...

10. Dicen que mi mamá no **vuelve** del hospital hoy.   ¡Qué horror! Siento que...

Ejercicio B. Lee el siguiente párrafo y, según el contexto, complétalo con frases introductorias de la lista.

no hay nadie que	**es una lástima que**	**es posible que**
¿hay alguien que?	**es imposible que**	**con tal de que**
es necesario que		

Pronto es mi cumpleaños y tengo que renovar mi licencia de conducir; _____ **(1)** tenga que tomar algunas decisiones importantes. ¿ _____ **(2)** me ayude a pensar, por favor? Dicen mis padres que _____ **(3)** decida si quiero donar órganos en caso de que muera en un accidente. Yo creo que _____ **(4)** haya tantos enfermos esperando órganos; sin embargo, por otro lado, me da miedo tomar una decisión ahora. En otros países, la familia puede tomar decisiones, pero a veces _____ **(5)** quiera asumir una responsabilidad tan grande. Me parece que voy a donar los órganos, _____ **(6)** mañana no me dé miedo otra vez y cambie de opinión. La verdad es que _____ **(7)** muera en un accidente de todas maneras, porque soy muy cuidadoso para conducir.

Práctica de la gramática

Estrategias

The activities in this section will help you practice using the present subjunctive as it is used in real-life contexts to express your wishes or desires, your personal reaction (happiness, hope, regret), or your uncertainty about people and events. Skim the activities to identify which of the following strategies are used in each.

- React to statements by giving and supporting your opinion.
- Personalize new learning to express your own messages.
- Stretch your language use beyond simple responses.
- Use prompts and models to structure and expand your statements.
- Listen carefully to others and respond to their messages.
- Collaborate with others to exchange ideas.

A. ¿Mitos o realidad?   Lee las siguientes ideas y las de la página 422 acerca de la salud y expresa tu duda acerca de aquéllas que no te parezcan correctas. Si es posible, explica por qué estás o no estás de acuerdo.

⟹ *Por ejemplo:*
Las preferencias alimenticias se heredan.

No creo que se hereden porque... (**Sí, creo que se heredan** porque...)

1. El alcoholismo, el tabaquismo y la drogadicción se heredan.

2. Los gemelos (*twins*) tienden a tener las mismas preferencias.

3. Si cenas muy tarde, roncas (*snore*) toda la noche.

4. El caldo de ave alivia los síntomas del resfrío común.

5. Tomar leche protege los huesos contra las fracturas.
6. El alcohol destruye las células del cerebro.
7. Los gatos dejan sin oxígeno a los bebés.
8. El SIDA se transmite por los besos.
9. La música a todo volumen afecta los oídos.
10. Una mente sana contribuye a un cuerpo sano.

Niños cambian flores por cigarros en Día Mundial sin Tabaco

Tegucigalpa

En la celebración del "Día Mundial sin Tabaco", varios niños ofrecieron ayer flores y confites por cigarros, con el propósito de formar conciencia de no fumar, pues perjudica la salud.

Bajo el lema "Enciende la vida apagando un cigarrillo. Toma una flor en señal de amor a la vida", los niños, tras dar la flor o el confite y recibir el cigarro, destruían éste con sus zapatos.

Según la Comisión Nacional de Control del Tabaquismo, unos 1.100 milliones de personas fuman en el mundo y 800 millones se encuentran en América Latina.

B. Sueños.   Completa las siguientes frases para describir el amor de tus sueños. Usa un verbo diferente en cada frase.

Por ejemplo:

Ojalá que sea entretenido **para que** los dos nos riamos mucho.

1. Ojalá que... para que no...
2. Busco una persona que... con tal de que...
3. Prefiero que... y que no... a menos que...
4. No hay nadie que... pero me alegro de que...
5. Es posible que...
6. Dudo que...

C. La hora de la verdad.   Da lo bueno y lo malo de tres cosas que te han pasado. Para cada evento, di qué sientes y de qué estás contento(a).

Por ejemplo:

Mis padres se divorciaron en 1989. **Siento que** se hayan divorciado. En cambio, **me alegro de que** mi papá me visite todos los meses.

D. ¿Verdad o mentira?   Escribe cuatro frases, dos sobre la rutina o pasatiempos diarios (una verdadera y una falsa) y dos sobre cosas que te hayan pasado (una verdadera y una falsa). Léele tus frases a la clase; tus compañeros(as) van a darte su opinión como en el ejemplo.

Por ejemplo:

TÚ: **Corro** una milla todos los días después de desayunar.
CLASE: **Dudamos que corras... Es posible que corras** una milla pero no después de desayunar. **Qué bueno que corras** una milla..., pero **es mejor que corras** antes de desayunar.

TÚ: **Gané** el primer premio en un concurso de belleza.
CLASE: **No creemos que hayas ganado (que hayas participado en)** un concurso de belleza. **Nos alegramos de que hayas ganado** el primer premio.

E. ¡Pobrecito(a)! Tu mejor amigo(a) está bastante enfermo(a). Ofrécele algunos consejos sobre qué hacer o especula sobre qué le causó su enfermedad. Usa las expresiones indicadas en cada caso.

Por ejemplo:
Tiene un resfrío.

Siento que tengas un resfrío. **Es posible que necesites** tomar más vitamina C. **Ojalá que te sientas** mejor mañana.

1. Le duele la cabeza. Siento que... Es importante que... y que no...
2. Tiene laringitis. Es posible que... Espero que... para que...
3. Tiene ronchas en la cara. Es posible que... Le aconsejo que...
4. Tiene fiebre. No creo que... a menos que...
5. Tiene una quemadura de sol muy grave. Es posible que... Insisto en que... para que...
6. Tiene picaduras de mosquitos. Es posible que... con tal de que...
7. Tiene la muñeca doblada. Lástima que... Espero que... y que no...
8. Tiene un resfrío. No hay nada que... a menos que... Pero dudo que...

F. Ya me decidí. Hay ciertas cosas que no son tan negativas como parecen. Completa con algunas condiciones las siguientes frases; usa **con tal de que...** o **a menos que...**

Por ejemplo:
Los deportes como el fútbol americano son buenos para los niños **con tal de que** sepan protegerse para no lastimarse (**a menos que** se quiebren un hombro).

1. A la gente no le gusta vacunarse...
2. Es posible curar algunos tipos de cáncer...
3. El estudio de la genética va a durar muchísimos años...
4. Van a desaparecer de la tierra muchas plantas con poderes curativos...
5. Se pueden donar órganos para muchos enfermos que los necesitan con urgencia...
6. Hay muchas sustancias como la sacarina y la olestra que ayudan a mantener el peso...

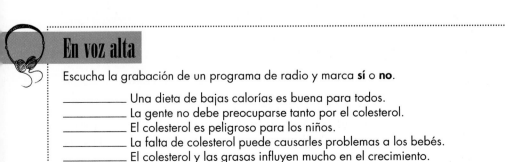

En voz alta

Escucha la grabación de un programa de radio y marca **sí** o **no**.

_____ Una dieta de bajas calorías es buena para todos.
_____ La gente no debe preocuparse tanto por el colesterol.
_____ El colesterol es peligroso para los niños.
_____ La falta de colesterol puede causarles problemas a los bebés.
_____ El colesterol y las grasas influyen mucho en el crecimiento.

Mi Refranero. Lee los dos refranes que siguen, a ver si estás de acuerdo. Luego, escúchalos y repítelos tratando de imitar los sonidos.

Cabeza grande y gran cabeza, son dos cosas muy diversas.	**De médico, poeta y loco, todos tenemos un poco.**

Voces del mundo hispano

Creencias, conocimiento y confianza

Éstos son tres factores que influyen mucho en nuestra elección de atención médica. Mira el cuadro de la página 402. ¿Qué piensas de este tipo de medicina? En tu cultura, ¿hay gente que la practique? En muchos lugares del mundo hispano, cuando una persona no se siente bien, primero trata de curarse a sí misma usando remedios caseros, después a menudo consulta a un/a curandero(a) o a un/a naturista y, por último, si todavía está mal, es posible que vaya al (a la) médico(a). En los pueblos de origen indígena, los curanderos son personas muy importantes porque saben los secretos medicinales de las antiguas civilizaciones y saben clasificar y utilizar las plantas medicinales que crecen a su alrededor. Sus prácticas reúnen los aspectos culturales, biológicos, ecológicos y espirituales de la comunidad para reestablecer el equilibrio entre la naturaleza y el ser humano. En esta sección, vas a leer un episodio en que la medicina tradicional y la comunidad científica moderna se encuentran cara a cara.

Estrategias

Use the strategies you have learned in this and previous chapters to read and appreciate a literary work and to approach cross-cultural understanding.

- Scan for specific information.
- Use context clues, cognates, and your knowledge of Spanish to make logical guesses.
- Test your comprehension periodically through summary.
- Use questions to guide comprehension.
- Take risks in guessing the unknown.
- Draw from what you know to speculate and form hypotheses.
- Apply new learning in reflection and expression of thoughts.
- Collaborate with others to express a position or point of view.
- Suspend judgment to participate in another culture's "reality".

A. Para orientarte. El siguiente episodio es de la novela *Como agua para chocolate*, de la escritora mexicana Laura Esquivel. La narradora es Tita, la protagonista de la obra. La familia de Tita, preocupada porque ella dejó de hablar, ha llamado a un médico estadounidense. Este médico, quien se llama John Brown, se lleva a Tita a su casa donde están su consultorio y su laboratorio. Lee el primer párrafo y contesta las siguientes preguntas para resumir la historia de John.

1. ¿Qué culturas representaban los abuelos de John Brown?
2. ¿Por qué no se llevaba bien la familia del abuelo con su esposa?
3. ¿Qué hizo el abuelo para satisfacer a su esposa?
4. ¿Qué le interesaba más a la abuela?
5. ¿Qué actitud tenía la abuela hacia su propia cultura?

Como agua para chocolate (fragmento)

La afición por experimentar la heredó de su abuela, una india kikapú a la que su abuelo había raptado° y llevado a vivir con él lejos de la tribu. La orgullosa y netamente° norteamericana familia del abuelo nunca la aceptó fácilmente como su esposa. El abuelo le había construido un cuarto al fondo de la casa, donde la abuela podía pasar la mayor parte del día dedicándose a la actividad que más le interesaba: investigar las propiedades curativas de las plantas. Para los Brown, la palabra «kikapú» encerraba lo más desagradable de este mundo. Para ella, significaba todo lo contrario y era un motivo de enorme orgullo.

Este era sólo un pequeño ejemplo de la gran diferencia de opiniones y conceptos que existían entre estos representantes de dos culturas tan diferentes. Tuvieron que pasar años antes de que los Brown se adentraran° un poco en la cultura de «la kikapú». Fue cuando el bisabuelo de John, Peter, estuvo muy enfermo de los bronquios. Los accesos de tos lo hacían ponerse morado constantemente. El aire no le entraba libremente a sus pulmones. Su esposa, Mary, hija de un médico, sabía que en estos casos el organismo del enfermo producía cantidad de glóbulos° rojos; para contrarrestar esto, era recomendable hacerle una sangría° a Peter, para que el exceso de glóbulos no le produjera° un infarto.

Mary entonces empezó a preparar las sanguijuelas° con las que le haría la sangría a su esposo. Mientras lo hacía, se sentía de lo más orgullosa de estar al tanto° de los mejores conocimientos científicos, que le permitían cuidar la salud de su familia de una manera moderna y adecuada, ¡no con hierbas como «la kikapú»!

Las sanguijuelas se ponen dentro de un vaso con medio dedo de agua, por espacio de una hora. La parte del cuerpo donde se van a aplicar se lava con agua tibia azucarada. Mary hizo todo esto al pie de la letra, pero cuando retiró las sanguijuelas del brazo de Peter, éste se empezó a desangrar y no podía contenerle la hemorragia. Cuando «la kikapú» escuchó los gritos de desesperación provenientes de la casa corrió a ver qué era lo que pasaba. Al momento se acercó al enfermo y, al poner una de sus manos sobre las heridas, logró de inmediato contener el sangrado... Se pasó toda la tarde al lado de su suegro, cantándole melodías extrañas y poniéndole cataplasmas° de hierbas. Muy entrada la noche abrió la puerta de la recámara y salió rodeada de nubes de incienso. Tras ella, Peter hizo su aparición, completamente restablecido.

Palabras útiles

raptado *kidnapped*
netamente totalmente
antes de que se adentraran antes de entender
los glóbulos *blood cells*
la sangría dejar salir sangre
produjera del verbo *producir*
las sanguijuelas animalitos que extraen la sangre
estar al tanto saber
la cataplasma compresa

Una curandera mexicana

A partir de ese día, «la kikapú» se convirtió en el médico de la familia y fue plenamente reconocida como curandera milagrosa entre la comunidad norteamericana.

Laura Esquivel, *Como agua para chocolate* (NY: Doubleday, 1993), 106–108.

B. Lee un poquito más.   En la historia de John, ya sabemos que los bisabuelos no quisieron aceptar a la esposa india de su abuelo. ¿Por qué? Los párrafos dos y tres son muy importantes, ya que nos dan información sobre las actitudes que separaban las dos culturas. Lee estos dos párrafos y completa el siguiente resumen.

1. La bisabuela de John se llamaba... y el bisabuelo se llamaba...
2. Un día, el bisabuelo se puso muy enfermo. Tenía... y los síntomas eran...
3. Su esposa se creía muy capaz de curarlo porque ella era...
4. El método que ella iba a usar era... y por eso tuvo que aplicarle a su esposo...
5. La bisabuela se creía muy superior a su nuera (*daughter-in-law*) porque...

C. Una receta de la ciencia moderna.   Lee el cuarto párrafo, que presenta instrucciones para curar la enfermedad del bisabuelo y resume las instrucciones con cinco órdenes formales. ¿Te parece muy «moderno» este remedio?

➡ *Por ejemplo:*
Ponga las sanguijuelas dentro de un vaso...

D. ¿Qué pasó?   Ahora, lee el resto de la narración a ver qué pasó. Responde con **sí** o **no** a las siguientes frases. Si contestas **sí**, cita la línea donde encontraste la respuesta. Si contestas **no**, corrige la frase.

1. Cuando Mary le quitó las sanguijuelas todo salió perfectamente bien.
2. Mary se sentía orgullosa e invitó a la kikapú a ver lo que acababa de hacer.
3. La kikapú quiso contener la sangre.
4. A la kikapú sólo le interesaba cantar y estudiar sus hierbas.
5. Las hierbas de «la kikapú» dieron buenos resultados.
6. Ese día «la kikapú» se fue de la ciudad, sintiéndose triste y desgraciada.

E. Piensa un poco.   Esta lectura evoca muchas preguntas. Con un/a compañero(a), traten de contestar las siguientes preguntas.

1. ¿Es posible que la «ciencia moderna» de hoy no sea nada más que «la sangría» de un tiempo futuro? Expliquen.
2. ¿Crees que muchas veces llamamos «magia» a lo que no entendemos? Si la ciencia moderna nos puede explicar algo, ¿deja de ser «magia»?
3. Mientras más fuertes sean las presiones de la modernización, más peligro hay de que la valiosa información de los viejos curanderos se pierda para siempre. ¿Qué papel tienen los jóvenes en la conservación de estas tradiciones? ¿Qué conflictos se les presentan a estos jóvenes hoy?

F. La gran botica. Hoy en día, aunque muchos de los medicamentos que usamos provienen de plantas de las selvas y los bosques de México, Centroamérica y Sudamérica, la ciencia moderna sólo ha analizado menos de un 0,05 por ciento de las plantas y hierbas que existen en el planeta. Con un/a compañero(a), escríbanles cinco órdenes a la gente de la Tierra para promover la preservación y el uso inteligente de estos recursos naturales.

G. Hace más de 400 años. Cuando Cortés llegó a México, los indígenas ya sabían mucho de la clasificación y utilización de plantas medicinales. Lee la descripción que escribió Hernán Cortés en 1520.

> Hay calle de herbolarios, donde hay todas las raíces y hierbas medicinales que en la tierra se hallan. Hay casas como de boticarios donde se venden las medicinas hechas, así potables como ungüentos y emplastos.

Ahora con un/a compañero(a), preparen una descripción de la medicina de hoy, desde el punto de vista de un/a historiador/a del año 2400.

≈ **La red electrónica.** Si a ti te interesa la vida saludable, puedes informarte en la red electrónica usando palabras clave como **"remedios caseros", "medicina alternativa", "conductor designado", "fitoterapia"** u otras para hacer tu propia búsqueda sobre algún aspecto relacionado con el tema de la salud. Infórmale a la clase oralmente de lo que hayas aprendido en tu investigación.

P a r a   e s c r i b i r

En el consultorio
This section will guide you to explore variety in word choice and to employ your own experience and imagination to produce vivid, engaging dialog.

A. Imaginar y anotar. You probably know some of the types of patients and doctors listed in the columns on the following page. Choose one from each group and imagine a conversation between them. Outline your conversation by thinking about what you will write in the following areas.

a detailed description of symptoms, using prepositions of location

> **Me duele aquí atrás a la izquierda, debajo de la cintura.**

responses to symptoms and advice (Use commands and prepositions)

> **Póngase hielo detrás de la rodilla y no doble el pie hacia atrás.**

Personal médico	Enfermo(a)
el (la) charlatán (*quack*)	el (la) cascarrabias (*short-tempered*)
el (la) billete largo (*money-hungry*)	el (la) hipocondríaco(a)
el (la) misterioso(a)	el (la) despreocupado(a) (*carefree*)
el (la) métetentodo (*nosy*)	el (la) miedoso(a) (*worrywart*)
el (la) sufrocontigo	el (la) fatalista

B. Redactar. Use your outline to develop a 12-line exchange between the two characters you chose. Be sure to reflect each of their personalities and include at least three different verbs in the *present subjunctive*.

➡ *Por ejemplo:*

—Pero, ¿por qué tengo que hacerle otra visita si me siento perfectamente bien? —dijo la despreocupada.
—Entiéndame, señora. Me importa mucho su salud y si no me visita Ud. una vez a la semana, es posible que se ponga peor —dijo el Billete Largo.

C. Expandir para evocar imágenes. Read your dialog to see if you can make it more vivid by conveying more about the tone and gestures of each speaker. In the example, the word **dijo** could be substituted with other words or expressions that convey more about the ulterior motives of this doctor. Notice how the following changes communicate more about the doctor's character and motives.

> ... es posible que su enfermedad se ponga peor—**amenazó** el Billete Largo mientras **se frotaba** las manos.

Notice how verbs such as the following convey different tones and evoke different images.

con una voz azucarada / de desesperación...

gritar	**suspirar** (*to sigh*)	**llorar**
persuadir	**explotar**	**susurrar** (*to whisper*)
amenazar (*to threaten*)	**estallar**	

D. Editar. Reread your finished dialog to check for the following elements.

1. *Noun-adjective agreement.* Scan each line for adjectives and circle each one you find. When you have checked each for agreement, place the symbol **a**√ at the bottom of the page.
2. *Preterit forms.* Check all the preterit-tense verbs that you used. Are you certain that you have used the correct form? Pay particular attention to **-ir** verbs that may have stem changes (**pedir, reír, sentirse**). When you have confirmed the accuracy of these verbs, place a **v**√ at the bottom of the page.
3. *Subjunctive.* Finally, check your use of the present subjunctive. Are you certain that you have used it whenever and only when it is required by the introductory or "trigger" phrase? Have you used the correct form? If so, place a **s**√ at the bottom of the page. **¡Felicitaciones!**

Mi diccionario

Sustantivos

la abeja bee
la alergia allergy
el antibiótico antibiotic
el ataque cardíaco heart attack
el cáncer cancer
la cortadura cut
los cosméticos cosmetics
la crema cream
la curita bandaid
la droga medicine, drug
la enfermedad disease, illness
los escalofríos chills
el estornudo sneeze
la fiebre fever
la fractura fracture
la garganta throat
la glándula gland
la gripe flu
el hielo ice
las hierbas herbs
el hipo hiccups
la hormiga ant
el humo smoke
el jabón soap
el jarabe (cough) syrup
la lastimadura bruise, cut, scrape
el medicamento drug, remedy
las náuseas nausea
el perfume perfume
la picadura (insect) bite
la píldora pill
el polen polen
el polvo (house) dust
la quemadura burn
el resfrío cold
la roncha skin rash or eruption
el SIDA AIDS
el síntoma symptom
la tos cough
la vacuna vaccination
la venda bandage
el yeso plaster (cast)

Adjetivos

alérgico(a) allergic
cierto(a) certain
grave serious (condition)
hinchado(a) swollen
inflamado(a) inflamed, swollen
tapado(a) congested, stuffed up

Verbos

arderle to burn, to be burning (sensation)
caerse to fall
correrle la nariz to have a runny nose
cortarse to cut oneself
doblarse to twist, to turn
dolerle (ue) to hurt
lastimarse to hurt, to bruise, to cut oneself
mejorarse to get better
picarle to itch
poner una inyección to give a shot/injection
protegerse to protect oneself
quebrarse (ie) un hueso to break a bone
recetar to prescribe
sufrir to suffer, to hurt
tener cuidado (de) to be careful (to)

Otras expresiones

a menos que unless
con tal de que provided that
dudo que I doubt that . . .
es increíble que it's incredible that
es una lástima / pena que it's a pity that
me alegro de que I'm happy that
ojalá que I hope that
siento que I am sorry that

La Ciudad de México, 1947. Juan O'Gorman, mexicano.

JUAN O'GORMAN Y SU VISIÓN DE MÉXICO

Arquitecto y pintor, O'Gorman puso su sello propio no sólo en el diseño de casas y edificios, sino en el muralismo mexicano. Aficionado a la «arquitectura orgánica» de Frank Lloyd Wright, a la temprana edad de 24 años diseñó la casa del pintor Diego Rivera, su amigo. En las pinturas de O'Gorman, los sueños y la realidad se unen y la heroica historia de las gentes de México sirve de guía para la planificación del destino mexicano. En esta obra, los antiguos símbolos de los aztecas, el águila y la serpiente, guían al trabajador que construye el futuro de México. ¿Cuáles son los principales símbolos de la historia de tu país? ¿Cuáles son los símbolos que te guían hacia el futuro?

UNIDAD 8

Ciudadanos del mundo

¿QUÉ SÍMBOLOS DEL PASADO, DEL PRESENTE Y DEL FUTURO SE VEN EN ESTE CUADRO? TUS PADRES Y TUS ABUELOS HAN VISTO MUCHOS CAMBIOS EN SU VIDA Y TÚ, SEGURAMENTE, VERÁS TODAVÍA MÁS. ¿QUÉ CAMBIOS VENDRÁN? EN LOS CAPÍTULOS 15 Y 16, VAS A PENSAR EN LOS CAMBIOS QUE HAN OCURRIDO DURANTE EL SIGLO XX Y LAS NUEVAS RESPONSABILIDADES QUE HAN SURGIDO DE ELLOS. TAMBIÉN VAS A EXPLORAR UN MUNDO QUE TODAVÍA NO CONOCEMOS Y QUE SÓLO PODEMOS IMAGINAR: EL MUNDO DEL FUTURO.

Ciudades de ahora y de siempre

Vuel Villa, 1936. Alejandro Xul Solar, argentino.

¿Cómo es la ciudad de este cuadro? ¿Es ésta una escena del pasado o del futuro? En el Capítulo 15, vas a aprender a describir las ciudades y su gente y a expresar tus ideas sobre las realidades del presente y los sueños para el futuro.

Alejandro Xul Solar, visionario y ciudadano del universo

A Alejandro Xul Solar le interesaba todo: era un pintor prolífico y, además, escritor, matemático, astrólogo (para él la astrología representaba la armonía del universo) e inventor (inventó 12 lenguas y nuevas versiones del piano y del ajedrez). Como pintor, era poeta visual; es decir, usaba imágenes y símbolos para comunicar su mensaje— formas flotantes, objetos que pasan como sombras, caminos y escaleras que ascienden hacia lo desconocido, edificios y paisajes imaginarios. La visión de Xul Solar era la de la unidad y la armonía. Veía un universo contemplativo, vivo, inquietante, alegre, donde pudieran convivir las gentes del mundo. En el fondo de este cuadro se ven las formas incompletas de una ciudad que queda por construir. Para ti, ¿qué significan estas obras incompletas?

Metas

En este capítulo vas a aprender a...

describir las ciudades de hoy y de mañana

describir cómo se llega a distintos lugares

decir cómo será el futuro

referirte a un punto en el futuro

describir lo que está pasando ahora

Vas a saber más de...

cómo son algunas ciudades del mundo hispano

actualmente hay... / en el próximo siglo habrá..., p. 438

dar y pedir instrucciones, p. 441

el tiempo futuro, p. 443

cuando / hasta que + el subjuntivo, p. 444

el tiempo presente progresivo, p. 448

qué preocupaciones tienen los habitantes de las grandes ciudades hispanas

Visiones del mundo hispano

Las grandes ciudades

¿Qué prefieres tú, la ciudad o el campo? ¿Por qué? ¿Dónde vive tu familia, en una ciudad grande, en una urbanización en las afueras de la ciudad, en un pueblo pequeño o en el campo? Piensa en tu ciudad o en una ciudad que esté cerca de donde vives. ¿Qué cosas se encuentran allí? En tu opinión, ¿qué debe haber en esta ciudad?

En mi ciudad hay...

1. rascacielos o edificios muy altos
2. edificios antiguos
3. transporte público
4. plazas donde se congrega la gente
5. parques y espacios verdes

Me parece que debe haber más (menos)...

6. monumentos y sitios históricos
7. muchas obras en construcción
8. museos y teatros
9. hoteles y hospitales
10. mucho tráfico

Mira estas fotos de la ciudad más grande del mundo hispano, México, D. F. (Distrito Federal). ¿Cómo la describirías? ¿Qué hay en esta ciudad?

Plaza de las Tres Culturas

La Zona Rosa

A. El sol español. Aunque las ciudades grandes brindan un sinfín de oportunidades como empleo, educación y diversión, no faltan las molestias y las incomodidades. En el ensayo de la página 435, una escritora española describe la ciudad de Madrid en verano. Léelo rápidamente usando tus conocimientos de inglés y de español para facilitar tu comprensión. Luego di cuáles de estas imágenes también representan tu ciudad en verano.

B. La ironía de la ciudad. Lee el ensayo otra vez y luego completa las siguientes frases para expresar la ironía que evoca la ensayista.

Plaza de la Cibeles, Madrid

1. Mientras los turistas vienen a la ciudad, los ciudadanos madrileños quieren...
2. Mientras los turistas pueden vestirse cómodos, los habitantes de Madrid...
3. Mientras los edificios de cristal parecen muy modernos, con tanto vidrio...
4. Mientras los edificios modernos tienen aire acondicionado, los empleados...
5. Mientras dentro de los edificios antiguos hace más fresco, la luz artificial...
6. Mientras los madrileños quieren irse de la ciudad, la salida es difícil porque...

Verano, verano

Carmen Rico-Godoy

El verano se abalanza sobre todo el territorio nacional° con furia destructora. Hace apenas mes y medio todavía nevaba y helaba en muchos puntos. Y de repente la naturaleza se vuelve loca y el infierno se instala, sobre todo, en las grandes ciudades.

Las grandes ciudades se convierten en hornos crematorios. Los turistas incrédulos arrastran° sus almas y sus pies hacia museos o iglesias por el asfalto que se va derritiendo° bajo sus pies. Ellos, al menos, pueden ir con el mínimo de ropa, aunque se arriesguen° en los semáforos° a sufrir quemaduras de tercer grado. Los nacionales, en cambio, deben seguir vistiendo con traje y corbata, zapatos y calcetines. Muchos automovilistas sienten no haber comprado el coche con aire acondicionado como les aconsejó en el mes de marzo el vendedor. El transporte colectivo también se vuelve insufrible en esta época. A ninguno de los taxistas madrileños se le ha olvidado poner la prohibición de fumar, pero son pocos los que tienen aire acondicionado.

En las oficinas es peor. Los inmensos edificios modernos, ideados por geniales arquitectos que pusieron paredes de cristal por todas partes, se recalientan sin remedio bajo el implacable sol. El aire acondicionado hay que ponerlo al máximo, echando tanto frío que es necesario abrigarse la garganta y los pies. Tras ocho horas allí dentro, la salida a la calle es un reto° para el organismo humano. En las oficinas antiguas, sólo hay aire acondicionado en la zona noble, es decir, en los despachos de los jefes que suelen dar a la calle. En las zonas del interior de estos edificios, como no hay luz natural, la luz artificial neutraliza el efecto refrescante que suele tener la parte de atrás de las casas.

No es de extrañar° que los ciudadanos quieran largarse° de la ciudad cuanto antes y a donde sea. Los aeropuertos, las estaciones y las salidas por carretera están bloqueados y sobrecargados permanentemente. Los niños se deshidratan, los animales domésticos se ponen en estado de precoma y los cerebros se licúan. Uno piensa que el ritmo de actividad europeo es incompatible con los veranos españoles. Este verano va a ser fino y no ha hecho más que empezar.

Palabras útiles

el territorio nacional España
arrastran *drag*
se va derritiendo *is melting*
se arriesguen *they take a risk*
los semáforos luces que dirigen el tráfico
el reto *challenge*
No es de extrañar No es una sorpresa
largarse irse, escaparse

Carmen Rico-Godoy, "Verano, verano", *Cambio 16*, N° 1.024 (8/7/91), 114.

C. Exageraciones. La ensayista emplea la exageración para evocarle imágenes fuertes al lector. Busca y copia las palabras o frases que ella usa para describir lo siguiente.

Por ejemplo:
la intensidad del calor en la ciudad → **«el infierno se instala»**

1. el cansancio que produce el calor
2. lo que le pasa a la gente que se detiene un momento
3. el efecto del aire acondicionado
4. lo que les pasa a los niños
5. lo que les pasa a los animales domésticos

D. En Estados Unidos. La misma ensayista también ha descrito la ciudad estadounidense de Los Ángeles. Lee lo siguiente y di si estas observaciones se aplican también a tu ciudad y a las ciudades estadounidenses en general.

Creo que el primer lugar del mundo donde tendrá lugar una mutación del ser humano será en Los Ángeles. Allí el coche forma ya parte del cuerpo humano, porque es una prolongación necesaria. La gente de Los Ángeles va en coche o corriendo. Nadie camina por la calle, sino los extranjeros. Cuando salen a la calle sin el coche es para hacer *jogging*. Los taxis son inexistentes y los autobuses públicos van de un extremo a otro, pero no hacen paradas intermedias. Es fascinante porque uno se puede sentir completamente idiota en una acera del bulevar Santa Mónica, a diez kilómetros del hotel, y saber que nunca podrá llegar a ese hotel más que con ayuda de la policía, o en ambulancia o haciéndose el muerto.*

E. El ritmo de las ciudades.   Dice la autora que «el ritmo de actividad europeo es incompatible con los veranos españoles». Esta frase nos dice que hay mucha actividad en las ciudades europeas (y también en las hispanoamericanas). En tu opinión, ¿cuáles de las siguientes frases describen mejor el ritmo de las ciudades estadounidenses?

1. Las ciudades grandes son para visitarlas, no para vivir en ellas.
2. La gente se congrega en las calles y en los parques públicos para pasarlo bien.
3. La vida nocturna de las ciudades es emocionante.
4. A la hora de ir de compras, las calles están llenas de gente que van de tienda en tienda.

F. Mi ciudad.   Con un/a compañero(a), elijan uno de los siguientes títulos (u otro tema que les interese) y escriban un párrafo de exageraciones que describa alguna ciudad grande conocida.

Verano, verano	Por la noche	¡Qué gente!
Invierno, invierno	Tráfico atascado	Vistas, ruidos, aromas y olores

V O Z V O Z V O Z V O Z V O Z V O Z

México, D. F., visto por sus niños

A. Los comentarios de la página 437 fueron escritos por niños mexicanos. Mientras los lees, piensa en qué actitudes se expresan. Elige entre las siguientes.

optimismo	orgullo (*pride*)	enojo	esperanza
pesimismo	miedo	tristeza	confusión

B. ¿Cuáles son los puntos buenos y malos de México, D. F., según estos niños? Con un/a compañero(a) hagan una lista de lo bueno y lo malo de la ciudad donde viven ustedes.

Lo bueno   **Lo malo**

---
*Carmen Rico-Godoy, "¿Qué pasa, USA?", *Cambio 16*, N° 828 (1991), 210.

Me gusta mi ciudad por su belleza. Es grande y espaciosa y tiene muchas industrias donde pueden trabajar muchas personas, pues tiene las fábricas más importantes. Me gusta también porque en ella hay diversiones y buenos espectáculos. Tiene también grandes centros comerciales donde puede uno comprar cosas a muy buen precio. Tenemos la Torre Latinoamericana, que desde arriba se alcanza a ver parte de nuestra ciudad, pero no muy bien por el smog. Después de todo, prefiero vivir en la ciudad llena de smog a un pueblo en donde no hay ni agua.

Eres grande como aquel inmenso mar
Eres grande como el anochecer
Como una flor yo te quiero a ti mi ciudad.
Pero sólo un defecto yo te encuentro en ti
Todos tus habitantes son muy irresponsables
Tiran y tiran basura y hacen que se vea mal mi ciudad.

Pienso que sacar petróleo de la tierra es malo, porque se le hacen heridas a la tierra. Pasa como con nosotros, y nuestra piel y nuestra sangre. El petróleo es la sangre de la tierra.

La ciudad es bonita porque hay edificios muy altos que no podemos ver en un pueblo y hay gente muy alegre y otra triste. Yo pienso que con tanto automóvil caminando por su combustible, si un día hubiera una crisis de combustible, ¿qué pasaría con toda esta gente que no sabe más que andar en automóvil divirtiéndose y otra que tiene que ir a su trabajo? En realidad es un problema el transporte.

"México visto por sus niños", 1981. The National Foundation for the Improvement of Education, Suite 628, 1201 16th St., N.W., Washington, D.C. 20036. (202) 833 4402.

En voz alta

Escucha la grabación e indica cuál es el tema principal.

_____ las ciudades de México   _____ nuevas carreras
_____ oportunidades limitadas   _____ problemas de los agricultores
_____ proyectos de la universidad   _____ los problemas del campo

---

Mi Refranero. Aquí tienes dos refranes relacionados con el tema de este capítulo. Escúchalos y repítelos tratando de imitar los sonidos.

Unos tener tanto y otros tan poco,   **El mayor desprecio es no tener**
propio es de este mundo loco.   **aprecio.**

VOCABULARIO

Imágenes y palabras

Actualmente, en mi ciudad hay...

rascacielos

puentes y carreteras

tráfico atascado

paradas de taxi y autobús

poco estacionamiento

También se ven...

fábricas que echan humo

calles anchas

autopistas para conectar
el centro con las afueras

conductores locos

muchos choques
de autos

En cada cuadra se encuentran...

edificios de
acero y cristal

sucursales de
muchas empresas

obras de construcción

PARE

letreros y semáforos
para dirigir el tráfico

Los ciudadanos pagamos impuestos para mantener... Con los impuestos, el gobierno puede...

al alcalde/a la alcadesa

a los empleados
de la municipalidad

los parques y zonas verdes

las cárceles

disminuir la deuda pública

invertir en el futuro

mejorar la vida de los
ciudadanos
contar con los
servicios públicos

En el próximo siglo creo que habrá...

más hogares para
los ancianos

más transporte
colectivo

más aceras
para peatones

más apoyo a las
organizaciones
caritativas

más instalaciones
para los minusválidos

más guarderías infantiles

más estaciones de metro

más sendas
para bicicletas

Creo que no habrá...

tantos desempleados
desamparados

tantas huelgas de trabajadores

tanta delincuencia

tantos vendores de
drogas en las esquinas

tanta basura y
contaminaci n

tanto ruido
de bocinas

tantas máquinas
que no funcionan

Práctica del vocabulario

A. Análisis.   Piensa en tu ciudad y di qué te gusta y no te gusta. Da una
solución para cada problema que menciones.

▶ *Por ejemplo:*
El tráfico de las cinco de la tarde es imposible.
Debe haber más transporte colectivo y más aceras para los peatones.

B. Antes y ahora.   ¿Qué cambios han ocurrido en este siglo en las ciudades
grandes? Explica cómo han cambiado los siguientes aspectos de la página
440.

⇒ *Por ejemplo:*

el transporte: **Antes** no había tanto tráfico atascado.
Ahora hay choques de autos todos los días.

1. el transporte
2. el empleo
3. los servicios comunitarios
4. la calidad de la vida en la ciudad
5. la contaminación
6. los edificios

7. atención a distintos sectores de gente
8. la delincuencia
9. las calles y carreteras
10. la población de la ciudad

C. Ventajas y desventajas.   Piensa en cada una de las siguientes cosas y da una ventaja (lo bueno) y una desventaja (lo malo).

⇒ *Por ejemplo:*
Lo bueno de los (las)... es que... Lo malo es que...

1. los rascacielos
2. los semáforos
3. los letreros
4. las guarderías
5. los espacios públicos

6. las fábricas
7. los hogares para ancianos
8. las autopistas
9. las obras en construcción

D. Letreros.   En la municipalidad están pintando letreros para la ciudad. Escribe un letrero de dos frases para cada uno de los siguientes lugares.

⇒ *Por ejemplo:*
el campo

No tire basura.
Recójala.

1. estacionamiento
2. estación de metro
3. museo
4. semáforos o esquinas de la ciudad

5. autopista o carretera
6. jardines, plazas y zonas verdes
7. escuela o guardería infantil
8. acera

Sugerencias: apoyar, correr, disminuir (la velocidad), entrar, estacionar, evitar, fumar, mantener, parar (*to stop*), poner, respetar, tirar, tocar, usar

E. Ciudades para su gente.   Piensa en la gente de tu ciudad (empleados municipales, niños, alumnos universitarios, personas ancianas, minusválidos, profesionales, desamparados, los pobres, los ricos) y di qué necesita o quiere cada grupo y lo que esperas que pase.

⇒ *Por ejemplo:*
Los niños y sus padres necesitan guarderías y calles seguras. Espero que más empresas les ofrezcan servicios de guardería a sus empleados. También es importante que la municipalidad disminuya la delincuencia en las calles.

F. Problemas y propuestas.   Con un/a compañero(a), piensen en una de las cuestiones que se debaten actualmente en la ciudad donde Uds. estudian. **(1)** Expliquen el problema; **(2)** describan lo que se propone hacer y; **(3)** den sus propias opiniones al respecto.

Visión Visión Visión

En coche por la ciudad
No es fácil orientarte en una ciudad que no conoces bien. Por eso, el departamento de señalización coloca letreros en todas partes para guiar a los automovilistas. Para practicar un poco, con un/a compañero(a), lean los siguientes letreros y luego conviértanlos en órdenes, como en el ejemplo.

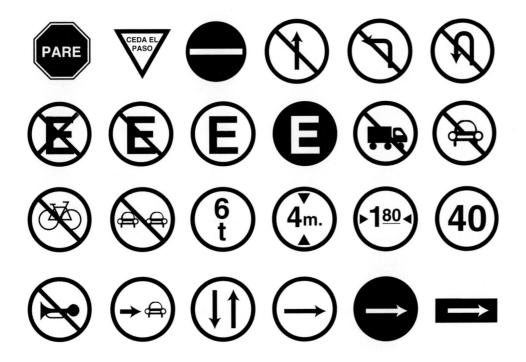

Por ejemplo:
Prohibido virar en U → No vire en U.

Prohibido doblar a la izquierda
Prohibido seguir derecho
Prohibido estacionar o detenerse
Mantenerse a la derecha

Velocidad máxima 80 km.
No tocar la bocina
Detenerse

Medellín, Colombia

A. Lee la siguiente conversación entre un turista y una persona de Medellín, Colombia, y, mirando el plano de la ciudad, marca la ruta que describen las instrucciones.

TURISTA: Señora, por favor. ¿Dónde queda la catedral?

SRA. BOTERO: En la Plaza de Bolívar; no está muy lejos. Siga derecho por la Avenida Oriental hasta la Carrera 48 y...

TURISTA: ¿A cuántas cuadras de aquí está la Carrera 48?

SRA. BOTERO: Unas cuatro o cinco... Bueno, manténgase a la derecha y en la Carrera 48, doble a la derecha y siga derecho.

TURISTA: ¿Cuántas cuadras?

SRA. BOTERO: Dos, nada más. Entonces ahí, a la izquierda, en la esquina de la Calle 56 y la Carrera 48, está la catedral.

TURISTA: Ah, señora, ¡qué bueno! Es muy fácil. Muchas gracias.

SRA. BOTERO: De nada. Que le vaya bien.

B. Con un/a compañero(a), miren el plano de Medellín y preparen instrucciones para que otro(a) compañero(a) vaya a una cierta esquina.

→ *Por ejemplo:*

Estás en la esquina de la Carrera 55 y la Calle 46. Para ir a la Avda. Bolívar con la Avda. San Juan tienes que mantenerte a la izquierda y seguir derecho cuatro cuadras y...

C. Con un/a compañero(a), preparen instrucciones para ir a un lugar del campus o de la ciudad, saliendo desde el edificio en que se da tu clase de español. Luego, la clase escucha las instrucciones y adivina adónde van Uds.

GRAMÁTICA 1

Para hablar del futuro: el tiempo futuro y más usos del subjuntivo

In **Imágenes y palabras**, you saw the word **habrá** used to indicate what there will be in the future. **Habrá** is the future tense of **hay**. When you want to forecast or predict what *will* happen in the future, use the future tense.

1. To form the future tense, attach the following endings to the infinitive.

(yo)	**-é**	vivir**é**	**Viviré** siempre en una ciudad grande.
(tú)	**-ás**	vivir**ás**	¿Dónde **vivirás** tú?
(él/ella/Ud.)	**-á**	vivir**á**	Mi abuelo **vivirá** mejor con nosotros.
(nosotros[as])	**-emos**	vivir**emos**	Mi hermana y yo **viviremos** en la misma ciudad.
(*vosotros[as]*)	***-éis***	*vivir**éis***	¿***Viviréis*** en una casa o en un apartamento?
(ellos/ellas/Uds.)	**-án**	vivir**án**	Mis amigos dicen que **vivirán** con sus padres.

¿Qué piensas tú? ¿**Disminuirá** el número de accidentes de tráfico?

¿**Aprenderán** más los niños que van a las guarderías por muchos años?

¿**Iremos** al extranjero algún día?

2. Some frequently used verbs have irregular stems in the future. Notice the three patterns of these irregular verbs.

Two verbs have a change in their stems:

decir → **dir-**   diré, dirás, dirá, diremos, *diréis*, dirán
hacer → **har-**   haré, harás, hará, haremos, *haréis*, harán

You must *delete* the **-e** from the infinitive of four verbs before adding the endings:

haber → **habr-**   habrá, habrás, habrá, habremos, *habréis*, habrán
saber → **sabr-**   sabré, sabrás, sabrá, sabremos, *sabréis*, sabrán
poder → **podr-**   podré, podrás, podrá, podremos, *podréis*, podrán
querer → **querr-**   querré, querrás, querrá, querremos, *querréis*, querrán

Form the stem of the following verbs by *replacing* the **-er** or **-ir** of the infinitive with **-dr**:

poner → **pondr-**   pondré, pondrás, pondrá, pondremos, *pondréis*, pondrán
tener → **tendr-**   tendré, tendrás, tendrá, tendremos, *tendréis*, tendrán
salir → **saldr-**   saldré, saldrás, saldrá, saldremos, *saldréis*, saldrán
venir → **vendr-**   vendré, vendrás, vendrá, vendremos, *vendréis*, vendrán

¿**Habrá** menos tráfico y más horas libres en el siglo XXI? **Tendremos** que desarrollar nuevas tecnologías y así **podremos** trabajar a distancia desde la casa. Creo que en el siglo XXI **pondremos** más énfasis en la calidad de la vida porque ya **habrá** mucha contaminación en el planeta. ¿Qué les **dirán** los padres a sus hijos cuando les entreguen tanto desastre ecológico? ¿Qué **haremos** nosotros, los profesionales jóvenes?

3. When you speculate about what may happen at some uncertain point in the future, you will often use **cuando** or **hasta que** with the present subjunctive. Use the subjunctive with these expressions *only* when you are referring to the future.

Para llegar a mi apartamento, sigue derecho **hasta que llegues** a la esquina de la Calle 45 y la Sexta Avenida. **Cuando veas** el letrero «*Estacionamiento*», doblarás a la derecha.

Ejercicio A. Para las siguientes frases, di si las condiciones aumentarán o disminuirán en el futuro, usando **más** o **menos** y el tiempo futuro.

1. Actualmente, construimos muchos edificios de cristal. En el futuro,...
2. Actualmente, hay mucha contaminación. En el futuro,...
3. Actualmente, sabemos muy poco de los planetas. En el futuro,...
4. Actualmente, mucha gente no puede conseguir empleo. En el futuro,...
5. Actualmente, muchos jóvenes quieren asistir a la universidad. En el futuro,...
6. Actualmente, muchos inmigrantes vienen a los Estados Unidos. En el futuro,...
7. Actualmente, pagamos muchos impuestos. En el futuro,...
8. Actualmente, el gobierno no hace casi nada por los niños pobres. En el futuro,...

Ejercicio B. Di qué ocurrirá en cada caso, usando la expresión entre paréntesis. Sigue el modelo y la fórmula **futuro** + *cuando / hasta que* + **subjuntivo**.

➤ *Por ejemplo:*

El bebé llora porque su niñera no le presta atención. (hasta que)

Llorará hasta que la niñera le **preste** atención.

1. Vas a tener problemas de estacionamiento si no usas transporte colectivo. (hasta que)
2. Los jóvenes toman el sol. Van a quemarse. (hasta que)
3. La niña quiere ser mayor para que pueda salir por la noche. (cuando)
4. Ya llegan los invitados. Voy a poner la mesa. (cuando)
5. Si disminuyes la velocidad, vamos a sentirnos más seguros. (cuando)
6. Voy a graduarme. Tengo que buscar un trabajo. (cuando)
7. Todavía no se han casado. No les vamos a decir «felicitaciones». (hasta que)
8. Sé que me voy a sacar la lotería. Entonces voy a hacer mis planes para el futuro. (cuando)
9. No ganas nada porque no inviertes tu dinero. (hasta que)
10. No voy a firmar ese contrato. No me ofrecen el sueldo que quiero. (hasta que).

Práctica de la gramática

Estrategias

The activities in this section will help you practice the future tense as it is used in everyday interactions to describe, inquire, or speculate about what will happen. Skim the activities in this section to identify which of the following strategies are used in each.

- Integrate new learning with previous learning.
- Use models, grids, lists, and incomplete sentences to structure and expand your statements.
- Personalize the language to express your own messages.
- Use new learning to express your creativity.
- Collaborate with others to practice and exchange information.

A. Oráculo. Di cuándo va a ocurrir cada una de las siguientes cosas, aproximadamente.

➤ *Por ejemplo:*

Viajaré cuando...　　　　Viajaré cuando tenga bastante dinero.

1. Compraré un/a... cuando...
2. No iré de vacaciones hasta que...
3. Me quedaré en la universidad hasta que...
4. No estaré tranquilo(a) hasta que...
5. Tendré más dinero cuando...
6. No saldré de mis deudas hasta que...
7. Obtendré mi título cuando...
8. No podré dormir hasta que...

B. Pregúntale a la bola de cristal.   Escribe tres preguntas sobre las dudas que tengas con respecto al futuro.

> ⇒ *Por ejemplo:*
> ¿Cuándo podré terminar mis estudios? ¿Dónde estaré en el año 2005?

C. Galletitas chinas.   Con tu compañero(a), escriban cinco mensajes en papelitos pequeños para poner en unas galletitas chinas de la suerte.

> ⇒ *Por ejemplo:*
> Conseguirás el trabajo de tus sueños cuando menos lo esperes.

D. A través de los siglos.   Di cómo era la vida de hace un siglo o más, cómo es ahora y cómo será en el futuro. En el número 8, agrega tus propias ideas y tu pronóstico para el futuro.

Antes	Actualmente	En el futuro
1. Montábamos a caballo.	Viajamos en coche.	Viajaremos en...
2. Vivíamos en el campo.		
3.	Asistimos a colegios y universidades.	
4.	Hacemos las compras en almacenes.	
5. Nos comunicábamos por telegrama.		
6. Teníamos aire puro.		
7.	Muchos están desempleados.	
8. ¿?		

E. ¿Qué piensas hacer?   Desarrolla preguntas para un/a compañero(a) sobre los temas que siguen. Cada pregunta debe incluir un contexto personal usando una frase con **cuando**, como la del modelo. Hazles las preguntas a tres personas y resume la información para informarle a la clase de lo que dicen. En el número 10, agrega tu propia pregunta.

> ⇒ *Por ejemplo:*
> dejar los hijos en una guardería → **Cuando te cases y tengas** hijos, ¿los **dejarás** en una guardería?

A la clase: Dos personas dicen que cuando se casen y tengan hijos, los pondrán en una guardería. Una persona dice que se quedará en casa con ellos en vez de dejarlos en una guardería.

1. poner a los niños en una escuela privada
2. vivir en un hogar para ancianos
3. apoyar a organizaciones caritativas
4. buscar residencia en la ciudad o en las afueras
5. invertir el dinero ahorrado
6. tener la oficina en un rascacielos o...
7. votar por candidatos que disminuyan la deuda pública
8. elegir alcaldes que ayuden a los desamparados
9. aumentar o disminuir los impuestos
10. ¿?

F. Poema del futuro. El siguiente poema del mexicano Amado Nervo fue escrito hace casi cien años. Lee la primera estrofa y piensa: ¿a quién representa Cristóbal Colón? Luego, piensa en tu propio héroe—una persona famosa que haya logrado cambiar o mejorar el mundo—y completa la estrofa de tu propio poema.

<table>
<tr><td>

El gran viaje

¿Quién será, en un futuro no lejano,
el Cristóbal Colón de algún planeta?

¿Quién logrará°, con máquina potente,
sondar° el océano
del éter y llevarnos de la mano...?

¿Y qué sabremos tras el viaje augusto?
¿Qué nos enseñaréis, humanidades
de otros orbes, que giran
en la divina noche silenciosa,
y que acaso°, hace siglos que nos miran?

...

¿Quién será, en un futuro no lejano,
el Cristóbal Colón de algún planeta?

</td><td>

Mi poema

¿Quién será, en un futuro no lejano,
el (la)... de...?

¿Quién logrará, con...,
... y...?
     ¿Quién... y...?

¿Y qué... (nosotros)...?

</td></tr>
</table>

Palabras útiles

logrará   podrá
sondar   explorar
acaso   posiblemente

V O Z   V O Z   V O Z   V O Z   V O Z   V O Z

Los ciudadanos protestan
Las ciudades del mundo no son perfectas. ¿De qué se queja la gente de la ciudad donde vives tú? En la siguiente página tienes unas cartas escritas por ciudadanos de varias ciudades hispanas. Da el nombre de la ciudad de donde viene cada una de las siguientes quejas.

la comercialización
la gente descortés, la falta de respeto
la organización de algunos sistemas
   públicos

el peligro frente a la seguridad
la contaminación
el ruido

¿Estos problemas existen en tu comunidad también? ¿Cuál de las cartas le mandarías al alcalde de tu ciudad?

El Metro, México, D.F.

San José, Costa Rica.

Palabras útiles

los choferes   taxistas
los cafres   *louts*
el Tratado de Libre
Comercio (TLC)
   NAFTA
el riesgo   *risk*

La Iglesia de San Francisco,
Lima

De México, D.F.

Los choferes°, aunque los vistan de seda, cafres° se quedan. Sólo falta que le digan al pasajero: ¡Súbale, todavía hay lugar debajo de los asientos!

Los problemas del Metro son tan viejos como sus vagones. Después de hacer la fila para ser atendido, hay que hacer colas para entrar. Cuanto más prisa tenga uno, más tiempo tiene que esperar y entonces llega a otra estación —pero no a otra estación del Metro, sino del año.

No sabía si llorar o reír cuando supe que Taco Bell abriá una sucursal en México. ¿Cómo es posible que los gringos traten de vender tacos en México? Nada de esto se menciona en las negociaciones del Tratado de Libre Comercio°. Si a esto hemos llegado, ¿dónde se detendrá el ataque? Espero que no se vaya a prestar el Ángel de la Independencia para anunciar Diet Coke.

De San José, Costa Rica

La avenida que pasa frente a Jardín de Niños Justo Facio está sin demarcación, ni zona de seguridad. Por allí pasan buses, camiones y vehículos particulares a gran velocidad. Nunca hay autoridades que regulen el tránsito para ayudar un poco a los niños.

De Lima, Perú

Es obligación de todo peruano proteger y respetar nuestro pasado. Por eso es penoso y vergonzoso comprobar que en todas partes nuestros monumentos sufren la afrenta de personas inconscientes que los destruyen, invaden o echan basura a importantes ruinas hasta el extremo de hacerlas desaparecer.

De Caracas, Venezuela

Existe la contaminación visual, así como la sónica o la ambiental, pero esta primera es la que practica la gente del Hotel Resort La Trucha Azul colocando por kilómetros y kilómetros de la carretera trasandina unos avisos bien fastidiosos con una truchita, cuyo único oficio es perturbar el espectacular paisaje de montaña. No sé quién les dio el permiso ni por qué, pero por respeto a todos los viajeros de carretera, por favor, sáquenlos.

De Madrid, España

Resulta contradictorio que en un país tan aficionado al deporte del ciclismo haya tan poco respeto por los aficionados a montar en bicicleta. Con cierta frecuencia suelo irme en bicicleta hasta el parque del Retiro con el propósito de dar una vuelta. Pues bien, el trayecto desde mi casa hasta ese parque es un canto al riesgo° y el motivo no es otro que el gran desprecio al que nos someten los conductores madrileños, bocina en mano. Los ciclistas somos los parias de ciudad, y eso que no contaminamos.

El Parque del Retiro, Madrid

G R A M Á T I C A 2

Para hablar de lo que está ocurriendo actualmente: el tiempo progresivo

At times you may want to describe things you are doing that are moving you toward a goal in the future. You may also want to simply describe what is going on at this moment or what actions are in progress. In these cases, use the *present progressive* tense.

Estoy aprendiendo mucho ahora.	*I am learning a lot now.*
Paso los días **estudiando**.	*I spend my days studying.*
Sigo estudiando arquitectura.	*I continue to study (am still studying) architecture.*
Ando buscando trabajo.	*I am (go around) looking for work.*

1. To form a progressive tense, you need to combine two components; both are necessary to express your idea.

Combine a form of

> **estar** (*to be doing something*)
> **andar** (*to go around doing something*)
> **seguir** (*to continue/to keep doing something*)
> **pasar... días / horas** (*to spend time doing something*)

with the present participle of a verb of action

To form the present participle, replace the **-ar** ending of the infinitive with **-ando**; replace the **-er** or **-ir** ending with **-iendo**. These endings are similar to the *-ing* endings of English.

aumentar → aument**ando**　　　hacer → hac**iendo**　　　salir → sal**iendo**

Los funcionarios de gobierno no **están** prest**ando** mucha atención a las quejas de los ciudadanos. **Siguen** aument**ando** la deuda pública pero no **están** mejor**ando** la calidad de los servicios públicos. El alcalde **anda** ofrec**iendo** excusas por el malgasto del dinero que recibe la ciudad. Mientras tanto, los trabajadores **están** protest**ando** por medio de huelgas, los ciudadanos **están** escrib**iendo** cartas de reclamo y los empleados municipales **se pasan todo el día** respond**iendo** a cartas y llamadas de los ciudadanos enfadados.

2. With certain infinitives, formation of the present participle requires changes in either the stem or the ending.

a. All stem-changing **-ir** verbs have a *stem* change in the present participle.

decir → d**i**ciendo　　　　　　divertirse → div**i**rtiéndose
pedir → p**i**diendo　　　　　　invertir → inv**i**rtiendo
reírse → r**i**éndose　　　　　　dormir → d**u**rmiendo

b. Verbs ending in **-uir** (as well as the verb **oír**), and **-eer** or **-aer** form the present participle with **-yendo**.

construir → constru**yendo**　　　leer → le**yendo**
disminuir → disminu**yendo**　　　creer → cre**yendo**
oír → o**yendo**　　　　　　　　　traer → tra**yendo**

3. Notice that with verbs like **divertirse**, you attach reflexive pronouns to the end of the present participle. You also attach other object pronouns, such as indirect object **(me, te, le, les, nos, os)** and direct object **(me, te, lo, la, nos, os, los, las)** pronouns to present participles. When pronouns are attached, you must place a written accent over the stressed vowel sound of the participle.

Estoy **divirtiéndome** tanto en la clase de geografía urbana porque estamos entrevistando mucha gente.
Ando **durmiéndome** en las clases tempranas porque siempre me acuesto tan tarde.
Paso los días **enseñándoles** conservación a los niños de una guardería.

4. The present participle is not used in Spanish as frequently as the *-ing* form is used in English. Notice some of the cases in which the present participle is used in English but *not in Spanish*.

	En inglés decimos...	Pero en español decimos...
Para indicar el futuro	*I'm working* this weekend.	**Voy a trabajar (Trabajo)** este fin de semana.
Como sustantivo	*Raising* taxes is not the answer.	**Aumentar** los impuestos no es la solución.
Como adjetivo	The children **going** to daycare . . .	Los niños **que van** a las guarderías...
Después de preposiciones (antes de / después de, sin, por, en vez de, al)	*Before investing* in . . . *Upon depositing* funds . . .	**Antes de invertir** en... **Al depositar** fondos en...

Estoy escribiendo un trabajo sobre los dominicanos **que viven** en Nueva York y me he dado cuenta que **ponerlos** en la categoría «caribeños» no me ayuda mucho porque, **al hacer** esto, uno se olvida de sus características específicas. Por eso, **voy a evitar** las generalizaciones.

Ejercicio A. Completa las respuestas a los siguientes comentarios para decir lo que la gente está o no está haciendo. Usa los pronombres apropiados.

1.	Vístete pronto. Tengo prisa.	Ten paciencia. Ya estoy...
2.	Los funcionarios deben disminuir la deuda.	Creo que están...
3.	No me mientas. ¿Por qué no me dices la verdad?	Pero si no estoy... Estoy...
4.	Espero que tus padres se diviertan en la playa.	Según sus postales, están...
5.	No se rían de esa gente.	Pero si no estamos...
6.	¿No has leído el capítulo?	Ahora mismo estoy...
7.	Me muero de hambre.	Yo también estoy...
8.	Voy a invertir mi sueldo en más empresas pequeñas.	¿Por qué sigues...?
9.	Deben construir instalaciones para los minusválidos.	Pues, en nuestro campus, están...
10.	Si quieres empleo, búscalo.	Pero si estoy...

Ejercicio B. Traduce las siguientes frases al español, prestando mucha atención al uso apropiado del gerundio (*present participle*).

1. On hearing that the government is raising taxes next year, the citizens are angry.

2. The mayor keeps talking about the debt and offering excuses. Instead of reducing expenditures (**gastos**), the government is asking citizens for more money.

3. Meanwhile (**Mientras tanto**), no one is improving the conditions in this city. The factories keep producing smoke, the crime keeps increasing, and the homeless are (go around) looking for help without finding it.

4. We spend our days complaining about (**de**) the congested traffic, about the car accidents, about the pollution, but constructing more highways and bridges is not serving our needs (**necesidades**).

5. Raising taxes is not the best solution to these problems. The tax-paying citizens will continue writing letters of protest **(cartas de reclamo)** until the government invests more in the future of our city.

Práctica de la gramática

Estrategias

The activities in this section will help you practice using present participle forms and progressive tenses as they are used in everyday interactions to describe ongoing activity. Skim the activities in this section to identify which of the following learning and communication strategies are used in each.

- Use lists to map out your thoughts before speaking.
- Personalize new learning to express your own messages.
- Collaborate with others to practice and exchange information.

A. Así ando.   ¿Qué estás haciendo actualmente? Primero, escribe una lista de tus actividades. Luego, descríbeselas a la clase.

➡ *Por ejemplo:*
Ando igual que siempre, trabajando como loca. Estoy aprendiendo a tocar la guitarra y estoy tomando un curso nuevo de computación. También estoy estudiando español y sigo sacando buenas notas. Pero ya no estoy...

B. ¿Por dónde andamos?   Imagínate que estás en un lugar específico y describe qué está ocurriendo ahí en este momento. La clase debe adivinar dónde te encuentras.

➡ *Por ejemplo:*
Tú: Somos cinco personas y estamos esperando algo. Todos estamos mirando la puerta o el suelo, pero nadie está hablando. Un señor está leyendo un anuncio que hay en la pared.

Tus compañeros: Estás en un ascensor.

C. Cuando te gradúes.   Quieres saber qué planes tienen tus compañeros(as) para después de graduarse. ¿Qué seguirán haciendo? ¿Cómo pasarán sus días? Escribe cinco preguntas específicas para dos personas. Sigue el modelo y toma apuntes para informarle a la clase de sus planes.

➡ *Por ejemplo:*
Cuando **te gradúes, ¿seguirás estudiando** español?
¿Cómo **pasarás** tus ratos libres? **¿leyendo? ¿escuchando** música?

D. Todo sea por el amor a la universidad.   Describe tres cosas que están haciendo los funcionarios de tu ciudad o universidad para mejorar los problemas que existen. Mira el modelo de la siguiente página.

⟶ *Por ejemplo:*

1: Los edificios son viejos y tienen muchas escaleras, pero actualmente **están mejorando** las instalaciones para los minusválidos.

2: Están trabajando para mantener limpio el parque, pero la gente **sigue tirando** basura allí.

3: Están construyendo más estacionamiento, pero los alumnos **siguen dejando** sus coches en las aceras.

E. Dichos de mi generación.   Con un/a compañero(a), sigan el modelo para desarrollar un dicho que les ofrezca buenos consejos a los jóvenes.

⟶ *Por ejemplo:*

Durmiendo bien en casa, **no tendrás** tanto sueño en clase.

Invirtiendo más tiempo en tus metas, **invertirás** en tu futuro.

F. Viaje al futuro.   Estás en el futuro. ¿Han cambiado mucho las cosas? Escríbeles una postal a tus amigos para describirles lo que ves.

⟶ *Por ejemplo:*

Queridos compañeros:

    Les escribo desde el año... Aquí en el futuro, muchos siguen usando coches, pero la mayoría... Ya no andamos contaminando el aire como antes y por eso... También pasamos el día... A veces, nos divertimos haciendo visitas al planeta Marte y...

En voz alta

Escucha la transmisión radial y marca cada frase **sí** o **no**.

_____ Las ciencias agrícolas ofrecen excelentes oportunidades.

_____ Faltan jóvenes bilingües.

_____ Es difícil conseguir trabajo en las comunidades rurales.

_____ La agricultura ha llegado a ser una empresa internacional.

_____ Esta década ofrece las mismas oportunidades de antes.

Mi Refranero. Aquí tienes dos refranes relacionados con el tema de este capítulo. Léelos a ver si estás de acuerdo. Luego, escúchalos y repítelos, tratando de imitar los sonidos.

| **No hay cuesta abajo sin cuesta arriba.** | **Ocasión perdida, no vuelve más en la vida.** |

Voces del mundo hispano

No está de balde* el alcalde

¿Qué papel hace el alcalde o la alcadesa de una ciudad? De las siguientes responsabilidades, ¿cuáles no le corresponden? De las que sí le correspondan, ¿cuáles, en tu opinión, son las más importantes?

_____

*sin motivo

1. conservar el orden público
2. crear más empleos
3. apoyar a los empresarios
4. invertir los fondos públicos
5. controlar los gastos municipales
6. supervisar los sistemas de transporte
7. proteger a los ciudadanos
8. construir viviendas públicas
9. supervisar los servicios de salud
10. mantener limpios el aire, el agua y las zonas verdes
11. fomentar las expresiones de cultura popular
12. mantener bien las instalaciones de deportes y recreo

Estrategias

Apply the strategies you have practiced in this chapter to learn about what is happening in one Hispanic city.

- Think about and assess your own experience and point of view.
- Skim for the gist and scan for specific information.
- Rely on cognates, Spanish derivatives, and context clues to guess meaning.
- Read a portion of a text at a time and check your comprehension periodically.
- Personalize learning to express your own messages.
- Collaborate with others to exchange information.

A. Prioridades.   Imagínate que tú eres alcalde (alcaldesa) de la ciudad donde vives. ¿En cuáles de las siguientes metas invertirás más tiempo y energía? Escoge tus tres prioridades y ponlas en orden de importancia (o agrega tus propias prioridades).

luchar contra la pobreza y el desempleo
disminuir la contaminación
luchar contra la delincuencia
mejorar los sistemas de transporte
construir más aceras para peatones

mejorar la atención a los niños, ancianos y minusválidos
luchar contra el desinterés, la indiferencia y la pasividad
aumentar el aprecio por el arte

B. Un alcalde poco convencional.   En el siguiente artículo, vas a ver cómo ha respondido a los problemas de su ciudad el alcalde de Bogotá, Colombia, Antanas Mockus. Lee la introducción y el primer párrafo del artículo y di por qué es diferente este alcalde y qué parece ser su prioridad número uno. Cita las palabras y expresiones que te den la información.

C. Una inyección de civismo.   La segunda parte del artículo describe una ceremonia simbólica que ha implementado Mockus para lograr una de sus metas. Lee esta parte y contesta las siguientes preguntas.

1. ¿Dónde tiene lugar la ceremonia?
2. ¿A quiénes se dirige el proceso?
3. ¿Qué hace la gente en la ceremonia?
4. ¿Qué tipo de «vacuna» recibe la gente?
5. ¿Qué es «el árbol de los deseos»? ¿Qué mensaje pondrías tú en el árbol?
6. ¿Qué indicadores del éxito del programa se notan?

7. Según Mockus, ¿para qué sirve la ceremonia?

8. ¿Qué piensas tú de la sicología que usa Mockus?

D. Otra avenida a la diversión.   En la tercera parte del artículo, sabrás lo que ha hecho Mockus para combatir otro problema. Lee este segmento y contesta las siguientes preguntas.

1. Durante las fiestas de Navidad, surgen dos problemas. ¿Cuáles son?

2. ¿Qué reglas impuso Mockus para proteger a la gente?

3. ¿Qué símbolo usó Mockus para cambiar la imagen de «pasarlo bien»?

4. ¿Qué les regaló a los ciudadanos para promover esta imagen?

5. Con tus propias palabras, explica qué es «un festejo zanahoria».

6. ¿A qué se atribuye el éxito de este programa?

E. ¿Armarse o alimentarse?   En la cuarta parte del artículo, verás que el alcalde trata de motivar a la gente para combatir otro problema que existe en las grandes ciudades del mundo, incluso las de Estados Unidos. Lee esta parte para contestar las siguientes preguntas.

Palabras útiles

las políticas *policies*
los acontecimientos
   eventos
alentar inspirar
el globo *balloon*
fija *posts*
el éxito buenos
   resultados
las reglas *rules*
se ha arriesgado *has*
   taken a risk
el aguardiente un licor
el plazo *term, deadline*
los cubiertos utensilios
   para comer
fundidas *melted down*
se avergüencen *they get*
   embarrassed
el mago *magician*

Un alcalde diferente

Desilusionados con la política tradicional, los ciudadanos de Bogotá, Colombia, eligieron alcalde al rector de la Universidad Nacional, Antanas Mockus. Filósofo y matemático, Mockus no tenía experiencia política, ni se preocupó en montar una campaña. Pero como alcalde rige el destino de Bogotá con enérgicas y poco convencionales medidas de reforma social.

I. Como alcalde, Antanas Mockus rompe el molde en todos los aspectos. A diferencia de sus colegas y predecesores, el alcalde se viste descuidadamente y tiene un corte de pelo poco común, además de barba. Su apariencia ha sido comparada con la de un monje loco o con la de uno de los diminutos compañeros de Blanca Nieves. Desde que es alcalde, las políticas° de Mockus han sido tan extrañas como los acontecimientos° que lo llevaron al poder. Recorre el centro de la ciudad vestido de «supercívico», para alentar° a los compradores y a los vagabundos a que se conviertan en superciudadanos. La prensa local esta organizando concursos para encontrar el «superciudadano del año» y las empresas locales les dan a sus empleados tiempo libre para participar.

II. Mientras tanto, frente a una ambulancia improvisada en el centro de Bogotá, cientos de jóvenes colombianos hacen cola para recibir su «vacuna contra la violencia». Dentro de la ambulancia, Álvaro, de catorce años, pinta la cara de un enemigo suyo en un globo° y luego lo rompe, fija° un deseo en «el árbol de los deseos» y recibe su vacuna simbólica, una gota de agua en la lengua.

Durante los últimos dos meses unos cuarenta mil bogotanos han recibido un «tratamiento» similar. El plan de Mockus iba dirigido a los jóvenes de la ciudad, pero la idea tuvo tanto éxito° que la fila está llena de adultos: hombres de negocios impecablemente vestidos, elegantes amas de casa y una cantidad sorprendente de taxistas. Dice Supercívico: «Creo que si las personas conocen las reglas° y aprecian el arte, el humor y la creatividad, es más probable que acepten el cambio».

III. El idiosincrático alcalde se ha arriesgado° para probar sus ideas. Hace unos años, Mockus decidió transformar el trabajo de los hospitales de Bogotá. El alcalde decidió que todos los bares debían cerrar a la una de la mañana y

1. ¿A qué problema se refiere?
2. ¿Qué sectores de la población apoyan estos esfuerzos de Mockus?
3. Al principio (*At first*), ¿qué motivación le ofrece Mockus a la gente?
4. Al extender el programa, ¿qué símbolo del futuro le ofrece a la gente?

F. ¿El civismo o el cinismo?   En la quinta parte del artículo, verás cómo este alcalde «diferente» trata de combatir los problemas de la apatía y la falta de respeto por la ley. Completa el siguiente párrafo para resumir esta sección.

_____ **(1)** historias y organizando fiestas al aire libre, el alcalde trata de establecer una comunión de ideas y despertar el espíritu de los _____ **(2)** de los barrios pobres. Pero todos _____ **(3)** la terapia de Mockus. El alcalde usa grupos de _____ **(4)** para imitar los gestos de cualquier persona que no esté obedeciendo la ley. Emplea este tipo de presión social para que la gente reconozca y _____ **(5)** sus malos hábitos. Según el alcalde, es importante que el civismo o el espíritu de comunión y cooperación _____ **(6)** la apatía, el egoísmo, el cinismo. Muchos policías

prohibió el uso de fuegos artificiales. A cualquier otro político tales tácticas podrían haberle resultado desastrosas, pero a Mockus le dieron excelentes resultados. Logró convertir en virtud el *ser aburrido*. Una clave del éxito de Mockus ha sido su sentido del humor: incitó a los bogotanos a que tuvieran una «Navidad zanahoria» (En Colombia, la palabra «zanahoria» también significa una persona aburrida). El humilde tubérculo anaranjado reemplazó a las decoraciones navideñas y se distribuyeron paquetes que contenían una gaseosa (en vez del tradicional aguardiente°) y una zanahoria.

IV. Recientemente el alcalde, junto con la iglesia católica y la British Petroleum, ofreció una recompensa de cien mil pesos ($100) por cada arma entregada a las autoridades durante un mes. Para finales del mes se habían entregado 1.863 pistolas, cuarenta granadas y un par de semiautomáticas. Se extendió el plazo° otro mes, ofreciendo una recompensa más: un juego de cubiertos° hecho de las armas fundidas°. El metal que antes se utilizaba para matar, ahora se utilizaría para comer y apoyar la vida.

V. Con frecuencia se puede encontrar a Mockus en los barrios pobres del sur de Bogotá. Visita las plazas llenas de gente para contar historias y organizar fiestas al aire libre para los desamparados.

Los taxistas y los peatones también reciben la terapia de Mockus. Los imprudentes se arriesgan a que los persigan mimos al estilo de Marcel Marceau, que imitan sus gestos. La idea es que se avergüencen° y cambien sus hábitos ante la risa de la multitud. Según Mockus: «El punto clave de una cultura ciudadana es aprender a corregir a los demás sin maltratos o agresividad general. Necesitamos crear una sociedad más cooperadora antes de salir a patrullar las calles con semiautomáticas.

VI. Por supuesto, no faltan los críticos. Algunos dudan que Mockus sea un mensajero del progreso. Señalan que el número de desamparados no ha disminuido, que todavía hay problemas en las calles de Bogotá, que gran parte del sur de la ciudad todavía no cuenta con servicios básicos, que todavía hay un millón de desempleados. Mockus se da cuenta de estos problemas, pero responde: «No soy mago°. Los problemas de Bogotá no aparecieron de un día para otro y no puedo resolverlos de la noche a la mañana. Por lo menos, estamos avanzando».

Jeremy Lennard, "Un alcalde diferente", *Américas*, vol. 49, N°2 (Marzo/Abril 1997), 40–45.

no llevan armas cuando patrullan las ciudades. En vez de _____ **(7)** armas, se visten de otra manera para dar una imagen de paz. Según Mockus, es importante que la gente _____ **(8)** a corregir sus errores sin maltratos ni agresividad.

G. No faltan los críticos. Cuando una persona se arriesga a hacer cambios, nunca faltan los críticos. Lee la última parte del artículo y, después, completa el siguiente resumen, usando formas apropiadas del subjuntivo.

Algunos críticos no creen que Mockus _____ **(1)** un mensajero del progreso. Les molesta que el número de desamparados no _____ **(2)** disminuido, que _____ **(3)** siendo igual. Dicen que es una lástima que un millón de personas todavía _____ **(4)** desempleadas y que muchos todavía no _____ **(5)** con servicios básicos. Pero Mockus les responde que él no es mago, que es imposible que todos los problemas se _____ **(6)** de la noche a la mañana. Se alegra de que la ciudad, por lo menos, _____ **(7)** avanzando.

H. En vivo. Tú y tu compañero(a) están en las calles de Bogotá como reporteros(as) de la radio. Elijan uno de los siguientes eventos y descríbanle al público oyente lo que está ocurriendo momento por momento, usando el tiempo presente progresivo. Agreguen sus comentarios.

La gente celebra las fiestas navideñas.

Un peatón ha cometido un acto imprudente.

La gente hace cola para recibir su vacuna contra la violencia.

El alcalde anuncia que los bares van a cerrarse a la una.

⫸ *Por ejemplo:*
Estoy en una calle de la ciudad de Bogotá para las fiestas navideñas. La gente está... y anda... Antes, todos pasaban la noche..., pero ahora están....

I. Soluciones. Con un/a compañero(a), elijan uno de los temas de la actividad A. Imagínense que son representantes de los habitantes de la ciudad donde viven Uds. Ofrezcan las mejores soluciones que puedan para resolver los problemas relacionados con el tema.

P a r a   e s c r i b i r

Una carta al alcalde
This section will guide you to express citizen complaints formally through written correspondence.

A. Hay que pensar. Look carefully through the following list of ideas and think of one aspect in need of immediate reform in your city. Choose one **(1)** that you feel strongly about, **(2)** that you would be able to describe in detail, and **(3)** for which you would be able to offer some specific solutions.

Contaminación: ruido (de bocinas, de construcción), basura, calles sucias, humo de las fábricas, río (lago, mar) contaminado, contaminación visual (letreros en las carreteras), etc.

Señalización y tráfico: semáforos (que no funcionan), (falta de) letreros, carreteras malas, construcción de autopistas, demoras (*delays*) en las obras en construcción, (falta de) sendas para bicicletas, tráfico atascado, conductores o taxistas descorteses, (falta de) aceras para peatones / transporte colectivo / estaciones de metro, obstáculos en las calles o carreteras que impiden la vista, etc.

Finanzas: impuestos muy altos, deuda pública, sueldos de los empleados municipales, precios, multas (*traffic fines, tickets*), etc.

Seguridad de los ciudadanos: delincuencia, vendedores de drogas, guerras de pandillas (*gang wars*), robos, peligro en..., castigo de los delincuentes, condiciones de las cárceles, etc.

Uso del espacio: espacios abiertos, jardines y zonas verdes, obras en construcción, obras de arte y jardines exteriores, condiciones de monumentos o sitios históricos, estadios, bibliotecas, instalaciones comerciales en zonas residenciales, etc.

B. Evocar imágenes.   Describe the problem with as much detail as possible. Use the *present progressive* tense to create visual images, to capture vividly the scene of the moment, and to express ongoing activity.

En la esquina de la calle..., en el barrio residencial de... acaban de construir una de esas enormes estaciones de gasolina. Como está abierta las 24 horas del día, **está destruyendo** la tranquilidad de la zona. Allí **se están congregando** grupos de jóvenes que **pasan las noches tomando** cerveza, **tirando** basura, **gritando y tocando** la bocina al ritmo de la música. A pesar de las numerosas quejas que hemos presentado, esto **sigue ocurriendo**. El ruido **nos está volviendo** locos y actualmente casi nadie **está durmiendo**. Además de estos jóvenes, el sitio **está atrayendo** a perros, gatos y ratones que **andan buscando** comida en la basura. Los residentes de este barrio **estamos llegando** al límite de nuestra paciencia.

C. Expandir con soluciones.   You will be expressing your complaint to the mayor of your city. Consider the problem you have described and list at least three suggestions for resolving it (short- and long-term) without creating new problems. Your suggestions must be realistic and specific. For example, in response to the problem described in Activity B, you might propose to the mayor solutions such as the following.

Mandar al dueño que fije letreros para prohibir estas actividades.
Mandar al dueño que mantenga limpia el área.
Aumentar la vigilancia de este sitio por la policía.
Impedir más construcción comercial en esta zona residencial.

D. Redactar la carta.   Now combine your description of the problem with your solutions in a letter to the mayor of your city. Use the following expressions of courtesy for this type of formal correspondence and be sure to use **Ud.** when addressing the mayor.

Ciudad y fecha: ciudad, (día) de (mes) de (año)

Para saludar: Respetado(a) señor/a alcalde/sa:

Primer párrafo para presentar el problema: Me dirijo a Ud. para informarle del problema de... (Resume el problema y descríbelo.)

Segundo párrafo para ofrecerle soluciones: Me permito sugerirle que... También me tomo la libertad de recomendarle que... Además, quisiera solicitarle que... (Con estas frases vas a usar el subjuntivo.)

⟹ *Por ejemplo:*

Además, quisiera solicitarle que **impida** más construcción comercial en...

La despedida y la firma:

Rogándole (*Urging you*) presentar estas ideas al consejo municipal, se despide de Ud.,

> Su affmo. (su afectísimo = *your obedient*)
> _____ (firma)
> Dirección: _____

E. Editar.   Reread what you have written, paying particular attention to the following aspects.

1. **Contenido.** Have you described the problem in detail? Are your solutions specific? People pay more attention to complaints when they are described clearly and when realistic solutions are offered.

2. **Cortesía.** You have addressed the mayor with **Ud.** Check to make sure that you have not used the **tú** form of any verbs or object pronouns.

3. **Gramática.** Check the following grammar items, one by one. When you have finished, place a check mark at the top of the page to indicate to your instructor that you have edited your grammar and found no errors.

a. *Agreement of adjectives.* Circle each adjective and check to make sure that you have used the appropriate form (masculine/feminine, singular/plural). Your circle will indicate that you have checked this aspect.

b. *Use of reflexive or object pronouns.* Have you used indirect object pronouns when they are called for in Spanish? Remember that with many verbs, such as **escribir, dar, pedir, mandar**, etc., an indirect object pronoun is used, even though it is not used in English. If you have doubt about whether to include an indirect object pronoun, write **p?** above the place where the pronoun would go.

c. *Use of present participles.* You are asked to use present participles and progressive tenses in this letter. However, keep in mind that use of these forms in Spanish is much more limited than use of the *-ing* form in English. Circle all of the present participles you have used. Can you give a reason for the use of each? Check the rules on page 448 to be certain you have not allowed your English to interfere with your Spanish in this area. In the margin beside each use of the present participle, place a √ to show you have checked this aspect.

Mi diccionario

Sustantivos

la acera sidewalk
el acero steel
el alcalde / la alcaldesa mayor
el/la anciano(a) senior citizen, elderly person
el apoyo support
la autopista expressway
la bocina (car) horn
la calle street
la cárcel jail
la carretera highway
el centro downtown
el choque (car) crash, collision
el/la ciudadano(a) citizen
el/la conductor/a driver
la contaminación pollution
la cuadra (city) block
la delincuencia crime
la deuda pública national deficit
el/la empleado(a) employee
la empresa company, enterprise
la esquina corner
la estación de metro subway station
el estacionamiento parking area
la fábrica factory
el/la funcionario(a) government official

la guardería infantil daycare center
el hogar para los ancianos retirement home
la huelga strike
el impuesto tax
las instalaciones facilities
el letrero sign
la máquina machine, machinery
el/la minusválido(a) disabled person
la municipalidad municipality, city hall
las obras en construcción construction; building under construction
la parada (bus) stop
el peatón / la peatona pedestrian
el puente bridge
el rascacielos skyscraper
el ruido noise
el semáforo traffic light
la senda path
el servicio service
la sucursal branch office
el taxi taxi
el/la trabajador/a worker
el tráfico traffic
el transporte colectivo (público) public transportation

el/la vendedor/a de drogas drug dealer
las zonas verdes green areas

Adjetivos

ancho(a) broad, wide
atascado(a) congested, clogged
caritativo(a) charitable
desamparado(a) homeless
desempleado(a) unemployed
poco(a) little (amount)
próximo(a) next

Verbos

apoyar to support
aumentar to increase
conectar to connect
doblar to turn
dirigir to control, to direct
disminuir to decrease
echar humo to emit smoke
encontrarse (ue) to be located/found
funcionar to work, to function
invertir (ie) to invest
mantener to maintain
seguir derecho to go straight

Otras palabras y expresiones

actualmente currently
habrá there will be
hasta que until
se ve(n) can be seen

¿Qué nos reserva el futuro?

Puerto y ciudad, 1942. Joaquín Torres García, uruguayo.

¿En qué se parecen esta escena de un puerto y una escena de hoy en día? ¿En qué se diferencian? Tomando en cuenta los cambios de este siglo, ¿qué más nos reserva el siglo que viene? En este capítulo, vas a aprender a expresar tus deseos para el futuro y a pensar en tus propias soluciones a los problemas actuales.

El viaje de Joaquín Torres García

A Torres García la experiencia de haber vivido en seis países diferentes le dio una amplia perspectiva internacional y un deseo de integrar las ideas y las imágenes europeas y americanas. Cada ciudad que visitaba le servía como una nueva fuente de inspiración. En muchas de sus obras predominan trenes y barcos que son símbolos de exploración y descubrimiento, del constante cambio que implica viajar, no sólo de un lugar a otro sino de un plano del conocimiento a otro. Para Torres García, los barcos representan la interdependencia internacional de la vida moderna, además de ser los vehículos culturales que presagian un posible entendimiento universal. ¿Y tú? Como Torres García, no sólo eres habitante de tu ciudad y de tu país, sino también del planeta. Como ciudadano(a) del mundo, ¿crees que todos dependemos los unos de los otros?

En este capítulo vas a aprender a...

expresar tus deseos para el futuro

proponer situaciones y condiciones
especular sobre los resultados y las
consecuencias de algo

Vas a saber más de...

qué retos ecológicos enfrentan los países
hispanos
qué visiones del futuro tienen los hispanos

ojalá + el imperfecto del subjuntivo,
pp. 467–468
si + el imperfecto del subjuntivo, p. 473
el tiempo condicional, p. 478

Visiones del mundo hispano

Promesas, posibilidades y propuestas

Vives en una época muy compleja de la historia. Tu generación quizás tenga
más posibilidades, beneficios y decisiones difíciles que tomar que ninguna
otra. Piensa en tus ideas sobre el futuro y completa las siguientes frases,
escogiendo una de las varias opciones. Luego, con otros(as) dos
compañeros(as), preséntenle los resultados a la clase.

1. Cuando pienso en el futuro, me siento tan...

nervioso(a) / tranquilo(a)
triste o deprimido(a) / feliz
seguro(a) / inseguro(a)

optimista / pesimista
aventurero(a) / tímido(a)
entusiasmado(a) / preocupado(a)

2. Con respecto al planeta Tierra, creo que el futuro nos traerá más...

paz / violencia o guerra
alegría / dolor

aislamiento / comunicación
amor / odio

3. Cuando pienso en el futuro de nuestro planeta, los cinco temas que más
me preocupan son...

la energía	la comunicación	la pobreza	la familia
la educación	el transporte	las drogas	el hambre
la delincuencia	las armas nucleares	la tecnología	la ecología
la sobrepoblación	los derechos civiles	la vejez	la salud

The activities in this section will help you become a more efficient
reader and language learner by using strategies. Skim the activities in
this section to identify which of the following strategies are used.

- Skim for the gist and scan for specific information.
- Rely on cognates, derivatives, and context clues to guess meaning.
- Check your comprehension through summary.
- Relate new learning to your own experiences.
- Personalize learning to express your own messages.

A. ¿Cómo ves el futuro?   En el artículo de la siguiente página vas a leer las opiniones de un grupo de jóvenes sobre algunos problemas actuales. Léelo rápidamente para identificar el tema principal de sus comentarios. Luego, busca y copia ejemplos específicos del tema que se está discutiendo.

B. Personas y personalidades.   Considera los comentarios de estos jóvenes y da el nombre de la persona que, en tu opinión, represente mejor las siguientes actitudes y personalidades. En cada caso, cita frases del artículo para justificar tu elección.

1. pesimista	**5.** responsable	**9.** directo(a)
2. optimista	**6.** exagerado(a)	**10.** rebelde
3. apasionado(a)	**7.** deprimente	**11.** práctico(a)
4. serio(a)	**8.** alarmista	**12.** alegre

C. Actualmente.   En la conversación, hay descripciones de lo que está pasando ahora. Usa el tiempo presente progresivo para escribir por lo menos cinco frases que describan lo que le estamos haciendo a nuestro planeta según este artículo.

➠ *Por ejemplo:*
Estamos acabando con la capa de ozono y **alterando** la ecología del planeta. **Seguimos...**

D. Soluciones.   Con un/a compañero(a), busquen la línea del artículo donde se ofrece cada una de las siguientes soluciones. Luego, con sus propias palabras, completen las frases y resuman las recomendaciones de los jóvenes, según el modelo. Usen el tiempo presente de subjuntivo.

➠ *Por ejemplo:*

Los jóvenes nos sugieren que...
Nos aconsejan que...

1. comunicarnos con los políticos para que ellos...
2. hacernos conscientes de los peligros antes de que...
3. reciclar la basura para que...
4. apoyar organizaciones que...
5. cuidar los animales para que...
6. dejar de comprar cualquier producto que...

Nos recomiendan que...
Nos advierten que...

7. organizarnos y unirnos para que...
8. boicotear a cualquier empresa que... hasta que...
9. recoger firmas para que los políticos...
10. no acostumbrarnos a la crisis para que el planeta no...

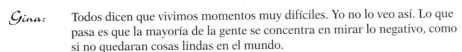

Reportaje especial los problemas de nuestra generación

Tú y los chicos de tu edad comparten sueños, circunstancias e inquietudes. ¿Qué piensan Uds. del momento en que viven? ¿Cómo ven el futuro? ¿De qué forma tratan de llevar su vida día a día y qué soluciones les dan a los problemas comunes? Si pudieran hacer algunos cambios, ¿qué cosas cambiarían? Aquí tienes las opiniones de un grupo de chicas y chicos hispanoamericanos.

Silvia, mexicana, 20 años

Gina: Todos dicen que vivimos momentos muy difíciles. Yo no lo veo así. Lo que pasa es que la mayoría de la gente se concentra en mirar lo negativo, como si no quedaran cosas lindas en el mundo.

Silvia: ¡Como si no quedaran...! Pero si cada vez quedan menos. ¿Ustedes no leen el periódico? Muchos animales están el peligro de extinción, estamos acabando con la capa de ozono y alterando la ecología del planeta... En la ciudad de México la contaminación ambiental es insoportable... Ojalá no existieran, pero éstos son problemas reales, Gina. Hay que mirar las cosas positivas, como tú dices, pero también tenemos que hacernos consciente de los peligros, para comenzar a hacer algo antes de que sea demasiado tarde.

Ernesto, venezolano, 22 años

Ramón: Silvia ha dicho algo muy importante: tenemos que hacernos consciente de estos problemas, porque—aunque los ignoráramos—éstos son nuestros problemas, NO de nuestros padres. Hay que preocuparse de esto ahora mismo. ¿Qué clase de mundo vamos a legarles a nuestros hijos?....

Ernesto: Lo que pasa es que la gente piensa: «Eso está en el futuro». No se ponen a pensar que si seguimos destruyendo la capa de ozono, por ejemplo, sus nietos tendrán que salir a la calle con máscaras antigás para poder respirar.

Gina, puertorriqueña, 18 años

Miriam: Pero entonces alguien fabricará máscaras antigás «de marca» y la gente se acostumbrará a usarlas y el planeta seguirá decayendo hasta...

Ernesto: Oye... ¡Qué deprimente está eso que dices, Miriam!

Miriam: Pero ahí llegará la cosa. Nos están advirtiendo: «Hay que controlar la contaminación, cuidar los bosques y los animales, reciclar la basura; la ecología del planeta está en peligro, no lo hagamos inhabitable...» Pero la gente piensa que eso pasará dentro de cien años y que, después de todo, a ellos no les va a afectar.

Silvia: La cosa está en actuar. Yo, por ejemplo, no uso productos de compañías que fabrican atomizadores que dañan la capa de ozono y hago donaciones a un grupo que protege a las ballenas que están en peligro de extinción.

Ramón, colombiano, 20 años

Ramón: Uno puede escribirles a los políticos. (Risas.) ¡No!, en serio. Se puede recoger firmas y escribirles a los políticos y pedirles que organicen programas de conservación de los recursos naturales...

Ernesto: No, yo creo en ser directo, en movilizar a la gente y decirle: «No compren tal producto, porque las fábricas de esa compañía echan los desperdicios en el río, pudren el agua y matan los peces. Hasta que dejen de hacerlo, no les damos ni un centavo». Hay que organizarse. En la unión está la fuerza.

Miriam, cubana radicada en los Estados Unidos, 21 años

Adaptado de *Tú*, Vol. 10, N° 4 (abril de 1989), 80.

E. Ayer, hoy y mañana.   Con un/a compañero(a), elijan uno de los siguientes temas presentados en el artículo y prepárense para responder a las preguntas específicas con sus propias observaciones, imágenes o recomendaciones, según el contexto.

1. Gina cree que todos miramos lo negativo como si no quedaran cosas lindas. ¿Qué cosas lindas ven Uds. en el mundo de hoy? ¿Qué cosas lindas se imaginan para el futuro?

2. Ramón cree que metemos la cabeza en la arena como si no existieran problemas. Den algunos ejemplos de cómo se ignoran los problemas ecológicos. Luego, cuenten algo que hayan visto recientemente.

3. Miriam cree que la gente seguirá acostumbrándose a cualquier crisis como si no pasara nada. Den ejemplos específicos de cómo nos hemos acostumbrado a las crisis de la vida moderna.

4. Ramón cree que nos portamos (*we behave*) como si no tuviéramos que legarles nada a nuestros hijos y nietos. ¿Están de acuerdo? Den una descripción de cómo será el mundo que Uds. quisieran legarles a sus hijos y nietos.

5. Silvia cree que si todos actuáramos, podríamos producir cambios. ¿Qué debemos hacer para producirlos? Escriban una lista de órdenes para presentárselas a la clase.

F. Entrevista.   Con dos compañeros(as), escojan un tema de la página 461, número 3 y escriban tres preguntas para entrevistar a otro grupo sobre el futuro con respecto a este tema. Comuníquenle los resultados a la clase.

⇢ *Por ejemplo:*
la vejez

Cuando sean ancianos, ¿dónde querrán vivir y por qué?
a. En un hogar para ancianos. **b.** En casa de sus hijos. **c.** Solos.

G. Reciclar, no tirar.   Los ecologistas están tratando de promover más reciclaje de basura. En casa, una manera de reciclar nuestra basura consiste en convertirla en algo útil. Con un/a compañero(a), miren la siguiente lista de objetos. Elijan uno (o piensen en otro objeto) y describan lo que podrían hacer con el objeto en vez de tirarlo. Denle consejos a la clase.

⇢ *Por ejemplo:*
Cuando compren huevos, en vez de tirar la caja de plástico o de cartón, conviértanla en algo útil. Píntenla y úsenla para guardar sus aretes o para organizar otras cosas pequeñas.

un bolígrafo gastado
un colgador (*clothes hanger*)
un collar roto
una prenda de ropa manchada
un envase de plástico para la leche
una hoja de afeitar (*razor blade*)

Visión Visión Visión

Biodiversidad amenazada

La *biodiversidad* es la variabilidad de la vida, la diversidad dentro de cada especie y a través de las especies. De los 12 países del mundo considerados como de *megadiversidad* biológica, diez de éstos se encuentran en Latinoamérica: Brasil, México, Colombia, Ecuador, Perú, Venezuela, Bolivia, Panamá, Argentina y Costa Rica. En tu opinión, ¿por qué es importante mantener y proteger la biodiversidad del mundo? Lee el siguiente artículo para ver qué le está pasando a esta diversidad biológica.

Con apenas el 1,4% de la superficie del planeta, México posee cerca del 10% del total de especies conocidas en el mundo. Ocupa el cuarto lugar mundial con respecto al número de especies de plantas y el segundo lugar en cuanto a los mamíferos. A nivel mundial, es el país con mayor diversidad de reptiles. Se destaca además por sus *endemismos*, es decir, por la presencia de organismos que no existen en ningún otro país. Considerando tan sólo la flora, el porcentaje de endemismos oscila entre el 44 y el 63%, mientras que para los vertebrados, la proporción es del 30% en promedio. México, por su clima y vegetación, es santuario de múltiples especies de animales migrantes, como la tortuga marina, la ballena gris, la mariposa monarca y el flamenco rosa, entre otras.

Sin embargo, México ha sufrido elevadas tasas de deforestación: ¡más del 95% de sus bosques tropicales húmedos! Los bosques han cedido terreno a las actividades agropecuarias (*farming and animal husbandry*), el desarrollo urbano o la construcción de infraestructura. Los procesos de expansión agropecuaria han producido, además de la deforestación y destruccíon de ecosistemas, otros problemas. Por ejemplo, la erosión irreversible afecta ya a casi el 80% del territorio nacional; el uso excesivo de agroquímicos ha contaminado los suelos y las aguas subterráneas; el número de especies raras amenazadas o en peligro de extinción suma casi 4.000 especies. Esta destrucción de la riqueza biótica de México es un verdadero cataclismo ecológico, si se piensa que muchas especies desaparecieron para siempre antes de que pudieran ser catalogadas y analizadas sus características nutritivas, farmacológicas, tóxicas y ecológicas.

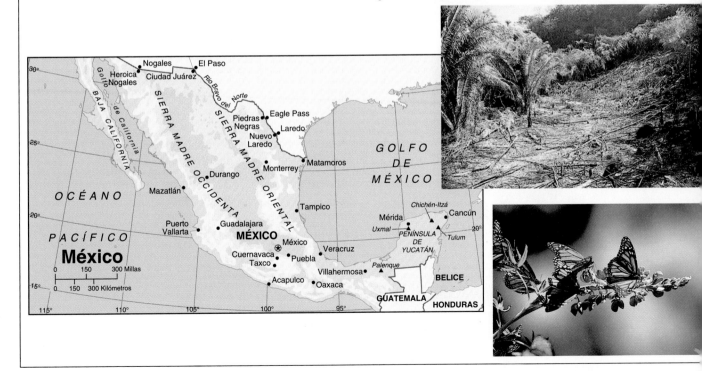

A. Según el *Almanaque mundial*, éstos son los diez países hispanos con mayor cantidad de especies en peligro de extinción. Ordena la lista **(1)** según la zona del mundo (Norteamérica, Sudamérica, Centroamérica) y **(2)** de mayor a menor número de especies amenazadas.

	Flora	**Fauna**		**Flora**	**Fauna**
Argentina	157	78	Ecuador	121	85
Chile	192	27	Guatemala	305	20
Colombia	316	94	México	1.111	61
Costa Rica	456	24	Panamá	344	27
Cuba	874	17	Perú	353	94

Estados Unidos: **Flora**: 2.476; **Fauna**: 64

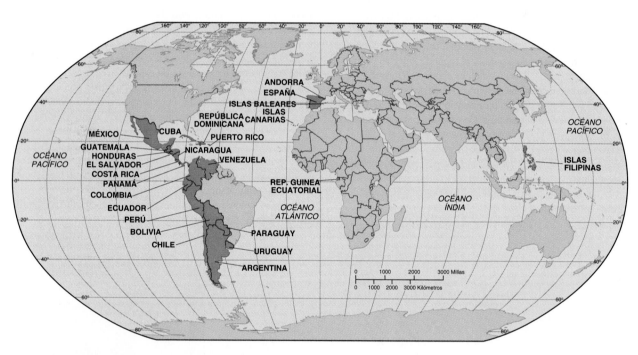

 B. En un grupo de tres o cuatro personas, contesten las siguientes preguntas. Luego, formulen su propia pregunta para hacerle a la clase.

1. ¿Por qué debe preocuparnos la deforestación?

2. ¿Qué relaciones hay entre la flora y la fauna en un ecosistema?

3. ¿Qué país necesita más ayuda?

4. ¿?

 ## En voz alta

Escucha la transmisión radial y marca el tema principal.

_____ una civilización antigua

_____ la contaminación de las aguas

_____ el crecimiento de la población

_____ investigaciones médicas

Mi Refranero. Aquí tienes dos refranes relacionados con el tema de este capítulo. Escúchalos y repítelos tratando de imitar los sonidos.

El que quiera azul celeste, que le cueste.

Pluma a pluma se queda el gallo sin ninguna.

VOCABULARIO

Imágenes y palabras

Con respecto al medio ambiente, ojalá hubiera más...   y menos...

reciclaje de materiales

agua potable

energía solar o del viento

botaderos

pesticidas que envenenan

combustibles fósiles

paisajes vírgenes

especies amenazadas

escasez de alimentos

inversiones en la ecología

leyes para proteger la naturaleza

contaminación

Ojalá pudiéramos proteger los animales en peligro de extinción, como...

el delfín y la ballena

la tortuga y el caimán

el águila

el tigre y el león

**Ojalá todos pudieran aprovechar las oportunidades de...
en vez de...**

prevenir los
incendios forestales

amenazar los bosques

darse cuenta
de los retos

ignorar los riesgos

desarrollar políticas
de conservación

meter la cabeza en la arena

reducir la tasa
de deforestación

matar la vegetación
de las selvas

cuidar la capa de ozono

fabricar productos
dañinos

recoger y reciclar basura

tirar más desperdicios

ahorrar para el
futuro del planeta

agotar los recursos naturales

**Con respecto a la gente del mundo, espero que podamos promover más
cosas lindas y menos feas.**

más...   **y menos...**

solidaridad   egoísmo

amor

paz

riqueza

odio

guerra

pobreza

éxito

igualdad

fracaso

desigualdad

Práctica del vocabulario

A. Una campaña ecológica.　Una organización está trabajando para promover la ecología. Ayúdale a crear carteles para su campaña. Completa los siguientes carteles con tus propios mensajes ecológicos.

➡ *Por ejemplo:*
No meta la cabeza en la arena. **Proteja** nuestros desiertos.

Por un mundo más transparente, **recicle** los envases de vidrio.

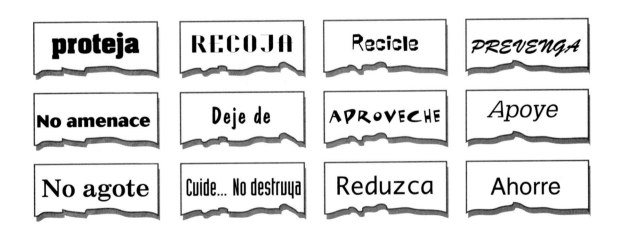

B. Todos somos responsables.   Cuando hablamos de problemas del medio ambiente, hay que reconocer que todos somos responsables en mayor o menor medida. Para los siguientes temas, di lo que estamos haciendo actualmente en este país.

➡ *Por ejemplo:*

la basura → Seguimos produciendo mucha basura. Estamos reciclando más, pero todavía no es suficiente.

1. la energía solar
2. leyes y políticas de conservación
3. botaderos
4. pesticidas que envenenan
5. la capa de ozono
6. animales en peligro de extinción
7. oportunidades para mejorar el medio ambiente
8. los bosques y las selvas

C. ¿Tasas altas o bajas?   Di si debemos tratar de reducir o aumentar lo siguiente y explica cómo lo podemos hacer. En tu respuesta, trata de integrar mucho vocabulario nuevo.

➡ *Por ejemplo:*

Hay una escasez de agua y debemos tratar de reducir nuestra tasa de consumo. Para ahorrar más agua, recomiendo que evitemos las duchas largas, que dejemos de regar el césped tan a menudo, que...

1. la tasa de delincuencia
2. la tasa de reciclaje
3. la tasa de crecimiento de la población
4. la tasa de pobreza
5. la tasa de enfermedad en la vejez
6. la tasa de extinción de las especies
7. la tasa de deforestación
8. la tasa de uso de los combustibles fósiles
9. la tasa de mortalidad infantil
10. la tasa de paro o desempleo

D. Símbolos e imágenes.   Usa el vocabulario nuevo para describir las imágenes que te evoca cada una de estas palabras abstractas.

➡ *Por ejemplo:*

el odio
Cuando pienso en el odio, veo la destrucción—un incendio forestal, un río contaminado de desperdicios, una ballena muerta en la playa, poblaciones amenazadas.

1. el amor
2. la paz
3. la igualdad y la libertad
4. el riesgo
5. la pobreza
6. el éxito
7. la guerra
8. la riqueza
9. el fracaso

E. Riesgos y resultados.   Para las siguientes acciones, da un resultado lógico, usando el tiempo futuro.

➡ *Por ejemplo:*

Previniendo incendios forestales, protegeremos nuestros bosques.

Echando desperdicios en el mar, mataremos los peces.

1. Obedeciendo la ley de la selva,...
2. Tirando basura en los botaderos,...
3. Invirtiendo en la ecología,...
4. Desarrollando la solidaridad,...
5. Agotando los recursos naturales,...
6. Quemando los bosques,...
7. Dejando de comprar aerosoles dañinos,...
8. Dándonos cuenta de los retos ecológicos,...

F. Retos y riesgos. Con un/a compañero(a), escojan uno de los siguientes retos. **(1)** Expliquen qué riesgos correremos si no actuamos de una manera inteligente y **(2)** den una recomendación.

Por ejemplo:

Hay muchas plantas en peligro de extinción.

(1) Si no protegemos las plantas en peligro de extinción, **correremos el riesgo de** perderlas para siempre y de perpetuar nuestra ignorancia del planeta. **(2)** Por eso, es importante que las empresas **se den cuenta de** la importancia de la naturaleza y que **recojan ejemplares** de la vegetación antes de empezar a construir algo.

1. La familia estadounidense típica produce aproximadamente 100 libras de basura a la semana.
2. Para el año 2000, el 20% de todas las especies de la Tierra se habrán perdido para siempre.
3. El 75% del agua que se usa en nuestras casas, se usa en el baño.
4. El estadounidense típico usa el equivalente a siete árboles al año.
5. Un galón de gasolina puede contaminar 750.000 galones de agua potable.
6. Muchos pesticidas son utilizados únicamente para propósitos cosméticos. Un millón de personas sufre accidentes de envenenamiento con pesticidas al año.
7. La botella de vidrio que se tira hoy estará todavía en el botadero en el año 3000.
8. Cada minuto se destruyen 50 acres de bosques tropicales. Para el año 2000, el 80% de ellos ya no existirá.
9. Cien mil mamíferos marinos mueren cada año por comer o enredarse con restos de plástico.
10. Los estadounidenses tiran más de 870.000 libras de comida al día.

Visión Visión Visión

La red de cada día

Mientras en el planeta Tierra nos preocupamos por la salud de las zonas verdes y mientras los astronautas exploran las zonas misteriosas del universo, hay otra «zona» que queda por comprender—la zona donde viajan los cibernautas, es decir, «el ciberespacio». Muchos opinan que la masificación de la Internet nos traerá enormes cambios sociales, económicos y, sobre todo, personales.

A. Con un/a compañero(a), piensen en algunas cosas que se considerarán anticuadas dentro del próximo siglo (por ejemplo: el teléfono, cartas y tarjetas, aspirinas). Luego, lean el siguiente pronóstico a ver qué cambios se imagina el escritor. Para Uds., ¿cuáles serían las ventajas de estos cambios? ¿y las desventajas?

Poco después del año 2000, pagar con cheques o con tarjetas de crédito convencionales (por no decir nada de billetes o monedas) ya será cosa anticuada. Las compras se harán con «ciberdinero»: conectándose a la red electrónica y tecleando un código personal... Pero esta moneda cibernética va a ir mucho más allá. Sus tentáculos se extenderán entre los países, creando enormes redes de transacciones comerciales. Millones de pesetas, dólares, marcos, francos, libras y yenes circularán bajo la apariencia de información digital entre las empresas. Las autopistas informáticas crearán una competencia planetaria: ¿por qué comprar una cámara de fotos en Madrid si cuesta la mitad en Nueva York? Sin embargo, la ausencia de fronteras en el ciberespacio abrirá las puertas al delito: el fraude, los negocios ilegales, la evasión de divisas y de impuestos... Y es más. En un mundo interconectado por las redes informáticas, la intimidad se considerará un bien cada vez más preciado.

Luis de Zaubiaurre, «El ciberdinero», *Cambio 16* (30 oct. 1995), 47.

B. En el siguiente artículo, otros expertos ofrecen sus observaciones. Léelo a ver si estás de acuerdo con ellos. En tu opinión, ¿cuáles de estos aspectos son positivos? ¿Cuáles son negativos? Explica por qué.

Con la masificación de la red electrónica occurrirán transformaciones sociales de una magnitud similar a las producidas con la invención de la imprenta (*printing press*). Entre éstas se cuentan:

- Las personalidades artificiales, o bien, la esquizofrenia de los cibernautas. Están apareciendo nuevos tipos de sujetos: las personalidades artificiales. En la red uno puede ser viejo, joven, hombre o mujer. Esto puede ser una especie de esquizofrenia o de experimentación de sí mismos que hacen los navegantes.

- Las diásporas sintéticas, que se producen con las personas que están vinculadas en la red a pesar de estar dispersas en el espacio: una misma persona puede convivir con diferentes comunidades al mismo tiempo, lo que crea un nuevo tipo de organización social.

- La transformación del espacio físico, producto de las comunicaciones globales. El caso de la pornografía es revelador: un comercial de ropa interior en Francia es pornografía para los habitantes de Arabia Saudita.

- El cambio de los valores culturales. La *Internet* comenzó hace más de 20 años en Estados Unidos, aunque en los últimos cinco se ha expandido por todo el mundo (ya hay más de cien países conectados). Esto implica que, al menos en un principio, *la cultura de la red* es marcadamente norteamericana, lo que no satisface a algunos países que tienen otros valores y una forma diferente de vida.

- La *Internet* es anárquica. Por eso, el tema de cómo controlar la información de la red tiene de cabeza a diferentes expertos, que no han tenido ningún éxito.

Bárbara Thayer, "La red de cada día", *Revista Hoy*, N° 1.001, año xix (30 sept.–6 oct., 1996), 43.

GRAMÁTICA 1

Para proponer situaciones y condiciones: el imperfecto del subjuntivo

A. Use the imperfect (past) subjunctive . . .

with **ojalá** to express your wishes about the way you would like things to be. **Ojalá** has various translations, as in the examples.

¡Ojalá que hubiera menos guerras!	***If only*** *there would be fewer wars!*
¡Ojalá que pudieran detener la destrucción del ozono!	***I wish*** *they could stop the problem of ozone depletion.*

after **como si...** (*as if*) to make descriptions in hypothetical terms.

Mucha gente gasta electricidad **como si no tuviéramos** una escasez de energía.

under the same conditions that you would use the present subjunctive. If the context is in present time, use the present subjunctive; if it is in past time, use the past subjunctive.

Quiero que laves y **recicles** los envases de vidrio.	**Quería que lavaras** y **reciclaras** los envases de vidrio.

B. To form the past subjunctive, drop the **-on** ending of the preterit **ellos/ ellas/Uds.** form of the verb and add the endings **-a, -as, -a, -amos, -*ais*, -an**, as shown in the chart. Note that the **nosotros** form requires a written accent.

desarrollar pretérito: desarrollaron (desarrollar-)		**recoger** pretérito: recogieron (recogier-)		**sobrevivir** pretérito: sobrevivieron (sobrevivier-)	
desarrollar**a**	desarrollár**amos**	recogier**a**	recogiér**amos**	sobrevivier**a**	sobreviviér**amos**
desarrollar**as**	*desarrollar**ais***	recogier**as**	*recogier**ais***	sobrevivier**as**	*sobrevivier**ais***
desarrollar**a**	desarrollar**an**	recogier**a**	recogier**an**	sobrevivier**a**	sobrevivier**an**

Since you form the past subjunctive from the preterit tense, if the verb is irregular or has a stem or spelling change, that change will be carried over to the stem of the past subjunctive.

1. Recall that **-ir** stem-changing verbs have changes in the preterit and, therefore, in the past subjunctive. (These are the same verbs that also had stem changes in the present participle.)

	Preterit	Imperfect subjunctive
invertir	invirtieron	invirtiera, invirtieras, invirtiera, invirtiéramos,...
reírse	se rieron	me riera, te rieras, se riera, nos riéramos,...
morirse	se murieron	me muriera, te murieras, se muriera, nos muriéramos,...

2. The verbs **creer, (de)caer, leer, oír** and those ending in **-uir (influir, incluir, construir)** have a **y** in the preterit and past subjunctive forms.

decaer decayeron → decayera   **disminuir** disminuyeron → disminuyera
oír oyeron → oyera   **destruir** destruyeron → destruyera

3. Verbs that are irregular in the preterit carry over this irregularity to the past subjunctive. Here are some common examples.

ser, ir (fueron)	fuera, fueras, fuera, fuéramos, *fuerais*, fueran
decir (dijeron)	dijera, dijeras, dijera, dijéramos, *dijerais*, dijeran
reducir* (redujeron)	redujera, redujeras, redujera, redujéramos, *redujerais*, redujeran
estar, tener ([es]tuvieron)	(es)tuviera, (es)tuvieras, (es)tuviera, (es)tuviéramos, *(es)tuvierais*, (es)tuvieran
poder (pudieron)	pudiera, pudieras, pudiera, pudiéramos, *pudierais*, pudieran
saber (supieron)	supiera, supieras, supiera, supiéramos, *supierais*, supieran
haber (hubieron)	hubiera, hubieras, hubiera, hubiéramos, *hubierais*, hubieran
dar (dieron)	diera, dieras, diera, diéramos, *dierais*, dieran
(pre)venir ([pre]vinieron)	(pre)viniera, (pre)vinieras, (pre)viniera, (pre)viniéramos, *(pre)vinierais*, (pre)vinieran
hacer (hicieron)	hiciera, hicieras, hiciera, hiciéramos, *hicierais*, hicieran

Ejercicio A. Usa el imperfecto del subjuntivo para resumir lo que quería la persona que te dio las siguientes órdenes.

⟹ *Por ejemplo:*
Siéntate. → **Quería que me sentara.**

1. Traduzcan Uds. este párrafo. Quería que nosotros...
2. Tráeme un vaso de agua, por favor. Me pidió que le...
3. Reciclen los envases de plástico. Nos aconsejó que...
4. Uds. tienen que darse cuenta de los problemas. Quería que...
5. Recoge este papelito. Insistió en que...
6. No te rías. No quería que...
7. Invierte tus ahorros. Sugirió que...
8. Reduzcan su consumo de agua. Nos recomendó que...
9. Haz lo que puedas. Quería que...
10. No andes ignorando el ambiente. No quería que...
11. Protejan las águilas. Nos aconsejó que...
12. Conviertan su basura en algo útil. Nos dijeron que...

*Other verbs ending in **-ucir** follow this same pattern: **producir** → **produjera**, **traducir** → **tradujera**.

Ejercicio B. Para cada uno de los siguientes comentarios, expresa un deseo usando el imperfecto del subjuntivo con **ojalá**.

➩ *Por ejemplo:*
No sé ahorrar para el futuro. → **Ojalá supiera ahorrar.**

1. No prevenimos la deforestación.
2. Las industrias están echando desperdicios en el río.
3. Muchos peces mueren por la pesca descontrolada.
4. Seguimos matando las ballenas sin razón.
5. No puedo hacer nada para parar la destrucción.
6. Muchos no se dan cuenta de la gravedad del problema.
7. Hay muchos animales en peligro de extinción.
8. La tasa de mortalidad no disminuye.
9. La familia típica produce tantas toneladas de basura.
10. Construimos carreteras en vez de buscar otras soluciones.

Práctica de la gramática

Estrategias

The activities in this section will help you practice the imperfect subjunctive as it is used in everyday interactions to express wishes, propose situations or conditions, and make hypothetical comparisons. Skim the activities in this section to identify which of the following strategies are used in each.

- Integrate new learning into continued practice with previous learning.
- Use models, grids, lists, and incomplete statements to structure and expand your statements.
- Personalize the language to express your own messages.
- Use new learning to express your creativity.
- Collaborate with others to practice and exchange information.

A. Así se comportan.   Di cómo se comportan las siguientes personas.

➩ *Por ejemplo:*
los pescadores

A veces los pescadores **se comportan como si** sólo **importaran** los peces para el consumo.

1. los políticos
2. los médicos
3. los profesores
4. los ecólogos
5. los administradores de la universidad
6. los cibernautas
7. los alumnos universitarios
8. los policías
9. los conductores
10. los turistas

B. ¿Qué dijeron?   Con un/a compañero(a), resuman lo que te dijeron que tenías que hacer.

Por ejemplo:

Ponte un abrigo. No quiero que te enfermes.

Dijo que me pusiera un abrigo porque **no quería que me enfermara.**

1. Tráeme esa novela de ciencia ficción y léeme el primer párrafo.
2. Recoge la basura para que no atraiga insectos.
3. Invierte tu cheque de sueldo para que aumentes tus ahorros.
4. Acuéstate y duerme hasta que te sientas mejor.
5. Dime la verdad a menos que sea un secreto. No me mientas, por favor.
6. No sigas saliendo con esa gente. No creo que influyan bien en ti.

C. Ojalá hubiera soluciones.   Con un/a compañero(a), digan lo que quisieran que pasara para responder a los siguientes retos.

Por ejemplo:

para proteger la capa de ozono → Ojalá disminuyéramos el uso de aerosoles.

1. para prevenir la delincuencia
2. para reducir el aislamiento de los ancianos
3. para embellecer el paisaje
4. para eliminar las fronteras entre las gentes del mundo
5. para reducir la tasa de pobreza
6. para ser ciudadanos más responsables
7. para mejor educar a nuestros niños
8. para eliminar la tasa de mortalidad en las carreteras
9. para curar las enfermedades graves
10. para no agotar nuestras fuentes de energía

La catarata de Iguazú y la presa hidroeléctrica de Itaipú entre Argentina, Brasil y Paraguay.

D. De niños.   Usa el imperfecto del subjuntivo para describir los siguientes aspectos de tu niñez o adolescencia.

Por ejemplo:

lo que querían que hicieras tus padres
   Mis padres siempre querían que me riera más y que no tomara las cosas tan en serio.

1. lo que siempre te aconsejaban los mayores
2. algo que no creías que fuera posible
3. lo que tú querías que hicieron tus padres
4. lo que querías que hicieran los maestros
5. algo que le recomendaste a un/a amigo(a)
6. lo que no te gustaba que otros hicieran

E. Bajo estas circunstancias. Con un/a compañero(a), piensen en cómo completarían las siguientes frases. Luego, infórmenle a la clase de sus ideas.

Por ejemplo:
Habría menos contaminación si **hubiera** más transporte público y si los ciudadanos...

1. Habría menos divorcios si...
2. Habría menos delincuencia si...
3. No tendríamos tantas guerras si...
4. Prevendríamos los atascos de tráfico si...
5. Habría menos escasez de alimentos si...
6. Reciclaríamos más si...
7. Las políticas de conservación tendrían más éxito si...
8. Habría menos odio si...
9. Habría menos uso de drogas ilegales si...
10. Sabríamos más del universo si...

VOZ VOZ VOZ VOZ VOZ VOZ

Si tan sólo pudiera...
De vez en cuando, todos sentimos remordimiento (*regret*). Cuando recordamos ciertos episodios de nuestra vida, a veces pensamos que ojalá hubiéramos actuado de otra manera. ¿Qué remordimientos tienes tú? Expresa tus sentimientos con la frase **Ojalá (no) hubiera...**

Por ejemplo:
Ojalá no me hubiera peleado con mi amiga. Ojalá le hubiera dicho...

A. ¿Piensas a veces en lo que harías si pudieras vivir nuevamente un episodio o una época de tu vida? El famoso poeta argentino Jorge Luis Borges expresó sus sentimientos al respecto en el poema de la página 477. Léelo y escribe cinco frases para expresar el remordimiento que él siente al pensar en su vida.

Por ejemplo:
Ojalá me hubiera relajado más. Ojalá hubiera corrido más riesgos.

B. Elige uno de los siguientes temas y expresa tus propios sentimientos.

Si pudiera vivir nuevamente la semana pasada...
Si pudiera ser niño(a) otra vez...

Si pudiera vivir en otra época...
Si pudiera cambiar un aspecto de mi vida...

Instantes

Jorge Luis Borges

Si pudiera vivir nuevamente mi vida,
en la próxima trataría de cometer más errores;
No intentaría ser tan perfecto,
me relajaría más.

Sería más tonto° de lo que he sido.
De hecho, tomaría muy pocas cosas con seriedad.
Sería menos higiénico.
Correría más riesgos, haría más viajes
y contemplaría más atardeceres°.

Subiría más montañas, nadaría más ríos,
iría a más lugares a donde nunca he ido,
comería más helados y menos habas°;
Tendría más problemas reales y menos imaginarios.*

Atardecer en El Petén, Guatemala.

Palabras útiles

tonto *silly*
el atardecer *sunset*
las habas las
  habichuelas

G R A M Á T I C A 2

Para especular sobre resultados y consecuencias: el tiempo condicional

In the previous grammar section, you learned to use the imperfect subjunctive to propose hypothetical conditions and situations.

Ojalá las empresas **fabricaran** menos productos dañinos.

Ojalá tantas plantas no **estuvieran** en peligro de extinción.

Ojalá **invirtiéramos** más fondos para catalogar las plantas amenazadas.

1. To speculate on the consequences or results of proposals such as these, use the conditional tense. The conditional tense corresponds to English

*Jorge Luis Borges, "Instantes", *Nueva antología personal*, 3d. ed. (City: Bruguera, 1985).

expressions with *would*, as in "The world *would be* a better place." For example, to state a hypothesis about the future or to express what *would* happen if something else were true, use the following *if . . . then . . .* model.

si + past subjunctive + conditional

Si invirtiéramos más fondos en proteger y catalogar las plantas amenazadas, **podríamos** aprender algo de su valor medicinal.
If we invested (were to invest) more funds to protect and catalog threatened plant life, we would be able to (could) learn something about their medicinal values.

2. The conditional tense is formed from the same stem as that used to form the future tense. In other words, for most verbs you will simply attach the endings **-ía, -ías, -ía, -íamos, *-íais*, -ían** to the infinitive.

ahorrar		meter		invertir	
ahorraría	ahorraríamos	metería	meteríamos	invertiría	invertiríamos
ahorrarías	*ahorraríais*	meterías	*meteríais*	invertirías	*invertiríais*
ahorraría	ahorrarían	metería	meterían	invertiría	invertirían

Verbs that have an irregular stem in the future tense have the same irregular stem in the conditional. To review these irregular verbs, refer to page 444.

Si pudiera, yo **prevendría** el uso indiscriminado de los bosques. **Tendría que** estudiar la posibilidad de organizar una campaña contra la deforestación. Primero, **habría que** conseguir más ayuda del gobierno. **Podríamos** recoger firmas para presentar una petición; así los oficiales **sabrían** que los ciudadanos estamos preocupados. Les **diríamos** que **querríamos** actuar para cambiar la situación. Luego, **saldríamos** a la calle a protestar. **Pondríamos** nuestro mensaje en letreros para que la gente se diera cuenta del problema. Todo esto lo **haría** yo, si pudiera. Y sí que lo puedo hacer.

Ejercicio A. Cuéntales a tus compañeros(as) los siguientes chismes (*gossip*).

➤ *Por ejemplo:*
El presidente de la universidad dice quo no va a haber más exámenes.

El presidente dijo que no **habría** más exámenes.

1. Dice que los alumnos van a poder asistir a clase sin pagar la matrícula.
2. Dicen que van a poner televisores en todos los dormitorios de las residencias.
3. Tu profesor dice que nadie va a recibir menos de una C en su clase.
4. Dicen que no van a tirar más basura sin reciclarla.
5. La directora de la biblioteca dice que van a adquirir más publicaciones sobre el ambiente.
6. El ayudante dice que van a prohibir el ruido en todas las residencias después de las 11.

Ejercicio B. ¿Qué harías en los siguientes casos? Cambia los infinitivos entre paréntesis al tiempo condicional, y completa las frases con tus propias ideas.

1. Si pudiera dirigir a los distintos grupos de la ciudad, (decirles) que...
2. Cuando finalmente estos grupos me pusieran atención, (ponerlos) a trabajar en...
3. Creo que si más jóvenes se preocuparan de los problemas comunitarios, más (darse cuenta) de...
4. Si el éxito dependiera de las buenas relaciones que pudiéramos mantener, todo el mundo (tener) que...
5. Si la paz pudiera por fin ser realidad, los jóvenes (poder) dedicarnos a...

Práctica de la gramática

Estrategias

The activities in this section will help you practice using the conditional tense as it is used in everyday interactions to speculate and to state consequences or results. Skim the activities in this section to identify which of the following learning and communication strategies are used.

- Integrate new learning into previous learning.
- Use models to help you structure your statements.
- Personalize new learning to express your own messages.
- Collaborate with others to practice and exchange information.

A. Situaciones personales. Di dos cosas que harías en las siguientes circunstancias.

1. Si se te manchara el vestido o traje antes de una entrevista de trabajo...
2. Si encontraras un billete de cien dólares en el suelo de la cafetería...
3. Si supieras que tu amigo había copiado en una prueba...
4. Si no pudieras dormirte por la noche...
5. Si vieras una cucaracha en tu sopa...
6. Si tuvieras una semana de vacaciones...

B. Una vida diferente. ¿Cómo sería diferente tu vida y la de otros en los siguientes casos?

1. con tres hermanos más
2. sin tanto trabajo
3. sin notas
4. con una beca
5. con una casa en la playa
6. con un trabajo estupendo
7. con un coche deportivo
8. con un/a esposo(a)

C. Si pudiera... Di qué harías en los casos 1–5 y qué no harías en los casos 6–10.

¿Qué harías si...?	¿Qué no harías si...?

1. pudieras cambiar una ley	6. no hubiera electricidad
2. pudieras ser otra persona	7. no hubiera coches
3. pudieras prevenir algo	8. no hubiera teléfonos
4. fueras del tamaño de un insecto	9. ya no hubiera árboles
5. no tuvieras que dormir	10. no hubiera relojes

D. Si yo fuera tú... ¿Qué consejos puedes dar? Usa la frase **Si yo fuera...**, según el modelo.

➡ *Por ejemplo:*

Si yo fuera mi amigo Josh, no envenenaría mis pulmones y el aire fumando.

1. tu papá o mamá	5. el (la) presidente de la universidad
2. tu profesor/a	6. el (la) jefe(a) de programación de la televisión
3. el presidente de EE.UU.	
4. el (la) alcalde/sa de la ciudad	

E. Papá y mamá. Di qué les dirías o qué harías si tú fueras papá o mamá y tus hijos hicieran las siguientes cosas. Explica por qué.

➡ *Por ejemplo:*

Tu hijo de 14 años fuma.   Si mi hijo fumara, le aconsejaría (diría) que...

1. Tus hijos fuman marihuana.	6. Tu hija de 17 años quiere casarse.
2. Tu hija quiere pasar un año en la selva amazónica.	7. Tu hijo quiere abandonar sus estudios.
3. Tu hijo deja de asistir a clases.	8. A tu hija de 4 años le da miedo la oscuridad.
4. Tu hija conduce tu coche, sin tener licencia.	9. Tu hija se convierte en otra persona en la Internet.
5. Tu hijo se hizo un gran tatuaje (*tattoo*) en el pecho.	

F. Encuesta. Con un/a compañero(a), desarrollen cinco preguntas para proponerles a sus compañeros(as) unas condiciones hipotéticas. Háganles sus preguntas a tres compañeros(as) y luego infórmenle a la clase.

➡ *Por ejemplo:*

¿Qué harían ustedes si sólo les quedara un mes de vida?
¿Adónde irían Uds. si pudieran hacer el viaje de sus sueños?

En voz alta

Escucha la grabación de un programa radial y completa las siguientes frases.

1. La civilización que se describe es...
2. Algunas maravillas de esta civilización son...
3. La civilización floreció durante los años...
4. Sabían preservar sus...
5. Con respecto a su población, tenían...
6. Ahora se investigan los métodos que usó esta gente para...

Mi Refranero. Aquí tienes dos refranes relacionados con el tema de este capítulo. Escúchalos y repítelos tratando de imitar los sonidos.

El que no se arriesga, no pasa la mar.   **No todo lo grande es bueno, pero todo lo bueno es grande.**

Voces del mundo hispano

Todo pasa y todo queda

Imagínate cómo será el mundo al cabo de cien años. Con un/a compañero(a), digan qué problemas ya se habrán resuelto, según Uds.

la contaminación de...	la reducción de...	la destrucción de...
la escasez de...	la fabricación de...	la extinción de...
las inversiones en...	la alta (baja) tasa de...	el riesgo de...
la desintegración de...	el aumento de...	la matanza de...

ANCIANOS ABANDONADOS ¡AYUDENOS!

CANASTILLOS DE NOVIA, CORONAS DE CARIDAD. FONO: 737 43 94

FUNDACION LAS ROSAS

Si Uds. pudieran vivir en el año 2100, ¿qué cosas verían? ¿Cómo viviría la gente? Completen las siguientes frases para compartir su visión con la clase.

1. La gente aprovecharía más oportunidades para...
2. Habría vacunas contra...
3. La gente viviría hasta la edad de...
4. Todos harían excursiones a... y viajarían en...
5. Ya no veríamos...
6. Todos usarían energía...
7. Se comunicarían con...
8. Habría leyes contra...
9. La gente echaría de menos (*would miss*)...
10. El reto más importante sería...

Estrategias

Apply the strategies you have practiced in this chapter to experience a vision of the future through a work of literature.

- Think about the theme and your point of view.
- Skim for the gist and scan for specific information.
- Rely on cognates, derivatives, and context clues to guess meaning.
- Read one portion of text at a time and check your comprehension periodically.
- Personalize learning to express your own messages.
- Collaborate with others to exchange information.

A. Últimos avances. ¿Qué grandes avances científicos han ocurrido durante el siglo XX? En tu opinión, ¿los avances científicos, médicos y tecnológicos siempre son positivos o puede que haya otra cara de la moneda? El siguiente cuento, por el escritor peruano José Bernardo Adolph, presenta una escena del futuro. Lee sólo la primera parte y contesta las siguientes preguntas.

1. ¿Qué año es?
2. ¿Qué gran revolución biológica ha ocurrido?
3. ¿Cómo se comunicaron las noticias?
4. ¿Cómo reaccionó la gente?
5. ¿Cómo reaccionarías tú si oyeras este anuncio?

B. Éxitos agridulces. Ahora lee la segunda parte del cuento.

1. Completa las frases para resumir lo bueno y lo malo de este avance científico.

Si la gente recibiera _____ cada período de _____ , no _____ nunca, a menos que tuviera un accidente, y el cuerpo no se _____ . Desafortunadamente, lo malo era que ningún ser humano que tuviera _____ podría participar.

2. Si vivieras tú en esta época ahora, ¿tendrías la oportunidad de participar en el programa o ya serías demasiado «viejo(a)»?
3. Cita las frases que te informan sobre **(a)** el sistema de gobierno y **(b)** la exploración del espacio de esta época.

Nosotros, no

I. Aquella tarde, cuando tintinearon las campanillas° de los teletipos y fue repartida la noticia como un milagro, los hombres de todas las latitudes se confundieron en un solo grito de triunfo. Tal como había sido predicho doscientos años antes, finalmente el hombre había conquistado la inmortalidad en 2168.

Palabras útiles
las campanillas *bells*

Palabras útiles

los altavoces
  loudspeakers
jamás nunca
la senectud *senility*
las ampolletas *vials*
la semilla *seed*
ondeaba *waved*
la faz *face*
los verdugos *executioners*
las lágrimas *tears*
ingenua *naive*
carcomiendo
  consumiendo

Todos los altavoces° del mundo, todos los transmisores de imágenes, todos los boletines destacaron esta gran revolución biológica. También yo me alegré, naturalmente, en un primer instante.

¡Cuánto habíamos esperado este día!

II. Una sola inyección, de cien centímetros cúbicos, era todo lo que hacía falta para no morir jamás°. Una sola inyección, aplicada cada cien años, garantizaba que ningún cuerpo humano se descompondría nunca. Desde ese día, sólo un accidente podría acabar con una vida humana. Adiós a la enfermedad, a la senectud°, a la muerte por desfallecimiento orgánico. Una sola inyección, cada cien años.

Hasta que vino la segunda noticia, complementaria de la primera. La inyección sólo surtiría efecto entre los menores de veinte años. Ningún ser humano que hubiera traspasado la edad del crecimiento podría detener su descomposición interna a tiempo. Sólo los jóvenes serían inmortales. El gobierno federal mundial se aprestaba ya a organizar el envío, reparto y aplicación de las dosis a todos los niños y adolescentes de la tierra. Las ampolletas° se llevarían a las más lejanas colonias terrestres del espacio.

III. Todos serían inmortales. Menos nosotros, los mayores, los adultos, los formados, en cuyo organismo la semilla° de la muerte estaba ya definitivamente implantada.

Todos los muchachos sobrevivirían para siempre. Serían inmortales y, de hecho, animales de otra especie. Ya no seres humanos: su psicología, su visión, su perspectiva, eran radicalmente diferentes a las nuestras. Todos serían inmortales. Dueños del universo para siempre. Libres. Fecundos. Dioses.

Nosotros, no. Nosotros, los hombres y mujeres de más de veinte años éramos la última generación mortal. Éramos la despedida, el adiós, el pañuelo de huesos y sangre que ondeaba°, por última vez sobre la faz° de la tierra.

Nosotros, no. Marginados de pronto, como los últimos abuelos, de pronto nos habíamos convertido en habitantes de un asilo para ancianos, confusos conejos asustados entre una raza de titanes. Estos jóvenes, súbitamente, comenzaban a ser nuestros verdugos° sin proponérselo. Ya no éramos sus padres. Desde ese día, éramos otra cosa; una cosa repulsiva y enferma, ilógica y monstruosa. Éramos «Los que Morirán». Ellos derramarían lágrimas°, ocultando su desprecio, mezclándolo con su alegría. Con esa alegría ingenua° con la cual expresaban su certeza de que ahora, ahora sí, todo tendría que ir bien.

IV. Nosotros sólo esperábamos. Los veríamos crecer, hacerse hermosos, continuar jóvenes y prepararse para la segunda inyección, una ceremonia —que nosotros ya no veíamos— cuyo carácter religioso se haría evidente. Ellos no se encontrarían jamás con Dios. El último cargamento de almas rumbo al Más Allá, era el nuestro.

¡Ahora cuánto nos costaría dejar la tierra! ¡Cómo nos iría carcomiendo° una dolorosa envidia! ¡Cuántas ganas de asesinar nos llenarían el alma, desde hoy y hasta el día de nuestra muerte!

V. Hasta ayer. Cuando el primer chico de quince años, con su inyección en el organismo, decidió suicidarse. Cuando llegó esa noticia, nosotros, los mortales, recién comenzamos a amar y a comprender a los inmortales. Porque ellos son unos pobres renacuajos° condenados a prisión perpetua en la vida. Perpetua. Eterna. Y empezamos a sospechar que dentro de 99 años, el día de la segunda inyección, la policía saldrá a buscar a miles de inmortales para imponérsela. Y la tercera inyección, y la cuarta, y el quinto siglo y el sexto; cada vez menos voluntarios, cada vez más niños eternos que imploran la evasión, el final, el rescate°. Será horrenda la cacería°. Serán perpetuos miserables.

    Nosotros, no.

José B. Adolph, "Nosotros, no".

los renacuajos *tadpoles*
el rescate *rescue*
la cacería *hunt*

C. Nosotros y ellos.   Lee la tercera parte del cuento que te describe los sentimientos y las actitudes de dos sectores de una sociedad dividida. Después, responde a lo siguiente.

1. En dos columnas, cita las palabras que el autor emplea para describir **(a)** a los jóvenes y **(b)** a los mayores.
2. Di a quiénes se refieren las siguientes descripciones y, en cada caso, explica qué ideas quiere comunicar el autor.

a. animales de otra especie   **c.** ocultando su desprecio   **e.** una raza de titanes
b. alegría ingenua   **d.** la semilla de la muerte   **f.** confusos conejos

3. Explica las siguientes frases.

«... su psicología, su visión, su perspectiva, eran radicalmente diferentes a las nuestras.»
«Ya no éramos sus padres. Desde ese día éramos otra cosa; una cosa repulsiva y enferma...»
«Ellos derramarían lágrimas, ocultando su desprecio, mezclándolo con su alegría.»

D. Deseos, emociones, remordimientos.   Lee la cuarta parte del cuento a ver qué emociones y remordimientos se expresan.

1. ¿Qué no verían nunca estos jóvenes?
2. ¿Qué no verían nunca los mayores?
3. ¿Qué emociones o deseos evoca el darse cuenta de esta nueva realidad? Cita ejemplos.

E. ¿Bendición o maldición?   Lee la última parte del cuento. Verás cómo cambia la perspectiva de los mayores. Luego, responde a lo siguiente.

1. ¿Qué episodio cambió la perspectiva de «los mayores»? ¿Por qué?
2. Cita las palabras y expresiones que emplea el autor para comunicar lo negativo del futuro de los jóvenes.
3. ¿En qué períodos se verá este escenario negativo del futuro?
4. Explica el significado del uso de las siguientes palabras: **renacuajos, rescate, cacería.**

F. Imagínense.   Este cuento nos ofrece mucho para hacernos pensar. Con un/a compañero(a), discutan las siguientes preguntas.

1. Si tuvieran la oportunidad de vacunarse contra la muerte, ¿la aprovecharían? ¿Por qué?

2. Si supieran que eran inmortales, ¿cómo serían diferentes su «psicología, su vision, su perspectiva»?

3. Si toda la gente del mundo fuera inmortal, ¿qué nuevo significado tendrían los siguientes verbos?

esperar   crecer   prepararse   ahorrar   correr riesgos   envejecerse

4. Si toda la gente del mundo fuera inmortal, ¿cómo cambiaría el uso de los recursos naturales del planeta?

5. ¿Qué cambios de valores se verían?

6. ¿Qué clases se desarrollarían en las sociedades?

7. ¿Qué problemas nuevos surgirían?

8. Si no hubiera «mayores», sino sólo «jóvenes de muchos siglos», ¿qué diferencias habría entre la vida de ahora y la del futuro?

G. La vida sin fin.   Escribe un párrafo para expresar cómo cambiarías tu vida si supieras que vivirías para siempre.

≈ **La red electrónica.** Para aprender más sobre el mundo hispano con respecto a las ciudades, el medio ambiente y la visión del futuro, puedes hacer tu propia búsqueda o encontrar información usando palabras clave como las siguientes. Cuéntale a la clase lo que aprendas.

   El medio ambiente: "capa de ozono", biodiversidad, reciclar (reciclaje), deforestación, botadero, ecoturismo, pesticidas, "áreas protegidas", "uso sostenible", "especies amenazadas", "agua potable".

   La ciudad: delincuencia (delito), pobreza, "transporte público", "gobierno local", alcaldes, "vida urbana", urbes, civismo, desamparado, impuestos, minusválidos

   El futuro: extraterrestres, "sistema solar", "tercera edad" (vejez), "Tratado de libre comercio"

P a r a   e s c r i b i r

Las últimas noticias

This section will guide you to analyze problems, summarize points of view, and focus on the accuracy of reported conversation.

A. Imaginar.   Think of a current, frequently discussed problem on your campus. Choose from those below or think of your own.

espacios públicos y zonas verdes   estacionamiento
construcción de un complejo deportivo   delincuencia
rampas/ascensores para minusválidos   residencias inadecuadas

B. Citar.   For the issue
you have chosen, give
two opposing sides. For
example, it may be
**alumnos–autoridades
de la universidad,
naturalistas–el (la)
vocero(a) de la
universidad/ciudad,
derechistas–
izquierdistas,
feministas–machistas,
los que viven en el
campus–los que no**

Santiago, Chile

viven en el campus, los de las hermandades (*fraternities*)**–los que no
están en hermandades**. For each side, list at least five quotes that would
likely come from the group (include commands).

> *Por ejemplo:*
> **Los alumnos que viven aquí dijeron:**   **El (La) vocero(a) de la universidad dijo:**
>
> «Construyan residencias más...»   «No es posible construir más...»
> «Reparen el techo (los baños) de...»   «Esperen tres años más...»
> «No corten los árboles de...»   «Cuando decidan qué hacer con...»
> «Queremos residencias que...»   «No hay nada que se pueda hacer...»

C. Reportar.   Write an article, as if for a campus newspaper, that describes
the problem and summarizes both sides of the argument by relating what
was said by each group. Notice how this is done in English and Spanish.

"We will build more dorms," they said.	*They said they **would build** more dorms.*
«Construyan mejores instalaciones para los minusválidos.»	Los alumnos exigieron que la universidad **construyera** mejores instalaciones...
«Construiremos mejores instalaciones cuando terminemos nuestro análisis de los costos.»	El vocero de la universidad dijo que **construirían** las instalaciones cuando **terminaran** su análisis...

D. Editar.   In the editing phase, check your accuracy in transforming direct
quotes into reported speech, using the following formula.

If the original quote contains	*reported speech changes to*
present tense	imperfect tense
future tense	conditional
command or present subjunctive	past subjunctive

Review the content of your report. Does your introductory paragraph state and
describe the problem clearly? Have you included an appropriate conclusion?
Most of all, is your report newsworthy and interesting? If so, **¡felicitaciones!**

Mi diccionario

Sustantivos
el águila (f.) eagle
el animal animal
la ballena whale
el bosque virgen virgin forest
el botadero dump
el caimán alligator
el delfín dolphin
el desperdicio refuse
el león lion
la ley law
la oportunidad opportunity
el paisaje landscape, countryside
el pesticida pesticide
el planeta planet
el reciclaje recycling
el reto challenge
el riesgo risk
la selva jungle
la Tierra Earth
el tigre tiger
la tortuga turtle
la vegetación vegetation

Sustantivos abstractos
el amor love
la desigualdad inequality
el egoísmo selfishness
el éxito success
el fracaso failure
la guerra war
la igualdad equality
el odio hatred
la paz peace
la pobreza poverty
la riqueza wealth
la solidaridad solidarity

Términos del ambiente
el agua potable drinking water
la capa de ozono ozone layer
el combustible fósil fossil, nonrenewable fuel
la energía solar/del viento solar/wind energy

la escasez de alimentos food shortage
la especie amenazada threatened species
el incendio forestal forest fire
la inversión en la ecología investment in ecology
el medio ambiente environment
en peligro de extinción in danger of extinction
las políticas de conservación conservation policies
el producto dañino harmful product
los recursos naturales natural resources
la tasa de deforestación deforestation rate

Verbos
agotar to exhaust
ahorrar to save
amenazar to threaten
aprovechar to take advantage of
cuidar to care for
darse cuenta de to realize
desarrollar to develop
envenenar to poison
fabricar to manufacture
ignorar to ignore
matar to kill
prevenir to prevent
promover (ue) to promote
proteger to protect
reciclar to recycle
recoger to collect; to pick up
reducir to reduce

Otras palabras y expresiones
como si as if
meter la cabeza en la arena to hide one's head in the sand
ojalá I wish, if only

Verbos

A. Regular Verbs

Infinitive

-ar	-er	-ir
hablar	**correr**	**vivir**

Indicative Mood

Present

hablo	hablamos	corro	corremos	vivo	vivimos
hablas	habláis	corres	corréis	vives	vivís
habla	hablan	corre	corren	vive	viven

Preterit

hablé	hablamos	corrí	corrimos	viví	vivimos
hablaste	hablasteis	corriste	corristeis	viviste	vivisteis
habló	hablaron	corrió	corrieron	vivió	vivieron

Imperfect

hablaba	hablábamos	corría	corríamos	vivía	vivíamos
hablabas	hablabais	corrías	corríais	vivías	vivíais
hablaba	hablaban	corría	corrían	vivía	vivían

Future

hablaré	hablaremos	correré	correremos	viviré	viviremos
hablarás	hablaréis	correrás	correréis	vivirás	viviréis
hablará	hablarán	correrá	correrán	vivirá	vivirán

Conditional

hablaría	hablaríamos	correría	correríamos	viviría	viviríamos
hablarías	hablaríais	correrías	correríais	vivirías	viviríais
hablaría	hablarían	correría	correrían	viviría	vivirían

Present Perfect

he	hemos			
has	habéis }	hablado	corrido	vivido
ha	han			

Present Progressive

estoy	estamos			
estás	estáis }	hablando	corriendo	viviendo
está	están			

Subjunctive Mood

Present Subjunctive

hable	hablemos	corra	corramos	viva	vivamos
hables	habléis	corras	corráis	vivas	viváis
hable	hablen	corra	corran	viva	vivan

Imperfect Subjunctive

hablara	habláramos	corriera	corriéramos	viviera	viviéramos
hablaras	hablarais	corrieras	corrierais	vivieras	vivierais
hablara	hablaran	corriera	corrieran	viviera	vivieran

Present Perfect Subjunctive

haya	hayamos			
hayas	hayáis	hablado	corrido	vivido
haya	hayan			

Command Forms

tú	habla, no hables	corre, no corras	vive, no vivas
usted	hable, no hable	corra, no corra	viva, no viva
ustedes	hablen, no hablen	corran, no corran	vivan, no vivan

B. Stem-Changing Verbs

Only the tenses with stem changes are given.

1. **-ar** and **-er** stem-changing verbs: **e > ie** and **o > ue**

pensar (ie)

Present Indicative: pienso, piensas, piensa, pensamos, pensáis, piensan
Present Subjunctive: piense, pienses, piense, pensemos, penséis, piensen
Commands: piensa, no pienses (tú), piense (Ud.), piensen (Uds.)

resolver (ue)

Present Indicative: resuelvo, resuelves, resuelve, resolvemos, resolvéis, resuelven
Present Subjunctive: resuelva, resuelvas, resuelva, resolvamos, resolváis, resuelvan
Commands: resuelve, no resuelvas (tú), resuelva (Ud.), resuelvan (Uds.)

Other verbs of this type are:

e > ie	**regar**
cerrar	**sentarse**
comenzar	**o > ue**
despertarse	**acostarse**
empezar	**almorzar**
encender	**contar**
entender	**costar**
nevar	**encontrar**
perder	**jugar***
querer	**mostrar**
recomendar	**mover**

---

*Jugar changes from u > ue.

poder   **soñar**
probarse   **volver**
recordar

2. **-ir** stem-changing verbs: **e > ie, i; o > ue, u**

sugerir (ie, i)

Present Participle: sugiriendo
Present Indicative: sugiero, sugieres, sugiere, sugerimos, sugerís, sugieren
Preterit: sugerí, sugeriste, sugirió, sugerimos, sugeristeis, sugirieron
Present Subjunctive: sugiera, sugieras, sugiera, sugiramos, sugiráis, sugieran
Imperfect Subjunctive: sugiriera, sugirieras, sugiriera, sugiriéramos, sugirierais, sugirieran
Commands: sugiere, no sugieras (tú), sugiera (Ud.), sugieran (Uds.)

dormir (ue, u)

Present Participle: durmiendo
Present Indicative: duermo, duermes, duerme, dormimos, dormís, duermen
Preterit: dormí, dormiste, durmió, dormimos, dormisteis, durmieron
Present Subjunctive: duerma, duermas, duerma, durmamos, durmáis, duerman
Imperfect Subjunctive: durmiera, durmieras, durmiera, durmiéramos, durmierais, durmieran
Commands: duerme, no duermas (tú), duerma (Ud.), duerman (Uds.)

Other verbs of this type are:

e > ie, i	**sentir (se)**
convertir	**sentirse**
divertirse	**o > ue, u**
hervir	**morir (se)**
invertir	
mentir	
preferir	

3. **-ir** stem-changing verbs: **e > i, i**

pedir (i, i)

Present Participle: pidiendo
Present Indicative: pido, pides, pide, pedimos, pedís, piden
Preterit: pedí, pediste, pidió, pedimos, pedisteis, pidieron
Present Subjunctive: pida, pidas, pida, pidamos, pidáis, pidan
Imperfect Subjunctive: pidiera, pidieras, pidiera, pidiéramos, pidierais, pidieran
Commands: pide, no pidas (tú), pida (Ud.), pidan (Uds.)

Other verbs of this type are:

e > i, i	**repetir**
conseguir	**seguir**
corregir	**servir**
despedirse (de)	**teñir**
elegir	**vestirse**
reírse	

C. Verbs With Spelling Changes

Only the tenses with spelling changes are given.

1. verbs ending in **-car: c > qu** before **e**

buscar

Preterit: busqué, buscaste, buscó, buscamos, buscasteis, buscaron
Present Subjunctive: busque, busques, busque, busquemos, busquéis, busquen
Commands: busca, no busques (tú), busque (Ud.), busquen (Uds.)

Verbs like **buscar: explicar, fabricar, pescar, practicar, sacar, secar, tocar**

2. verbs ending in **-zar: z > c** before **e**

empezar (ie)

Preterit: empe**c**é, empezaste, empezó, empezamos, empezasteis, empezaron
Present Subjunctive: empie**c**e, empie**c**es, empie**c**e, empe**c**emos, empe**c**éis, empie**c**en
Commands: empieza, no empie**c**es (tú), empie**c**e (Ud.), empie**c**en (Uds.)

Verbs like **empezar: abrazar, almorzar, amenazar, comenzar, cruzar, organizar**

3. verbs ending in **-gar: g > gu** before **e**

llegar

Preterit: lle**gu**é, llegaste, llegó, llegamos, llegasteis, llegaron
Present Subjunctive: lle**gu**e, lle**gu**es, lle**gu**e, lle**gu**emos, lle**gu**éis, lle**gu**en
Commands: llega, no lle**gu**es (tú), lle**gu**e (Ud.), lle**gu**en (Uds.)

Verbs like **llegar: agregar, apagar, arrugar(se), jugar, pagar, regar**

4. verbs ending in **-guir: gu > g** before **a, o**

seguir (i, i)

Present Indicative: si**g**o, sigues, sigue, seguimos, seguís, siguen
Present Subjunctive: si**g**a, si**g**as, si**g**a, si**g**amos, si**g**áis, si**g**an
Commands: sigue, no si**g**as (tú) si**g**a (Ud.), si**g**an (Uds.)

Like **seguir: conseguir**

5. verbs ending in **-ger/-gir: g > j** before **o, a**

recoger

Present Indicative: reco**j**o, recoges, recoge, recogemos, recogéis, recogen
Present Subjunctive: reco**j**a, reco**j**as, reco**j**a, reco**j**amos, reco**j**áis, reco**j**an
Commands: recoge, no reco**j**as (tú), reco**j**a (Ud.), reco**j**an (Uds.)

Verbs ending in **-ger/-gir: corregir, dirigir, elegir, escoger, proteger**

6. verbs with change **i > y**

leer

Present Participle: le**y**endo
Preterit: leí, leíste, le**y**ó, leímos, leíste, le**y**eron
Imperfect Subjunctive: le**y**era, le**y**eras, le**y**era, le**y**éramos, le**y**erais, le**y**eran

Like **leer: creer**

construir

Present Participle: constru**y**endo
Present Indicative: constru**y**o, constru**y**es, constru**y**e, construimos, construís, constru**y**en
Preterit: construí, construiste, constru**y**ó, construimos, construisteis, constru**y**eron
Present Subjunctive: constru**y**a, constru**y**as, constru**y**a, constru**y**amos, constru**y**áis, constru**y**an
Imperfect Subjunctive: constru**y**era, constru**y**eras, constru**y**era, constru**y**éramos, constru**y**erais, constru**y**eran
Commands: constru**y**e, no constru**y**as (tú), constru**y**a (Ud.), constru**y**an (Uds.)

Verb like **construir: destruir, disminuir, influir**

D. Irregular Verbs

Only the tenses and commands that have irregular forms are given.

andar

Preterit: anduve, anduviste, anduvo, anduvimos, anduvisteis, anduvieron
Imperfect Subjunctive: anduviera, anduvieras, anduviera, anduviéramos, anduvierais, anduvieran

caer

Present Participle: cayendo
Past Participle: caído
Present Indicative: caigo, caes, cae, caemos, caéis, caen
Preterit: caí, caíste, cayó, caímos, caísteis, cayeron
Present Subjunctive: caiga, caigas, caiga, caigamos, caigáis, caigan
Imperfect Subjunctive: cayera, cayeras, cayera, cayéramos, cayerais, cayeran

conocer

Present Indicative: conozco, conoces, conoce, conocemos, conocéis, conocen
Present Subjunctive: conozca, conozcas, conozca, conozcamos, conozcáis, conozcan

conducir

Present Indicative: conduzco, conduces, conduce, conducimos, conducís, conducen
Preterit: conduje, condujiste, condujo, condujimos, condujisteis, condujeron
Present Subjunctive: conduzca, conduzcas, conduzca, conduzcamos, conduzcáis, conduzcan
Imperfect Subjunctive: condujera, condujeras, condujera, condujéramos, condujerais, condujeran

Like **conducir: traducir, producir, reducir**

dar

Present Indicative: doy, das, da, damos, dais, dan
Preterit: di, diste, dio, dimos, disteis, dieron
Present Subjunctive: dé, des, dé, demos, deis, den
Imperfect Subjunctive: diera, dieras, diera, diéramos, dierais, dieran

decir

Present Participle: diciendo
Past Participle: dicho
Present Indicative: digo, dices, dice, decimos, decís, dicen
Preterit: dije, dijiste, dijo, dijimos, dijisteis, dijeron
Present Subjunctive: diga, digas, diga, digamos, digáis, digan
Imperfect Subjunctive: dijera, dijeras, dijera, dijéramos, dijerais, dijeran
Future: diré, dirás, dirá, diremos, diréis, dirán
Conditional: diría, dirías, diría, diríamos, diríais, dirían
Commands: di (*affirmative* tú)

estar

Present Indicative: estoy, estás, está, estamos, estáis, están
Preterit: estuve, estuviste, estuvo, estuvimos, estuvisteis, estuvieron
Present Subjunctive: esté, estés, esté, estemos, estéis, estén
Imperfect Subjunctive: estuviera, estuvieras, estuviera, estuviéramos, estuvierais, estuvieran

haber

Present Indicative: he, has, ha, hemos, habéis, han
Preterit: hube, hubiste, hubo, hubimos, hubisteis, hubieron
Present Subjunctive: haya, hayas, haya, hayamos, hayáis, hayan
Imperfect Subjunctive: hubiera, hubieras, hubiera, hubiéramos, hubierais, hubieran
Future: habré, habrás, habrá, habremos, habréis, habrán
Conditional: habría, habrías, habría, habríamos, habríais, habrían

hacer

Past Participle: hecho
Present Indicative: hago, haces, hace, hacemos, hacéis, hacen
Preterit: hice, hiciste, hizo, hicimos, hicisteis, hicieron
Present Subjunctive: haga, hagas, haga, hagamos, hagáis, hagan
Imperfect Subjunctive: hiciera, hicieras, hiciera, hiciéramos, hicierais, hicieran
Future: haré, harás, hará, haremos, haréis, harán
Conditional: haría, harías, haría, haríamos, haríais, harían
Commands: haz (*affirmative* tú)

ir

Present Participle: yendo
Past Participle: ido
Present Indicative: voy, vas, va, vamos, vais, van
Preterit: fui, fuiste, fue, fuimos, fuisteis, fueron
Imperfect: iba, ibas, iba, íbamos, ibais, iban
Present Subjunctive: vaya, vayas, vaya, vayamos, vayáis, vayan
Imperfect Subjunctive: fuera, fueras, fuera, fuéramos, fuerais, fueran
Commands: ve (*affirmative* tú), vamos (*affirmative* nosotros)

oír

Present Participle: oyendo
Past Participle: oído
Present Indicative: oigo, oyes, oye, oímos, oís, oyen
Preterit: oí, oíste, oyó, oímos, oísteis, oyeron
Present Subjunctive: oiga, oigas, oiga, oigamos, oigáis, oigan
Imperfect Subjunctive: oyera, oyeras, oyera, oyéramos, oyerais, oyeran

poder

Present Participle: pudiendo
Present Indicative: puedo, puedes, puede, podemos, podéis, pueden
Preterit: pude, pudiste, pudo, pudimos, pudisteis, pudieron
Present Subjunctive: pueda, puedas, pueda, podamos, podáis, puedan
Imperfect Subjunctive: pudiera, pudieras, pudiera, pudiéramos, pudierais, pudieran
Future: podré, podrás, podrá, podremos, podréis, podrán
Conditional: podría, podrías, podría, podríamos, podríais, podrían

poner

Past Participle: puesto
Present Indicative: pongo, pones, pone, ponemos, ponéis, ponen
Preterit: puse, pusiste, puso, pusimos, pusisteis, pusieron
Present Subjunctive: ponga, pongas, ponga, pongamos, pongáis, pongan
Imperfect Subjunctive: pusiera, pusieras, pusiera, pusiéramos, pusierais, pusieran
Future: pondré, pondrás, pondrá, pondremos, pondréis, pondrán
Conditional: pondría, pondrías, pondría, pondríamos, pondríais, pondrían
Commands: pon (*affirmative* tú)

Verbs like **poner: proponer, suponer**

querer

Present Indicative: quiero, quieres, quiere, queremos, queréis, quieren
Preterit: quise, quisiste, quiso, quisimos, quisisteis, quisieron
Present Subjunctive: quiera, quieras, quiera, queramos, queráis, quieran
Imperfect Subjunctive: quisiera, quisieras, quisiera, quisiéramos, quisierais, quisieran
Future: querré, querrás, querrá, querremos, querréis, querrán
Conditional: querría, querrías, querría, querríamos, querríais, querrían

saber

Present Indicative: sé, sabes, sabe, sabemos, sabéis, saben
Preterit: supe, supiste, supo, supimos, supisteis, supieron
Present Subjunctive: sepa, sepas, sepa, sepamos, sepáis, sepan
Imperfect Subjunctive: supiera, supieras, supiera, supiéramos, supierais, supieran
Future: sabré, sabrás, sabrá, sabremos, sabréis, sabrán
Conditional: sabría, sabrías, sabría, sabríamos, sabríais, sabrían

salir

Present Indicative: salgo, sales, sale, salimos, salís, salen
Present Subjunctive: salga, salgas, salga, salgamos, salgáis, salgan

Future: saldré, saldrás, saldrá, saldremos, saldréis, saldrán
Conditional: saldría, saldrías, saldría, saldríamos, saldríais, saldrían
Commands: sal (*affirmative* tú)

ser

Present Indicative: soy, eres, es, somos, sois, son
Preterit: fui, fuiste, fue, fuimos, fuisteis, fueron
Imperfect: era, eras, era, éramos, erais, eran
Present Subjunctive: sea, seas, sea, seamos, seáis, sean
Imperfect Subjunctive: fuera, fueras, fuera, fuéramos, fuerais, fueran
Commands: sé (*affirmative* tú)

tener

Present Indicative: tengo, tienes, tiene, tenemos, tenéis, tienen
Preterit: tuve, tuviste, tuvo, tuvimos, tuvisteis, tuvieron
Present Subjunctive: tenga, tengas, tenga, tengamos, tengáis, tengan
Imperfect Subjunctive: tuviera, tuvieras, tuviera, tuviéramos, tuvierais, tuvieran
Future: tendré, tendrás, tendrá, tendremos, tendréis, tendrán
Conditional: tendría, tendrías, tendría, tendríamos, tendríais, tendrían
Commands: ten (*affirmative* tú)

Like **tener: contener, mantener, detener**

traer

Present Participle: trayendo
Past Participle: traído
Present Indicative: traigo, traes, trae, traemos, traéis, traen
Preterit: traje, trajiste, trajo, trajimos, trajisteis, trajeron
Present Subjunctive: traiga, traigas, traiga, traigamos, traigáis, traigan
Imperfect Subjunctive: trajera, trajeras, trajera, trajéramos, trajerais, trajeran

Like **traer: atraer**

venir

Present Participle: viniendo
Present Indicative: vengo, vienes, viene, venimos, venís, vienen
Preterit: vine, viniste, vino, vinimos, vinisteis, vinieron
Present Subjunctive: venga, vengas, venga, vengamos, vengáis, vengan
Imperfect Subjunctive: viniera, vinieras, viniera, viniéramos, vinierais, vinieran
Future: vendré, vendrás, vendrá, vendremos, vendréis, vendrán
Conditional: vendría, vendrías, vendría, vendríamos, vendríais, vendrían
Commands: ven (*affirmative* tú)

Like **venir: prevenir**

ver

Past Participle: visto
Present Indicative: veo, ves, ve, vemos, veis, ven
Preterit: vi, viste, vio, vimos, visteis, vieron
Imperfect: veía, veías, veía, veíamos, veíais, veían
Present Subjunctive: vea, veas, vea, veamos, veáis, vean

Diccionario español-inglés

The numbers refer to the chapters in which the words are presented.

A

a at, to; **a cuadros** checkered, 11; **a la una/las dos** at one/two o'clock, 4; **a menos que** unless, 14; **a menudo** often, 3; **a pesar de que** in spite of, 6; **a rayas** striped, 11; **a veces** sometimes, 1; **al** + *infinitive* on/upon doing something, 8
abajo downstairs, 7
abeja *f* bee, 14
abierto open, P
abogado(a) *m/f* lawyer, 1
abrigado heavy, warm (clothing), 12
abrigo *m* overcoat, 11
abril April, 2
abuela *f* grandmother, 5
abuelo *m* grandfather, 5
aburrido bored, 4
acabar de + *infinitive* to have just (done something), 5
acampar to go camping, 3
aceite *m* oil, 9
acera *f* sidewalk, 15
acero *m* steel, 15
acostarse (ue) to go to bed, 4
actor *m* actor, 8
actriz *f* actress, 8
actualmente currently, 15
adelante in the front, 12
además besides, 2
adentro inside, 7
adiós good-bye, P
¿adónde? (to) where?; **¿adónde va(s)?** where are you going?, 2
afeitarse to shave, 12
afuera outside, 7
afueras *f, pl* suburbs, 7
agosto August, 2
agotar to exhaust, 16
agradarle to like, to enjoy, 9
agregar to add, 10
agrio bitter, 9
(el) agua *f* water, 3; **agua mineral** mineral water, 9; **agua potable** drinking water, 16
(el) águila *f* eagle, 16
ahora now, 2
ahorrar to save, 16
ajedrez *m* chess, 2
ajo *m* garlic, 10
ajustado tight, 12
alcade *m* mayor, 15
alcaldesa *f* mayor, 15

alegrarse to be happy; **me alegro de que** I'm happy that, 14
alegre happy, 1; cheerful, 4
alergia *f* allergy, 14
alérgico allergic, 14
alfombra *f* carpet, 7
algo somewhat, 1; something, 8
algodón *m* cotton, 6
alimento *m* food; staple, 9
allí (over) there, 6
almacén *m* department store, store, 6; **almacenes** *m, pl* department store, 11
almeja *f* clam, 9
almorzar (ue) to eat lunch, 9
almuerzo *m* lunch, 9
alquilar to rent, 3; to lease, 7
alto tall, 1
alumno(a) *m/f* student, P
amable kind, 1
amarillo yellow, 11
amenazar to threaten, 16
amigo(a) *m/f* friend, P
amistoso friendly, 1
amor *m* love, 16
analista de sistemas *m/f* systems analyst, 1
anaranjado orange, 11
ancho broad, wide, 15
anciano(a) *m/f* senior citizen, elderly person, 15
anillo *m* ring, 11
animal *m* animal, 16; **animalito de felpa** *m* stuffed animal, 8
anoche last night, 5
anteanoche the night before last, 5
anteayer the day before yesterday, 5
anteojos *m, pl* (eye) glasses, 11
antes before, 8; **antes de** + *infinitive* before + -*ing*, 4
antibiótico *m* antibiotic, 14
antiguo old, of antique quality, 7
antojitos *m, pl* snacks, 10
año *m* year; **al año** per year, 2; **el año dos mil (uno)** the year two thousand (one), 5; **el año mil novecientos...** the year 19 . . . , 5; **el año que viene** next year, 3; **tener... años** to be . . . years old, 2
aparato *m* appliance, device, 6
apartamento *m* apartment, 7
apellido *m* last name, 2
apoyar to support, 15
apoyo *m* support, 15
aprender to learn, P

aprovechar to take advantage of, 16
apuntes *m, pl* notes, P
aquí here, 3
árbol *m* tree, 3; **ver los colores de los árboles** to look at the foliage, 3
arderle to burn, to be burning (sensation), 14
aretes *m, pl* earrings, 6
armar to put together, 8
armario *m* wardrobe, closet, 7
aroma *m* aroma, 10
arquitecto(a) *m/f* architect, 1
arreglar to fix, to mend, 12
arreglarse to groom oneself, to get ready, 4
arriba upstairs, 7
arroz *m* rice, 9
arrugado wrinkled, 12
arrugar(se) to wrinkle, 12
arte *m* art, 2
artículo *m* item, article, 6
asado roasted, 9
ascensor *m* elevator, 7
aseo *m* half bath, 7
asistir to attend; **asistir a clases** to attend classes, 4
aspiradora *f* vacuum cleaner, 7
ataque cardíaco *m* heart attack, 14
atascado congested, clogged, 15
atrás in the back, 12
atún *m* tuna fish, 9
aumentar to increase, 15
aunque although, 6
auto *m* car, 6
autobús *m* bus; **ir en autobús** to go by bus, 3
autopista *f* expressway, 15
(el) ave *f* poultry, 9
avena *f* oatmeal, 10
avión *m* airplane, 8; **ir en avión** to go by plane, 3
ayuda *f* help, P
azúcar *m* sugar, 9
azul blue, 11

B

bailar to dance, 1
bajar to go downstairs, to descend, 7
bajo short, 1
ballena *f* whale, 16
banano *m* banana, 9
banco *m* bank, 2
bañarse to take a bath, 4
baño *m* bathroom, 7

barba *f* beard, 12
barra de chocolate *f* chocolate bar, 10
barrer to sweep, 7
básquetbol *m* basketball, 1
basura *f* trash, garbage, 7
beber to drink, 9
bebida *f* drink, 9
beca *f* scholarship, P
beige beige, 11
béisbol *m* baseball, 1
biblioteca *f* library, P
bicicleta *f* bike, 3
bien well, P; **bien educado** well-mannered, 1
billetera *f* wallet, 6
bisabuela *f* great grandmother, 5
bisabuelo *m* great grandfather, 5
blanco white, 9
blusa *f* blouse, 11
boca *f* mouth, 13
bocina *f* horn, 15
boda *f* wedding, 5
bolígrafo *m* pen, P
bolsa *f* handbag, 6
bolsillo *m* pocket, 12
bolso *m* handbag, 6
bombero(a) *m/f* firefighter, 8
bombones *m, pl* bonbons, 6
bosque *m* forest, 16; **bosque virgen** virgin forest, 16
botadero *m* dump, 16
botas *f, pl* boots, 12
bote *m* boat; **bote de remos** rowboat, 3; **bote de vela** sailboat, 3
botella *f* bottle, 6
botón *m* button, 12
brazo *m* arm, 13
brillante shiny, 13
bróculi *m* broccoli, 9
bucear en el mar to scuba dive, 3
bueno good, P; well (OK), P
bufanda *f* winter scarf, 11
buscar to look for, 2

C

caballero *m* gentleman; **de caballeros** men's, 11
caballo *m* horse, 3
cabeza *f* head, 13
cachorro(a) *m/f* puppy, 8
cadena *f* chain, 6
cadera *f* hip, 13
caerse to fall down, 8
café *m* coffee, 9
cafetería *f* cafeteria, P
caimán *m* alligator, 16
caja *f* box, 6
cajita *f* small box; **cajita de música/joyas** music/jewelry box, 6

calcetines *m, pl* socks, 11
calculadora *f* calculator, P
caliente hot, 9
calle *f* street, 15
calor *m* heat; **hace calor** it's warm, 3; **tener calor** to be warm, 8
cama *f* bed, 7
cámara (máquina) fotográfica *f* camera, 6
camarero(a) *f/m* waiter, 9
camarón *m* shrimp, 9
camisa *f* shirt, 6
camiseta *f* T-shirt, 6
campo *m* countryside, 3
cáncer *m* cancer, 14
canela *f* cinnamon, 10
cansado tired (not sleepy), 4
cansarse to get tired (not sleepy), 4
cantante *m/f* singer, 8
cantar to sing, 2
capa de ozono *f* ozone layer, 16
cara *f* face, 13
cárcel *f* jail, 15
caries *f* cavity, 13
cariñoso affectionate, 5
caritativo charitable, 15
carne de vaca *f* beef, 10
carne *f* meat, 9
caro expensive, 6
carrera *f* career, profession, 1
carretera *f* highway, 15
carro *m* car, 7
carta *f* letter, 6
cartel *m* poster, 7
casa *f* house, 1; **en casa** at home, 1; **¿y por su casa?** and your family?, P
casado married, 5; **estar casado con** to be married to, 5
casarse con to get married to, 5
casi almost, 3
castigar to punish, 8
cebolla *f* onion, 9
ceja *f* eyebrow, 13
celebrar to celebrate, 6
cena *f* dinner, 6
cenar to eat supper, 9
centro *m* downtown, 15; **centro estudiantil** student center, 1
cerca (de) near, close (to), 7
cerdo *m* pork, 9
cerrado closed, P
cerrar (ie) to close, 3
cerveza *f* beer, 9
césped *m* lawn, 7
chaleco *m* vest, 11
chaqueta *f* jacket, 11
chau good-bye, P
chica *f* girl, P
chico *m* boy, P

chiles verdes *m, pl* green chilis, 10
chocolate *m* chocolate, 6
choque *m* (car) crash, collision, 15
cien one hundred, 2
ciencias *f, pl* science(s), 2
científico(a) *m/f* scientist, 8
cierto certain, 14
cine *m* (movie) theater, movies, 1
cinta *f* tape, P
cintura *f* waist, 13
cinturón *m* belt, 11
circulación *f* circulation, 13
ciudad *f* city, 2
ciudadano(a) *m/f* citizen, 15
claro light (color), 1
clase *f* class, P
cocer (ue) to cook, to boil, 9
coche *m* car, 2; **ir en coche** to go by car, 3
cocido boiled, steamed, 9
cocina *f* kitchen, 7; cooking, cuisine, 10
cocinar to cook, 1
codo *m* elbow, 13
coleccionar to collect, 8
colegio *m* high school, 2
collar *m* necklace, 11
color *m* color, 3
columpiarse to play on a swing, 8
combatir to fight, to combat, 13
combustible fósil *m* fossil/nonrenewable fuel, 16
comedor *m* dining room, 7
comenzar (ie) to begin, 5
comer to eat, 1
comida *f* food, meal, 9
como since, because, 6; **como si** as if, 16
¿cómo? how?, 1; **¿cómo es?** what is he/she/it like?, 1; **¿cómo está?** how are you? (*formal*), P; **¿cómo estás?** how are you? (*familiar*), P; **¿cómo se dice...?** how do you say . . . ?, P; **¿cómo se llama usted?** what's your name? (*formal*), P; **¿cómo te llamas?** what's your name? (*familiar*), P; **¿cómo te va?** how's it going?, P
cómo no of course, P
cómoda *f* dresser, 7
cómodo comfortable, 7
compañero(a) *m/f* classmate, P
compartir historias to share stories, 5
completo full, complete, 7
compra *f* purchase; **ir de compras** to go shopping, 1
comprar to buy, 2
comprender to understand, P
comprometido engaged, 5
computadora *f* computer, P
común y corriente ordinary, 7